KB109961

동서 신비주의

— 에크하르트와 샹카라

이 저서는 2020년 대한민국 교육부와 한국연구재단의 지원을 받아 수행된 연구임
(NRF-2020S1A5C2A02093108)

경북대학교
동서사상연구소
학술총서 ④

동서
신비주의

- 에크하르트와 샹카라 -

루돌프 오토 지음

김현덕 옮김

다르샤나

이 책은 동양과 서양의 신비체험 중에서도 매우 고전적인 두 가지 주요 유형을 서로 비교함으로써, 신비주의라고 불리는 불가사의한 정신현상의 본질에 한층 더 다가가려는 것이다. 이 유형의 개별 특징을 비교하고 한편의 개별 특징을 다른 한편의 그것에 기반하여 설명함으로써 신비주의의 본질 자체가 점차 부각되어 그 이해가 한결 수월해질 것이다. 그와 동시에 인도의 오랜 신비주의적 사변의 시원으로부터 피히테의 근대적 사변에 이르기까지의 다양한 움직임이나 일치점 가운데, 그 무엇보다 우선 인류 일반이 가지는 영적체험의 근본동기에서의 불가사의한 일치가 명확해진다. 이것은 민족이나 풍토 혹은 시대와는 전혀 관계가 없는, 인간 정신의 궁극적인 신비에 찬 내적 통일성 또는 일치를 시사하는 한편 우리가 신비주의의 통일적 본질을 논하는 일을 정당화해 준다. 하지만 이 입장에 입각하면서도 또한 중요한 다른 하나의 과제에 직면하게 된다. 그것은 이러한 통일적 '본질'을 그것이 특수화되어 가는 가능성 하에서 이해하고, 그렇게 함으로써 '하나의, 한결같은 신비주의'라는 편견을 피한다는 과제이다. 이렇게 해서 비로소, 가령 독일의 마이스터 에크하르트, 인도의 샹카라, 그리스의 플로티노스, 대승불교의 제諸종파와 같은 위대한 정신현상을 '신비주의 일반'이라는 하나의 일반적인 어둠 속으로 사라지게 하는 일 없이, 제각각 특유한 독자성을 지닌 것으로 이해할 수 있게 된다. 신비주의의 본질은 그 풍부한 가능성을 지닌 '특수화' 아래에서 비로소 명확해지는 것이다.

1923년에서 24년을 거치는 겨울, 필자는 오하이오주 오버린 대학에 하스켈 강의 의 강사로 초빙되었다. 그리고 서양의 신비주의에 관해, 특히 에크하르트의 유형 신비주의와 샹카라의 그것을 관련시키면서 강의하라는 요청을 받았다. 1924년 가을에 이 강의를 하였는데, 강의내용은 이미 구상해 두었거나 본서의 주석에서 밝혔듯이 몇몇 잡지에 조금 더 상세히 발표했던 것들이었다. 이 책은 그 전체를 정리하고 보완, 가필하면서 하스켈 강의를 보충하는 형태로 재현한 것이다. 이번 출판에 즈음하여 미국에서 경험했던 후대와 호의 넘치는 원조에 대해 감사의 말씀을 드린다. 특히 연구동료이자 친구인 풀러턴(Fullerton) 박사 및 포스터(Foster) 박사에서 사의를 표하고 싶다. 아울러 14년 전의 독일과 일본에서의 일상 및 그곳에서 동양의 신비주의의 현묘한 세계를 통찰하는 힘을 불어넣어 주었던 여러분들에게도 감사할 따름이다. 특히 헌신적인 기독교 선교사이자 인도 사상세계에 대한 면밀하고도 애정 넘치는 연구자이기도 한 바라나시의 스승 존슨 박사의 준엄한 모습이나 인도 제학파의 현철이나 존자들, 그리고 그 학문과 신앙의 장을 향한 동도同道로서의 지난날이 회상된다. 이때 처음으로 동양적인 감정이나 체험과 서양적인 그것과의 신비로운 병행에 관한 견해가 구체적으로 떠올랐다. 또한 깊은 특이성과 이질성도 동시에 인식했다. 본서에서 이러한 병행과 상위相違에 관해서도 논할 것이다.

이 책이 각기 다른 강연이나 논문으로 구성되었음은 일목요연하다. 필자는 그것들을 한 권의 책으로 정리하였는데, 각 장에 그것이 이전에 지니고 있던 비교적 독립적인 형태를 일부러 남겨두었다. 그래서 약간의 중복이 발생하였다. 제1부와 제2부를 연결하는 중간고찰에서 특히 그렇다. 하지만 주석에서 서술하였듯이 이러한 부분들에서 발견되는 중복은 특히 미묘하고 인식하기 어려운 개별 특징이 논해지는 경우에 여러모로 유익할 것이다. 본서가 졸저『성스러운 것』[약호 DH]에서 행했던 여러 탐구를 전제로 하고 있음은 쉽게 알 수 있을 것이다. 또한 본서는 졸저『누미노제에 관한 제논문』[약호 AN. 그 일부는『종교논집』에 번역되어 있다]의 한 장과도 관련된 것이다.

1926년 5월 1일, 말부르크에서

루돌프 오토(Rudolf Otto)

본서는 획기적인 저술인 『성스러운 것』으로 이름 높은 저자(1937년 졸)의 중요 저서의 하나로, 1926년 레오폴드 클로츠 출판사(Leopold Klotz Publishing House, Gotha)에서 출판되었다. 1929년에 제2판이 나왔고, 여기에 오토 자신의 부록이 수록되어 있다. 이 책은 오랜 기간 동안 절판 상태였다. 인도의 철학자 샹카라에 대한 이해뿐 아니라 에크하르트의 분석에서도 또한 신비주의 일반의 본질에 대한 정확한 고찰을 위해서도 매우 중요하지만 새로이 출판되지는 않았다. 이 안타까운 공백은 이제 C. H. 벡 출판사(Beck, München)의 『동서 신비주의』 개정판을 통해 메워지게 되었다.

편찬작업 먼저 지크프리드 교수(T. Siegfried, Marburg)에 의해 시작되었다. 라틴어 및 중고中高 독일어 인용문의 독일어역은 특히 그에게 힘입은 바가 크다. 하지만 건강상의 이유로 중도 포기할 수밖에 없어 벡 출판사에 위탁하게 되었고, 이에 편집자 자신이 새로운 초고에 기반하여 출판 준비를 인계받게 되었다. 그것은 오토 자신이 여백에 써 두었던 변경이나 가필을 편입시키는 것이었다. 여기에는 전혀 통일성이 없었던 저작명을 일관하는 일도 포함되어 있었다. 또한 에크하르트로부터의 인용은 재검토해야 했다. 대부분이 출전뿐만 아니라 잘못된 텍스트를 인용하고 있었기 때문이다. 편집자는 기쁨과 루돌프 오토에 대한 감사의 마음을 담아 이 일에 전념했다.

이 책의 최종 구성에 관해 언급해 둘 필요가 있다. 구판의 섹션 C는 본서의 전체적인 통일성을 위해 생략했다. 왜냐하면 이 섹션은 피히테, 슐라이어마허, 프리즈 등과의 평행에 관한 에세이를 포함하고 있다. 그것은 에크하르트와 샹카라의 신비주의를 소개하고 비교하는 본서의 주제와는 간접적으로만 우연한 관련성을 지닐 뿐이다. 또한 보충에 이미 포함되어 있는 '기술'상에 첨가된 '난외 메모'에는 불필요한 코멘트가 있었다.

오토의 시절에는 이미 가독성을 위해 모든 장절章節을 예외없이 현대 독일어로 번역하는 것이 바람직하다고 여겨졌다. 에크하르트의 라틴어 인용은 독일어역을 첨부했다[일역에는 라틴어 원문은 생략되고 독일어로부터의 역문만이 실렸다]. 제시되었듯이 오토가 에크하르트 연구의 기초로서 사용했던 텍스트는 이미 에크하르트 연구의 상당히 진척된 오늘날의 관점에서는 많은 문제점을 지니고 있다. 하지만 이는 당연히 변경될 수 있는 사항이다. 이 점이 에크하르트 연구자에게 오토의 어떤 해석에 관한 회의를 불러일으키고 있다. 하지만 이 중요한 서책은 오토의 업적 중에서도 가장 의의있는 것 중 하나이며, 어떤 것의 본질을 본능적으로 파악하는 그의 재능 및 명확한 분석력이 돋보이는 저술임에는 틀림없다.

구스타프 멘싱(Gustav Mensching)

| 목차 |

| 약호표 |

샹카라의 저작 및 연구서

Deussen   Paul Deussen, *Die Sūtra's des Vedānta, nebst dem vollständigen Kommentare des Śankara*, Leipzig, 1887.

『브라흐마 수트라 주해』   *Brahmasūtra with the Bhāṣya of Śankara*, Ānandāśrama Sanskrit Series No. 21, Poona, n.d.

『찬도갸 우파니샤드 주해』   *Chāndogyopaniṣad with the Bhāṣya of Śankara*, Ānandāśrama Sanskrit Series No. 14, Poona, 1890.

『기타 주해』   *Bhagavadgītā with Śankarabhāṣya*, ed. Vasudev Laxman, [Nirnaya sagar Press] Bombay, 1912.

[샹카라의 주석문헌은 『주해』(*bhāṣya*)라고 칭하고, 앞에서처럼 『브라흐마 수트라』에 대한 주석서를 『브라흐마 수트라 주해』, 『기타』에 대한 주석서를 『기타 주해』라고 표기한다. 그밖에 10여 개에 이르는 우파니샤드에 대한 주석서에 대해서도 마찬가지이다.]

에크하르트의 저작 및 연구서

Pf.   Franz Pfeiffer, *Meister Eckhart*, Leipzig, 1857.

Bü.   H. Büttner, *Meister Eckharts Shriften und Predigten*, aus dem Mittelhochdeutschen übersetzt. 2 Bde., 2. Auflage, Jena, 192.

L.   Walter Lehmann, *Meister Eckhart*, Göttingen 1919.
    (중고中古 독일어, 라틴어 설교의 발췌본, 독일어역)

Denifle   H. Denifle, *Meister Eckharts lateinische Shriften, und die Grundschauung seiner Lehre*, Archiv füu Literatur und Kirchengeshichte des Mittelalters, Bd. 2, Berlin, 1886, pp. 417-635.

Rf.   P. A. Daniels, *Eine Lateinische Rechtfertigungsschrift des*

Meister Eckhart, Münster, 1923.

Spamer A. Spamer, *Texte aus der deutschen Mystik des 14.*
und 15 Jahrhunderts, Jena, 1912.

[no abbr.] F. Jostes, *Meister Eckhart und seine Jünger*, Freiburg, 1895.
(미간)

Evans C. de B. Evans, trans. *Meister Eckhart*, by Franz Pfeiffer,
London, 1924.

Bernhart J. Bernhart, *Der Frankfurter : Einedeutsche Theologie*,
Insel, Leipzig, 1920/1922, (독일어역)

DH R. Otto, *Das Heilige*, 31-35. Auflage, C. H. Beck, München,
1963.

SR R. Otto, *Siddhānta des Rāmānuja*, 2. Auflage, Tübingen,
1923.

VN R. Otto, *Viṣṇu-Nārāyaṇa : Text zur indischen Gottesmystik*,
Diederrichs, Jena, 1923.

AN R. Otto, *Aufsätze, das Numinose betreffend*, 2. Auflage,
Gotha, 1923.

SU R. Otto, *Sünde und Urshuld und andere Aufsätze zur*
Theologie, C. K. Beck, München, 1932.

Kiefer O. Kiefer, *Plotin, Enneaden*, 2 Bde., Diederichs, Jena and
Leipzig, 1905. (부분역)

Walshe M. O'C. Walshe, trans. and ed., *Meister Eckhart : Sermons and*
Treatises, Element Books Ltd., Dosey, 3 vols., 1979/1987.

Mackenna Stephen Mackenna, trans., Plotinnus, The Enneads,
Faber and Faber Ltd., London, 1956.

岩波文庫 『聖なるもの』山谷省吾訳 岩波文庫 一九八二

中央公論社 『プロティノス全集』田中美知太郎他 中央公論社 全四巻
一九八六-八八

上村 『バガヴァっど・ギーター』上村勝彦訳 岩波文庫 一九九二

범례

1. 본서는 Rudolf Otto, *West-Östliche Mystik*, 3. Auflage, Überarbeitet von Gustav Mensching (C. H. Beck, München, 1971)[M판본]의 영역인 Mysticism East and West (trans. by Bertha L. Bracey and Richenda C. Payne, Macmillan Publishing Co. Inc., New York, 1976)을 저본으로 하고, 일본어 중역본『西と東の神秘主義 エックハルトとシャンカラ』(花園聰麿·日野紹運·ハイジック, J.W., 京都, 1993)을 참고하여 번역한 것이다. 원문의 이탤릭체는 강조점 표기를 하였다.

2. 영역본의 이탤릭체는 중역본의 예를 따라 방점을 찍어 표시했다.

3. 영역본의 " " 및 ' 는 모두 ' '로 표시했다. 번역문의 괄호 ( ) 안의 설명은 원저자, 꺽쇠 [ ] 안의 설명은 중역자의 것이다. 원주에 포함된 중역자의 설명도 꺽쇠 [ ]로 표기했다.

4. 일본어 중역의 역주 및 번역자의 주는 원주와 구분없이 각주로 통일하였다.

> – 동양은 동양이고 서양은 서양이다. 이 둘이 만날 일은 결코
> 없을 것이다 –

영국의 시인 러디어드 키플링(Rudyard Kipling)은 이렇게 말했다. 이는 진실일까? 동양과 서양의 사상세계는 결코 마주칠 일이 없고, 그 깊은 근저는 서로 이해할 수 없을 정도로 달라 비교할 수 없는 것일까?

인간의 정신 생활적 측면에서 이러한 질문에 답하는 데에 신비주의 및 신비주의적 사변보다 나은 영역은 없다. 신비주의는 인간정신의 가장 깊은 부분에서 발현하기 때문이다. 그렇기 때문에 신비주의에서야말로 정신 본연의 독자적인 측면이나 비교할 수 없는 측면이 가장 극명하게 드러난다. 그리고 또 애초부터 서로 접촉할 수 없는 것이나 원칙적으로 수용할 수 없는 상위가 존재하는 경우, 다름 아닌 바로 이 영역에서 가장 두드러질 것이다. 사실 동양인들은 종종 서양인이 예를 들어 인도 신비주의 사상가의 사고방식의 가장 심오한 본질이라든지 보리달마나 혜능慧能과 같은 인물들이 지닌 중국의 선禪적 신비주의의 비의秘義를 간파하기란 결코 불가능할 것이라고 주장하고 있다. 반대로 서양인들의 경우, 그 어떤 동양인도 아리스토텔레스로부터 시작하여 칸트 및 피히테, 다윈이

나 가우스에 이르는 위대한 서양 사변의 동기를 순수하고 깊게 간접 체험할 수는 없을 것이라고 주장하고 있다.

그런데 이러한 주장과는 대조적인 또 하나의 전혀 다른 주장이 존재한다. 즉 신비주의는 모든 시대, 모든 장소에서 동일하다. 신비주의는 시대와 관계없이 또 역사와도 관계없이 언제나 같다. 신비주의와 관련해서는 동양과 서양 및 그밖의 다른 장소라는 차이는 사라진다. 신비주의라는 꽃이 인도에서 피어나든 중국이나 페르시아 혹은 라인 지방(Rheinland)이나 에르푸르트(Erfurt)에서 피어나든, 그 과실은 언제나 완전히 같다. 그 표현 형식이 루미(Dschelāl Ed-dīn Rūmī)의 페르시아어에 의한 감미로운 시의 모습을 하고 있든 마이스터 에크하르트와 같은 우아한 중세 독일어나 샹카라(Śaṃkara)의 학술적인 산스크리트어이든, 아니면 중국이나 일본 선종의 간결하고 거리낌이 없는 한편 난해한 말의 모습을 하고 있든지 간에 그것들은 언제나 서로 교환 가능하다. 여기서는 하나의 완전히 같은 사안이 우연히도 다른 방언으로 이야기되고 있는 것에 불과하다. '동은 서이고, 서는 동이다.'

우리는 여기서 동양과 서양의 신비주의를 간단하게 비교하고자 한다. 이때 앞에서 언급한 두 가지 견해를 지표로 삼는다. 그런데 그 성과를 미리 서술해 두고자 한다. 신비주의에서 진정 인간의 혼의 강력한 근본동기가 작용한다. 게다가 그것 자체는 기후나 지리상의 위치 또는 민족의 차이에 전혀 영향 받지 않고 일치한다는 점에서 인간 정신 및 경험이 가진 본연의 모습은 실로 놀랄만한 내적 친연성을 보여주고 있다. 하지만 다음과 같은 점을 염두에 두자. '신비주의는 분명 언제나 신비주의이고, 언제 어디서나 완전히 동일한 신비주의이다'고 하는 주장은 오류라는 것이다. 신비주의에는 표현의 다양성이 존재하며, 그것은 분명 종교 일반이나 윤리 혹은 예술의 그 어떤 분야이든 다른 정신적 영역에서의 다양성만큼이나 큰 것이다. 그리고 세 번째로, 이 다양성은 민족이나 지리상의 위치에 제약받지 않으며 동일한 민족권이나 문화권 내부에서 서로 나란히 나타나기도 하며 심지어 서로 첨예한 대립 하에서 나타나는 일조차도 있을 수 있다는 것이다.

하지만 본서에서는 이처럼 동양과 서양을 비교하기 위해 두 인물을 선택한다. 이들은 무엇보다도 우선 동양과 서양의 신비주의로서 이해되어야할 내용의 위대한 대표자이자 해석가로서 이미 함께 거론되는 일이 종종 있어왔던 인물들이다. 동양의 위대한 샹카라 아차리아와 서양의 마이스터 에크하르트가 그들이다. 우선 표현형식에서 마치 산스크리트어로부터 직접 라틴어나 중세 독일어로의 번역한 것처럼 보이고 또 그 바대로도 보일 정도로 두 사람의 근본교설을 하나의 형식에 적용할 수 있다. 게다가 이는 결코 우연의 산물이 아니다. 왜냐하면 표현형식이나 명칭 자체는 우연의 산물이 아니라 어떤 사안 자체로부터 필연적으로 생겨난 것이자 그것을 표현하는 것이기 때문이다. 양자의 유사성이나 동일성 안에 표현되어야 할 사안 자체의 유사성이나 동일성이 반영되고 있는 것이다.

이 두 '스승'의 대응(아차리아도 스승을 의미하기 때문)은 그밖에도 여러 면에서 주목할 만하다. 두 사람은 모두 각각의 시대에 걸친 우연한 현상이 아니다. 오히려 각각의 '시대' 자체가 애초부터 주목할 만한 대응을 보여주고 있듯이, 이 두 인물이 시대 속에서 또한 시대에 대해서 지니고 있는 태도를 통해서도 두 스승은 대응하고 있다. 둘 모두는 그들 자신의 시대와 환경세계가 채우고 있는 보다 일반적이고 거대한 방향과 운동의 표현이자 요약이다. 두 사람은 비슷할 정도로 이미 지나버린 시대와 위대한 전통이 지닌 오랜 유산에 뿌리를 내리고 있으면서도 그것을 새롭게 발전시키거나 확대시키고 있다. 이들은 신학자이면서도 동시에 철학자로서, 각각의 시대의 신학 및 철학의 사고수단을 사용하여 저술을 하고 있다. 둘은 추상적이고 고답高踏적이면서도 섬세하고 미묘한 사변의 소유자이다. 한 인격 속에서 신비주의자이기도 하면서 스콜라 철학자이기도 한 이들은 각자의 신비주의적 내용을 세련된 스콜라 철학을 이용하여 재현하려고 한다. 또한 주목할 점은, 두 사람 모두 자신들의 종교교단의 오랜 성서聖書에 대한 주석을 통해 자신들의 교설을 제시하고 있다는 것이다. 즉 샹카라는 고古우파니샤드, 특히 성스러운 『바가바드 기타』에 주석을 붙이고 또한 에크하르트는 성서에 속하는 여러 책을 해설함으로써 자신의 학설을 제시하고 있다. 더욱이 둘은 모두 원전原典을 자설을 위해 무리하게 이용하는 방법을 통해서 그 해석을 꾀하고 있는 것이다. 이렇게 두 사람은 자설을 사변적인 대작으로 정리하였다. 샹카라는 『브라흐마 수트라』에 대한 『주석』(bhāsya)에서, 에크하르트는 『삼부작(제1부 명제논집, 제2부 문제논집, 제3부 주석서)』(opus tripartitum)에서이다. 그뿐 아니라 이미 시사되었듯이, 둘은 '동시대인'이기도 하다. 물론 샹카라가 활약했던 시기는 약 800년경이고 에크하르트가 생존했던 시기는 1250~1327년이다. 하지만 보다 깊은 의미에서의 동시대인이란 우연히 같은 시대에 세상에 출현한 인물이 아니라 각각의 환경세계가 지니는 병행 발전의 대응시점에 있는 사람들인 것이다.[1]

---

1) 이러한 맥락에서 말하자면 예를 들어 일본의 호넨法然이나 신란親鸞은 루터(Martin Luter)의 정신적 인척일 뿐만 아니라 마땅히 동시대인이기도 하다.

제1부

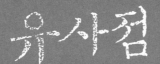

유사점

제1장 일치하는 형이상학

1. 샹카라 형이상학의 밑그림

샹카라는 아드바이타(advaita)의 가장 엄밀하면서도 첨예화된 형태상에서의 대표적인 스승이자 해석가이다. 아드바이타는 불이일원不二一元 혹은 '제2가 없는 것' 그리고 '제2의 존재가 없고 단지 유일자만이 존재한다'는 교설이다.(일반적으로는 일원론이라고 번역되지만 보다 정확하게는 '비이원론非二元論'일 터이다.) 그리고 이 일원론적인 교설은 다음과 같이 요약된다. '진실로 존재하는 것은 그저 유有(sat), 존재자 자신 다시 말해서 영원한 브라흐만뿐이다. 그것은 변이하지 않고 변화나 변용도 없으며 부분도 다양성도 없다', '유일자뿐으로 제2의 것은 존재하지 않는다'(ekam evādvitīyam). 이는 다음의 두 가지를 의미한다. (1) 사물의 모든 다양성은 다만 마야(māyā, 통상 '환영'이라고 번역된다)에 의해서만 존재한다. 그런데 유有 자체는 '오직 하나의 것'(ekam eva)이다. (2) 브라흐만 즉 존재자 자체도 자기 자신으로서 완전하면서 변하는 일 없이 '오로지 하나'이다. 다시 말해서 부분을 가지지 않고, 애초부터 다多를 띠지 않는다. 따라서 온갖 규정이라고 하는 다多를 지니지 않기에 필연적으로 규정 일반을 갖지 않는다(nirguṇa nirviśeṣa). 그러므로 '제2의 것이 없는 상태'(advitīya) 즉 외부로부터도 내부로부터도 불이不二이다. 이처럼 유有는 일체의 변용(vikāra) 및 일체의 변이와 대립한다.

'변화'란 그저 말에 기반 할 뿐이다.
'그것은 한낱 명칭에 불과하다.'『찬도갸 우파니샤드』 6.1.4.

더불어 유有는 또한 모든 생기물(utpāda) 및 생성물(sambhava)과도 대립한다.

이 영원한 일자一者는 그 통일된 본성으로부터 완전히 순수한 아트만, 순전한 정신이자 순수의식(cit 혹은 caitanya)이고 완전한 순수인식(jñāna)이다. 하지만 그와 동시에 이 정신 또는 순수의식 혹은 순수인식은 다多를 갖지 않기 때문에 인식주체와 인식대상, 인식작용이라고 하는 '셋의 대립' 너머에 있다. (우리의 언어로 말하자면, 무의식이라기보다는 초의식이고, 의식을 갖지 않는다기보다는 오히려 의식되는 것과 의식하는 것 사이의 동일성이다.) 따라서 이러한 것은 동시에 무한(ananta)으로서 시간과 공간을 넘어서 있다.

그렇지만 우리들의 혼, 즉 '내적 아트만'은 이 일자이자 유일하고 변화가 없으며 규정이 없는 브라흐만 그 자체이다. 그러나 마야의 불가사의한 힘에 의해 우리들의 영혼 속에 무명(avidyā, 보다 적절하게는 오지誤知)이 생겨난다. 또 같은 힘에 의해서 세계의 다양성이 일자로서의 존재자 위에 부탁附託(adhyāropa)되어 사람들을 속인다. 영혼은 이렇게 실제로는 유일한 존재자를 세계로서, 다양한 것으로서, 많은 개물個物로서(prapañca) 보는 동시에 자기 자신조차도 개별 영혼으로서 윤회(saṁsāra), 다시 말해서 이 유위전변有爲轉變하는 세계의 흐름 속에서 생과 재생이라는 사슬에 감겨 있는 존재로 본다. 영혼에 진정 완전한 인식(samyagdarśana)이 생김과 동시에 다多와 차별의 미망은 소멸한다. 바로 이때 혼은 자기를 영원한 브라흐만 자신으로서 인식한다.

이렇게 요약되는 지知야말로 진정한 지혜이다. 사람들이 통속적인 관념이나 학문적인 형태로 또한 신화나 신학에 있어 통상적으로 생각하는 것은 허무의 인식(mityājñāna), 즉 낮은 단계의 지知의 본질이 없는 가상이다.

2. 에크하르트의 형이상학

이제 샹카라를 다룬 것과 같은 방식으로 에크하르트를 다루는 것이 가능할 것이다. 나아가 샹카라의 표현과 동일한 혹은 거의 동일하다고 말해도 좋을 표현을 에크하르트의 서책에서 모을 수 있을 것이다. 대응하는 표현 형식을 에크하르트의 저작으로부터 곧바로 골라 낼 수도 있고, 그의 사유의 논리적 정합성과 일치하는 표현형식도 만들 수 있다. 또한 이러한 것들로부터 거의 같은 형이상학을 정립하는 것도 가능하다. 가장 불가사의한 일은 두 신비주의자가 모두 형이상학의 옷을 입고 있다는 것으로, 그 형이상학은 본질적으로는 존재론이자 존재에 관한 사변으로서 놀랄 정도로 비슷한 방법을 사용하고 있으며 한층 더 놀라울 정도로 서로 유사한 용어를 사용하고 있다는 점이다.

(a) 에크하르트도 샹카라가 선택한 것과 동일한 텍스트인『찬도갸 우파니샤드』6.2.1의 구절을 그 사변의 출발점으로 선택할 수 있었을 것이다.

sad evedam agra asīd ekam evādvitīyam
처음에 이 [세계]는 실재(sat)뿐이었다. [그것]이야말로 유일한 것으로, 제2의 것은 없었다.

원시적 신화 및 신화적 우주론이라는 안개 속에서 우리가 이윽고 논할 신비적 직관(intuitus mysticus)이 나타났다. 인도에서는 신비적 직관으로부터 존재론이 생겨났다. (그리고 그리스의 존재론 및 철학과 관련하여서도 사정은 변하지 않았을 것이다.) 신비적 직관은 이 세계 사물의 다양성으로부터 생겨나 활기를 띠게 된다. 여기(idam) 즉 이 다양한 세계가 그 대상이다. 그리고 바야흐로 신비적 직관은 '동일성' 아래에서의 이 다양성을 일一로서, '제2의 것'에 흔들리는 일 없는 '일자一者'(das Eine)로서 직관한다. 이 일자는 존재 및 존재자이고 순전한 존재자 그 자체(eva)이다, 나아가 '태초에' 이 일자만이 있었다. 이 '태초에'는 라틴어로 말하자면, 'in principio'이다. 소박한 관찰은 원리적 관계인 것을 최초로 시간적 관계로서, 다시 말해서 '태초의 것', 시간의 시원에 있는 것으로서 파악한다. 하지만 소박한 관찰에 있어 시간적인 관계인 것은 그 소박함을 벗어난 관찰에게서는 원리적인 관계로 전환한다. 그런데 이 관찰도 이러한 전환을 표현하기 위해 여전히 오래된 소박한 용어를 고집한다. 왜냐하면 '원리적'이라는 것은 말 그대로는 여전히 '태초에'라는 의미이기 때문이다. 에크하르트와 마찬가지로 샹카라에게도 이 전환이 일어났다. 그와 함께 에크하르트는 'in principio'라는 용어를 유지하여 '존재라는 말과 나란히, 실로 그의 입장을 나타내는 표어가 되고 있다. '사물을 그 시원에서, 그 원리에서 (in principio) 인식하는' 것은 사물을 '신에게서' 인식하는 것으로, 모든 'idam' 다시 말해 모든 '이런 저런', '여기와 지금', 일체의 다양성, 이원성(Zweitheit)이 영원한 동일성인 듯한, 사물의 '원리적' 본질의 영원한 하나로서 인식하는 것이다.

(b) 이 동일성은 실재(sat)이고, 존재자 그 자체이며 존재 자체이다.(인도의 사트sat에도 존재자와 존재가 포함되어 있다. 즉 사트는 존재의 주체와 기능간의 동일성으로서, 역으로 에크하르트의 '엣세'esse가 존재 및 존재하는 주체의 양자를 포함하는 것과 동일하다.)

인격주의적인 스콜라 철학도 또한 신을 그 본래적 본질을 나타내는 것으로서의 존재를 통해 규정했다. 그와 동시에 스콜라 철학은 Deus est suum Esse라고도 말했다. 바꿔 말하자면, 신은 존재를 지니는 것이 아니라는 것이다. 즉 존재하는 사물이 그 존재를 지닌다는 점을 통해서 존재라고 하는 카테고리에 포함되어 버리는 것과는 다르다는 것이다. 오히려 신은 존재 그 자체이다. 신은 동시에 최고의 의미에서 존재라고 명명되어야 할 존재이기도 하다. 하지만 에크하르트는 한발 더 나아가, '존재는 신이다'(Esse est Deus)고 말한다. 이 경우에는, 신의 술어가 존재가 되는 것이 아니라, 반대로 존재가 신의 술어가 되어 논리적으로는 존재가 사변적 제1개념이 된다. '존재'는 확정된 본성이 없고 특수한 본성이 없으며 (아무리 높은 규율을 지니고 있다하더라도) 타인과 구별하여 지목되는 듯한 사람이 아니며, 마치 사트가 브라흐만·아뜨만인 것처럼, 신이다.[1] 그것은 또한 『찬도갸 우파니샤드』의 사변과도 유사하다. 왜냐하면 거기에서도 존재와 그 자체의 개념이 확정됨에 있어서 그것(저 일자)은 아트만이다(sa ātmā)고 고백되기 때문이다.

　　그리고 이 존재는, 샹카라에게는 '절대적이고 단순하며 부가된 것이 없는 존재'(Esse absolutum, simpliciter nullo addito), 즉 말 그대로의 존재, 존재 이외의 다른 무엇이 아닌 것으로(sad eva), 그 어떤 부가물도 지니지 않고 [어떠한 한정적 속성upādhi도 지니지 않는], '그 본질이 그 존재이고, 그것은 다만 존재가 보여주는 그 존재를 제외하고서는 어떠한 본질도 가지지 않는 것이다'(cuius quidditas est sua annitas, nec habet quidditatem praeter solam annitatem, quam esse signifat). 따라서 순수한 존재로서의 신이라면, 이윽고 완전히 '양상이 없고', '형태도 양상도 없고', 이것도 저것도 아니고, 이렇게도 저렇게도 아니게 되는 것은 순수한 존재로서의 브라흐만이 '어떠한 속성도 지니지 않고'(nirguṇa), '저것도 아니고 이것도 아닌'(neti neti), 자기 자신과의 완전한 동일성

---

1) 영역본 및 M판본에 있다.

(Zusammengenommenheit) 하에 있는 '하나로서의 존재' 그 자체인 것에 필적한다. 따라서 그것은 순수하고 단순한 존재(esse purum et simplex)로서 모든 개념 및 개념적 구별을 넘어서 있고, 따라서 또한 일체의 이해와 개념파악도 넘어서 있다(akaraṇagocara, avāgmanogocara [감관지를 넘는한편, 말로서는 표현할 수 없고 생각해도 사려가 미치지 않는다]). 왜냐하면 우리의 개념파악은 구별, 유형(genus)과 특수 차별상(differentia specifica)으로 한정되어 있기 때문이다.

(c) 그렇지만 여전히 논리학 또는 그 테두리 안에서 획득된 이러한 표현은 두 스승에게 있어서 마찬가지로, 단순한 논리적 곤란과의 온갖 관계를 끊어 버리고 보다 고차원적인 파악을 표현하기 위한 기반 내지는 출발점에 지나지 않는다. 순수한 신성神性은 개념을 통해서는 파악되지 않으며 말로는 표현될 수 없는 것이기에, 인간이 신에게 부여하는 술어는 그것이 무엇이든 신에 대한 파악 그 자체를 사도邪道로 이끌거나 혹은 에크하르트가 말하듯이 신으로부터 가짜 신(Abgott)을 만들어내는 것이 될 것이다. 따라서 비신非神(Nichtgott), 비혼非魂(Nichtgeist), 완전한 침묵, 정적한 사막(Wüste), 뿐만 아니라 바로 '무無'가 순수한 신성이 되는 것이다.

'그렇다면 이 순수무純粹無야말로 최고의 것, 즉 모든 동경憧憬의 목표에 적합하다'고 랏슨(A. Lasson)은 놀라 소리치고 있다. 왜냐하면 무한히 적극적인 것이자 더욱이 명명될 수 없는 것을 당장의 것의 부정否定 혹은 그것과의 대비를 통해서 명명하려고 하는 이 두 스승의 설명이 부족한 시도가, 모든 부정은 단순히 부정의 부정, 한계나 결여의 부정이어야 한다고 하는 에크하르트의 확신에 반하여, 진지하게 부정 및 추상抽象으로 해석되었다는 점에서도 둘은 일치하고 있기 때문이다. 두 사람의 이러한 경향은 마찬가지로 놀라움을 지닌 다음의 경고로 이어진다. 즉 바야흐로 그대가 완전해지고자 한다면 신에 대해서 이러니저러니 시끄럽게 말하지 마라'고 에크하르트는 말한다. '이 아트만은 침묵하고 있다'고 샹카라는 말한다.

(d) 다음으로 두 사람의 주목할 만한 유사성을 보여주는 것은 이 완전히 초인격적이고 신적인 것[신성]과 인격신과의 관계이다. 샹카라는 그 상위[관계]를 고차원의 브라흐만과 저차원의 브라흐만 사이의 그것으로 정식화하고, 후자를 인격신 이슈바라와 동일시한다. 에크하르트는 Deitas와 Deus, 즉 신성(Gottheit)와 신(Gott)을 대치시킨다. 그에게 있어 신은 기독교 교의학教義學에 바탕을 둔, 알려져 있고 인격적인 동시에 삼위격三位格으로서의 신이다. 그는 아우구스티누스와 마찬가지로 자식子을 신의 자기 사유, 즉 아버지가 자기 자신을 깨닫고 자기 자신 및 자기 자신의 본질적 충일充溢을 의식하는 것과 같은 인식으로 삼음으로써 기독교 교의학 위격位格의 사변을 지지하는 동시에 사용하고자 한다.[2] 이처럼 자기 자신을 인식하고 알고 사유하고 자기를 자기 자신에 대치시키는 등의 엄격히 인격적 신이 바로 '신'이다. 하지만 '신은 생성하는 한편 환멸還滅한다'고 에크하르트는 말한다. 그에게는 신조차도 넘어서는 높은 곳에 순수한 '신성'이 있다. 이 신성은 신의 가능성에 대한 근거이며 신은 거기에서 '생성한다.' 그리고 신은 '신의 프로세스' 속에서 다시 신성에 감싸진다. 인식자에게 중요한 것은 '신'을 넘어서 '막연한 신성' 그 자체의 정적靜的인 근거를 향해 가는 것이다. 신성은 보다 고차원의 것이다. 아직껏 '어떤 신을 소유하는' 사람은 아직 최고이자 궁극의 것에 도달해 있지 않다. 그 사람은 이제 겨우 영원성의 가장자리에 서 있음에 불과하고 영원성 그 자체 안에 있는 것은 아니다. 하지만 이 최고의 신성은 고차원의 브라흐만이 그러하듯이 온전히 [순수하면서 단일한] '일물一物'이며, 샹카라에게서와 마찬가지로 이 일물은 바로 이 최고

---

2) 자식은 영원한 '말'이다. 즉 내적인 것으로서의 말, 사유 혹은 인식, 부언하자면 신적인 자기인식이다(그때, 이 인식이 어떤 고유한 위격位格으로 여겨져야 한다고 하면, 그것은 쓸모없는 것이다).

존재의 불가사의함 그 자체에 대한 표현이다. 신성은 초월존재, 초월선이다. 신성은 '의식적'이지 않고 '자기 의식적'이지도 않으며, 이러한 점은 브라흐만과 완전히 동일하다. 게다가 브라흐만과 마찬가지로 신성은 이제는 의식적이지도 자기 의식적이지도 않다. 신성은 주체와 객체, 인식하는 것과 인식되는 것 사이의 대립의 바깥에 있으며, 더욱이 이 대립의 위에 있는 것이지 아래에 있지 않다.

3. 인용

에크하르트와 샹카라의 사변상에서의 평행에 관해 보다 구체적으로 살펴보기 위해서, 에크하르트로부터 인용을 하고 [그에 상응하는 산스크리트어를 괄호로 표기하고자 한다].

(a) '존재는 신이다'(Esse est Deus)
『찬도갸 우파니샤드』 제6장 제2절에서 샹카라가 만물의 시초에, 따라서 만물의 원리로서 실재(sat)를 세우고 있는 것과 마찬가지로, 에크하르트도 『삼부작』(opus tripartitum)의 서론(prologus)[3]에서 같은 일을 하고 있다. 즉 존재(esse), 존재 자체(ipsum esse)는 특정의 사물 내지 사물 일반의 부속규정이나 추가규정이 아니다.

존재 자체는 사물에 대해서 마치 그 뒤에 이어지는 것처럼 부가되어야 하는 것이 아니라, 모든 물物에 앞서 있는(agra āsīt) 것이다. 존재 자체는 어떤 것으로부터도 또한 어떤 것에 의해서도 그 무엇도 받지 않고, 무엇에도 수반되지 않고, 그 무엇도 따르지 않고, 모든 사물에 선행하며 그 앞에 있다.[4]

---

3) Denifle 533ff.
4) Ibid. 535.

그리고 개별적으로 존재하는 모든 것은 아직 개별이 확인되고 있는한, 제1원리 및 보편원인(causa prima et causa universalis)(순수한 sat)으로서만물에 선행하는 이 존재 자체로부터 처음으로 그 존재성을 얻는다.

> 따라서 존재 자체로부터, 또한 존재 자체에 의해서, 동시에 존재 자체안에서야말로, 만물은 존재한다.[5]
> 이 존재는 자명한 이치로서, '제2의 것이 없는'(zweitlos, advitīya) 것이다.왜냐하면, 존재 이외의 것(sato'nyad)은 무無이다.[6]

이렇기 때문이다.
그리고 마찬가지로 자명한 것은, 그것이 영원(nitya)하고 공간과 시간의 바깥에 있다(kāladeśa-animitta)는 것이다.

> 그것은 영원에 의해서 측정되는 것으로 시간에 의해서는 전혀 측정되지않는다.[7]

이 존재는 완전한 [순수하고 단순한] 단일(unum)인데, 단순히 타他와 비교해서 그렇다는 것이 아니라 자기 자신에 있어 단일이다(eka, advitīya, nirviśiṣṭa).

> 불가분의 상태 그대로이며, …… 단일에는 차이가 없고, 다른 것에 뒤떨어지는 것도 없고 형상, 순서 및 작용의 구별은 전혀 존재하지 않는다.[8]

---

5) *Ibid.*
6) *Ibid.*
7) *Ibid.* 536.
8) *Ibid.* 537.

그렇기는 하지만 이 영원하고 하나이며 미분화되어 있고 다양함을 벗어난 존재야말로, 샹카라에게는 실재(sat)가 브라흐만인 것처럼 에크하르트에게는 신인 것이다!

존재는 신이다. 그렇기 때문에 신과 존재는 동일하다.[9]

에크하르트는 이를 나타내기 위해서 '출애굽기' 제3장의 '나는 스스로 있는 자이다'(ego sum, qui sum) 및 '존재하기에 존재하는 것은, 나를 파견한 자이다'(qui est, misit me)[10]를 인용하고 있다. 그리고 이 존재는 일체의 생성에 대립하고, 따라서 모든 변화와도 대립한다(avikriya).

그렇기는 하지만, 신 측 존재는 시작이자 원리이자 끝이다. …… 왜냐하면 존재하는 것은 생성하지 않고, …… 생성하는 것도 불가능하기 때문이다. ……[11]

(b) 순수하고 단순한 존재

하지만 그러한 존재는 순수하고 단순한 존재(esse purum et simplex, sad eva)이다. 그 이유는

예를 들어 흰색이 단지 성질만을 의미하듯이, …… 존재(ens)는 그저 '있다'는 것만을 의미[12]

하기 때문이다.

그것은 분리되지 않는 것(indisctinctum, aviśiṣṭa)으로서 단일한 것이

---

9) *Ibid.*
10) *Ibid.* 538.
11) *Ibid.* 540.
12) *Ibid.* 542.

고, 따라서 다多(multum, nānātva) 및 부동不同(inequalitas)과 대립하며 종종 독일어로 표현되듯이, 형태도 양태도 없는 신성神性이다. 그것은 무한(infinitum, ananta)이다. 왜냐하면 그것은 동시에 부정不定(indefinitum, anirvacanīya) 및 불가측不可測(immensum)하기 때문이고, 어떠한 척도를 통해서도 측정되지 않기 때문이다.

그러한 존재는 '저 존재라든지 이 존재'(esse hoc et hoc)[13]가 아니다. 그것은 절대적인, 순수하고 부가물이 없는[=한정적 속성이 없는] 존재(esse absolutum, simpliciter nullo addito[14])이자 순수존재 및 벌거숭이 존재(purum esse et nudum esse[15])이다. 실로 이러한 까닭에 에크하르트는 '출애굽기' 3.14의 인격적인 나를 다음과 같이 해석하는 것이다.

> '나는 스스로 있는 자이다.' 나라고 하는 대명사는 그 존재가 그것의 본질이며, 존재가 가리키는 본질 이외에 그 어떤 존재도 가지지 않는 제1인칭이다.[16] 하지만 이렇게 식별된 대명사는 순수한 실체를 의미한다. 즉, 일체의 한정적 속성(upādhi)을 가지지 않고 일체의 다른 것(anyat)을 가지지 않은 채 순수하고 성질을 갖지 않고(nirguṇa), 형태를 지니지 않는(amūrta, 명칭·형태 nāmarūpa를 지니지 않는) 실체이며, 저것도 아니고 이것도 아닌 것이다. 그러나 이러한 형용은 한정적 속성을 넘어서고 종과 유類를 넘어선 신에게, 또한 홀로 존재하는 신에게 어울릴 것이다. 홀로 존재하는 신에게만.[17]
>
> 신은 유에 속하지 않고, 종도 유도 딱히 없다. 나는 실체의 유에 속하는 실체가 아니라 다른 것을 의미한다. 따라서 그 자체 모든 유의 완전을 감싸면서 한결 순수하다.[18]

---

13) *Ibid.*
14) *Ibid.*
15) *Ibid.* 559f.
16) *Ibid.*
17) *Ibid.* 559.
18) *Ibid.* 438.

이것은 산스크리트어로부터의 번역처럼 들리지 않는가? 샹카라는 『기타 주해』(553페이지 13.12)에서 다음과 같이 적고 있다.

> 모든 말은 대상의 의미를 분명히 하려는 목적을 가지고 있다. 말이 들리는 경우에는 청자와 화자 사이에 일치하는 '말'의 이해를 전제로 하여 그 말은 청자에게 그 의미를 알게 하려 한다. 부언하자면, 사물류, 작용, 성질 및 관계라는 네 카테고리에 기반하여 그렇게 하려 한다. 예를 들면, 소牛나 말馬은 사물류의 카테고리에 의해 이해되고, 요리하다든지 기도한다고 하는 것은 작용의 카테고리에 의해, 또한 흰색이나 검은색은 성질의 카테고리에 의해, 나아가 금전을 소지한다거나 소를 소유한다고 하는 것은 관계의 카테고리에 의해 각각 이해된다. 자, 그런데 브라흐만은 어떠한 사물류(그것이 소속하는 공통의 종류 genus commune)도 가지지 않는다. 따라서 또한 (통상의 의미에서의) 존재한다고 하는 말과도 같은 사물류(즉 모든 존재하는 것)를 의미하는 말에 의해서는 표현될 수 없다. 나아가 성질에 의해서도 표현되지 않는다. 왜냐하면 브라흐만은 성질을 지니지 않기 때문이다. 작용에 의해서도 표현되지 않는다. '부분이 없고, 움직임도 없이, 편안하게 있다'고 하는 문구처럼 그것은 작용을 지니지 않기 때문이다. 더욱이 관계의 카테고리에 의해서도 표현되지 않는다. 왜냐하면 브라흐만은 일자一者로서 제2를 가지지 않아, 어떤 것의 대상물이 아니라 자기自己이기 때문이다. 따라서 '그 앞에서는 말이 후퇴한다'고 성전에서 언급되듯이 브라흐만은 어떠한 말(개념)에 의해서도 표현되지 않는다는 것이 맞다.[19]

하지만 에크하르트는 다음과 같이 말한다.

> 그 단순한 성질은, 모양과 관련해서는 형태가 없고(formlos) 생성에 관

---

19) 여기서 우리는 샹카라가 계속해서 다음과 같이 말하고 있는 점에도 주목한다.

해서는 생성하지 않고 본질과 관련해서는 본질을 갖지 않으며 물질이라는 점에서 말하자면 물질이 아니다. 따라서 그것은 일체의 생성하는 사물을 거부하며, 일체의 생성하는 사물은 그것으로 끝나지 않으면 안 된다.[20]

다른 곳에서는 이렇게 말하고 있다.[21]

신은 순수한 일자로서, 어떠한 다多 혹은 차이를 띤 한정적 속성(upādhi)도 갖지 않고 관념 아래에서조차도 지니지 않으며(na manāg api) 또한 단순히 관념이나 명칭 하에서만 구별(bheda)의 착각이나 그림자에 현혹됨에 불과한 듯한 것조차도 넘어서 있고, 신의 안에서는 일체의 규정도 특성도 소멸한다.

"그렇기는 하지만, 브라흐만은 '존재한다'고 하는 표상의 대상이 될 수 없기 때문에 '존재하지 않는다'고 하는 표상으로 표현되는 것이 아닌가 하는 등의 잘못된 억측이 생기는 경우에는, 그러한 상정을 제외시키기 위해서 우리들의 텍스트는 브라흐만의 *astitva*를 교설한다(에크하르트도 분명 '~라는 것'(Istigkeit)이라는 표현을 하고 있다). 즉 브라흐만에 대해서 '곳곳에 손이나 발, 머리나 얼굴을 지니고 모든 것을 듣고 있다' 등과 같은, 생물의 모든 기관을 갖추고 있는 것이다.

이러한 능력은 다양하게 분화하여 구별된 것으로서 인간의 아트만에는 귀속하고 있다. 샹카라는 말한다. 이러한 다양한 규정은 단지 실수로만 브라흐만에 귀속할 뿐이다. 이 오류를 피하기 위해서는, 브라흐만은 '존재하는 것이 아니고, 존재하지 않는 것도 아니다'라고 인식되어야 하는 것으로 표현된다."

따라서 브라흐만에 귀속하지 않는 것은, 그저 'viśeṣajāta', 즉 다양성과 상위성뿐으로, astitva 다시 말하자면 '~라는 것' 그 자체, 바꿔 말하자면 다양성 속에 잠재하고 있는 현실성(Realität)이 아니다. 그리고 이 완전한 현실성을 표현하기 위해서 한정적 속성(upādhi)이 여기에 가중되는 것이라고 샹카라는 말하는 것이다. 이는 우리들에게 있어 머지않아 중요해진다. 왜냐하면 우리가 무차별하기는 하지만, 풍족하게 넘쳐나는 존재의 현실성이라는 것으로 생각하는 것이 거기에 동시에 함의되어 있기 때문이다. 덧붙여 말하자면, 이 astitva는 실로 에크하르트가 말하는, 임의의 존재(esse quodlibet) 혹은 이런저런 존재(esse hoc et hoc)와는 구별된 '그 존재'(esse quo)이다.

20) Pf. 497, 33.
21) Bü. 1, 113 & 2, 114.

또는 다시,

왜냐하면 우리가 떼어 놓거나 구별한 채로 둘 수 있을 법한 이런 저런 것은 신의 안에서는 존재하지 않기 때문이다. 신의 안에는 그 어떤 것도 없다. 단지 유일자, 즉 신 자신을 제외하고서는.

혹은

신은 이 다양한 사물과 같은 저것도 아니고 이것도 아니다(neti neti). 신은 일자이다.

(c) 영혼과 신은 하나이다.
그런데 이 일자, 존재하는 것에 관해서 에크하르트도 말하고 있다.

신은 내가 그것인 것과 같은 일자이다(tat tvam asi[22]).

혹은, 때때로 그는 다음과 같이 서술하고 있다.

의복을 두른 신성神性 — 구별, 다多 및 덧기움, 게다가 '유사성'(동일성이 아닌)을 지니지만, 신 자신과는 무연하면서 연이 먼 일체의 의상이 덧입혀진다.[23]
신과 우리는 하나이다. — 그저 단순히 하나로 결합되어 있는 것이 아니라 온전히 하나이다.[24]

또 [다음과 같이도 말하고 있다.]

---

22) Bü. 2, 88.
23) Bü. 2, 82.
24) Bü. 2, 75.

신성이 명칭을 지니지 않고 그 어떤 명명과도 소원하듯이, 영혼도 명칭을 지니지 않는다(브라흐만과 내적 아트만과의 일치). 왜냐하면 영혼은 신과 동일한 것이기 때문이다(동일성).[25]

하지만 이 관계는 원리적이자 본질적으로, 브라흐만과 아트만의 관계도 마찬가지이다.

영원성 하에서 나에게 부여된 일체의 것을 이미 나는 소유하고 있다 (nityasiddha)라고 예전에 주장한 일이 있는데 지금도 이렇게 말하고 싶다. 왜냐하면 신은 그 풍요로운 신성을 지닌 채 원상原像(urbild)(영혼 그 자체)에 거주하시기 때문이다

그렇지만 이 영원한 근원적 관계는 무명(Unerkenntnis, avidyā)에 뒤덮여 있다.

그런데 '신이시여, 그 몸은 숨겨져 있는 신이다'고 예언자가 말하듯이 그것은 영혼의 앞에 숨겨져 있다. 이 신의 나라의 재물을 숨긴 것은 시간과 다양성이고(nānātva에 의한 tirodhāna) 영혼의 자업自業(karman)으로서, 요컨대 그 피조물로서의 성질이다. 하지만 영혼이 이러한 다양성의 일체로부터 스스로를 나눔에 따라 영혼 속에 신의 나라가 열리게 된다 (satyasya satya). 거기서는 영혼과 신성이 하나이다(ekatā[26]).

진정 바로 여기에서 영혼은 구별된 개별자로서는 이윽고 '죽어서, 신성 안에 묻혔던[27]' 것이다.

---

25) Bü. 2, 209.
26) Bü. 2, 208.
27) Bü. 2, 207.

그리고 일체一體(Einheit)가 있는 곳에서는 더 이상 동일성(Gleichheit)도 유사성도 존재하지 않고 주체와 객체의 차이점도 없다.

영혼과 신이 그 본질에 있어서 하나인 곳에서는, 그것들은 '서로 비슷한' 것이 아니다. 왜냐하면 동일성은 여전히 차이점과 늘어서 있기 때문이다. 따라서 영혼은 (신과의 일체에 도달하기 위해서) 신과의 동일성도 벗어버려야 한다.[28]

또한 [다음과 같이 말하고 있다.]

어떤 것이 아직 우리의 인식 대상(viṣaya)인 한, 우리는 아직 일자와 하나의 것이 아니다. 왜냐하면 일자 이외에 그 누구도 없다면 사람은 그 누구도 보는 일이 없기 때문이다.[29]
'알려지는 것(대상)과 아는 것(주체)이 하나인 곳에서는[30]'
무지한 사람들은 마치 신이 그곳에 계시고 자신이 여기에 있는 것처럼 신을 보아야 한다고 망상한다. 하지만 그렇지 않다. 신과 나 즉 우리는 아는 것에서 하나인 것이다.[31]

(d) 양태가 없는 순수한 인식

하지만 브라흐만이 이슈바라를 넘어 높은 곳에 있듯이 신보다도 높은 곳에 있는 신성 그 자체는 일체의 양태(Weise), 일체의 형태(Wie)를 벗어나 있을 뿐 아니라 일체의 움직임도 없어, 이 또한 브라흐만과 마찬가지이다.

신성神性이 갖가지 것을 생겨나게 한 것이 아니라(akartṛtva), 신(Īśvara)

---

28) Bü. 2, 205.
29) Bü. 2, 185.
30) Bü. 1, 128.
31) Pf. 206, 8. [Walshe 2, 136.]

이 처음으로 만물을 창조한 것이다. 신이 창조주인 경우에는, 신은 다양하며 다양성을 인식한다. 하지만 신이 일자一者인 경우에는, 신은 일체의 움직임으로부터 자유롭고 벗어나 있으며 한편 이처럼 (인식하는 것과 인식되는 것, 인식하는 것) 하나인 점에서 신은 자기 자신의 초현실성 이외의 그 어떤 것도 인식하지 않는다(cinmātra, caitanya, svayamprakāśatva[32]).

왜냐하면 신성으로서도 근원적인 하나(Ureinheit)로서도 신성은 최고의 정신(paramātman)이라는 점은 명백하기 때문이다.

신성은 본래 정신성이다.[33]
신성은 살리며(cit) 본질적이며(satya) 절대적으로 존재하는(sanmātra) 정신성(caitanya)으로, 이것은 자기 자신을 대상으로 하고 그리고 영원히 동일하며, 그저 자기 자신 안에서만 존재하고 생활한다! 여기서 나는 최고의 정신에 대해서 그 어떤 종류의 규정도 덧붙이지 않았다(샹카라에게 있어서도 sat, cit, caitanya, nitya, ananta, svayamprakāśatā, ānanda 등의 술어는 그 어떤 viśeṣaṇa여서도 안 된다). 오히려 그 자신이 단지 무규정을 규정을 하고, 존재한다고 하는 이유(만)에 의해서 생명을 지니며(cit), 지복至福이라(ānanda)는 점에서 나는 그것으로부터 일체의 규정을 제거했던 것이다.[34]
신은 섞이는 것이 없는 존재이자 순수한 이성적 이해로, 자기 자신 아래에서 자기 자신을 이해한다.[35]
생명을 가진 본질적인 이성, 그것은 자기 자신을 이해하고, 자기 자신

---

32) Bü. 2, 194.
33) Bü. 2, 190.
34) Bü. 1, 109.
35) Pf. 527, 12.

아래에서 존재하며 살아가, 온전히 같은 것이다.[36]

이 절대적 정신은 정신이기는 하지만 그 절대적인 통일성에서, 여전히 주체와 객체라는 구별 아래 머물고 있는 여타 모든 정신까는 비교할 수도 없는 것이다. 이 정신은 브라흐만인 즈냐냐(지식 jñāna)와 마찬가지로, '지식'이지만 주관과 객관을 가지지 않는 지식이다. 즉

자기 자신 안에서 움직이는 순수한 지식[37]

이다.

(e) Deitas와 Deus, Brahman과 Īśvara

이 영원한 근원적 유일자는, 종종 그렇게 불리는 경우가 있는데 신이 아니라 '신성'이다. 그도 그럴 것이, 이것은 샹카라와 미묘하게 일치하는 점이기도 한데, '신성'은 신 혹은 인격적인 주主보다도 더 높은 곳에서 안식하고 있으며 신에 대해서는 이슈바라에 대한 브라흐만과 동일한 관계 아래에 있기 때문이다. 이 관계는 에크하르트 이전에 이미 스콜라 철학에서 추상적이며 완전히 형식적이고 아카데믹한 형태로 정형화되어 있었다. 이러는 한, 이 지극히 기묘한 교설 아래에 있는 에크하르트 자신은 '스콜라 학도'이다. 하지만 에크하르트에게 있어 이 사상이 어떻게 변화했던가? 그때까지 그것은 아카데믹한 학자의 문제였다. 에크하르트에게서 그것은 격렬하게 불꽃을 날리는 섬광이 되었다. 조금 더 말하자면, 그로부터 번쩍거리며 나오는 섬광이 되었다. 저 아카데믹한 교설은 그것이 불타오르는 우연한 역사적 자극에 불과했던 것이다. 자신이 말하는 내용이 전대미문의 것임을 알고 있는 그는 다음과 같이 서술하고 있다.

---

36) Pf. 188, 29.
37) Bü. 1, 162.

어찌되었든, 잘 생각해 보기 바란다. 영원하며 불멸하는 진리와 내 영혼을 걸고 부탁하고 싶다. 아직 들어본 적이 없는 것을 파악하길 바란다. 신과 신성은 하늘과 땅처럼 다르다는 것을. 하늘은 1천 마일이나 높은 곳에 있다. 그처럼 신성도 또한 신보다도 높은 곳에 있다. 신은 생성하고 한편으로 소멸한다.[38]

이 교설을 이해하는 사람이 있다면 아끼지 않고 주겠다. 하지만 만약 여기에 아무도 없다고 하더라도 나는 이 기부금 상자를 향해서라도 설교해야 한다.[39]

브라흐만으로부터 인격신 이슈바라가 모습을 드러내고, 그와 동시에 아트만, 즉 영혼도 나타내게 되어 양자가 서로 동시에 주어져 상호 제약하는 관계에 이르는데, 에크하르트에게도 사정은 마찬가지이다. 영혼과 함께 또 영혼의 아래에서만, 피조물과 함께 또한 피조물 아래에서만 신은 신이다. 게다가 인격으로서, 주체로서, 또한 객체를 아는 존재로서 신이다.

> 내가 (신성의 근저로부터, 대지로부터, 수원水源으로부터) 넘쳐흐를 때 처음으로, 모든 피조물이 '신이 있다'고 말했던 것이다.[40]

(f) 공통의 고백

에크하르트의 이러한 설명은, 실로 요약된 샹카라의 고백일지도 모르는 다음의 말에 요약되어 있다.

> 내가 신에게서 걸어 나왔을(즉 다多 속으로) 때에, 만물이 '하나의 신이 있다'고 말했다(이 신은 이슈바라이기도 하고, 인격적이며 사물을 창조하는 신

---

38) L. 240.
39) L. 242.
40) 출전 미상.

이다). 그런데 그것은 나를 지복에 이르게 할 수 없다. 왜냐하면 그 경우 나는 피조물로서 이해되고 있기 때문이다(kārya, kāladeśanimitta). 그렇지만, 돌파突破에서는(참다운 완전한 지식samyag darśana에서는) 나는 피조물 이상의 것이다. 나는 신도 아니고 피조물도 아니다. 곧 나는 이전에 나였던 것이기도 하지만, 지금도 그리고 언제라도 내가 거기에 머무를 수 있는 것(nityamukta로서의 ātman)이기도 하다. 거기서 나는 천사보다도 더 높이 들어올려지는 듯한 충격을 받는다(mukta는 일체의 신들deva 및 그들의 천상계 위에 있다). 그 충격의 때에 나는 매우 풍요로워지기 때문에, 신(Īśvara)의 신다운 점으로 보아도, 또한 그 신적인 위업으로 보아도, 신은 나를 만족시킬 수 없다. 왜냐하면 이 돌파의 아래에서 나는 나와 신의 공통된 바의 것!을 받기 때문이다. 거기서 나는 한때의 나였던 바의 것이다. 거기서 나는 증가도 감소도 없다. 왜냐하면 거기서 나는 만물을 움직이는 부동자不動者(acala)이기 때문이다. 여기에 이르러서 인간은, 그가 영원히 그렇게 되어 버렸던 것, 그리고 언제나 계속 그러한 상태에 있을 것에 다시금 도달했던 것이다. 이러한 까닭에 신은 정신 안으로 끄집어 들여졌던 것이다.[41]

이처럼 우리는 두 사람의 '형이상학자'를 대비시켜봤는데, 이렇게 보면 둘은 전체로서도 세부적으로도 놀라울 정도로 일치하고 있는 듯이 보인다. 사실 두 사람은 일치하고 있다. 하지만 이 두 사람은 '형이상학자가 아니라 전혀 다른 것이라는 점에서 무엇보다도 또 지극히 일치하고 있다.

---

41) Bü. 1, 176f.

제2장 구제론이지 형이상학이 아니다

1. 존재는 구원을 의미한다

샹카라가 인도 최대의 '철학자'라는 것은 지당한 말이다. 마이스터 에크하르트도 철학사에서는 독창적인 철학체계의 창시자로서 취급되는 것이 일반적이다. 그렇지만 근본적으로 이들은 철학자라기보다는 오히려 신학자라는 점에서 일치하고 있다. 두 사람은 분명 형이상학자이기는 하다. 하지만 아리스토텔레스와 같은 사람이나 철학파의 형이상학이라는 의미에서가 아니다. 둘을 자극하는 관심은 '학문적' 이론적인 세계설명이라든가, 세계 및 세계지世界知(Wiltwissenschaft)의 '형이상학적' 근거가 아니다. '우리는 세계를 설명하지는 않는다. 이에 관해서는 요령껏 둘러댈 뿐이다'고 샹카라의 후계자가 이전 나에게 말한 적이 있다. 그는 진정 핵심을 파악하고 있다. 두 사람에게는 이론적인 세계 설명을 위한 지식욕에 기반한 인식이 아니라, '구원하려는 욕망'에서 나온 인식이 문제인 것이다. 샹카라에게는 그것이 얼마간 숨겨져 있는 부분이 있고, 에크하르트에게도 그의 라틴어 저작에서 그렇지만, 구제론의 사변적 골격은 꽤 분명하게 드러나 있다. 하지만 독일어 저작에서는, '형이상학적'인 서술을 그것으로서 분리하는 일은 거의 불가능하다. 앞서 인용한 문장에서도 이미 에크하르트에 대해서 다소 무리할 수밖에 없었고, 그 표현을 고의로 문맥에서 떼어내야만 했다. 즉 그 만큼 한층 거기에는 '지복을 초래하는' 사용법이 스며들어 있는 것이다.

2. 이어서

두 사람은 말할 것도 없이 존재 인식을 구하고 있다. 둘에게 있어 이 인식은 최상의 정식定式의 하나이다. 하지만 그것은 지복을 초래하는 존재에 대한 지식으로서의 존재 인식이다. 달리 표현하자면, 애초에 궁극적인 근거나 절대적인 것, 그것과 세계와의 관계와 같은 것에 대한 학문적 관심, 이 경우에는 '영혼' 및 그 형이상학적인 관계에 관한 몇몇 특이한 서술도 생기고 있는데, 이것이 둘을 근본적으로 자극하고 있는 것이 아니다. 온갖 학문적인 형이상학적 사변의 완전한 테두리 밖에 있는 이념, 즉 형이상학적 사변이나 그렇지 않으면 합리적 또는 학문적인 개념을 기반으로 하여 헤아리면 완전히 공상적인 것으로밖에 보이지 않고 철저하게 '비합리적'인 듯한 이념, 다시 말해서 어떻게 획득되는지와 상관없이, '구원'(Heil), 살루스(평안 salus), 슈레야스(지복 śreyas)의 이념에 의해 둘은 인도되고 있는 것이다.[42] 그렇지만 이 사실은 샹카라에게도 에크하르트에게도 완전히 일치하여, 양자의 '형이상학적'인 명제 및 술어에, 그렇지 않으면 지닐 수 없었던 의미를 부여하고 있다. 그리고 그 사실이야말로 둘을 비로소 진정한 신비가답게 만들어 그들의 모든 개념을 신비주의적인 색채로 물들이고 있는 것이다. 그들이 말하는 '존재'는 구원이여야만 한다. 존재가 유일한 것으로 제2의 것이 없고 나뉘지 않으며, 부가어=한정적 속성도 술어도 가지지 않고 형태가 없고 그리고 양태도 없다고 하는 것은(에크하르트도 샹카라와 완전히 동일하게 말하고 있다) 단순한 형이상학적 사실이 아니라 동시에 구원의 사실이기도 하다. 더

---

42) 이 점은 거의 동일한 듯한 다음의 사정에 의해서 샹카라 및 에크하르트에게 손쉬워, 말 그대로 그것에 의해서 부여되기조차 하였던 것이다. 즉 산스크리트어 sat(존재하다)가 일상어로서 이미 '진실眞', '사실', '바름正', '선善'이라는 부차적인 의미를 지니고 있었다. 게다가 라틴어 'esse'는, 오랜 학설에서는, '진실(verum) 및 선(bonum)과 호환 가능한 것이다.

욱이 영혼이 영원한 일자와 영원히 하나라는 것도 학문적인 관심을 끄는 사실이 아니라 영혼의 구원이 관계를 가지는 것이다. 완전한 불가분성과 완전한 단일성, 철저한 동일성의 확증이나 증명 혹은 다多와 분리, 분산과 다양성의 반증 내지 이의의 신청이 ㅡ이것들이 설령 합리적인 존재론의 체재를 하고 있어도ㅡ 둘에게 의미를 지니는 것은 결국, 그것이 실로 구원을 초래하는 것이기 때문이다. ㅡ'한 순간이라도 구별이 있다고 한다면, 위험, 거대한 위급의 때이다.'

3. 오늘날의 존재론에서 본 곤란

물론 오늘날 우리들의 존재론의 입장에서 본다면, 하나인 불가분의 존재에 관한 이러한 경직된 주장에 대해서 즉 '존재 이외의 그 어떤 것도 아닌 순수 존재'(sanmātra), '순수하면서 단순한 존재'(esse purum et simplex), '저것도 아니고 이것도 아닌'(neti neti), '양태가 없는' 존재, 또한 우리들에게는 무엇보다도 더 없이 공허하기만 한, 이러한 '순수존재' 하에서의 생성과 소멸 따위에 대해 왜 사람들이 관심을, 그것도 불타오르는 듯한 관심을 가지게 되었는지 거의 이해할 수가 없다. 우리들에게는 이러한 '순수하게 존재하는 것'이라든지 거기에 머무르고 있는 상태는 더 없는 지루함, 의미와 가치의 완전한 상실 상태로 비춰질 것이 틀림없다. 그런데 이 두 사람이 여기에 관심을 가지고 말 그대로 그것에 자극을 받았다는 것, 이 사실이야말로 더욱 날카로운 눈으로 응시하여 두 사람 사이의 일치가 진실로는 어떠한 것인지를 인식하도록 우리를 재촉하는 것이다.

4. 왜 존재가 곧 구원인가

두 사람이 말하는 존재는 그들에게는 진정 가치 있는 것, 그리고 계속해서 가치가 넘치는 것, 즉 그것과 함께 모든 가치가 동시에 부여되는 것으로서 나타났다. 그리고 그 이유만으로 그것은 관심의 대상이 되는 것이다. 하지만 그것이 진정 가치 있는 것이 되는 것은, 두 사람에게 있어 그것이 오늘날 우리들에게는 곧장 떠오르지 않는 듯한 어떤 종류의 대립을 보이기 때문이다. 이것은 단계적으로 일어난다. 즉 두 과정 내지는 단계 아래에서 일어난다. 두 스승은 이것을 의도적으로 구별하고 있지 않지만, 분명 이는 구별되는 것이다. 즉 (a) 합리적인 의미에 있어서 및 (b) 비합리적인 의미에 있어서이다.

(a) 합리적 의미에 있어서
존재가 -개념적으로 명백한 '합리적'인 형태로- 그 가치를 지니는 것은,

(α) 그것이 '생성' 및 생성하면서 변화하는 것과
 대비되는 한에 있어서이다
예를 들자면 『만두캬 까리까』 4.71은 이렇게 말하고 있다.

 최고의 구원의 진리라는 것은
 그 어디에서도 생성됨이 없는 것이다.

우리 현대인은 통상 그러한 대비는 하지 않는다. 우리들이 '존재'를 생각할 때에는 우선 단순히 '존재한다'(Existieren)를 생각한다. 이 '존재한다'는 우리들에게 있어 보통은 '생성'에 대립하는 것으로는 생각되지 않는다. 왜냐하면 '생성하는 것', 생성을 기반으로 이해되는 사물은 역시 '존재한다', 실로 생성하는 것으로서 '존재하기' 때문이다. 더욱이 생성의 프로세스, 예를 들어 성장의 과정도 '역시 존재한다.' 곧 성장의 과정으로서 존재한다. 따라서 우리들에게는 '존재', 즉 '존재한다'로서의 존

재는 자기 자신의 단순한 부정 이외에 현실의 반대물을 지니지 않는다. 그런데 엘레아 학파나 플라톤의 이해에서는, 게다가 에크하르트 및 샹카라의 이해에서도 사정은 완전히 다르다. 여기서는 '생성'이 '존재'와 대립한다. 즉 존재하는 것은 생성하지 않고, 생성하는 것도 불가능하다 (Quod enim est, non fit nec fieri potest[43]). 하지만 생성은 존재와 비존재(sat와 asat) 사이의 이상한 중간물이고, (샹카라가 무명avidyā에 관해서 말하고 있듯이) 있다(sat)고도 없다(asat)고도 규정될 수 없는(sadasadbhyām anirvacanīyam) 것이다. 생성과 마찬가지로, 변화(vikāra, vikriyā), 무상한 것(anitya), 덧없음이나 변하기 쉬움도 존재와 대립한다. 반대로 존재는 모든 변화, 전변, 그것과 함께 일체의 찰나성과 대립한다. 그렇기 때문에 존재(sat)는 동시에 또한 '진정한 것'(satya) 또는 진실되면서 홀로 실재적인 것이기도 하여, 여기에 비교하면 모든 생성은 자연스레 (애초에 이미 마야설을 기대하지 않은 채) 완전한 가상假像 또는 반가상으로 가라앉아 간다. 하지만 불변하며 실재적인 것으로서의 '존재하는 것'은 또한 동시에 '완전한 것' 및 완성된 것이기도 하다. 그리고 이제는 '존재하는 것'이 일체의 한정적 속성(upādhi 혹은 accidens)이나 속성(guṇa 또는 qualitas)을 지니지 않는, 철두철미하게 그저 '존재' 그 자체(sat eva', [순수하면서 단순한 존재] 'esse purum et simplex')가 되는 것이 비해, 그 만큼 점점 더 이러한 것이 분명해진다. 그런데 만일 '존재'에 대해서 그 최초의 대립 아래에서 서술한 것을 그 정도로서 받아들인다면 그것은 가장 엄밀한 의미에서의 존재론적인 서술일 테이지만, 그것은 모든 것을 바로, 지극히 '가치를 강조한' 것이기도 한 것이다. 즉 그러한 서술은 '구원'을 포함하여 그것을 의미하는 것이고, 생성의 미덥지 못함을 느끼고 있는 사람, 생성과 '유전'의 끝없는 전변에 휘말려 다양성에 얽매어 있는 사람에게는 그렇다. 『까타 우파니샤드』 1.28에서의 나지케타즈처럼,

---

43) Denifle 540.

저기에서는 죽지 않고, 늙어가지 않는 것을 깨닫고

여기서는 내 몸이 늙어 가, 죽어 감을 아는 자

그러한 사람은, '존재하는 것' 혹은 '존재' 자체에 도달할 때, 또는 그것일 때에 이 늙음이나 죽음으로부터 해방된다. 만약 이러한 가치의 측면'을 지니지 않는다면, 두 사람의 교설은 (정녕 별난) 존재론일 것이다. 하지만 또, 그것이 없었다면 둘은 아마도 단 한 줄도 쓰지 않았을 것이다.

자, 이제 이상의 것을 보여주기 위해 일련의 예를 제시하면 좋을 것이다. 그중에서도 가장 분명하게 이 점을 보여주는 것은, 존재의 개념 그 자체가 전혀 사용되지 않는 '존재'의 사변, 즉『브리하드 아란냐카 우파니샤드』2.1 이하의 동기이다. 늙은 현자 야즈냐발캬는 구원의 길을 걷기 위해 집과 고향을 버린다. 그는 재산을 두 아내에게 양도한다. 하지만 아내 마이트레이는 다음과 같은 말과 함께 그 재산은 물론 세간의 모든 부를 거절한다.

yenāhaṁ nāmṛtā syāṁ kiṁ aham tena kuryām!
내가 그것으로 불사에 이를 수 없는 것이 나에게 있어 무슨 소용이 있을까!

죽음과 죽음의 세계 및 무상으로부터의 자유 ― 이것이 상주하며 참된 존재의 획득이다. ― 이처럼 존재는 그 의미를 해명하는 일반적인 동의어에 둘러싸여 있다.

여기(이 세계에는) 영원한 것은 없다. 모든 활동은 무상한 것을 나에게 얻게 한다. 하지만 나는 영원하며 불사이고, 무외하면서 전변하지 않으며, 부동不動하면서 영속하는 완성을 구하는 자이다.[44]

하지만 이 완성이라는 것은,

> 브라흐만으로서 시작도 없고 끝도 없으며, 불변하며 불사이고, 두려움을
> 떨쳐내고, 순수하면서 밝은 존재 이외의 그 무엇도 아니다.[45]

그러한 존재는 시작할 필요도 없고 멈출 필요도 없다. 왜냐하면, 그렇지 않으면 영원하지 않기 때문일 것이다.[46] 그것은 완전한 하나로서 부분이 없는 것이어야 한다. 왜냐하면 '지나가 버린다'는 것은 부분의 상실에 있기 때문이다. 그 증명이 되는 것은 '물체'이다. 부분을 지니지 않는 것에는 '지나가 버리'는 일은 있을 수 없다.[47] 그것은 철저하게 분열을 지니지 않는 것이어야 한다. '만약 분열이 있다고 한다면, 영원한 것이 죽어야 할 것이 될 것이다.[48]"

존재의 동의어는, 경건한 힌두교도들의 일상 기도문으로 이용되고 있는 『브리하드 아란냐카 우파니샤드』 1.3.28의 게송 속에서 그 구제의 의미를 분명히 있다.

> 나를 존재하지 않는 것에서 존재하는 것으로 인도해 주소서.
> 나를 어둠에서 빛으로 인도해 주소서.
> 나를 죽음에서 죽음으로부터의 자유로 인도해 주소서.

그런데, 에크하르트는 어떠한가.

> 구별되어야 할 것들 중에는 하나인 것도 존재도 신도 발견되지 않으며

---

44) 『문다카 우파니샤드 주해』 2.21.
45) 『문다카 우파니샤드 주해』 2.10.
46) 『만두캬 카리카』 4. 32.
47) 『문다카 우파니샤드 주해』 1.1.6.
48) 『만두캬 카리카』 3. 19.

휴식도 지복도 완성도 보이지 않는다![49]

약한 것은 모두 존재(Wessen)의 결여이다. 우리들의 모든 생명은 존재여야 한다. 그리고 우리들의 생명이 존재인 한, 그것은 신의 내부에 있다.[50]

따라서 우리는 부정不定과 격렬한 세상의 흐름으로부터 이끌려 나와야 한다.[51]

신은 항상 불변하다. 바로 이러한 까닭에 신은 가장 희구할 만한 것이다.[52]

(β) 존재도 구제도 마찬가지로 존재의 충일充溢이기 때문이다

그런데 이 점에 관해서는, 에크하르트에게서는 극명하고 보이고, 의미상에서 보면 샹카라에게서도 발견되는 하나의 계기가 드러난다. 즉 존재 이외에 그 무엇도 아니면서 순수하게 존재하는 것은, 실로 그러한 것임과 동시에 철저한 존재의 충일이기도 하며 계산하기 어려울 만큼 풍부한 존재 및 존재의 내용이기도 한다. '일반적으로 실재성은 존재 자체로부터는 부정되지 않는다'(nihil entitatis unversaliter negari potest ipsi enti)고 에크하르트는 말하고[53], 샹카라도 『기타 주해』 13. 13에서의 상론 속에서 똑같이 말하고 있다. 에크하르트에게 이 사상은 '합리적으로', 그가 따르는 논리를 통해서 분명해 진다. '존재'라는 것은 분명 다른 일체의 개념이 거기에 포섭되어, 그 영역에 포함되어 있는 가장 보편적인 개념이다. 그런데 우리들 현대인에게 있어서 가장 보편적인 개념은 영역과 관련해서는 가장 넓지만, 내용과 관련해서는 가장 빈약한 것이다. 하지만 내용과 관련해서 빈약하다는 생각은 에크하르트나 그 논리

---

49) Bü. 2, 110.
50) Pf. 263, 10. [Walshe 2, 224-245.]
51) Pf. 247, 1. 이것은 거의 '윤회'를 의미한다.
52) Pf. 313, 38. [Walsche 2, 322.]
53) Denifle 546.

의 견해가 아니다. 에크하르트에게는 가능성으로 보아 상위개념이 하위 개념의 모든 본질적 내용을 자기 안에 파악하고 있다는 형태로, 전자가 후자를 동시에 포함하고 있다. 예를 들자면, '색'이라고 하는 보편적 개념은 파랑이나 빨강, 초록과 비교해 본질 내용에서 공허하지도 빈약하지도 않다. 오히려 색은 모든 현실의 색에 대해서 그것뿐이거나, 현실의 색에 대해서만이 아니라 모든 가능성 있는 색 일반에 대해서조차 그 가능성을 안에 품고 있기 때문에 개별 색의 개념보다도 비교할 수 없을 정도로 풍부하다. '모든 것이 그 존재에 있어서 완전하며, 단순하면 할수록 그것은 상태에서 한층 더 풍부하다'(Quanto res est perfectior in esse et simplicior, tanto est copiosior secundum rationes[54]).

'온갖 유類의 완전을 포함하면서'(incluens perfectiones omnium generum[55]) 라고도 언급되고 있다. 그리고 '어떤 것이 고귀하면 할수록 더욱 더 보편적이다[56]'라는 말도 있다. 이처럼 에크하르트에게 '존재'는 우리들에게와 마찬가지로, 지극히 공허한 것이 아니라 측정할 수 없을 만큼 풍요로운 것으로 '그 스스로 풍요로운'(dives per se) 것이다. '존재하는' 것이 되는 사람은 애초에 존재의 충일의 풍요로움에 발을 들여 놓는다. 예컨대 에크하르트는 다음과 같이 말하고 있다.

> 신은 유일한 선이며, 모든 개별 선은 거기에 함께 포함되어 있다.[57]
> 그곳은 충만한 곳으로 신성의 세계이다. 그것은 일자(einekeit)이다.[58]
> 바다와 비교하면 한 방울의 물은 하잘 것 없다. 이처럼 신과 비교한다면 만물은 너무도 작다. 영혼이 신을 자신 속으로 끌어 들일 때, 물방울은 바다로 변한다.[59]

---

54) Denifle 555, 21.
55) Denifle 567, 14.
56) L. 198.
57) Bü. 1, 179.
58) Pf. 234, 23.
59) Pf. 314, 19. [Walshe 2, 323.]

신에게는 결여도 부정否定도 없다. 왜냐하면 그 본성은 충일하기 때문이다.[60]

존재하는 것이 더욱 더 그저 존재하는 것일 뿐이며, 그저 일자一者일 뿐인 것이 됨에 따라, 혹은 규정성이나 다양성, 구별로부터 멀어지면 멀어질수록, 이 풍요로움, 특히 가치의 풍요로움이 이 같은 인식 방법 하에서 한층 더 증대해 간다.

진정 바르게 그것을 파악하고자 하는 사람은 선이나 진리와도, 더욱이 그저 관념이나 명칭 속에서만 구별의 착각이나 그림자에 고뇌할 뿐인 것과도 연을 끊는다. 그 사람은 일체의 다양성과 구별을 갖지 않는 일자만을 신뢰한다. 이 일자에게는 모든 규정성과 특성이 사라져, 그래서 하나이다. 이 일자야말로 우리를 지복하게 한다.[61]

혹은 [다음과 같이 언급되고 있다.[62]]

우리는 '존재자'(Wesen)를, 그 자신으로서 그러하듯, 꾸밈없고 순수한 존재로 파악한다. 그때에는(진정 그 순수한 존재성 아래에 있는 때에는) 존재자는 인식이나 삶生보다도 고귀하다. 왜냐하면 존재자가 존재자인 점에 의해서만 그것이 인식이나 삶을 지니기 때문이다. …… 영혼이 신을 피조물 안에서 인식하는 때는 '석양'이다. 영혼이 피조물을 신 안에서 인식하는 때는 '아침 햇살'이다. 그런데 영혼이 신을 그저 존재자에 불과한 것으로 아는 때는 한낮이다. 따라서 사람은 이 한낮을, 마치 미친 듯한 열정에 빠진 듯 열망해야 하고, 존재자가 이처럼 고귀하다는 것을 관조해야 한다.

---

60) Pf. 43.
61) Bü. 2, 84.
62) L. 216.

또한 [다른 곳에서는 이렇게도 서술하고 있다.]

내가 이것저것이거나, 이것저것을 가지고 있는 동안은 나는 아직 만물이 아니고 만물을 가지고 있지도 않다. 저것이다거나 이것이다고 하는 것이나 저것을 지니고 있다거나 이것을 지니고 있다고 하는 상태를 버려라. 그렇게 하면 어디에나 있는 것이 될 것이다. 저것도 이것도 아닌 때, 만물이다.[63]

샹카라에게서도 또 인도 논리학에서도 이러한 관계가 언급되어 있기는 하지만, 신학상의 사변에서는 그 어떤 역할도 하지 않고 있다. 그러나 대신에 그에게서는 브라흐만은 '이 일체이자, 일체 세계에 존재하는 모든 것'(sarvam idaṁyat kiṁca jagatyāṁjagat)이라는 우파니샤드의 오랜 금언이 여전히 생생하게 느껴진다. 그리고 샹카라의 '사트'(실재 sat)도 서양 신비주의의 '엣세'(존재 esse)에 종종 정당하게 적용되는 직유가 들어맞는다. 즉 존재는 말하자면 [화학에서 말하는] 모액母液(Mutterlauge)과 같은 것으로, 그 자신으로서는 전적으로 단일하고 동질이며(ekarasa) '그저 일자'에 지나지 않지만 진정 일체 존재의 내용의 모든 풍요로움을 자신 속에 녹여 넣고 있는, 혹은 해면처럼 흡수하여 포함하고 있는 것이다. 이러한 직유가 정말이지 딱 들어맞는 것은 『찬도갸 우파니샤드』 제6장에 제시된 샹카라의 위대한 근본 입장 외에는 없다. 이 장은 실로, 어떻게 해서 일자로서의 실재가 모든 존재의 풍요로움 일반의 모체(matrix)인지를 보이고자 하는 의도를 지니고 있는 것이다. 더구나 그 '벌꿀의 비유[64]'는 바로 동질의 모액의 비유가 지니고 있는 의미를 갖고 있다. 하지만 이 장에는 진정 두 개의 '구절'이 나온다. 즉 'sat evedam agra āsīd ekam evādvitīyam'과 'sa ātmā, tat tvam asi'이다. 전자는 '이 [세상]은 태초에는 사트有만이었다. [그것이야말로 유일한 것으로, 제2의

63) Pf. 162, 15. [Walshe 2, 37]
64) 『찬도갸 우파니샤드 주해』 6.9를 참조

것은 없었다'이고, 후자는 '그것은 아트만이다. 너는 그것이다!'라는 의미이다. 더욱이 『이샤 우파니샤드』의 서언은 이렇게 서술하고 있다.

> 저것은 모든 것이다. 이것은 모든 것이다. 모든 것으로부디 모든 것이 창조된다. 모든 것으로부터 모든 것을 취하라. 여전히 모든 것이 남는다.

혹은 [다음과 같은 문장도 있다.]

> 어떤 곳은 부족한데 다른 곳은 가득 차 있다.[65]

하지만 이 브라흐만의 유난히 풍요로운 충일함에 관해 특히 시사하는 바가 큰 것은 『브라흐마 수트라』 1.1.12-1.3.13에서 샹카라가 거치는 절차이다.[66] 브라흐만 그 자체는 세상의 가능한한 높은 곳에 있는 사물 아래에서 명상되어야 한다. 분명 세상의 사물 및 그 다양성은 모두 '수식修飾'에 불과하다. 그렇다고는 하지만, 그것들은 사다리로서 지고의 존재자에게로 '더 없이 숭고하고 영원한 단일형태의 아트만'에게로 '더 더욱 높게' 올라가는 것을 도와준다. 이렇게 하여 일체에 탁월한, 그렇기에 모든 것에 승리하여 완전한, 풍요로운 아트만의 존재가 이러한 '신적인 것이 지닌 특별한 힘'을 통해 단계를 좇아 점차 분명해진다. 샹카라의 신비주의에서도 확장감 내지 확대감이 특징을 이루고 있는데, 이 감정에 의해 신비주의자는 '존재 그 자체'에 도달하는 때에 존재의 무한한 충일에 도달하는 것이라고 믿는 것이다. 『문다까 우파니샤드』 3.2.15는 '[그들 현자들은] 일체에 귀입한다'(sarvam evāviśanti)고 말한다. 샹카라는 거기에 '일체를 관통하고 있는 아트만에 도달한 사람은 일체에 귀입한다'고 부언하고 있다. ―'그 사람은 만물이 된다.' 에크하르트

---

65) 『브라흐마 수트라』 1.1.11.
66) Deussen 48.

는 이렇게 말하고 있다.

(b) 불합리한 의미에 있어서

그런데 전술한 가치평가를 한층 '합리적'인 평가 또는 합리적인 평가에 가까운 것이라고 말할 수 있다면, 이밖에도 두 스승에는 보다 높은 가치의 단계 즉 전적으로 불합리적인, 혹은 우리식으로 말하자면, '누미노제Numinöse[67]적인 가치를 도입하는 단계가 그 위에 있다고 하는 점이 곧바로 드러난다. 이 한층 더 높은 가치 단계에서 보면 에크하르트에게도 샹카라에게도 존재의 사변 전체가 주요문제로서가 아니라, 본래의 보다 높은 다른 이념을 위해서 쓸모가 있는 것처럼 보여진다. 그 빛에 비추어지면 '존재' 그 자체도 동시에 독특한 방법으로 광채를 발한다. 즉 존재가 애초에는 의심의 없지가 없이 소속하고 있던 합리적인 영역으로부터 스스로를 바깥으로 밀어내는 것이다. 합리적인 영역에 속하고 있던 존재는, 실로 '절대타자'의 이디어그램(ideogram)이 되는 것이며, 『성스러운 것[68]』에서 언급하고 있는 '타자'(anyat)이다. 에크하르트도 다음과 같이 서술하고 있다.

왜냐하면 그것은 신의 속성이자 본성으로서, 신이 무언가와 닮은 것이라든지 무엇과도 닮지 않았다는 것이 아니다.[69]

존재의 이러한 '절대타자'는 에크하르트에는 명료한 것으로, 존재라는 것으로 통상 염두에 두어지는 것, 혹은 우리식으로 말하자면 '경험적 존재'와 대립하는 본래의, 진정한 존재로서 '절대타자'가 나타나는 때에 그 자리에서 인정된다. 그리고 에크하르트에는, 실로 존재(esse)를 신성의

---

67) 독일 신학자인 루돌프 오토가 정의한 개념으로, 『성스러운 것』 중에서 합리적인 이해에 부합한 부분을 제외시킨 개념을 가리킨다.
68) 岩波文庫 44-45쪽.
69) Pf. 235. 8.

본질 정의에 충분한 역할을 하게 한 뒤에 마지막으로 '신은 존재를 넘어서 있다'고 설명하고 있는 점에서 이러한 한층 더 높은 단계 및 그 불합리적인 본질이 나타나고 있다.

> 위대한 스승들은, 신은 규정을 지니지 않는 존재라고 가르치고는 있다(에크하르트 자신도 수없이 설명하고 있는 점이다!). 하지만 신에게는 그것은 해당하지 않는다. 마치 천사가 등에나 모기보다도 위에 있듯이 신도 존재를 넘어서 있다. …… 내가 신을 존재라고 명명한다면, 태양을 창백하다든지 검다고 하는 것 못지않게 틀린 것이다.[70]

혹은

> 그리고 그것에 의해 진리 속으로, 즉 신 자신인 단일성을 향해서 나아가야 한다. …… 그러면 특별한 기적에 이르게 된다. 이 기적의 영향 아래 머물러야 한다. 왜냐하면 인간의 감각은 기적의 근저에까지는 다가갈 수 없기 때문이다. 그럼에도 신의 기적을 궁구하고자 하는 사람은 학문을-자신으로부터- 쉽사리 만들어 낸다.[71]

그렇지만 정신의 위로 높이 올라간 것은 일자 그 자체로서, 파악할 수가 없는 기적이다. 그렇기 때문에 신은 오히려 '무'(Nicht)이다. 하지만 이 무는 '포착할 수 없는 무언가'(Icht)인 것이다.

> 존재를 지니는 것은 모두 무無 속에 매달려 있다(공중에 떠 있다). 그리고 그 무는 천상과 지상의 모든 정령들도 붙잡을 수 없고, 궁구하는 것도 불가능할 정도로 파악하기 힘든 무언가이다.

---

70) Bü. 1, 155.
71) Bü. 1, 31.

또한,

> 더욱이 신은 존재하는 무언가라고 내가 말한다면, 그것은 진실이 아니다. 신은 전적으로 상식을 벗어난 것(etwas Überschwengliches, atiśaya!)이다. 신은 초존재적 비존재(überseiendes Nichtsein, sad-asat-para)이다.[72]

라는 말도 있다.

하지만 그것이 전적으로 '불합리한 것'이라는 점, 더욱이 내가 다른 곳에서[73] 이 말과 그 사용가능한 의미를 규정하려고 했던 의미에서 그렇다는 것은 분명하다.[74] 그리고 에크하르트 자신도 이러한 불합리적인 것의 성질을 상당히 날카롭게 제시하고 있다.[75]

> 이제 그대는 물을 것이다. 바야흐로 형상이 없는 신은 영혼의 근저 및 본질에 있어서 과연 무엇을 산출하시는가 하고. 그것을 아는 것은 나에게는 불가능하다. 왜냐하면 영혼이 지닌 힘은 형상 아래에서만 지각할 수 있는 것이기 때문이다. …… 게다가 형상은 언제나 바깥으로부터 오는 것이기 때문에, 신의 활동은 영혼에게는 숨겨진 채로 있다. 하지만 그것은 영혼에게는 가장 유익하다. 왜냐하면 알지 못한다는 것은, 마치 무언가 근사한 것으로 꾀는 듯이 유혹하여 신의 활동을 뒤쫓게 하기 때문이다. 그도 그럴 것이, 영혼은 그것이 있다는 사실을 알고 있다 해도, 그것이 과연 어떤 것인가(형상이나 개념 하에서는) 알지 못하기 때문이다. 이런 까닭에 어떤 현자는 말했다. 만물이 깊은 정적에 싸이는 한밤중에

---

72) Pf. 493, 30.
73) DH 31-35. [岩波文庫 103-107쪽.]
74) '만일 내가 어떤 신을 소유하고 있다면, 나는 그를 파악하고 그를 더 이상 신이라고 보는 일은 없을 것이다'(Pf. 319, 11)
75) Bü. 1, 40.

숨겨진 말이 나에게 말을 걸었다. 그것은 마치 도둑처럼 살금살금 다가왔다고, '숨겨진 말'이란 어떤 의미인 것일까? 하지만 말의 본성은 숨겨진 것을 여실히 드러내는 것이다! 그 말이 내게 무언가를 계시하고자 한다는 것이 저절로 분명해져서, 나를 향해 밝게 번뜩이며 신의 고지를 (감정 아래에서, 비개념적으로) 해주었다. 그렇기 때문에 그것은 (정당하게) 말이라고 명명된다. 하지만 그것이 무엇인지는 나에게는 비밀이었다. 때문에 '속삭임 속에서, 침묵 속에서, 그것은 스스로를 계시하기 위해 다가왔다'는 것이 된다. …… 그것은 나타났다 — 하지만, 역시 숨겨져 있다. 사도 바울이, 신이 자신이 알아야 할 제3천으로 가 나를 잊고, …… 그리하여 되돌아왔을 때에, 그의 안에는 무엇 하나 잊히지는 않았다. 그저 그의 마음속 깊은 곳에(풀리지 않는 감정 속에) 있었기에 그의 이성의 거기까지 이르지 못했던 것이다. 그에게는 그것은 비밀이었다.

개념의 바깥에 있지만 동시에 더 없이 확실한 이 파악을 에크하르트는 '비인식적 인식'이라고 부르고 있다.

다른 한편으로는 인도에서도, '존재하는 것' 자신이 이미 개념적으로 겨우 파악되는 경지에 있고, 그것만이 한계를 넘어서 있으며, 또는 파악 불가능한 영역에 있는 모습이 『까타 우파니샤드』 6.12의, 영원한 것을 단지 존재에 의해서만 드러내고자 하는 다음의 말을 통해 이미 언급되고 있다.

언설에 의해서도, 사료에 의해서도, 시각에 의해서도 사람은 저것을 파악하지 못한다.
'저것은 있다.'— 이 말에 의해서만 파악되고 다른 방법으로는 파악되지 않는다.

브라흐만이 실제로 '저것은 있다'에 의해서 파악된다면, 그는 말을 통해 이해되는 것이 될 것이다. 따라서 이 '저것은 있다'는 실은 그 자체로 말을 넘어서 있다. 그렇지만 샹카라는 한발 더 나아가고 있다. 즉『기타 주해』11.37에서 이렇게 말하고 있다.

> 최고 진리의 최고의 터득에서는 베다에 정통한 자가 무진장이라고 명명하는 것은 모두 실재와 비실재의 저편에 있다. 실재 그 자체가 그것으로, 다른 그 무엇도 그것이 아니다.

그에게 이 '실재'의 완전한 불합리성은 무엇보다도 우선, 실재가 분명 '브라흐만'이라고 하는 점에 나타나고 있다. 브라흐만은 bṛhattva(존엄 majestas)에 관해서도, gambhīratva(깊이)에 관해서도 철저히 atiśaya(상식을 벗어나 있고), 오래 전부터 신비에 차 있으며 경탄할 만한, 전적으로 초이성적인 실재(Wesenheit)이고 사유와 표현의 가능성을 완전히 거부하는 '불가사의'(yakṣa)이다. 브라흐만은 깊다, 깊음을 초월해서 깊다 (atigambhīra). 브라흐만은 바다와도 같이 궁구하기 어렵고(duḥpraveśam mahāsamudravat[76]), 그 흔적도 하늘을 나는 새와도 같이 추적할 수 없다. 왜냐하면 성전이 말하듯이[77],

> 그는 온갖 존재자의 자기이자, 모든 존재자의 구원이다. 그 길을 좇고자 한다면, 천상의 존재들도 흔적없는 흔적을 찾아 헤맨다.
> 마치 하늘에서 새가 지나간 길이 발견되지 않듯이.

라는 이유 때문이다. 우파니샤드의 말이나 스승에 의해 다양하게 알려져는 있지만, 그렇다고 해도 브라흐만은 알려지지 않는다. '기적이 그 고지자이고 행복이 그 도달자이다'고 성전[78]이 말하는 대로이다. 브라흐

---

76)『만두캬 카리카 주해』4. 100.
77)『만두캬 카리카 주해』4. 95.
78)『만두캬 카리카 주해』4. 82

만에게 어울리는 것은 '올라가는 것이 불가능한 것', 바꿔 말하자면, 절대의 터무니없음이다.[79]

5. 누미노제의 도식으로서의 '존재'

두 스승에게 순수한 '존재'라는 개념이 (위에서 서술한 것과 같은 가치의 의미에도 불구하고) 최고의 사실에 다가가기 위해 개념 또는 이성(ratio)이 나타낼 수 있는 한계에 있는 것임에 불과하다는 것은 분명하다. 그것도 정상 자체에는 다다르지 못하고 결국, 근본적으로 전혀 터무니없는 것, 즉 누미노제의 단지 합리적인 '도식'으로서 정립된 것에 머문다. '그것은 아트만이다. 너는 그것이다'(sa ātma, tat tvam asi), '나는 브라흐만이다'(brahmāsmi). 이것은 모두 오히려 설득되는 것으로, '나는 순수존재가 되었다, 나는 존재 그 자체이다'고 하는 합리적인 서술과는 '전혀 다른 것'이다. 그리고 에크하르트가 고귀한 인간(homo nobilis), 즉 '신이 된' 사람(vergotteter Mensch)에 관해 말하는 때도 이것과 완전히 동일하다. 이것도 또한 진정한 존재(esse)가 된 사람이라고 하는 이상의 것이다. 여기서도 개념은 모두 다 전혀 도움이 되지 않는다. 에크하르트에게도 그에 관해 상론할 때에는, 때로 단순한 존재의 정의로부터 훨씬 떨어진 곳에서 시작한다. 그것을 완전히 잊는 일조차 있다. 그때 에크하르트는 더이상 '존재' 안에는 없다. 그는 완전히 '기적'(그 자신이 그렇게 명명한다) 안에, 바꿔 말하자면 순수하게 누미노제적인 정립과 가치부여의 영역 안에 있는 것이다. 그리고 그가 또한 이 높은 곳에서 여전히 '존재' 또는 '비유로서의 존재'(collatio esse)라는 말을 사용하는 경우에는 이 '존재'는 사실상 순수하게 기적적인 것, 다시 말해서 '존재론자'나 '형이상학자'에게는 전혀 이해되지 못하는, 전적으로 공상적인 것이기는 하지만 신학자에게는 이미 익숙한 것이 되어 있는 것이다. 브라흐만의 본래 이해도

---

79) 『브라흐마 수트라』 1.1.4.

또한 이것과 마찬가지이다. 에크하르트는 '기적'이라고 말하고, 우파니샤드 전통은 āścarya 및 yakṣa라고 말한다. 또한 샹카라에게도 결국에 그 것은 브라흐만인 것이다. 샹카라가 브라흐만을 sanmātra, cit, caitanya, jñāna로서 자신의 사변 개념에 수용하려고 노력했어도, 역시 그대로 둘 수밖에 없는 것이다. 즉

> 그 앞에서 말이 뒤로 돌아서, 어떠한 오성도 도달하지 않는 그런 것이다.

6. 요약

아무튼, (a)와 (b)를 sad eva 또는 esse purum et simplex로서, 하지만 실은 sat와 esse를 넘어선 것으로서, 바꿔 말해 아직껏 이성적인 것과 초이성적인 것으로서 요약한다면 이러한 것으로서의 샹카라의 브라흐만과 에크하르트의 신 및 신성은 터무니없이 구원에 차 있는 것이자 구원 그 자체이다. 그리고 그러기 위해서만 샹카라는 브라흐만에 관한 깊은 고찰(brahmajijñāsā)을 수행하고, 또한 에크하르트는 존재 및 초존재의 신비주의를 수행하는 것이다. 그러기 위해서만 두 사람은 사변하고, 교설을 제창하고, 반론을 격파하려고 시도하는 것이다. '왜냐하면—'이라고 샹카라는 말한다.

> 타인의 가르침을 경솔하게 받아들이려 하는 경우에는 자신의 지복을 해치거나 불행해지는 수가 있다. 그렇기 때문에 브라흐만에 대한 모든 깊은 고찰을 …… 지복에 이르는 길로서 권장해야 하는 것이다.[80]
> 구제라는 것은 브라흐만이 되는 것이다(brahmabhāvo mokṣaḥ).

---

80) Deussen 10. 샹카라와 그 학파의 설에 관해서는, SR을 참조. 라마누자는 샹카라의 위대한 논적이다. 하지만 논쟁을 벌일 때 우선 라마누자 자신이 논박해야 할 샹카라 및 그 학파의 설을 명쾌하고도 객관적으로 먼저 서술하고 있다.

하지만 에크하르트는 보다 심원한 말투를 보이고 있다.

오로지 신만이 홀로 가치가 있는 존재이다.[81]

혹은 [이렇게도 말하고 있다.]

나는 존재한다 — 이것은 일체의 선을 내부에 지니는 자라는 의미이다.[82]

제3장 인식의 길

1. 인식의 길道

두 스승은 구제의 스승이다. 그리고 그것은 두 사람의 가장 근본적인 일치점이기도 하다. 하지만 구제로 이끄는 길은 인식이다. 이것이 이 동양과 서양 신비주의자의 두 번째 일치점이다.

다른 무엇보다도, 즉 둘의 사변 내용이나 신적인 것 그 자체와의 일체화라고 하는 구제의 목표보다도, 구제에 도달하는 혹은 보다 적절하게 말하자면 구제를 소유하는 방법에 대해 두 '신비주의자'는 서로 닮아 있고, 그 '신비주의'도 그것을 통해 일치한다는 특징을 보인다. 두 사람의 방법은 동일하다. 즉 그것은 그들이 본래 그 어떤 방법을 취하지 않는다!는 점이다. 통상 '신비주의적 방법'에 해당하는 것은 모두, 즉 '신비주의적 경험'에 이르는 기술적인 자기 훈련은 모두, 다시 말하면 '영혼의 조작', 단련, 영적 수련(Exerzitium), 성직자가 되는 기술, 인위적인 자기

---

81) Pf. 445, 4.
82) Pf. 300, 10.

고양 등의 것은 이 둘에게는 낮고, 그 길에도 걸맞지 않다. 그 신비주의는 통상적 의미에서의 '신비주의'가 아니다. 혹은 보다 적절하게 말하면, 그것은 그 태도로 미뤄 본다면 신비주의적이지 않은 경건의 많은 형태 이상으로, 다른 종류의 신비주의와는 거리가 먼 일종의 신비주의인 것이다.

분명 샹카라는 인도의 오랜 전통에 따라 '여덟 단계로 구성된 요가(8지요가)'를 승인하고는 있다. 하지만 그는 결코 요가행자가 아니고, 진정 완전한 인식(samyagdarśana)은 요가에 의해서는 획득되지 않는다. 진정 완전한 지식은 요가에 의해서는 일정 부분 준비될 뿐으로, 그것이 없어도 '너는 그것이다'(tat tvam asi)라고 하는 '구절'의 인식에 의해서 있는 그대로 나타날 수 있다. 에크하르트도 마찬가지로, 때때로 오랜 신비주의 방법(methodus mystica), 즉 청정의 길, 조명照明의 길 및 합일의 길(via purgativa, via iluminativa, via unitiva)의 지식을 들고 나오는 경우가 있다. 하지만 그 자신의 방법은 그것과는 전혀 관계가 없다.[83] 오히려 그것은 그의 근본사상과 양립하지 않는다. 왜냐하면 청정의 길에서의 '업'은, 그의 예상에 따르면 애초에 영원한 것이 발견될 때 혹은 그것이 달성되어야 비로소 이루어질 수 있는 것이기 때문이다. 그 이전에는 그것은 죽어 있어 아무것도 낳지 않아, 말 그대로 피조물에게로 인도하지 신에게로는 인도하지 않는다. (루터의 '신앙' 이전의 업 관계와 닮은 곳이 있다.) 두 사람 모두는 마찬가지로 조명파의 학설(illuminatentum)[84]이나 신비적·비술적인 환영이나 환시, 이상한 형태의 주술이나 반半주술, 신체적 엑스터시나 발작, 신경의 흥분이나 과도한 흥분상태, 환각이나 환각과 유사한 것과는 전혀 관계가 없다.

---

83) 에크하르트의 경우에도 종종 신비주의적 방법론이 인용되고 있는 점을 볼 수 있다. 예를 들어 망아(raptus)의 네 단계가 그것이다(Spamer 20). 하지만 이 부분은 학문상의 인용이다. 에크하르트 자신은 결코 기술적인 의미에서의 방법론자가 아니다.

84) 신 이외에 자연을 인식하는데 있어서도 신의 빛이 직접 비춤으로써 그것이 가능하다고 하는 아우구스티누스의 주장.

2. 정서적 신비주의와의 대립

또한 두 사람은 당시 등장한 라이벌과 각각 대결하고 있다. 오늘날에는 '주의주의적 신비주의'라고 일컬어지고 있는 것이다. 이는 지극히 오해를 초래하기 쉬운 표현이다. 여기서 사료되고 있는 '의사'(voluntas)는 원래 '의지'(Wille)가 아니라 고양된 감정(Gefühl)을 말하며, 그 신비주의도 마치 사랑을 향해 상승해가는 신랑 신부의 녹아내릴 것 같은 감정의 도취로서의 그것이다. 그것은 '감각'의 추구나 소원을 포함하고 있고, 이 감각은 밀려 들었다 물러나는 반쯤 혹은 완전히 관능적인 즐거운 감미 상태에 의한 감격이나 달콤한 위안이다. 그것은 또한 '신혼의 잠자리'에서의 숨겨진 성교의 기쁨에 대한 소망이자, 자신의 '감정' 혹은 자기의 감정상태에 대한 중시이다.

샹카라의 시대 및 환경에 있어 이것과 완전히 일치하는 것은 당시 대두하기 시작한 정서적인 '박티', 즉 지知의 길(jñānamārga)을 대신한 신애信愛의 길(bhaktimārga)이었다. 분명 '박티' 혹은 신애의 길은 단지 소박한 신을 향한 사랑 및 신에 대한 인격적 관계의 '길'을 나타내는 명칭이기도 했다. 예를 들어 라마누자가 그렇게 생각하고 있었고, 이 점에서는 루터와 비슷하다. 하지만 많은 경우 그것은 정녕 '주의주의적 신비주의'이기도 했다. 즉 강렬하게 관능적인, 종종 성적인 성질을 지니는 감정생활이었는데, 이것은 특히 크리슈나의 연애에 있어 서양의 신부新婦 신비주의와 뚜렷하게 평행을 이루고 있다. 그리고 이 박티 신비주의 및 '주의주의적 신비주의' 특유의 내용은, 몸도 마음도 녹아내릴 듯한 성애적인 감정상태에서의 교환交驩에 의해 야기된 감정의 흘러넘침 하에서의 최고의 존재와 '합일'에 이르는 것인데, 그 경우 이 최고의 존재 자체는 자기 욕구와의 비교를 통해 사료되고 있다. 이에 반하여 샹카라의 태도는 냉정하고 명백하며 사려가 풍부하고 청아하다.(그러는 한, 그의 신비주의는 실제로는 '쿨하다.) 적어도 그가 쓴 저술 안에는 위와 같은 신비주의의 편린도 발견되지 않는다. 그가 정한 길은, 에크하르트도 마찬가지이지만, 그것들 모두와는 완전히 대립하는 것이다.

3. 변증법과 신비주의

두 사람의 길은 오히려 '인식' 또는 '지'(jñāna, vidyā, samyag darśana)이다. 더욱이 단지 말로 표현할 수 없는 예감이라든지 단순한 감정과 같은 신비적이고 예감이 넘치는 상태를 한 발짝도 벗어나지 않는 지知가 아니다. 감정이야말로 모든 것이다. 명칭은 소리나 연기에 불과하다'고 한 [괴테의] 말을 신비주의 '그 자체'의 근본고백이라고 참칭하는 입장으로부터 이 둘 만큼 거리가 먼 이는 없다. 그 지는 모든 음미와 서술 및 날카로운 변증법을 구사하여 이해 가능한 '교설'로 뒤바뀌어야 할 것이다. 그러기는커녕 거의 믿을 수 없을 것 같은 광경도 나타난다. 즉 궁극적으로는 전적으로 불합리한 것, 그 어떤 개념조차도 거부하고 '말도 오성도 완전히 뒤바뀌'는 듯한, 포착할 수 없고 이해할 수 없는 것이지만 이 두 사람의 고지자告知者가 형태상으로는 교화활동을 하는 지극히 명민한 이론가가 되고 엄격한 스콜라 철학자가 되어 스스로 고정된 정형구와 교의학을 창조하고 있는 것이다.[85]

'신은 말하는 것이라기보다는 침묵이다', '이 아트만은 말이 없다', '사

---

85) 샹카라 학파는 이 방향을 계승하였고 더 나아가 합리주의적·변증법적이 되었다. 이 학파는 말하기 어려운 사항을 정형구로 너무 지나치게 파악하고 비합리적인 것을 답답할 정도로 거기에 집어넣어 너무 고정적이고 융통성이 없는 교과서 용어를 만들고 있다. 따라서 '감정'이 너무도 지나치게 손실되고 최고의 감정이 발하는 야릇한 빛은 거의 사라졌으며 우파니샤드의 전통인 심원한 밀언(Mysteriensprache) 대신에 세부를 들춰내는 듯한 변증법적 체계가 출현하여, 마치 후기 엘레아 학파처럼 남을 함정에 빠트리는 추리를 이용하고 건전한 논리학이나 인식론을 궤변적으로 혼란시켜 말도 안 되는 사고법을 수반하기에 이르렀다.

람이 신에 대해서 말할 수 있는 가장 아름다운 것은 내적인 풍요로움을 인식하고 침묵하는 것이 가능한 것이다. 따라서 신에 대해서 이래저래 말하지 마라'— 에크하르트와 샹카라는 이렇게 말하고 있다. 하지만 두 사람은 다변하여, 더 없이 표현하기 힘든 것 안으로 발을 들여놓고서 그 가장 내부의 사태를 알리고, 그렇게 해서 명백해진 인식을 학파의 입장에서 소유하고 싶다고 생각하는 것을 지극히 명료한 지知의 이름으로 자신의 학생들에게 전하려고도 했다. 신비주의자들 중에서 이 둘 만큼 '교설'이 큰 역할을 담당하고 있는 경우는 없다. 따라서 둘은 다른 '신비주의자'와는 다른 하나의 특별한 형태의 신비주의를 공통되게 대표하고 있는 것이다. 가르치는 신비주의는, 가령 단지 주장뿐인 신비주의나 상징을 통해 말하는 신비주의 혹은 의례 신비주의나 완전히 침묵하는 신비주의와는 다른 것이다.

4. 직관

하지만 말할 필요도 없지만 교설에서 언급되는 모든 말, 교설로부터 발신되는 모든 인식은 아직 핵심을 이루는 인식이 아니다. 즉 모든 교설은 단지 그곳으로 인도할 뿐인 대상 그 자체의 인식, 보다 구체적으로 말하자면 희귀한 인식이 아니다. 그런데 이러한 것이 가장 먼저 짐작될 것 같은 샹카라에게는 사태가 마치 다른 것인 양 보인다. 그에 따르면 구제의 인식은 실로 순수하게 권위에 기반한, 교설을 받아들임을 통한 인식이어야 한다는 것이다. 브라흐만 및 브라흐만과의 합일(Einheit)의 인식은 천계성전(Śruti)의 권위, 그중에서도 '너는 그것(브라흐만)이다'(tat tvam asi)는 그 '구절'에만 전적으로 의거해야 한다. 샹카라는 철두철미한 '성전 신학자', 권위의 신학자이고자 한다. 이는 논적의 공격에 반박하여 논파하는 경우에 자기의 논거나 증명에 기반하려고 하기 때문이다. 그렇지만 이러한 그의 주장의 노림수는 그 본래의 경향에서 보면, 인간들의 모든 '아누마나'(anumāna), 즉 궤변이나 '자연적' 탐구, 성찰과 판단, 입증과 추론, 즉 따르카(tarka)의 시도가 모두 브라흐만의 발견에는 무력한 것으로서 배척되는 것에 있다. 그리고 그 어떤 자연학적인 숙려, 어떠한 추론이나 증명도, 요컨대 그 어떤 '오성悟性'의 능력도 최고의 인식에는 도달할 수 없을 것이라는 이러한 인식을 또한 샹카라는 에크하르트와 공유하고 있다. 에크하르트의 경우에도 이 확신이 '능력론' 속에 표명되어 있다. 에크하르트는 예지적인 것을 대상으로 하는 특수한 능력인 '통찰'(intellectus)을 구별한다. 이는 우리들이 통상 지성(Intellekt)이라고 부르는 것이 아니라 오히려 온갖 '이성'(ratio)의 위에 있으며, 즉 논증적인 개념을 형성하는 추론 내지 증명을 행하는 '오성'의 위에 있으며 단순한 '이성'과 전적으로 다른 기능을 하는 것이다.(논증적 오성으로서의 한낱 ratio는 tarka와 거의 일치한다.) 에크하르트는 이 교설을 전통적인 '수동적 지성'(intellectus passivus)과 '능동적 지성'(intellectus agens)설과 결부시키고 있는데, 이때 신 자신 및 신의 영원한 말이 능동적 지성으로 대체되고, 신의 말이 수동적 지성을 '형성'하여 거기에 인식을 부여한다고 한다. 이 학설은 나아가, 실로 영원한 '말'에 다름 아닌 '신의 자식'의 탄생(Eingeburt) 및 영혼의 근저에서의 신 자신의 탄생이라는 신비주의적 교설과 합류한다. 그렇지만 그는 조금 더 부드러운 형태로 다음과 같이 가르치고 있다. 신은 ratio의 추론이나 증명을 통해서는 인식되지 않지만, 일체의 개념으로부터 해방되어 있는 영혼이 자기 자신 및 스스로의 근저로 꿰뚫고 들어가, 자기 자신 안에서 마치 신성의 거울, 즉 신 자신이 드나드는 혹은 그 자체가 신적이자 신神인 장소에 있는 듯이 인식에 도달함으로써 인식된다.

5. ātmany ātmānam ātmanā!

이 뒷부분의 교설도 또한 인도의 신비주의 안에, 조금 더 말하자면 ātmany ātmānam ātmanā! 아트만을, 아트만에서, 단지 아트만을 통해서만 [인식하라]'고 하는 정형구와 완전한 평행을 보이고 있다. '단지 아트만을 통해서만'이라는 것은 감각기관(indriya), 사고기관(manas) 혹은 이성(buddhi)에 의해서가 아니라, 이들 제 기관이나 매개없이, 무매개적으로 아트만 그 자체에 의해서, 라는 의미이다. '아트만을'이라는 것은, '아트만·브라흐만을'이라는 의미이다. '아트만에 있어서'라는 것은 '자기의 아트만 깊숙한 곳에 있어서'라는 의미이다. 하지만 샹카라는 여기에 덧붙여 — 이것도 하나의 평행을 이루고 있는 것인데 — 브라흐만·아트만은 증명불가능하고 그 필요성도 없다고 한다. 이는 '자명'(svasiddha)한 것이다. 왜냐하면 그것은 스스로가 파악불가능하면서 모든 파악, 사유, 인식의 가능성에 대한 근거이기 때문이다. 그리고 이를 부정하는 사람조차도 그때에 이를 생각하고 숙고하고 주장하는 한, 이것을 전제하고 있는 것이다.

6. 자기 직관(Eigenschau)

하지만 샹카라에게 특히 중요한 것은 성전에 기반한 인식이 애초부터 잠정적인 것일 뿐이라는 점이다. 성전은 대상을 나타낼 뿐인, 그리고 대상 자체가 알려지게 되면 그 자신은 소멸해버리는 지표에 불과하다. 그렇지만 본래의 인식은 샹카라가 '자기의 직관'(darśana)이라고 부르고 있는 것이다. 이 직관은 에크하르트에게서의 인식(Erkennen)과 마찬가지로 시각상(vision)을 갖는 것이 아니다. 그것은 오히려 '자기가 브라흐만이라는 사실의 깨달음'으로서, 직각直覺(intuitus), 통찰의 개화로서의 성전이 알려준 바에 대한 자신에 의한 통찰의 성취[86]로서의 그것이다. 이 '깨달음'은 '산출되기'가 불가능한 것이며 논증으로 도출되는 것도 아니다. 그것은 '행위'가 아니다. 우리들의 의지와는 독립적으로, 출현하기도 하고 출현하지 않기도 하는 것이다. 그것은 보여야 한다. 분명 그것이 베다의 말을 통해 혹은 그것의 숙고(pratyaya)에 의해서 갑작스레 번뜩이듯이 명백해지는 경우가 있다. 하지만 그것은 자기의 직관인 것이다. 그것은 '번뜩임(아뻬르시 aperçu)'(괴테)처럼 출현한다. 그리고 그것이 출현하면 베다의 말은 모두 불필요한 것이 된다. 그 연구나 숙고는 거기서 멈춘다.

> (너는 그것이다'는 위대한 말을 듣고서) 이 깨달음이 일거에 나타나지 않을 사람들에게만, 베다의 말에 대한 반복적인 숙고(pratyaya)가 적절하다.[87]

혹은 『기타 주해』 11.54에서 [다음과 같이 말한다].

> 그 사람은 나를 성전을 통해 인식할 수 있게 할 뿐 아니라 직접, 진실로 알아차리게 할 수도 있다.

이러한 직관은 궁극적으로는 성전적인 인식이 아니라 내관(Innenschau, ātmani) 혹은 자기 직관(ātmanā)으로서의 직관이다. 예를 들면 『기타 주해』 6.20은

> 산란하는 표상의 장난(citta)이 그치고, 그리하여 자기 자신에 의해 (감관에 의존하지 않고 오히려) 정화된 '내적인 기관'에 의해서 최고의 것, 정신 그 자체, 본질로서의 빛을 파악하는 사람은 기쁨을 얻는다.

---

86) 영국인은 'realizing'이라고 말한다.
87) 『브라흐마 수트라 주해』 4.1.2.

[고 하고,] 또한 『기타 [주해]』 9.2도 참조할 만하다.

> rājavidyā와 rājaguhya. 왕의 식견과 왕의 비밀은 여기서는 브라흐만
> 의 지식이다. 게다가 이것은 성전의 지식이 아니라 직접지에 의한 인식
> (pratyakṣāvagamana)이다. 예를 들면 '사람이 스스로의 화복을 느끼는 듯
> 한', 바꿔 말하자면 직접적인 자기 심문에서의 인식이다.

에크하르트에게도 같은 것이 문제시되고 있다. 그도 또한 '인식'에 관
해 생각하고 있는데, 그 특질도 정확하게는 기술되지 않을 것이다. 그저
말할 수 있는 것은 에크하르트의 경우에 이 직관이, 말하자면 상당히
정적인 것이라는 점이다. 그것은 찢고 나오지 않으며 특별한 작용 하에
서 돌연 나타내는 일도 없고 자신을 알리는 일도 없으며 저절로 알려지
는 경우는 거의 없다. 오히려 그것은 지속하는 혹은 전체적인 기능이며
정서생활 속에 미묘하게 배치된 보편적 요소이다. 따라서 앞서 언급한
샹카라의 것에 비교할 만한 상세한 이론은 그 어디에서도 찾을 수 없
다. 그렇다 하더라도 역시 에크하르트는 경험적인 의식의 개별적 작용
아래에서 돌발적으로 현실화하는, 보다 깊은 인식의 '번뜩임'적인 성격
을 알고 있어서 아우구스티누스로부터의 인용을 통해 그것을 나타내고
있는 것이다. 마치 번개에 맞은 것 같은 이 최초의 번뜩임 안에서 그대
가 '진리이다!'라는 결단을 안으로 들을 때, 가능하다면 거기에 머물러라
(in ipso primo ictu, quo velut coruscatione perstringeris, cum dicitur veritas!,
mane, si potes[88]).

여기서 아우구스티누스는 '진리'의 개념이 지니는 번개와도 같은 의
미의 돌발적인 파악에 관해 말하려는 것인데, 에크하르트도 '신은 자기
자신의 존재이다'고 하는 인식에 관해서 동일하게 생각하고 있다. 일체
의 반성이나 자기 고찰과는 비교가 되지 않는, 이 인식이 지니는 순수

---

88) 출전 미상.

한 자기 직관으로서의 성격을 에크하르트 자신은 다음과 같이 표현하고
있다.

> 이 이야기를 이해하지 못하는 사람은 그것에 마음이 심란할 일이 없
> 다. 그도 그럴 것이, 사람이 이 진리와 동등한 자질을 구비하고 있지 않
> 는 한 이 이야기를 이해 못할 것이기 때문이다. 왜냐하면 그것은 생각
> 해 내어진 진리가 아니라 신의 마음으로부터 직접 도래한 것이기 때문
> 이다.[89]

7. 초시간적 인식

이 외에도 유사점이 있다. 왜냐하면 샹카라에게 본래 혹은 그 교설의
궁극적인 의미에서 보면, 명지(vidyā) 그 자체는 애초부터 결코 시간적
인 것이 아닌 경우가 있기 때문이다. 명지는 불생불멸하는 지(jñāna) 그
자체로서, 아트만과는 불가분한 것이다. 명지는 단지 무명(무지 avidyā)에
뒤덮여 있는 것에 불과하다. 무명은 우리들 자신들이라면 경험적 인식
이라고 부르는 것과 다르지 않고, 샹카라에게도 그것 자체가 지각과 추
리의 법칙에 따르는 것으로, 감각지각 및 오성적 이해이다. 그리고 에크
하르트에게도 사정은 마찬가지이다.

> 영혼은 자기의 안에 있는 것, 즉 결코 사라지는 일이 없는 초감각적 인
> 식의 불꽃을 소유하고 있다. 하지만 우리의 영혼 안에는 또한 외적 대
> 상을 향한 인식, 즉 감각적 및 오성적 인식도 있다. 그리고 이것이 저
> 인식을 숨기고 있는 것이다.[90]

이 인식은 무시간적이자 무공간적으로, '여기 혹은 지금'이라는 것과

---

89) L. 184.
90) L. 191.

는 관계가 없다. (저 jñāna와 이 인식이라는 양자는 본래는 경험적인 의식작용이 아니라 가려진 '의식 일반'이다.)

8. 학파의 변증법과는 관계가 없는 직관

두 사람이 지닌 이러한 직관의 내용, 그 여러 단계나 여러 측면을 시대의 제약을 받은 우리들의 감정으로는 이해하기 힘든 사변에서 벗어나 우리의 표현 양식으로 고칠 수 있을 것이다. 가장 쉬운 것은 에크하르트의 경우이다. 감정이입의 능력을 지닌 사람들에게는 아마도 진정한 내실이 떠올라 인식가능하게 될 것이다. 하지만 에크하르트에게서 발견되는 것은 샹카라의 브라흐만에 대한 각지覺知(brahma-darśana)에서도 일치하게 존재한다. 다만 에크하르트와 같은 설교자가 아니고, 또한 창조적인 언어의 위력을 통해 독자들의 영혼 속에 의도하여 사유된 것 자체를 개화시킬 것 같은 불가사의한 재능을 지니지 않은 샹카라에게는, 이것만큼 감정에 호소하는 것은 없다. 그래서 이 점에 관해서도 유사성을 인식하기 위해서는 우선 그의 사변의 말라붙은 껍질을 깨고 그가 말하는 '브라흐만' 안으로 녹아 들어가, 우파니샤드 문헌이나 뿌라나 문헌 안에서 살아 있는 듯한 오랜 인도의 신비주의의 생생한 특징을 재발견해야 한다.

9. 교과서 용어에 의한 은폐

이러한 원리적인 신비적 직관(intuitus mysticus)이 샹카라 및 에크하르트 교의의 근저에 일치하여 존재하고 있으며, 두 사람의 특이한 주장이나 높은 파토스(pathos)의 본래적 근원이 되고도 있다고 우리들은 언급했다. 두 사람은 그 변증법에 대해서는 이러한 사실에 덮개를 씌우고 있다. 이것도 또한 양자 간의 일종의 평행이다. 샹카라는, 혹은 뭐니 뭐니 해도 그 학파는 교설의 제반 명제를 변증법적으로도 획득하고자 온 갖 노력을 기울이고 있다. 즉 의식이 붙잡는 것은 항상 존재뿐이지 구체적 존재(Sosein)가 아니라는 점, 타자가 되는 점(Anderssein)이나 변화도 논리적으로는 파악할 수 없다는 점, 지(jñāna)는 항상 통일적이자 자기동일적이고 동시에 불생불멸하다는 점, 이러한 것을 증명하고자 한다. 그리고 엘레아 학파의 추종자들도 그러했듯이 논적을 지각과 사유라는 아포리아(aporia)로 괴롭힘으로써 일자, 불가분의 것, 무규정의 것에 관한 자설을 지탱하고 있는 것이다.[91] 한편 에크하르트는 엄밀한 의미에서는 증명을 행하지 않고 있지만, 자설을 스콜라 철학적인 변증법으로 지탱하고 그의 전통이 지닌 플라톤적 제반 계기를 이용하여 존재 그 자체(ipsum esse)를 '학문적으로' 확립하고, 이로부터 신비주의적인 자설의 많은 부분을 보다 이성에 부응하는 형태로 풍부하게 하려 했기 때문에, 그에 관해서도 나무만 보고 숲은 보지 않는 결과에 떨어지기 쉽다. 그렇지만 에크하르트의 신비주의는 우연히 플라톤적인 색채를 다분히 띤, 더욱이 오해받은 스콜라 철학의 결과인 것이 아니다. 오히려 그 반대로, 독특한 신비주의적 직관(mysticus intuitus)이 그의 근저에는 존재하고, 그것이 이윽고 당시의 환경으로 보아 자연스레 플라톤적인 사고법이나 개념 혹은 플라톤적인 논리학이나 실재론, 인식론이나 존재론을 긁어모아서 변증법의 수단으로써 이용했을 뿐이었는데, 그것이 실제로는 종종 오히려 진실 그 자체의 덮개나 차례물이 되어 갑작스레 깨지는 껍질이 되고 있는 것이다. 이러한 지극히 의문을 품고 있는 보조수단이 없다면, 그의 의향은 아마도 더 순수하고 명료하게 독자적인 상징 언어를 만들어 내었을 것이다. 아니, 그는 그것을 만들어 내었다. 그것은 스스로의 상상력은 물론 표현하지 않을 수 없는 조형력과 스콜라 철학자의 용어를 끊임없이 교차시키고 있다. 그렇기에 이 조형력 안에서 그가 사용한 '학문적' 술어의 장식이나 비유적·시적인 표현형식밖에 보지 않

---

91) 이 점에 관해서는 SR 34-41을, 또한 라마누자의 날카로운 논박에 대해서는 SR 42-65를 참조.

는 것은 전적으로 틀린 것이다. 반대로 그의 학문적인 술어야말로 훨씬 더 생명력이 넘치는, 오히려 그것과는 전혀 무관계한, 용출되어 나오는 독자적인 것의 합리화로서 기술적인 학문적 전환이다. 저 상징 언어가 가장 직접적으로 말을 걸고 있는 것으로 그 자신에게 이해되는 것이다. 에크하르트의 '학문적' 사변 전체는 개념으로 변장한 이념에 불과하다.

제4장 두 가지 길
: 내관(內觀)의 신비주의와 일체관의 신비주의

들어가며·불사와 신비주의

인도에서는 보다 고차원적인 의미에서의 종교가, 아므리타(불사 amṛta) 라고 하는 구제, 즉 '죽음으로부터의 자유'로의 원망(願望)이 시작하는 때에 돌연 출현하고 있다. 우리들이 앞서 인용한 야즈냐발캬와 그의 아내 마이트레이 이야기는 이 출현에 관한 감동적인 예이다. 이 이야기에서는, '죽음으로부터의 자유'라고 하는 구제에 관한 이 지혜가 단순한 이념의 축적 결과나 통속적인 의미에서의 단순한 '진화'의 결과로서가 아니라, 오히려 하나의 발견, 바꿔 말하자면 예지의 마음을 지닌 사람들의 어떤 위대한 직관의, 하늘의 계시와도 닮은 개명(開明) 또는 번뜩임이었다고 하는 인식이 여전히 꼬리를 물고 있다. 아므리타(불사), 죽음으로부터의 자유라고 하는 소극적인 형태에 대한 적극적인 형태는 아마도 '생'일 터이다. 이렇게, 시간과 윤회로부터 해방된 이 영원한 불사의 발견은 우리가 자신의 성스러운 전통을 통해 알고 있는 '생명' 및 영원한 생명을 지닌 자 그 자신 측으로부터의 생명의 부여라는 개념과 평행하고 있다. 마이트레이도 '생명의 탐구자'인 것이다. 그렇기에 그녀는 이 세상의 모든 재산을 경멸하듯 말하고 그것보다 나은 것을 구한다. 하지만 이 불사 또는 생명은 '불멸', 즉 우리들 경험적 존재가 그저 연속하여 무한하게 되는 것 이상의 것이다. '신비로운' 희미한 불빛이 그 위에 걸쳐 있다. 마이트레이는 경험적인 '불사'를 구할 필요가 없었다. 인도적인 이해에 따르면, 그녀는 너무 많을 정도의 불사를 경험해 왔다. 왜냐하면 죽음은 분명 경험적인 생존을 소멸시켰던 것이 아니라 무한한 연쇄 속에서 탄생으로부터 탄생으로 윤회시켰기 때문이다. 구제를 바라는 인도인의 바람은 정녕 이 단순한 '불멸'로부터의 벗어남이다. 그러한 '불멸'은 분명 죽음의 세계로, 다름 아닌 그곳으로부터의 자유가 요구되는 것이다. 이러한 까닭에 '종교'는 불멸에 대한 원망에서 생겨났다고 생각하는 것은 지극히 피상적이다. '생명에 대한 원망'이라고 하는 것이 마땅할 것인데, 그와 동시에 또한 이 '생명'이 생명 개념의 발전의 낮은 단계에서는 경험적·자연적인 것이 아니라 전적으로 '주술적'인 것이자 보다 고차적인 단계에서는 상식을 벗어난 것인 점도 눈치 챌 것이다. (브라흐만은 atimṛtyu '초사超死'이다.)

이 불사를 지향하는 구제의 탐구가 영원하며 유일한 실재有(sat)에 대한 사변의 배경에도 동기로서 존재하고 있다고 언급했었다. 실재有(sat)는 불사 그 자체의 구제재救濟財로서 다른 표현을 한 것에 불과하다. 더욱이 인도에서는 종종 사트의 오랜 명칭이 아므리타(불사 amṛta)이고, 서양에서는 그 오랜 명칭이 '생명'이다. 그러므로 에크하르트도 때로는 모든 존재론을 잊어버리고 다음처럼 말하는 경우가 있다.

> 그것(영혼)이 신과 완전히 하나가 되어 신적 본성에서 세례를 받게 되면, 일체의 장애나 병, 불안정을 상실하고 그 즉시 신적 생명에 의해 부활하게 된다.[92]

---

92) Pf. 154, 3. [Walshe 2, 16.]

그런데, 이 불사의 이념은 우리가 앞서 서술한 것처럼 기묘한 형태를 취한다. 즉 야즈냐발캬는 불사라고 하는 구제에 대한 질문에 대하여 우리들 자신의 존재, 그 깊은 곳에 있는 신비적 아트만에 관한 설명을 통해 답하고 있으며 아트만 신비주의가 영원한 실재·브라흐만 신비주의와 융합하고 있는 것이다. 그리고, '그것은 아트만이다'(sa ātmā)하고 양자는 하나가 된다. 에크하르트에게도 마찬가지로, 생명의 탐구가 우리의 깊은 곳에서의 영혼의 근저에 있는 지복의 기적 및 순수 존재로서의 양태가 없는 신성에 관한 교설이라는 형태를 취하고 있다. 그리고 에크하르트에게도 이 둘은 공히 서로 뒤엉켜 있는 것이다.

그렇지만, 이러한 일이 발생할 때, 그와 동시에 두 개의 신비적 경험 및 두 개의 사변, 그것도 제각각 있을 수 있음과 동시에 각기 독자적인 동기와 독자적인 기원을 가지는 두 개의 그것들이 결합한다. 이 둘 모두 신비주의적이다. 하지만 한편은 '내관內觀'의 신비주의이고 다른 한편은 '일체관一體觀'의 신비주의이다. 이 둘의 상위 및 그 뒤얽힘에 대해 조금 더 상세하게 논해야 할 것이다.

신비경험은 널리 발견되는 형식적 일치에도 불구하고 다양화될 수 있다. 기묘하게도 그 내용도 여러 가지일 수 있다. 사람들의 마음을 움직이는 기분이나 감정은 각기 구별되고 그것만이 극단적으로 대조적인 경우도 있다. 신비주의자끼리의 소원한 관계가 서로 배척하거나 논쟁에 이르는 경우도 있다. 신비주의자 핫라지(Hussein bn Mansur al-Hallāj)와 논쟁하고, 그를 책형磔刑에 처하는 데 일조한 것은 분명 신비주의자들이었다. 그 자신은 다른 [신비]체험의 입장에서 당시 신비주의의 자세에 반대하여 싸운 것이었다. 이러한 신비주의의 질적인 상위에 관해서는 뒤에서 논하게 될 것이다. 여기서 당장 흥미를 끄는 것은 신비주의의 형태, 그 대상에 대한 독특한 자세, 대상에 도달하는 길, 따라서 또한 신비주의자의 근본태도 그 자체가 자신에게 있어서의 서로 다른 제반 타입을 스스로 보여주고 있다고 하는 것이다. 그 제반 타입은 종종 결합하고 있다. 다분히 보완과 침투를 위해 서로 공조하고 있을 터이다. 그것은 서로 결합함으로써 비로소 신비체험의 이상을 나타낼 것이다. 혹은 또한, 두 개의 타입 간에 신비주의자 자신이라면 통찰하고 있는 혹은 자명시하고 있는 비밀의 본질적 연관이 성립하고 있는지도 모른다. 하지만 신비주의자가 아닌 이에게는 무엇보다도 우선 넓은 범위의 불가사의한 상위가 두드러질 것이다. ―혹은 두드러질 것임이 분명하다. 여기서 언급되고 있는 이 상위는 신비적 직관 그 자체의 종류와 관련되어 있다. 즉 본장의 표제에서 제시하고 있는 종류이다.

그런데 샹카라와 에크하르트의 일치와 관련하여 흥미로운 부분은 이두 개의 신비적 직관의 형태가 이 둘에게 있어서 어떻게 발견되는가, 또는 어떤 방식으로 밀접하게 서로 침투하고 있는가 하는 점이다. 이두 신비주의자의 유사성은 각기 명백히 다른 신비적 활동 그 자체의 두양식이 일치하여 상호 침투하고 있다고 하는 점에 있다.

다음 절의 성가신 과제는, 한층 날카로운 인식을 목표로 하여 신비주의자 자신에게 더할 나위 없이 긴밀하게 융합하고 끊임없이 서로 교류하고 있는 것을 선별하여 떼어 놓는 것이다.

Ⅰ. 내관內觀의 길

첫 번째 형태의 직관은 '신비의 길은 안으로 통하고 있다'를 준칙으로 한다. 모든 외적인 것에 등을 돌리는 것, 자기의 영혼으로, 그 깊이로 되돌아가는 것, 신비로 가득 찬 깊이 및 그곳으로의 귀환 또는 귀입할 가능성에 관한 지식, [자기]몰입으로서의 신비주의―이것이 첫 번째 형태 특유의 것이다. 바꿔 말하면, 바야흐로 내적인 것 그 자체 안에서 직관에 도달하고 여기서 무한한 것 혹은 신 또는 브라흐만을 발견하기 위해서 자기 속으로 몰입하는 것이다. 그것은 'ātmany ātmānam ātmanā'이다. 거기서는 사람은 세계로 눈을 돌리는 것이 아니다. 그저 자기의 내부로 눈을 돌리는 것이다. 그리고 궁극의 직관을 위해서는 세계를 필요로 하지 않는다. 다만 '신과 영혼'만이 중요하다. 세계가 없어도 이 직관은 진척된다. 아니, 오히려 그러는 편이 한층 용이하게 진척된다. '신과 영혼! 그 외에는 아무것도 없는 건가? 전혀 아무것도 없다'(Deum et animam! Nihil aliud? Nihil omnino)라는 아우구스티누스의 말은 실로 이를 알아맞히는 것이다.

플로티노스에 있어서도 이 두 타입이 서로 침투하고 있다. 제1의 타입은 분명 『에네아데스』 제6논집·제8논문의 다음 문장에 있다.

> 내가 육체의 수면에서 눈을 떠 정신을 차리고 자기 자신에서 체류하기 위해 외계로부터 발을 내디딜 때에 종종 어떤 불가사의한 아름다움을 본다. 그때 나는, 나 자신이 보다 좋은 세계에 속해 있음을 바위처럼 단단히 확신하고 내 안에서는 더할 나위 없이 영광에 찬 생명이 힘차게 움직여, 나는 신성과 하나가 되어 있는 것이다. 이 신성 안에 들어가게 되면 나는 저 생의 에너지에 도달하여 온갖 정신적인 것의 위로 치켜올려진다. 이윽고 신성의 품안에서의 이 휴식 후에 이성적인 직관으로부터 오성의 활동으로 내려앉을 때에 나는 이렇게 물을 것이다. 저 상태에서 애초에 어떻게 재차 하강할 수 있을까 하고.[93]

---

93) 이 직관이 부풀려져 '자기인식'이나 심리 이론 혹은 심리학이 되거나 사변적으로 인식론과 결부된다거나 아니면 이들 중 하나로 변화한다. 그 이념이 쇠퇴하면 '생득관념'이나 '아프리오리적인 인식'의 개념, 종국에는 '의식 일반'의 개념이 되기도 한다. 우리는 철학사 속에서 이처럼 이념이 빈곤화되거나 고갈되어 '학문'으로 변화하는 단계적인 프로세스를 추적할 수 있다. [中央公論社 4,589.]

II. 일체관의 길

그런데, 이상의 것을 플로티노스의 제5논집·제8논문의 다음 부분과 비교해보자.

> 그들은 전체를 그 생성에서가 아니라 존재에서 본다. 그들은 타他 안에서 자기 자신을 본다. 어떤 존재자도 자기 자신에서 정신적 세계 전체를 파악한다. 따라서 도처에 전체가 있다. 개물도 거기에서는 전체이고, 또한 전체가 개별이기도 하다.[94]
> 지금 있게 된 사람은 전체인 상태를 멈춘 인간이다. 하지만 그 사람도 개인인 상태를 멈추게 되면, 또 다시 날아올라 전 세계에 침투한다. 왜냐하면 전체와 하나가 될 때, 그 사람은 전체를 창조하기 때문이다.[95]

앞서 언급한 문장과의 차이가 느껴질 것이다. 여기서는 제1의, 안으로 향하는 직관이 그것과는 명료하게 다른 형태의 직관과 대립하고 있다. 이 제2의 길의 신비적 직관은 종종 그 특수성이 처음에는 알아채지 못할 정도로 제1의 직관과 밀접하게 결부되어 있다. 하지만 양자 사이에 있는 것은 큰 상위에 머물지 않는 대조이다. 제2의 직관은 ekatvam anupaśyati 혹은 ekatā-dṛṣṭi, 즉 제 사물의 많은多 직관과는 다른 일체관이라는 표현으로 표시되어야 할 것이다. 이 직관은 당장은 '내적인 것'에 관해서는 무엇 하나 알지 못한다. 앞의 형태가 영혼을 신비화하는 독자적인 영혼 교설을 필수적으로 갖고, 뒤이어 '영혼의 신비주의'로부터 출발하여 대부분은 어디까지나 영혼의 신비주의 그 자체에 머무른다. 이에 대하여, 이 제2의 형태는 자신의 영혼의 신비주의를 필요로 하지 않는다. 그것은 다양성 하에 있는 사물의 세계에 주목한다. 그리고 이

---

94) Kiefer 1, 61.
95) Kiefer 1, 65.

사물에 대하여 신비적인 본래적 특성의 깊이로부터 지극한 독특한 성질을 가지는 하나의 '직관' 혹은 '인식', 즉 우리들의 평가로 보면 기묘한 공상이거나 아니면 영원한 물건의 존재방식으로의 성찰이라고도 간주될 수 있는 것이 생겨나는 것이다.

　하지만 이러한 성찰이나 그것을 구비하는 사람은 과거의 유물 따위가 아니다. 어떤 시대에도, 오늘날에도 존재할 수 있다. 더구나 그 사람들이 우리의 추체험적 동감에 의해서는 그 체험에 거의 따라갈 수 없을 만큼, 우리들 자신과 떨어져 있는 것도 아니다. 인도에서의 사변도 분명 이러한 성찰로부터 출발한 것이며, 게다가 그 실마리가 된 것은 제1형태의 성찰이 아니라 이 제2형태의 것이었다. 그도 그럴 것이 이미 『리그베다』 속에서, '에캄(ekam), 일자'에 대한 이 불가사의한 모색이 시작되고 있다. 이러한 반면, 아트만의 추구는 후대가 되어 겨우 시작되었고 어떤 내적인 필연성에서 거기에 부가되어 그것과 결합한 것이다. 이 필연성에 관해서는 다른 곳에서 상세하게 고찰될 것이다. 하지만 이 제2형은 인도에서만 사변의 시초가 된 것이 아니라 그리스에서도 아마 그러했을 것이다. 그러하면 우리가 그리스 학문이라고 부르고 있는 것도 아마도 당초에는 신비적 직관이었던 것의 불초자식이었을 지도 모른다. 아무튼 그것은 '교설'에 의존하지 않고 합리적인 음미나 인과의 본능, 지식욕으로부터는 생기지 않는다. 그저 그러기 위한 자질이 부여된 곳에서, '천안天眼'이 열린 곳에서 '마치 천계天啓처럼' 나타나는 것이다.

　sad *eva* idam agra āsid ekam *eva* advitīyam('이 (세계)는, 태초에는 사트(실재)만 있었다. [그것만이 유일한 것으로, 제2의 것은 없었다.]) idam(이것) 즉 제 사물의 이 다양한 세계는 그저 실재뿐, 단지 일자뿐만 있으며, 제2의 것은 없었다.—신비주의 근본 교전에는 이렇게 언급되어 있다. idam, 즉 다양한 세계 아래에서 그 직관이 발현한다. 그러면 그 다양성은 폐기된다. 그리고 그저 실재하는 것만이, 제2의 것이 없는 단지 일자만이 있었다. 즉 '그저 …… 만'이라는 것이 존재보다도 비중이 있다. 우리는 이 직관을 '일체관'이라고 명명해야 한다. 왜냐하면 '일체'가 그 캐치프레이즈이기 때문이다. 영혼이나 내적 인간, 아트만, 또는 브라흐만이나 deitas, 그리고 무엇보다도 sat나 esse가 아닌, '일체'야말로 캐치프레이즈이다. 이 '일체'의 강조 및 일체의 '구별'에 대한 반대가 그 주요한 특징이다.

'일체관'이라고 언급했다. 하지만 이 말로 상황 그 자체가 충분히 설명되었다고 착각해서는 안 된다. 왜냐하면, 어떤 것이 일체에서 혹은 일체로서 직관된다고 하는 단순한 형식적 요소는 진정 본래적으로는 거의 아무것도 말하고 있지 않다. 특히 일체의 영향 아래 있는 이 존재가 어떻게 해서 저런 관심을 불러일으켜, 마치 질식할 만큼 긴장시키고 남아돌 만한 가치를 지니고 장엄한 동시에 또한 구제와 지복을 주는 것인가와 관련하여 전혀 아무런 말도 하지 않을 뿐 아니라 어째서 그것 자체가 '불가결한 일자—者'(unum necessarium)인지도 말하고 있지 않기 때문이다. 이 일체의 계기는, 말하자면 수면 아래에 있는 잠수함의 깃발이 아직 수면 위에서는 보이지 않는 것과 같다. 즉 어찌어찌 파악되어 고찰되는 유일한 계기인 셈이다. 그렇지만 이 역시 지극히 불완전한 것에 불과하다. 왜냐하면 애초부터 이 '일체'란 대체 무엇인가? 일체라는 것은 무엇인지가 논리적 형식에 의해 규정된다거나 그것과 동일한 듯한 것이 아닌 점은 확실하다.

이 신비적 직관에도 '학문'적으로 그것과 대응하는 것이 있다.[96] 전체성이라든지 우주(universum) 혹은 코스모스의 체계와 같은 '학문적' 개념이 그것에 속하는데, 이것은 또한 '여러 실체의 상호작용 체계'로 여겨지거나, 또 물활론에서는 유기체로서, 기계론적·수학적으로는 물체 및 에

---

96) 앞의 각주 93 참조.

너지의 기계적 체계로서 각각 여겨지는 일도 있다. 나아가 법칙성의 개념도 그러하다. 따로 주장된 것이기는 하지만, 아마도 이러한 자연철학의 근본개념은 일찍이 실제로 '신비주의의 정신으로부터' 각각의 부분(disiecta membra)으로서, 하지만 동시에 근원적인 신비적 직관의 타고남은 찌꺼기 혹은 허물로서 풀어 놓여 졌을 것이다.

그런데 이 일체관은 단계를 지닌 것이다. 그 의미는 이 단계가 신비주의적 경험의 역사 속에서 또는 개개의 신비주의자의 체험 속에서 필연적인 순서를 이루어, 차례차례 더듬어 가는 발전이어야만 한다는 것은 아니다. 우리들이 생각하고 있는 것은 어떤 일 자체 안에 본질적으로 구비되어 있는 것처럼 보이는 단계 구성이다.

그것을 기술함으로써, 우리는 동시에 다시 이 제2형의 신비체험의 '도식'을 그리려고 한다. 도식적 표시의 특징은 주어진 개별 형태를 복사하는 것이 아니라 하나의 중간 유형을 묘사하고자 하는 것이다. 개별 형태는 그 무엇도 도식과 완전히 겹쳐지지 않는다. 하지만 개별 형태는 모두 도식을 상기시키는, 명료한지 불명료한지, 가까운지 먼지, 정확한지 부분적인 어긋남이 있는지와 같은 차이는 있지만. 이러한 이해 아래 우리는 다음과 같이 말하는 것이다.

1. 가장 낮은 단계

(a) 다多가 아니다

이 직관적인 관찰이 붙잡는 경우의 사물이나 사상은 더 이상 많은 것, 구별된 것, 분할된 것이 아니라 형언할 수 없는 방법에서이지만, 전체(sarva)이자 총체일 뿐 아니라 하나된 것이기도 하다. 그것은 형언할 수 없는 방법으로 그러하다. 왜냐하면, 예를 들어 사물이나 사상은 '유기적 전체'를 이루고 있다거나 '하나의 전체 생명'을 이룬다고 부가한다 하더라도, 이것은 당면 문제의 합리주의적 해석으로 각각 학문적인 술어를 빌려오고는 있지만 결국은 유사한 것에 불과하여 완전하지 않기 때문이다. ―에크하르트도 이렇게 말하고 있다.

> 신적 본성의 영원한 선 안에서는 마치 마법 거울에 비추듯이, 모든 피조물의 본성은 하나이다.[97]

(b) 대립물이 아니다

나아가 대립으로서의 일체의 타자성(Anderheit)은 소멸한다. 바꿔 말하자면, 더 이상 사물은 이것저것과 같이 구별되지 않는다. 오히려 이것은 저것이고, 저것은 이것이다. 여기는 저기이고, 저기는 여기이다.[98]

이 점의 의미는 무엇보다 우선, 일체의 사물이 일반적으로는 그것으로서의 풍요로움과 충일充溢이라는 측면에서 소멸해버린다는 것이 아니라, 오히려 사물은 사물과, 전체는 전체와 완전히 하나이자 동일하다고 하는 것이다. 이러한 직관을 나타내는 인도의 표현은, nānātvaṁ na paśyati이다. 이것이 적극적으로 표현되면, samam paśyati 혹은 dharmā samatām gatān paśyati가 된다. 즉 저 사람은 모든 대상물을 동일성으로서 합체하고 있는 것으로 본다는 의미이다.[99] ― 여기서 자연

---

97) Pf. 324, 27.
98) 예를 들어 플로티노스도 예지적인 세계에 관해 다음과 같이 말하고 있다. "그들은 전체를 그 생성에서가 아니라 존재에서 본다. 그들은 타인 안에서 자기 자신을 본다. 모든 존재자는 자기 자신에서 정신적 세계 전체를 파악한다. 따라서 도처에 전체가 있다. 개물도 거기서는 전체이고 또한 전체가 개물이기도 하다."[이 인용은 앞의 각주 95와 동일하다.]
99) 이것이 또한 advitīya, advaita(제2의 것이 없는)이라는 용어의 주된 의미이기도 하다. 불이일원론의 근본 경전인『찬도갸 우파니샤드』6.2.1에서 이 말은 idam, 즉 prapañca, 명칭과 형태 하에서 전개하고 있는 세계는 '유일하고 제2가 없는, 바꿔 말하자면 자기 안에서 다多를 갖지 않는 것이었다는 의미이다. 여기서 언급된 '제2가 없다'는 것은 우선 브라흐만과 내적인 아트만과의 동일성이 아니라 세계의 다多와 일자와의 동일성이다. 그 후에도 종종 여전히 그러하다.『만두캬 카리카』1.17의 다음 문장을 참조.
māyāmātram idaṁ dvaitam advaitam paramārthataḥ[이 (세계)는 이원이며

적 논리학의 두 근본법칙인 모순율과 배중률을 배제하는 신비주의 특유의 '논리'가 분명해진다. 비非유클리드 논리학이 평행의 공리를 제외하듯이, 신비주의적 논리도 상기 두 공리를 배제하고 거기에서 '반대의 일치'(coincidentia oppositorum), '대립의 동일성' 및 '변증법적 개념'이 학문 속에 섞여 드는 것이다.

거기서는 그것(직관하는 영혼)에게 있어 전체는 하나이고 전체의 내적 하나이다.[100] 그것(세계적 존재)은 자기 안에 모순을 품고 있다. 무엇이 모순인가. 사랑과 고민, 흑과 백으로, 이것이 모순인데 본질적 존재에게는 그 상태(모순되는 것)가 아니다.[101]

영혼의 청징清澄함은 영혼이 분할되어 있는 생生으로부터 정화되어 하나가 되어 있는 생 안으로 들어가는 것이다. 저차원의 사물 하에서 구분되어 있는 모든 것은 (직관하는) 영혼이 그 어떤 모순도 없는 생을 향해 올라가기만 하면 그 즉시 하나가 된다. 영혼이 도리道理(진정한 인식)의 빛 속으로 들어가면 모순을 모른다.[102]

사랑하는 주여! 사람은 어떠한 때에 비루함(논증적인 오성적 파악) 속에 있는지를 알려주십시오. 그대들에게 알린다. 타他로부터 (구별된) 하나를

마야에 불과하다. 진실로는 불이이다.]

이 idam은 여기서는 『찬도갸 우파니샤드』에서와 마찬가지로 prapañca로서, 샹카라는 『주해』에서 idam prapañcākhyam[이것이란 쁘라빤챠(명칭·형태 하에서 전개한 현상세계)라고 불리는 것이다]이라고 말하고 있다. 또 3.19에서는

māyayā bhidyate hy etan, nānyathājam kathaṁcana. [마야에 의해 그것은 분할되어 있다. 다른 것이 아니다. 진실로는 어찌하든 불생不生이다.]

하지만 '실은 그것은 samatāṁ gatam[평등성에 이르고 있다'(3.2)도 참조. 또한 4.91에서는 다음과 같이 말하고 있다.

sarve dharmāḥ… vidyae na hi nānātvaṁ teṣāṁ kvacana kiṁcana. [왜냐하면 그것들(sarve dharmāḥ 모든 대상물)에는 그 어떤 다양성도 전혀 존재하지 않기 때문이다.]

100) Pf. 632, 26.
101) Pf. 264, 11.
102) Pf. 264, 28.

아는 때라고. 그렇다면, 어떠한 때에 비루함을 넘어서는지를 알려주십시오. 일체를 일체 속에서 아는 때에 비루함을 넘는다고 그대에게 말한다.[103]

(c) 영원상永遠相 하에서

그렇기는 하지만, 그와 동시에 '영원한 상 아래에서(sub specie aeterni)의 직관'이라고 명명되는 것이 나타난다. 그것은 한낱 공간 및 시간에서의 사물의 공존이라는 일상적 형식의 부정을 의미하는 것이 아니라 그것보다도 고차원의, 그렇지만 형언할 수 없는 '영원한 순간 하에서의' 사물의 혼재 혹은 공존이라는 적극적인 질서를 의미하는 것이다.[104]

(d) 이념적 이성 하에서(in ratione ydeali)

그리고 제 사물이 '하나가 되는 것'의 부수 현상으로서, 사물의 변용(Verklärung)이라고 명명되어야 한다는 사실이 그것에 결부된다. — 이것이야말로 비로소 가장 중요한 것이 된다. 말하자면 사물이 투명해져 빛을 내며 몽환적인 것이 된다. 즉 사물이, 에크하르트가 말하듯이 '이념적 이성에서', 바꿔 말하자면 '누구나 흔히 이해한다'고 하는 방식에서가 아니라 사물의 영원한 이념 하에서(in ratione ydeali) 보인다. 그리고 이 일이 다시 변용이라고 하는 계기를 앞의 영원한 상이라고 하는 계기에 결부시키는 것이다.[105] '나는 일체의 것 안에서 영원한 미美(Zier)를 본다'고 린케우스(Lynkeus)가 말하고 있다. 그리고 플로티노스도 '거기에 완성된 미가 있다[106]'고 말한다.

하지만, 에크하르트는 다음과 같이 표현하고 있다.

---

103) 출전 미상.
104) '지금'에 관해서는 '누가복음' 10.38 참조
105) 피조물을 그 '창조되지 않은' 본질에 있어서 직관하는 것.
106) Kiefer 1, 61.

사물을, 그것이 죽어야만 하는 것인 양 저차원의 형태로 잃어버린 사람
은 그곳에서만 사물이 진실한 것인 '신 아래에서'(바꿔 말하면, 그 이념적인
'일성一性'에서) 재차 받아들인다. 저기에서는 죽은 것이 여기서는 생명이
다. 그리고 또, 저기서는 손으로 움켜쥘 수 있는 것이 여기서는 (이념적
인 상에서는 subspecie ydeali) 정신이다. 예를 들면, 무색의 물을 전혀 색
이 없는 용기에 붓고 가만히 둔 후에 이윽고 누군가가 위에서 들여다보
았을 때, 그 바닥에서 있는 그대로의 얼굴을 보는 것과 같은 것이다.[107]

여기서 에크하르트가 특유의 변용, 즉 물속에서 보여진 얼굴이 보는
때에 매개가 되는 것의 광채와 투명함에 가득 차 있는 변용을 생각하고
있다는 점은 분명하다.[108]

(a)-(d)의 모든 계기를 인도의 정형구로 요약하자면, '그 사람은 더
이상 다양성을 보지 않는다'(nānātvaṁ na paśyati)가 된다. nānātva는 그
것 자체 아직 브라흐만과 아트만의 구별에는 아무런 관계도 없고, '명
칭·형태 등을 가지는'(nāmarūpādi) 다양성, 그리고 동시에 '공간과 시간
에 제약된'(kāladeśa-nimitta) 다양성을 나타내는 것이다. 적극적인 표현을
쓰자면, '그 사람은 [모든 것을] 동일성에 있어[=동일하게] 본다'(samam
paśyati)가 된다. 하지만 동일(sama)하게 본다[=동일성의 직관]는 것은, 본
래적으로 영원의 상에 있어 또한 이념적 이성에 있어(in principio, sub
specie aeterni, in ratione ydeali), 공간과 시간[의 속박]으로부터 개방된 직
관이기도 하다.

---

107) Bü1, 141.
108) 에크하르트의 모든 학파적 비대화로부터 해방된 구상적이며 그의 독자적인
   말에 의한 비유가, 전적으로 학문적이고 플라톤화된 이념적 사변과 비교했을
   때 '이념적 이성에서'라는 것의 의미를 훨씬 명료하게 나타내고 있다. 그와 동
   시에 이 비유 속에는 우리가 앞서 주장했던 것, 즉 에크하르트는 자신의 의견
   을 말하고 있었다는 것, 더욱이 그가 스콜라 철학자가 아니라 모국어인 독일
   어로 말하고 시인의 말로 이야기하는 설교자였다고 한다면 아마도 한층 더 적
   절하게 말하고 있었을 것이라는 점도 제시되고 있다.

(e) 직관하는 것과 직관되는 것의 일체성

이제는 동시에 만물과 만물의 동일화와 마찬가지로, 직관하는 것과 직관되는 것의 동일화가 나타난다. 이것은 제1의 길, 즉 안으로의 길의 동일화와는 명백히 다른 혹은 그것과는 따로 성립하는 것이다. 왜냐하면 여기서는 내적인 것으로서의 '영혼'이나 최고의 존재와 영혼의 합일은 문제시되지 않기 때문이다. 직관하는 것의 '영혼'은 전혀 되짚어지지 않는다. 오히려 전적으로 순수하게 직관하는 것 자신이 되짚어지고 있을 뿐이다. 즉 그 자신은 모든 것 그 자체이다. 모든 것은, 그 바로 자체이다. 따라서 그는 자기 안에서 모든 것을 보는 것이다.

(f) 플로티노스는 『에네아데스』 제1논집·제8논문 1에서 이상의 (a)-(e)를 모범적으로 선명하게 요약하고 있다

그것은 일체를 갖고, 자기 자신과 함께 있으며 일체를, 그것을 소유하는 일 없이 소유한다. 여기에는 사물은 없고 저기에는 일자는 없다. 일자 안에 있는 사물은 그 무엇 하나 구별되지 않는다. 왜냐하면 일자는 완전히 각각의 사물이며 어디에서나 일체이기 때문이다. 거기에는 혼합도 분리도 없다. 그렇지만 그것은 오늘날 생각하는 정신, 즉 그 내용을 논리적 명제로부터 얻거나 근거와 귀결에 관한 사유활동과 반성에 의해 그 이해에 도달하는, 또 충족률의 명제에 의해 존재하는 것을 인식하는 정신이라는 의미에서의 정신이 아니다. 저 정신은 오히려 일체를 갖고 또한 일체이며, 자기 자신 아래에 있는 한편 일체의 아래에도 있다. 그 것은 일체를 소유하지만 일상적 의미에서 (개별적으로, 자기의 밖에 있는 대상물로서) 소유하는 것이 아니다. 왜냐하면 저 정신은 만물을 자기 자신과 다른 것으로서 소유하는 것이 아니기 때문이다. 왜냐하면 소유된 것은 남의 것이 아니고, 그 자신도 (그것과) 다른 것이 아니기 때문이다. 그리고 또 (소유된 것의 내부) 정신 속에 있는 것은 제각각 그것으로서는 분리되지 않는다는 것도 성립한다. 왜냐하면 개물은 전체이며 완전히

일체이기 때문이다. 그렇지만 그것은 뒤죽박죽으로 섞인 것도 아니고 한편으로는 그 자신이 다시 특수한 것이다.(앞의 인용인 '흑黑은 흑의 상태를 멈추지 않는다. 백白도 또한 마찬가지이다. 하지만 흑은 또한 백이기도 하고, 백은 흑이기도 하다. 대립항은 제각각임을 멈추는 일 없이 일치한다'를 참조.)

여기서 보여지는 '정신'(Geist)은 '일상적인' 사유의 정신, 논증적 사유 활동과는 구별된다. 그 정신은 사유에 의해서가 아니라 신비적 직관 (intuitus mysticus)에 의해 포착되는 것이다.[109]

(g) 신비적 직관이 이 단계에 머무는 것도 가능하다. 그리고 신비적인 일이 이 단계만으로 기술되거나 제시되어, 더 이상 진전하지 않는 경우도 있다. 신비적 경험이 자기표현으로서 다음과 같은 제1 단계 표현, 즉 '타他를 전혀 보지 않는다, 일체의 것으로 본다, 시간과 공간의 밖에서 본다, 자기 및 일체를 하나—에서 본다, 일체를 자기 안에서 본다' 고 하는 표현을 가지고 만족하고, 그후 단계의 한층 고차원적인 표현에 호소하는 일이 없는 경우가 충분히 있다. (물론, 고차원의 단계가 달성된 경우에는 이것이 쉽게 그것에 섞여 들어간다.) 여기서는 아직 신의 직관이나 브라흐만에 관해 논하고 있지는 않지만, 그럼에도 이미 신비적 직관은 현존하고 있다. 그것에는 모든 것이 일체—體 안에 있으며, 완전한 신비적 일체 안에 있다. 그리고 신비적 직관이 사물을 일체에서 봄에 따라, 보는 것이 보여지는 것과 하나가 되는 동시에 사물을 자기 안에서 보는

---

109) 이 경우의 정신은 신적 정신이다. 하지만 신적 정신은 신비주의자에게는 실로 신비적 정신 그 자체의 원형이다. 이 정신 자체가 무엇보다도 신비주의의 주체이다. 그리고 이 주체에게서 일어나는 것은 영혼이 바르게 보는 한 '영혼' 안에서도 일어난다. 이것이 신비주의적 입장의 근본 이해이다. 이 비교 관계는 이윽고 동일 관계로 이행해 가는데, 인도에서도 이미 우파니샤드에서 '신적인 것에 관해서는 이러하다. 이제는 영혼에 관해서도 이러하다'(ity adhidaivatam, atha adhyātmam)(『케나 우파니샤드』 4.4-5.)는 규칙적인 병기법을 통해 드러나고 있다. 이와 비슷한 구분과 비교 및 동일화는 에크하르트에게서도 발견된다.

것이다.

> 그렇지만, 자신의 마음을 저 (일체 아래에서, 또한 동시성 아래에서 보여진)
> 세계의 아름다움으로 들여보낸 사람은 더 이상 단순한 방관자로서 걷는
> 일은 없다. 왜냐하면 보이는 대상과 보는 마음은 이미 둘로 분리된 별
> 개의 것이 아니라, 이렇게 보는 마음은 (이제) 자기 자신 안에 보여진 대
> 상을 지니고 있기 때문이다.[110]

하지만 여기서의 '보는 마음'은 보는 것 자체와 같다. 그리고 여기에
나타나는 합일도 아직은 '신'과의 합일이 아니라 일체에서 보이는, 이념
적 세계의 대상과 자기와의 합일이다.

(a)부터 (e)까지의 제 계기를 나타내는 인도적 표현은 '그 사람은 타
를 보지 않는다'(anyad na paśyati)이다. 바꿔 말하면, '그 사람은 대상물
안에서 상위를 보지 않는다'는 것이고 또한 '그 사람은 더 이상과 주관
과 객관 사이의 상위를 보지 않는다'는 것이기도 하다.

2. 제2 단계

하지만 그 다음이 있다. '다多는 일一로 나타난다'고 가장 처음에 말
했다. 따라서 하나의 것이 직관된다. 이것은, 이 하나의 것이 곧바로 더
이상 단순히 다多의 집합이 아니라, 다의 특이한 상관체相關體가 된다
는 것이다. 그 '하나의 것'은 '일자'가 된다. 그런데 그것은 더 이상 다多
의 술어가 아니다. 오히려 다는 일로 나타난다'는 표현은 '다는 일이고,
그 일은 다이다'는 대립항의 등치가 된다. 더 나아가면 이 두 개의 명제
도 등가인 채로는 남지 않는다. 일一쪽이 전진한다. 일체一體는 다의 결
과가 아니다. 그 관계는 또한 일체와 다성多性(Vielheit)은 서로 한쪽이

---

110) Kiefer 1, 70.

다른 쪽의 결과라는 식의 것도 아니다. 일자가 당장 무게를 지니고, 다多의 상위를 점한다[111]. 부언하자면 다음의 세 중간 단계를 거쳐 그렇게 되는 것이다.

> '다는 일로 보여진다(그리고 이렇게 되어서야 비로소 바르게 보여진다)'
> '다는 일자에서 보여진다'
> '일자는 다에서 보여진다'

바야흐로, 일자 그 자체가 다보다 우월하며 우선하는 것으로서 직관의 대상이 된다. 일자는 다이다. 하지만 다가 일자라는 것이 아니라, 다의 근저를 이루는 그 원리로서 그렇다. 일자는 다를 통일하고 장악하고 담당하고 근거 짓는 한에서 다에 대해서는 주체[주에]가 되고, 일자가 일자를 본질적으로 존재하고(weset), 존재하고(seint), 현재 존재하는(istet)한에서, '있다.' 그리고 여기에서 이미 일자는 자기를 주시하고 다의 가치를 스스로가 끌어당겨 눈치채지 못하는 사이에 지속적 존재자, 다의 내부 내지 배후에 있는 본래적으로 가치 있는 것이 된다. 그리고 이것은 점점 날카롭게 분명해진다. 이제 다는 이 일자의 전변하는 양태에 불과하다. 일자 그 자체는 그 양태의 배후에 있는 항상적인 것이며 전변하며 변화해 가는 것과 비교하면 지속적이고, 자기 동일적, 불변적인 근저이다. 핫라지도 이렇게 말하고 있다.[112]

> 분리의 문지방 바로 앞에서 멈춰 서, 모든 본질 아래에서 유일한 본질을 보지 않고, 소멸해 가는 것으로서의 지나가는 것과 상주하는 것으로서 머무르는 것을 보지 않는 한, 그 누구도 진리라는 넓게 펼쳐진 융단

---

111) 에크하르트는 다음과 같이 말한다. "다多 안에서 일—인 것은 그들[다多인 것]을 넘어 있어야 한다"(Pf. 268, 12)[Walshe 2, 149.]

112) L. Massignon, *La passion d'al Hossayn ibn Mansour al Hallāj*, Paris, 1922, 2, 517.

을 밟고 나아갈 수 없다.

그리고 이러한 종류의 신비주의가 그 자체로서 항상 지니는 두 개의 계기를 위한 출발점이 여기에 부여되어 있다고 하는 것이 당장 분명해진다. 즉 한편으로는, 이 종류의 신비주의가 절대성의 사변, 즉 일자는 무제약적인 것, 모든 것을 제약하는 것 그리고 절대적인 것이라는 사변에 의해 필연적으로 도식화된다는 것이다.

그리고 다른 한편으로는, 이 신비주의는 특히 존재의 사변을 불러 모으거나 혹은 스스로 정립한다는 것이기도 하다. 일자는 다의 배후에 있는 유일한 진실로서 완전한 존재자이고, 다는 전변, 생성 및 소멸을 지니는 반半존재, 즉 일자와 비교하면 '존재라고도 비존재라고도 규정할 수 없는' 반존재인 것(anṛta)으로 가라앉는다. 하지만 그와 동시에 다시 이 일자와 그것에 의해서 제약되는 것 사이의 제약관계가 우리의 합리적 제약의 카테고리 저편에 있다고 하는 것도 분명해진다. 유신론에서의 제약관계는 인과라고 하는 합리적 카테고리 관계이다. 원인은 엄밀한 구별 하에서 결과와 대립한다. 저 일자는 그렇지 않다. 그것은 제약하지만, 엄밀한 의미에서 원인의 카테고리 도식 하에서 제약하는 것은 아니다. 그것은 신비적인 [우리가 신비주의를 정의하는 의미에서의] 제약관계, 즉 비합리적 제약관계이다. 그것은 합리적 사유수단에 의해서는 포착되지 않는다. 겨우 표의문자(이디어그램)를 첨부할 수 있을 뿐으로, 나는 항상 강의에서 그러한 것으로 '원리적으로 근저에 있다는 점'(Zu-Grunde-liegen) 혹은 '포괄한다는 점'(Befassen)으로서의 제약하는 것이라는 표현을 사용하고 있다.

신비적 직관이 기존의 유신론 위에 천개天蓋처럼 걸린다는 것은 가장 오랜 우파니샤드가 증명하고 있듯이, 언제나 있는 것은 결코 아니지만 그러한 일이 발생하는 경우에는, 이 비합리적으로 근저에 있는 일자는 곧바로 신이라는 명칭을 얻게 된다. 그리고 그때에는 신이라는 표현이 일정한 윤색을 띠기는 하지만, 그것은 신비주의가 동시에 이러한 유신론적 토대를 가지는 경우에는 어디서나 그 표현의 특징을 이루는 윤색이다. 그렇게 해서 인격적인 부름도 곧바로 신의 표현이 되고, 신비주의적인 태도와 인격적인 태도가 상즉상입해 가는 것이다.

이러한 모든 관계를 나타내는 예는, 예를 들어 핫라지의 다음의 말인데, 여기서는 또 동시에 '제1의 길'과 '제2의 길'이 결합하고 있다.

오오, 이렇게까지 그대를 이렇게 미묘하게 하는 내 마음의 마음이여,
그대는 어찌 모든 살아 있는 피조물의 상상력으로부터 벗어나 있는가!
그리고, 명백한 동시에 숨겨져 있는 그대는, 모든 것을 모든 것 앞에서 변용한다. ······
오오, 모든 것의 합일인 그대여, 그대는 더 이상 내게 있어 '타자'가 아니라, 나 그 자체이다. [113]

혹은 『이샤 우파니샤드』와 비교해 보기 바란다. 우선 제6송에서는,

하지만 만물을 자기 자신 안에서 보고, 만물 속에서 자기 자신을 보는 사람은 ······

또는 제7송에서는,

어떤 사람에게 인식하는 것의 자기가 만물이 된 그 사람에게 또한 어떠한 혼란, 어떠한 우려가 있을 것인가, 일체一體를 보는 그 사람에게는.

그리고 이어지는 제8송에서는, 이 불가사의한 '일체一體'가 홀연히 보다 높은 차원의 직관의 단계로 높아진다. 즉 그것은 이제 신비적인 '주

---

113) *Ibid.* 520.

主'가 된다.

그것은 (완전히) 편만하고, 빛나며, 육체가 없고, 불비가 없고, 근육이 없고, 청정하며, 죄과 없는, 예견자, 현자, 포괄자, 편만자, 자기 자신에 의한 존재자.

'일체'는 이제 '이슈'(īś 主主) 그 자체이자, 주재자로, 제1송은 이렇게 노래하고 있다.

이 세계 속에서 항상 움직이는 모든 것이, 주재자에 의해 구석구석 거주되고 있다.[114]

3. 제3 단계

다多대 일자一者 ― 이와 같이 다의 형식으로서 시작된 것이, 다를 넘는 본래적인 것으로서 나타난다. 그리고 지금 불과 한 발 앞으로 나아가면, 그것은 다와 대립하고 나타나기도 한다. 즉 그것이 일一이면, 더 이상 다일 수 없다. 다는, 처음에는 일과 동일하지만 그것과 충돌하여 사라져 버린다. 그 소멸 방법은 에크하르트의 경우처럼 불가분의 일자 안으로 가라앉아 하나가 되거나, 그렇지 않으면 샹카라의 경우처럼 일자를 흐릿하게 하는 베일, 즉 무명에서의 마야의 환영이 된다.

그리하면 일체(Einheit)와 일(Eins)의 어의도 변하게 된다. '일체' 및 '하나이다'는 것은 당초에는 다양한 것의 (신비적인) 종합을 의미하고 있었으며, 이 종합은 가능적 종합이라고 하는 우리의 합리적 카테고리로는

---

114) 플로티노스도 이렇게 말하고 있다. "그(신, 최고의 일자)는 자신의 내적인 모든 신들을 데리고 화려하게 나타날 것이다. 유일한 신으로서, 또한 모든 개물이 자기 안에서 일체를 붙들어 일체가 되듯이, 일체를 자기 안에서 계속 붙잡으며"(Kiefer 1, 67)

재현할 수 없는 것이기는 하지만 여하튼 종합이었다. 그런데 이 종합된 일체, 즉 '하나가 되었다'(einig)는 의미에서의 이 일자(unum)로부터, 바야 흐로 일— 혹은 단 하나(Allein-heit)로서의 일체가 나온다. 환언하자면, 하나가 된 것으로부터 단 하나의 것이 되고 온전한 것[115]으로부터 유일 한 것이 된다. 그와 동시에 샹카라의 경우가 그러한데, 원초의 내재관 계, 즉 일체가 사물 속에 혹은 그 아래에 내재한다고 하는 관계가, 그리 고 다음으로는 일자에서의 제반 사물의 내재가 바로 완전한 초월로 급 회전해 간다. 이제 다多의 세계는 일자의 세계와 완전한 한편 나쁜 대립 물이며, mithyājñāna(허위의 인식) 또는 bhrama(오류)이다. [116]

에크하르트에서는 그 사변의 특수성 때문에 '자기를 매체로 하는' 일 자의 지극히 생생한 내재가 여전히 잔존하지만 그와 동시에 이 일자의 위에, 차이점도 다多도 결코 거기로 파고들지 않았던 '신성의 사막과 같 은 공적 속에서', 마찬가지로 절대적으로 추월하는 일자가 천개와도 같 이 걸려 있다. 그에게는, 제2 단계가 여전히 제3 단계와 결합된 채 있 다.

이상의 단계 설정과 관련하여, 플로티누스에 의한 플라톤으로부터의 인용을 비교해 보기 바란다. [117]

파르메니데스는 보다 분명하게 표현하고 있는데, 맨 처음에는 절대적인 일자를, 두 번째에는 다면적인 일자를, 그리고 제3으로는 일자와 다多를 각각 구별하고 있다.

---

115) 1926년판은 이를 ekam advitīyam(유일하며 제2의 것이 없는)이라고 보충한다.
116) 에크하르트의 다음의 말은 이와 유사하다. "만일 영혼이 신(하나—)을 피조물 안에서 알면, 이는 단순히 해질녘의 빛이다.(제1 단계) 만일 영혼이 피조물을 신 안에서 알면(제2 단계), 이것은 아침 햇살이다. 하지만 만일 신을 자신 안에 서 유일 존재하는 자로 알면(제3 단계), 그것은 백주대낮의 빛이다."(L. 216)
117) Kiefer 1, 29.

이 순서를 반대로 하면, 분명 우리의 단계가 된다.

Ⅰ과 Ⅱ에서 서술된 두 길을 우리는 '내관의 길' 및 '일체관의 길'이라고 명명한다. 이 두 가지 길은 따로 나타나는 것, 그뿐인가 서로 경합하는 것이라고도 여겨지는, 그 자체로 완전히 구별 가능한 두 가지 유형의 신비주의를 제시한다. 하지만 에크하르트에 있어서도, 또한 샹카라(또는 보다 적절하게 말하면, 샹카라 및 그 학파가 종합하여 완성시키는 신비주의적 방향)에게서도 두 가지 길은 서로 만나 하나가 된다. 샹카라에서는 인도 전통 속에서 이미 오랜 기간 동안 양자가 합류하고 있다는 이유에 근거한다. 에크하르트의 경우도 비슷한 이유에 기반하고 있다. 하지만 샹카라와 비교하면 에크하르트는 단순한 전통의 대표자에 머물지 않는다. 즉 전승된 것이 모두 그의 안에서 동시에 독창적으로 새롭게 재생산되고 있다. 그리고 신비주의의 이 두 가지 유형의 융합, 특히 작열하는 상호침투도 역시 에크하르트에서는 본보기보다는 자기의 심장에서 흘러나오고 있다.

이러한 융합의 필연성은 언제까지나 그저 신비주의자 자신에 의해서만 느껴지고 통찰될 뿐이다. 그렇지만 적어도 몇몇 동기는 우리들도 파악할 수 있다.[118]

---

118) 오토는 후속 문장에 대해 제2판(1929년) 섹션 C에서 언급하고 있는데, 이를 멘싱은 지면 관계상 삭제하고 있다. [그 부분은 다음과 같다. '하지만 우리는 여기서 사고의 연속성을 헤치지 않도록 이 사고를 섹션 C에서 다룬다.]

제5장 제2의 길의 단계설정에 관한 상세한 설명

1. 태초에 일체관이 있었고, 뒤이어 브라흐만의 직관이 된다.

단순한 '일자의 직관' 단계는 반드시 신비주의적인 심경이 보다 높은 단계로 전진하기 전에 미리 통과해야 하는 태도가 아니다. 그 단계는 도식적인 표현 이론으로 말하면 '제1 단계'에 불과한 것으로, 살아있는 경험은 그것에 구애되지 않는다. 특히 발달한 신비주의 전통과 관련하여 말하자면, 이 단계가 독립적으로 나타나는 일은 거의 없어, 그것이라고 식별하는 일은 지극히 곤란하다. 하지만 그것이 특별히 나타나 그것만으로 존속하는 일도 모르긴 몰라도 분명 있을 수 있다. 그 경우의 표현 형식은, 다른 그 어떤 것도 보지 않고, 구별을 보지 않고, 불이不二를 본다가 될 것이다.

이 단계는 '일자를 본다고 하는 고차적인 단계가 나타나자마자 단순히 이전 단계로서 인식된다. 하지만 이러한 후속 직관이, 이를테면 아직 지평선의 배후에 있어 드러나지 않고 마음 작용이 본질적으로 제1 단계에 고착되어 떨어지지 않는 일도 있을 수 있다. 어느 쪽이든 이 마음 작용은 신비주의적 정신태도의 이미 그 자체의 특징을 띤 하나의 요소이다. 그리고 신비주의적 경험이 일방적으로, 아니면 이 제1 단계에 의해 두드러지게 규정되어 있는 듯한 표현을 모아보는 것은 꽤 흥미로운 일이다. 그런데, 그러한 것은 예를 들어『비슈누 뿌라나』2. 16의 단편 속에 분명히 들어 있는데 번역하면 다음과 같다.

1. 하지만 천년 후에 리부(Ribhu[119])는 니다가(Nidāgha)가 있는 마을로 왔다, 그에게 인식을 전해주기 위해서.

2. 그 마을로 들어가기 직전에 그는 니다가를 인지하였다. 바로 그때 는 왕이 많은 가신을 이끌고 마을로 들어가려고 하고 있던 때로,

3. 니다가는 멀리서 멈춰 서서 사람들 무리로부터도 떨어져 있었는 데, 땔감과 풀을 가지고 숲에서 되돌아 온 지라 목이 바짝 말라 있 었다.

4. 리부가 그를 발견하고선 접근하여 인사하며 말했다. '오오, 바라문 이여. 왜 이곳에서 혼자 서 있는가?'

5. 니다가는 답했다. '왕 주변에 있는 이 사람들 무리를 보시오. 저 왕은 마침 마을로 들어가려고 하고 있소. 해서 여기 잠시 서 있소.'

6. 리부가 말했다. '이 사람들 중에서 대체 누가 왕이오. 그리고 누가 타인이오. 내게 알려주시오. 당신은 마치 알고 있는 듯하니.'

7. 니다가가 답했다. '용맹스럽고, 마치 산의 정상과도 같이 우뚝 선 코끼리에 올라 앉아 있는 이가 왕이오. 그밖의 사람들이 그 가신들 이오.'

8. 리부가 말했다. '왕과 코끼리, 이 둘이 당신을 통해 내게 동시에 지시되었는데, 구별의 표지에 의해서 구별되어 표현된 것은 아니었 다.

9. 이 구별의 표지를 다시 한 번 내게 알려주시오. 어떤 것이 코끼리 고 어떤 것이 왕인지 나는 알고 싶소.'

10. 니다가가 답했다. '밑에 있는 것이 코끼리이고 그 위에 계신 분이 왕이오. 실리는 것과 싣는 것의 관계를 모르는 자가 있겠소.'

11. 리부가 말했다. '그것을 알 수 있도록 가르쳐 주시오. '밑'이라는 말로 표현된 것은 무언인가? '위'란 어떤 의미인가?'

12. 니다가는 갑자기 스승에게 달려들며 말했다. '알겠소? 질문에 대

---

119) 리부는 니다가의 스승(guru)이다. 그는 니다가를 천년이나 홀로 내버려 두었 다. 그렇기에 니다가는 처음에는 스승을 알아차리지 못했다.

답하리오.

13. 나는 지금, 왕처럼 위에 있다. 그대는 코끼리처럼 밑에 있다. 당신에게 알려주기 위해서 이런 예를 들고 있는 것이오.'

14. 리부가 말했다. '그렇다면 당신은 왕의 입장에 있고 내가 코끼리 입장이라손치고, 다시금 내게 가르쳐주시오. 우리들 중에서 대체 누가 그대이고, 누가 나인지를'

15. 그러자 니다가는 갑자기 그 다리를 붙잡고, '실로 그대는 리부이다. 나의 스승이다.

16. 왜냐하면, 내 스승만큼 불이不二의 신성함으로 청정해진 정신의 소유자는 달리 없기 때문이다. 그런 까닭에 내 스승 리부, 그대가 오신 것이 알려졌습니다.'

17. 리부는 말했다. '그렇소. 예전에 그대가 내게 보인 친절함에 보답하기 위해 그대를 교화하고자, 리부라 칭하고 왔소.

18. 그런데, 지금 막 그대에게 간략히 알려준 것이야말로 최고의 진리의 요체인데, 그것은 완전한 불이(advaita)이다.'

19. 스승 리부는 니다가에게 이렇게 말하자마자 다시 그곳을 떠났다. 하지만 니다가는 이 직관적인 교시의 가르침에 오로지 불이를 향해 갔다.

20. 이래로, 그는 모든 존재자를 자기 자신과 구분하지 않고 보았다. 이리하여 또한 그는 브라흐만도 보았다. 그로 인해 무상의 구제에도 도달했다.

21. 오오, 법을 아는 자여. 그대도 이처럼 자기에 대해서도, 적 혹은 친구에 대해서도 똑같이 행동해라. 모든 것을 관통하여 동등하게 퍼지는 자기를 알았다면

22. 원래는 일자이지만, 백白과 청靑이라는 구별을 가지고 나타나는 하늘과도 같이, 자기도 이미 일자인데 망상에 의해서 구별되어 나타나기 때문이다.

23. 여기에 있는 것은 그 무엇이든 일자, 아츄유타[120)]이다. 그 외의 것
    도, 다른 것도 없다. 그는 나이자 그대이기도 하며, 그는 이 모든
    아트만인 것(ātman-wesende)이다. 때문에 다의 망념을 떠나게 해
    라.
24. 이와 같이 그에 의해서 왕은 최고의 진리의 직관을 얻고 다多를
    떠나게 하셨다.

이 예에서는 직관(intuitus)의 제반 계기 및 제반 과정의 단계 설정이
유난히 명료하며 또한 철저하게 계획적이다. 여기서는 니다가가 아트
만으로서이든지, 브라흐만 혹은 영원한 일자인 아츄유타로서이든지, 맨
처음에 '일자 그 자체'를 보는 것이 아니다. 직관이 시작되는 것은 상위
나 분리 혹은 다多가 사라져, 구별되지 않고 보여지는 때이다. 그때, 이
것은 그것이고 그것은 이것이며 일체가 일자이다. 따라서 제6송부터 11
송은 소박한 질문이다. 그리고 감각적이고 공간적인 지각의 상위가 주
장되는데, 그 상위는 곧장 제14송의 나와 너에서 흩날린다. 나는 너이
고, 너는 나이다. 그리고 이 직관과 동시에, 니다가에게는 감관에 의해
강제되어 있던 자기와 사물과의 상위가 이내 사라지고(제20송의 1행), 그
와 함께 상위 일반도 사라진다. 그는 불이(advaita) 일반을 직관한다. 제
20송의 첫 번째 행은 여기까지 인도한다. 그리고 이제야 제20송의 두
번째 행이 그 앞으로 나아간다. 즉 tathā Brahma '이리하여 또한 [그는]
브라흐만도 [보았다]'가 되는데, 이 브라흐만은 바야흐로 무차별의 배후
에 있는 일자 자신으로서 나타나는 것이다.

분명하게 브라흐만 의식으로 고조되는 일 없이, 보다 적절하게 말하
자면, 이 의식을 필연적으로 개시하는 일 없이 지복을 수반하는 신비적
직관이 어떻게 제1 단계에서 표현되는지를 『찬도갸 우파니샤드』 7.23-
25의 생생한 문장이 보여주고 있듯이 여겨진다.

---

120) 신의 이름

yatra nānyat paśyati nānyac chriṇoti na anyad vijānāti sa
bhūmā(7.24.1)

타他를 보지 않고, 타를 듣지 않고, 타를 알지 못하면, 그것은 충일
(Fülle)이다.

이 '타'(anyat)는 여기서는 우선, 주체와는 다른 객체가 아니다. 왜냐
하면 주체와 객체간의 동일성이 선행명제로부터의 귀결인 점을 분명히
지적하고 있는 구절은 그 후에 처음으로 나오기 때문이다. 그것은 당
장 'sama' 즉 제 사물에서의 동일성이다. 이 동일성 그 자체가 여기서
는 무엇보다 직관의 대상이다. 그리고 이것을 직관하는 것이 '충일'인데,
이 우파니샤드에서는 신비주의자의 그 충일의 직관에는, 통상의 사람을
'alpa' 즉 '비천'하다고 하는 견해가 대립하고 있다.

하지만, 충일은 희열(Lust) 속에 있다. 비천함에는 희열은 없다.[7.23]
따라서 충일을 알기 위해 노력해야 한다[7.23]. 왜냐하면 충일은 불사인
데, 비천함은 죽을 수 있기 때문이다[7.24.1].

그렇지만, 이 충일은 또한 동시에 절대적인 것이기도 하다. 즉 충일
은 '그것 스스로의 위엄에 기반하고 있다'[7.24.1]은 것과는 반대로, 비천
함의 세계에서는 절대적인 것은 발견되지 않는다. 왜냐하면 '언제나 다
른 것에 의거하고 있다'고 하기 때문이다[7.24.2]. 그 안에는 그 어떤 타
(anyad)도 존재하지 않는 이 하나된 충일은

밑에 있고 위에 있으며, 서쪽에 있고 동쪽에 있으며, 남쪽에, 또한 북쪽
에 있다.
그것은 이 전 세계이다(하나에 있어, 구별 없이 존재한다)[7.25.1].

그런데, 그 다음은 athāto'haṁkārādeśaḥ라고 되어 있다. 즉

자 다음으로, 자아의식에 관해 다음과 같은 교시가 있다.
자아의식은 밑에 있고 위에 있으며, 서쪽에 있고 동쪽에 있으며, 남쪽
에, 또한 북쪽에 있다. 자아의식은 이 모든 세계이다[7.25.1].

그리고 이어지는 7.26.2의 시구는 이렇게 말한다.

보는 자는 죽음을 보지 않고, 병을 보지 않고, 재해도 보지 않는다.
그저 일체만을 보고, 곳에 따라서 일체를 꿰뚫고 들어간다.
그는 일상一相이며, 삼상三相이고, ……
그뿐이랴, 2만의 상相이다.

직관에 도달한 자는 '비참함' 아래에 있는 고뇌를 더 이상 보지 않는
다. 그는 모든 것을 보고 충일을 본다. 이것이 수로 상징된다. 그리고
그는 모든 것을 하나에서 본다. 즉 '모든 것에 꿰뚫고 들어가' 그것과 하
나가 된다. 그때, 그는 충일 그 자체이다.
그리고 마지막으로 8.3.4에 이르러서야 비로소 브라흐만의 단계로의
이행이 일어난다.

etad amṛtam abhayam etad brahmeti
그것은 불사이자, 무외의 것으로, 그것은 브라흐만이다.

혹은 『기타』 6.29[121]의 명쾌한 문장과 비교해봐도 좋을 것이다.

sarvabhūtastham ātmānaṁ sarvabhūtāni cātmani |

121) 上村 66쪽.

īkṣate yoga-yuktātmā sarvatra sama-darśanaḥ ‖
요가에 전념하고, 모든 것을 평등하게 보는 사람은 자기가 만물에 존재
하다는 것을 인정하고 또한 만물을 자기 안에서 본다.

yuktātmā는 샹카라가 『주해』에서 설명하고 있듯이, samāhita-antaḥ-
karaṇaḥ, 즉 스스로의 정신적 내관內官을 정신적 직관으로 집중시킨 사
람이다. 이 사람이 sarvatra sama-darśanaḥ로, 이 사람은 모든 곳에서
sama, 동일한 것을 본다. 이 사람에 관해서, 이 시구는 '모든 곳에서 동
일을 보는 사람은 (곧바로) 만물 속에서 자기 자신을 봄과 동시에, 자기
자신 안에서 만물을 본다'고 말하는 것이다. 그런데, 계속되는 송[=6.30]
은 한층 더 높은 단계로 나아간다. 나(신)를 모든 곳에서 보고, 그리고
모든 것을 나에게서 보는 사람, 그 사람을 ⋯⋯[122](yo mām paśyati sarvatra
sarvam ca mayi paśyati⋯[123])

송 6.31에서는, 이 직관의 요점 그 자체가 재차 일체一體(ekatva)라고
하는 간단한 표어 또는 신조어信條語로 요약되어, 'ekatvam āsthitaḥ(일
체에 있어 존재하는 사람)'라고 한다.

---

122) 이에 대해 샹카라가 sarvabhūtastham ātmānam을 svam ātmānam(자기 자
신을 만물 속에 머물고 있다고 본다)이라고 설명하고 있는 것은 옳다. 또한 sarv-
abhūtāny ātmani를 ātmany ekatāṁgatān, 즉 '직관하는 자 자신에게 일체로
서 집약된' 것으로서의 '브라흐마(히란냐가르바)로부터 무생물에 이르기까지의
만물'이라고 설명한다. 하지만 샹카라가 여기서 이미 sama를 영원한 브라흐만
이라고 설명하고 있는 것은 성급한 일이다. 왜냐하면 sama와 브라흐만의 등
치는 다음 문장(6.31)에서 비로소 분명하게 이루어지기 때문이다. 하지만 그는
viṣameṣu sarvabhūteṣu samam (paśyati) '상이한 모든 것들 안에서 그는 동
일성을 본다'고 반복하는 점에서 신비주의의 안목을 다시 한 번 정묘하게 밝
히고도 있다.
123) 『기타』 6.30.

2. 에크하르트의 일체관

그럼 이상의 것을 에크하르트에게서도 발견되는 상세한 논술과 비교해 보아도 좋을 것이다. 잘 살펴보면 에크하르트의 경우에도 제일 먼저, 말하자면 '어떠한 타자도 보지 않고, 둘이라는 것, 상위한 것을 보지 않는다'고 하는 것에 대한 희미한 빛을 인정하지 않을 수 없을 것이다. 물론 이것은 머지않아 보다 높은 차원의 빛을 향해가는 형태를 형성하게 되지만, 이를 기다리지 않은 채 이미 빛을 내고 있는 것이다.

영혼이 차별이 있는 것을 붙잡고 있는 동안은 아직 정상이 아니다. 어떤 것이 밖을 보거나 안을 보고 있는 동안은 아직 일체一體는 존재하지 않는다. 마리아 막달레나는 무덤 속에서 우리들의 주主를 구했다. 그녀는 한 사람의 죽은 자를 찾았고 두 사람의 살아 있는 천사를 보았다. 그럼에도 그녀의 기분은 가라앉지 않았다. 그러자 천사가 말했다. '그대는 무엇이 달갑지 않은가?'라고, 마치 '그대는 한 사람의 죽은 자를 구했을 뿐인데, 두 사람이나 살아있는 자는 발견하지 않았는가?(그 편이 훨씬 좋지 않은가?)라고 말하려는 듯이. 마리아라면, 나의 슬픔과 괴로움은 확실하고, 나는 둘을 발견했다. 실은 일자를 바라고 있었는데'라고 답했을 것이다. ─
피조물이 영혼에게 있어 구별이 있는 것이라고 인정되는 한, 영혼은 또한 괴로움도 느낀다. 만들어진 것 및 만들어지는 것은 모든 무無이다. 하지만 그것에게는 (말하자면, 직관된 이념적 이성에서의 사항 그 자체에게는) 마땅히 만들어지는 것 및 만들어질 수 있는 것은 서로 연이 없다. 그것은 하나인 것(Einiges)이자 자기 관계적인 것으로, 외부로부터는 (즉 영혼의 외부에 구별되어 있는 동력인(causa efficiens) 또는 자극인(causa afficiens)으로부터는) 무엇 하나 맞아들이는 일이 없는 것이다![124]

다른 곳에서 다음과 같이 언급될 때, 이제는 신비적 직관의 한층 더 높아진 단계로의 이행이 명확히 거기에 있다는 점을 지난 일처럼 느끼도록 애쓰길 바라고, 또 동시에 얼마나 은밀하게 제1 단계가 제2 단계로 넘어갔는지도 보았으면 한다.

그렇지만, 영혼이 명칭·형태(nāmarūpa, mūrti)를 보는 한, 가령 천사를 보는 것이든 영혼 자신을 보는 것이든 형상을 지닌 것으로서 보는 한, 영혼에는 불완전함이 있다. 그 뿐인가, 영혼이 신을 (인격적으로 마주 대하는 것으로) 보는 것조차 신이 형태를 지니고 삼위일체인 한, 영혼에는 불완전함이 있다. 하지만 형태를 지닌 모든 것이 영혼으로부터 분리되어, 영혼만이 거듭 영원한 일자를 보는 때에 영혼의 꾸밈없는 본질이 신적 일체의 형태 없는 단순한 본질—오히려, 본질을 넘어 선 본질(Überwesen)—을 감지한다. 오오, 기적을 넘어선 기적이여. 영혼의 본질은 사고나 이름에서조차 구별이라는 망상이나 그림자에 손상되는 일이 없기 때문에, 이 얼마나 고귀한 감수인가. 영혼의 본질은 모든 다양성과 구별을 지니지 않는 일자만을 신뢰한다. 일자에게는 모든 성질도 특성도 소멸하여, 하나이다. 이 일자야말로 우리를 지복하게 하는 것이다.[125]

에크하르트에서도 고차원의 단계, 즉 영원한 일자의 직관이 마찬가지로 모르는 사이에 또 다시 저차원의 단계로, 즉 단순한 무차별의 직관으로 퇴보하는 일이 있다.[126]

---

124) Bü. 1, 143-44.

125) Bü. 1, 83.

126) 위 뿌라나 단편의 마지막 부분에서 하나된 브라흐만이 동시에 또한 바수데바인 영원한 아츄유타이기도 하다고 설명되고 있다. 바꿔 말하면,『비슈누 뿌라나』전체의 경향과 대응하여, 이 근원적 일자의 비밀 안에 풍부한 신 특유의 가치가 포함되어 있다. 이는 브라흐만을 유신론 혹은 인격적 신애(bhakti)가 지니는 감정 가치로써 구석구석까지 채우려 한 불이일원론이 이를 가르치고 있는 것에 의한 것인데 에크하르트에게 있어서도 마찬가지이다. 게다가 그것

3. 직관의 돌파

직관의 성질에 관해 배우는 바가 많은 것은 니다가에게서 그것이 어떻게 번뜩이고 있는가 하는 점이다. 저 스승이 아트만이나 브라흐만의 교설을 이야기하고 있는 것도 아니고 유일성의 이론을 설명하지도 않으며, 다양한 것의 이론적 아포리아를 통해 그에게 다가가지도 않는다. 이러한 것은 언제라도 나중에 할 수 있는 것들로, 직관 그 자체의 최초의 힘이 이미 발산되어 버린 곳에 나타나는 것에 불과하다. 오히려, 저 스승의 방법은 내가 다른 곳에서 서술한 적이 있는[127] 선종의 공안법과 주목할 만한 유사성을 띠고 있다. 이제까지 적확하게 답을 해온 제자를 갑자기 당황하게 하려는 듯한 의표를 찌르는 질문을 통해 제자의 내부에서 직관이, 이를 테면 폭발하듯이 하게 하는 것이다. 그렇게 하자, 이제는 저 [직관] 자체가 제자에게 있다. 그리하여 그것이 그 자신 안에서 전개해 가 무차별의 직관이 되고 일체관이 되어 모든 것을 일체의 아래에서 존재하게 하는 일자, 브라흐마, 바수데바의 직관이 되는 것이다.

에크하르트의 학파에서도, 고차의 인식이 어떻게 생겨나는지를 이야기하는 한 예가 언급되고 있다(또는 에크하르트의 표현에서는, '저녁 햇살과 아침 햇살의 차이는 무엇인가라는 것이기도 하다[128]).

즉 새크러먼트(sacrament)에 임해 있는 사람에게 내적인 눈이 열리는 것에 관한 이야기가 Spamer(125 페이지)에 있다.

은 양자의 경우, '논리적 부정합'이 아니다. 도대체 이 분야에서 '논리적 정합성'에 무슨 의미가 있다는 것일까.

127) AN 119를 보라.

128) 두 가지 이해가 있다. 하나는 아침 햇살이고 다른 하나는 저녁 햇살이다. 만물을 신 안에서 보는 것이 아침 햇살이다. 사물을 스스로의 자연적 빛에 있어서 보는 것이 저녁 햇살이다. (Pf. 111, 3)

그가 보다 높은 이해의 빛으로 들어가는 것

그리고 거기서는,

모든 정신이 신처럼 고귀하게 만들어져 있는 것을 그 사람은 보았다. 왜냐하면 신과 그 의지, 능력, 말 및 전능한 위업은 그와 하나이기 때문이다. 그는 우리들이 동일한 작품이라는 것을 보았다.[129]

이 경험과 니다가의 그것의 차이는 역력하다. 제3장 인식의 길, 6 후반의 서술 내용을 참조하기 바란다. 영혼이 완전히 예배에 전력을 쏟음으로써 어느새 베일이 슬며시 치워지고, 그와 동시에 모든 정신과 모든 피조물을 일체 하에서 파악하고, 그것들을 근저로, 즉 영원히 하나인 것(Einigkeit)으로 데려가는 직관이 해방되는 것이다.

4. 우파니샤드에서의 제1 단계

처음에 불이不二 자체, 또는 우리식으로 표현하자면 일체一切와 일체의 동일성이 강조되는 것이 제1 단계인데, 이것은 종종 우파니샤드에서도 나타나고 있다. 이 신비적 동일성의 직관이 아트만 및 브라흐만의 직관 없이도 생겨날 수 있었다, 그렇지 않으면 제1 단계를 거의 넘지 않는 의미에서 이 두 직관을 사용하였다고 여겨질 정도로 이 직관이 주된 문제가 된 철학적 방향이 있었던 듯한 인상이 종종 들었다. 적어도 『만두캬 카리카』(māṇḍukyakārikā)의 한 부분에는 그렇게 말할 수 있다. 그것은 불가사의하게도, 대승『입능가경』의 사변이나 선禪의 체험을 연상시키는 것이다.[130]

---

129) Spamer 131.
130) Deussen 603을 참조.

모든 존재자는 애초부터 한정되어 있지 않으며 공간과도 같다.

그리고 그 어떤 의미에서든, 그것에는 다양성이 귀속하지 않는다.

만물은 모두, 근원에 있어서도 평온하고 지복에 차 있으며, 자기동일적이자 불가분하며, 영원하며 순수한 동일성이다.

하지만 만물이 다양하게 분화한다면, 더 이상 이 순수함은 존재하지 않는다.

때문에 다多 속에 빠져 분열해 있으면, 비참하다는 소리를 듣는다.

이에 대해서, 영원한 동일성[131]을 확신한 사람은 이 세간 속에서 위대한 것을 안다. 그렇지만 세간은 그 사람을 이해하지 않는다.

모호하고 바닥이 깊으며 영원하고 순수한 동일성을, 일체의 장을, 많은 힘을 통해서 알면서 우리는 우러른다.[132]

여기서는 브라흐만과 아트만에 관해 표면적으로는 전혀 언급하지 않고 있다. 여기서는 '동일성'의 인식이, 그것도 직접, 브라흐만을 경유하지 않고, 이미 완결된 체험인 동시에 자기 동일 또는 타와 동일한 사물을 완전히 '변용한' 것, 즉 '근원에 있어 생명으로 상기시켜진'(urerweckt), 또 '근원에 있어 축복받은'(urselig) 것으로 보는 체험, 그리고 그 자신이 이미 지복한 듯한 체험과 같이 보인다.

5. 에크하르트에서의 동일한 예

에크하르트에 관해서는 다시 다음과 같은 문장을 비교해보기 바란다.

여러 스승이 말하기를, 피조물을 자기 안[133]에서만 안다면, 그것은 '저녁

---

131) 어둡고, 도처에서 깊은 것! 이 동일성의 완전한 비이성적 성격에 주목하라.
132) 『만두캬 카리카』 4.91. [앞의 각주 99 참조.]
133) '자기 안에서'는, 이 경우에는 '직관하는 사람의 영혼에 있어서'가 아니라 피조

의 인식'에 불과하다(그것은 몽매하고, 명석함과 진실함을 지니지 않는다). 피조물을 차별 상태에서 보기 때문이다. 그런데 피조물을 신의 영향 아래에서 안다면, 그것은 '새벽의 인식'(떠오르는 태양과 같은 신비적 직관의 변용하는 빛 안에서의)이라고 한다. 거기서는 피조물을 신 그 자신인 일자 아래에서 구별하지 않고 봄(저것은 이것이다)과 동시에, 모든 형태로부터 형태를 제거하고(동시에 '손바닥 들여다보듯 알기 쉬움'도 제거되어), 모든 동등한 것(아직 구분에 기반한)으로부터 동등함이 없어진다.[134]

나는 말하리라, 온갖 피조물은 하나의 본질이라고.[135]

혹은

그런 이유로 나는, 천계에서는 일체가 일체 속에 있으며, 일체가 하나인 동시에, 일체가 우리들의 것이라고 하는 보다 명료하고 정신적인 다른 생각을 그대들에게 말씀드리겠습니다.[136]

또는

이 외면에 있어서 다양성 하에서 지니는 모든 것이 내면에서는 하나이다.[137]

여기에는 풀잎이 있고 나무나 돌이 있지만 모든 것은 하나이다. 이것은 무상심심無上甚深하다. 거기에 나는 심취했던 것이다.[138]

또는

물이 자기 자신에 있어서, 즉 그 '창조된' 본질에 있어서라는 의미이다.

134) Bü. 2, 111.
135) L. 216.
136) L. 192.
137) L. 234.
138) L. 235.

영혼이 초감각적인 것의 빛 속에 도달하자마자, 무엇하나 대립을 알지 못한다.[139]

혹은

모든 천사가 근원의 순수함에 있어서(이념적 이성에 있어서) 전일全一하듯이, 모든 풀의 거미도, 근원의 순수함 아래에서는 하나이다. 그뿐이랴, 만물이 거기서는 하나이다.[140]

혹은

이 (보다 고차적인 인식의) 생에서는 만물이 하나이며 공통이고 만물은 일체一切의 일체이며, 일체에서의 하나이다.[141]

에크하르트는 이러한 신비적 직관을 다른 신비주의자에게서도 인정한다. 예를 들면, 성 베네딕트에 관해서 이렇게 말하고 있다.[142]

그에게 '변용'이 전수된 결과 전 세계를, 마치 하나의 구체 안에 모든 것이 하나로 모여 있듯이 목격했다고 전해지고 있다.[143]

그런데, '고차적인 단계'로의 이행을 보여주는 것이 다음의 말이다.

---

139) L. 218.
140) L. 230.
141) L. 191.
142) Bü. 2, 163.
143) 마지막 예는 조형적인 불이일원 직관의 한 형식으로, 시각상의 소질을 지닌 사람에게는 원래 '지적 직관'인 정신적 직관 대신에 나타난다. 인도에서 이에 대응하는 것은 viśvarūpa의 직관으로, 이것도 일체관 및 일자의 직관의 환상적·시각적 변장이다. 『기타』 제11장 참조.

신은 만물을 자기 자신 안에 비밀스레 감춰두고 있다. 다만 이것저것을 서로 구별해서가 아니라 일체一體 하에 있는 일자一者로서이다. ―그 안에서 모든 것이 하나인 듯한 일자를 발견하면, 사람은 일체一體에서 떨어지지 않게 된다.[144]

또는

제3의 것은 보는 마음이다. 거기에서 영혼은 신을 가진다. 마음이 신을 보는 때, 영혼은 무엇을 보는가? 하나의 힘을 본다. 이 하나인 힘이 영혼을 자기와 하나가 되게 한다.[145]

혹은

신은 이 다양한 사물로서의 이것이나 저것이 아니다. 왜냐하면, 신은 하나이기 때문에.[146]

6. 『비슈누 뿌라나』 2.16에 대한 고딕 측의 예

앞서 인용한 뿌라나의 단편[147]에 병행하는 것은 하나의 노래이다. 이것은 에크하르트의 것은 아니지만, 그 학파의 것이라는 점은 의심의 여지가 없다.[148]

1   내 영혼은 모든 차별에서

---

144) L. 235f.
145) Pf. 252, 13.
146) Pf. 222, 27. [Walshe 2, 168.]
147) 본 장 서두의 『비슈누 뿌라나』 2.16.
148) Spamer 188.

나와 변하였다.

나 거기에 있지만 형태 없으며,

나와 내 안에 있다.

이젠 타자에게

속박되는 일 없다.

자재自在하면서 또한 구석구석까지 자재하다면,

거기에 머물러 떨어지지 않는다.

다른 삶 또한 내가 잘하는 바가 아니다.

내 감각은 이미 없어져,

이성도 도달하기 어렵다.

내 마음 내게서 나가기를 원한다면,

자재하게 사는 것은 내 책무로다.

그대, 내게 이를 허락해야 한다.

2 그대 진정 그것을

여실하게 보아라!

하지만 그대가 원하는 것은 언제나 다른 것이다.

그대는 착각하고 있다!

그러므로 나를 믿기를 원치 마라.

나, 그대들에게 맹세한다.

영원한 것이 아닌 것이

그대들로부터 나오는 일이 없을 것이라고.

오오, 그대들이여. 바르게 응시해라,

성스러운 삼위일체 안에

숨겨져 있는 것을.

모든 때의 내적인 것에 대한 번거로움을,

만물과 함께

나는 버린다.

자재하고 적정하게,

만물 안에서 움직이지 않은 채

살아가기 위해서라면

오오, 그대, 고상하고 정화된 생이여.

3　만물을 넘어

점점 더 높이 부상함을 배우는 자,

쉼 없이 자기와

하나로 있는 자……

오오, 내 영혼이여!

우리들은 순수한 상태로 머물러야 한다!

하지만 자연은 새로운 창조에서 출발하면,

끝내 자신에게로 다시 되돌아오는 일 없다.

그러므로 나는 내 안에서

창조된 것을 보지 않는다.

시간과 영원

또 나조차 떠난다.

나, 능히 일자 안에

있었다.

　여기에는 에크하르트적인 신비주의의 '고양감정'(Hochgefühl)이 비할 데 없이 드러나 있다. 즉 공간과 시간보다도 훨씬 높고 사물의 다양성을 초월하고 더 없이 행복한 무애와 자유 속을 소요하고, '성스러운 삼위일체'조차도 넘어서 그 아래에 숨겨져 있는 것, 즉 영원한 '일체一體' 그 자체에로 올라가는 것이다. 게다가 또한, 앞서 신비주의자가 순수하게 또 한결같이 '제1 단계'의 영역에 머물고, 그 완전한 체험을 전적으로 그 자신의 수단을 이용하여 표현하는 가능성에 관해서 서술했는데, 그러한 것이 여기에도 들어맞는 것이 극명하게 느껴진다. 왜냐하면 이 경우에도 '브라흐만'이나 신성(deitas)에 관해서는 거의 문제시되지 않기 때문이다. 획득하고 생각하고 있는 것을 말하는 데에, '존재성'(Istigkeit) 혹은 '일자'(Eynikeyt)만으로도 거의 충분하기 때문이다.

7. 에크하르트에게서 제1 단계의 일체관을 나타내는 용어

(a) 에크하르트에서의 이 제1 단계의 표현은, '공간과 시간을 넘어서' 만물을 직관하고, 또 다른 한편으로는 '태초에'(in principio) 만물을 보고 소유하는 일에 그가 뛰어든 때에 발견된다. 그렇지만, 사물을 이처럼 보는 것은 제1 단계에서 보는 것이기도 하다. '공간과 시간을 넘어서' 본다고 하는 경우에 시간과 공간이란 바로 개별화의 원리(principium individuationis)이고, 개별화라고 하는 바로 그것이 공간 및 시간과 불가분의 관계에 있다고 여겨졌다. 따라서 내가 공간과 시간을 넘어서 볼 때에는 '일체' 혹은 '분리되어 있지 않은 것'을 보는 것이다. 신비주의자가 아닌 우리들에게는 공간과 시간은 대상 일반 혹은 생기生起의 실재의 아프리오리(선험)적 제약이다. 공간적인 병렬이나 시간적인 동시 내지 전후 관계 하에서만 우리들에게 대상도 생기도 가능하다. 하지만 에크하르트라면 이렇게 말할 것이다. 공간에서는, 또는 시간에서도, 일자는 타자일 수 없고 여러 대상은 제각각 흩어진다고. 하지만 이처럼 분광 프리즘을 통하지 않고 모든 대상을 파악한다면, 그 동일성을 보게 될 것이다.[149] 공간에서는 동일성의 주체는 흑이거나 아니면 백이어야만 한다. 예를 들면, 그것은 거기서는 흑이지만 다른 곳에서는 백이라든지, 오늘은 흑이고 내일이 되면 다른 색으로 변한다고 하는 방식이다. 공간적인 구분이나 시간에서의 생성 또는 다른 것으로의 생성이라는 변화에 의해서만, 다시 말하자면 '대립한다'고 하는 형식 하에서만 어떤 것이 현실적일 수 있음에 불과하다. 따라서 그것은 바로 좋지 않은 현실로서

---

149) 그리고 또 동시에 '본질에 있어서'도.

진정한 현실이 아니다. 공간과 시간의 질곡을 부수고, 모든 대상을 뒤섞이게 하라. 그렇게 하면, 공간과 시간의 베일에 의해 차단되어 있는 그대의 눈에 진정 풍요로운 일체가 된 존재가 나타난다. 그리고 그 끝에서는 그대는 일자, 일체 그 자체를 보고, 거기에서는 모든 구별이 애초부터 소멸한 것을 본다.

그리고, 에크하르트가 개념실재론(Begriffsrealismus)이라고 말하고 있는 것도 실은 일체관이다(더욱이, 개념실재론도 처음에는 그런 것이 아니었을까?), 공간과 시간 하에서는, 나는 콘라트와 칼, 소크라테스를 다룬다. 하지만 공간과 시간이 없다면, 나는 콘라트도 칼도 소크라테스도 다루지 않는다. 거기에서는 콘라트는 칼이고, 칼은 콘라트이다.[150] 즉 거기에서는, 태초에는(in principio), '인간 그 자체'가, 즉 일체의 인간·성을 구분하지 않고 자신 안에서 일괄하고 있는 하나인 완전한 인간이 있는 것이다.[151] 그때, 이념적 이성 하에서 '인간 자체'에 비견되는 것은 무엇보다도 우선, 인간 외의 피조물인 것이다. 그러나 이제 직관은 훨씬 높이 오른다. 그리고 개개의 인간이 인간 자체의 진정한 '이념'의 통일성을 향해 귀일해 가듯이, 이번에는 모든 이념이 하나인, 원만한, 일체적인, 무차별한, 하지만 그렇기 때문에 바로 무한하게 흡족한 '존재' 자체의 일체성으로 귀일해 간다. 모든 것이 거기에 들어가 있으며, 무엇하나 여의치 않고 있다.[152]

---

150) 개념실재론이나 '유(類)'의 구상화라기보다는 본래는 이것이 바른 표현이다.

151) 부언하자면 '인간'이라는 개념의 창백한 추상화라든지 내용이 빈약한, 논리적이고 빈곤한 '유'라고 하는 남은 것이 있는 것이 아니라, 여기서는 콘라트적인 것이나 칼적인 것으로서 나뉘어져 있는 것이 일체관 안에 통일적으로 감싸여 녹아 있다는 상태가 있음에 분명하다.

152) 콘라트도 상실되어 있지 않다. 그는 단지 콘라트가 아닌 것 모두와 '하나'가 되어 있음에 불과하다. 에크하르트에게는, 그가 '인격의 불사를 부정했다'는 비난이 전혀 이해되지 않았을 것이다. 그는 그러한 도식 하에서 생각하고 있는 것이 아니다. 그가 차별이 영원한 동일성으로 귀일한다고 말한 것은 '불사의 부정'이라는 것과는 전혀 다른 문제이다.

(b) 제1 단계의 표현형식으로서 '공간 및 시간을 넘은' 및 '태초의' 직관을 거론했는데, 그밖에 주목할 만한 것은 에크하르트에게서는 아주 일반적인, 즉 영혼과 신 내지 신성과의 신비적 합일(unio mystica)을 도외시하고 그의 '하나됨'(Eynikeyt)이라는 명칭이 지니는 불가사의한 가치이다. 이 '하나됨'은 에크하르트도 그것만으로 이미 스스로의 경험의 모든 내실을 묘사할 수 있는 신비주의의 엄숙한 일대 안목이다. 그것을 나타내는 표현은 통상 신 내지 신의 '말'과 합류하고 있다. 그것이 또 결국에는 신 혹은 '신이라는 점'을 의미하게 되는 것도 당연하다. 하지만 '하나됨'이 나타날 때의 그 무게 속에는, 진정 '일체一體의 두려움'(Einheits-schauer)이 표시되고 있다. '하나됨'은 신적인 것을 나타내는 완전히 가치 있는 동의어가 될 수 있는 것이다. '하나를 보다' 혹은 '일자가 된다'고 하는 것 안에 이미 완전한 신비적 내용은 요약될 수 있다. 신 내지 신성이라는 호칭이, 이를테면 일자나 일체의 단순한 장식이나 형용사로서 붙어 있는 것에 지나지 않는 경우도 종종 발견된다.

(c) 마지막으로, 에크하르트가 소박한 표상작용이나 인식작용을 사용하여 행하는 색다른 신비화도 여기에 결부되어 있다. 인식론에 관해서는 에크하르트는 철저하게 아리스토텔레스적인 스토아철학에 따르고 있지만, 동시에 또 그에게는 인식의 과정이 스콜라 철학도가 꿈도 꾸지 않았을 의미를 띠게 되기도 한다. 즉 가장 소박한 인식의 과정조차도 하나의 통일화이자 추상화이다. 나는 외형을 통해서 나의 감각지각에 기반하여 이 지각을 통일적으로 정리해, 하나의 대상의 형상으로서 이해함으로써 인식한다. 그리고 지금은 감각적 지각 자체 및 상상력에 의해 그 직접적인 모상模像에서부터, 즉 '상상'으로부터 나는 추상하고 더 이상 감각적이지 않은 감각적인 것으로부터 해방되어 분리된 '개념'으로 전진한다. 따라서 이 개념은 감각적인 것이 완전히 제거된 것, 정신적인 것으로 여겨진 것임과 동시에 다양한 것의 통일이기도 하다.

이러한 설명에 에크하르트는 그 어떤 새로운 '신비주의적'인 요소를 부가하지는 않지만, 그 경우에도 단순한 합리적 과정이 실로 '신비화됨'에 따라, 환언하자면 그것이 희귀한 깊은 해석을 얻음으로써 신비주의적이게 되는 것이다. 그런데, 개념적 인식이란 사물의 '본질' 자체를 파악하는 것 또는 자기 안에 가지는 것(Insichhaben)이다. 사물은 내 안에 있다. 내가 사물을 개념에 있어서 파악하고 그것을 감각적인 것으로부터 탈감각화하여 다양한 것으로부터 그것을 '일자로 만듦'(vereinen)으로써, 동시에 나 자신 안에서 그것을 '일체'(Einheit)로 인도하고, 그런 연후 이 사물이 거기서부터 감각적·공간적·시간적 분화에 빠진 바의 바로 그 일체로 다시 데려오는 것이다.[153] 내가 이렇게 함으로써, 사물을 다시—신[154] 안으로 끌어들이는 것이다!

8. 에크하르트의 도식적 일람표

에크하르트의 용어에 대한 도식적 일람표가 제2의 길의 단계 설정을 할 때에 에크하르트가 사용하는 상징을 여기서 다시 한 번 도식적으로 열거해 보자. 이 단계 설정과 관련하여, 그는 다음과 같이 확연히 역점을 둔 표현을 하고 있다.

(a) 공간과 시간의 바깥쪽에서 보고자 하는 그의 행동은 동시에 또한 신체 (및 '손금을 보는 듯한 알기 쉬움')의 바깥 및 다양성의 바깥에서 보는 것을 수반하고 있다.

---

153) 영혼은 분화하여 따로 흩어져 있던 것을 하나로 모은다. 오관五官이 영혼에 무엇을 끌어들이더라도 일체가 거기서 하나가 되는 듯한 하나의 힘이 영혼에는 있다. (Pf. 264, 20.)
154) 오직 나 혼자, 피조물을 그 감각에서 꺼내어 내 마음속에 넣고, 내 안에서 그것들을 하나로 한다. (Pf. 181, 15.) 피조물은 모두 내 마음으로 와 내 안에서 이성적이게 된다. 나는 홀로 모든 피조물이 신에게로 돌아가는 것을 준비시킨다. (Pf. 189, 23.)

영혼이 여기, 그리고 지금부터 갈라지는 것이 선결이다.[155]

'그대들, 언제라도 신 아래에서 기뻐하라'고 성 바울은 언급하고 있다 [필리피 서書 4.4]. 언제라도 기뻐하는 사람은 시간을 초월하여 기뻐하고, 시간으로부터 자유롭다. 인간이 신을 인식하는 것을 세 가지가 방해한다. 첫 번째는 시간이고 두 번째는 육체이고 세 번째는 다양성이다. …… 신이 안으로 들어가야 한다면, 이 사물들은 나가야 한다. 그때, 그대는 보다 고차원의 보다 좋은 방법으로, 즉 다多가 그대 안에서 하나가 되는 듯한 방법으로 사물을 가진다. 이 경우에 그대 안에 다양성이 많으면 많을수록 하나됨도 점점 많아진다. 왜냐하면 일자가 타자로 변하기 때문이다. ―하나됨이 일체一切의 다多를 경신하는 것이다.[156]

그 때문에 '시간'에 대한 진정한 증오가 에크하르트에게 발생한다.

시간이 우리의 (진정한 인식의) 빛을 방해한다. 신에게 시간만큼 거스르는 것은 없다. 단지 시간만이 아니라, 시간을 고집하는 것도 그러하다. 또 단지 고집하는 것만이 아니라, 시간을 접하는 것도 그러하다. 또한 접하는 것만이 아니라, 시간의 냄새나 향기만으로도 그러하다.[157]

또는

여기와 지금이라는 것은, 즉 시간과 장소라는 의미이다. '지금'이란 시간의 최소 부분이다. 지금은 시간의 단편도 부분도 아니지만, 시간의 향기, 시간의 성질의 하나의 내용이자, 시간의 끝(시간 계열의 종점)이다. 하지만 그것이 얼마나 작다 하더라도 반드시 사라져버리고, 아직 시간과 관련을 가진 모든 것은 반드시 사라져버린다. '여기'라는 경우 장소라는

---

155) Pf. 142, 40 [Walshe 1, 296.]
156) Pf. 296, 11. [Walshe 2, 157 & 2, 158.]
157) Pf. 308, 5. [Walshe 2, 318.]

의미이다. 내가 있는 장소는 아주 작다. 하지만 얼마나 작다 하더라도, 인간이 신을 보아야 한다면, 그 장소는 사라져야 한다.[158]

(b) 하지만, 이 일은 에크하르트에게는 사물 및 술어 각각이 상호간의 배제를 대신한 상호 포괄이 나타난다고 하는 것도 동시에 의미하고 있다.

모든 피조물은 (상호) 자기자신 안에 부정否定을 지니고 있다. 어떤 피조물은 스스로가 타의 피조물인 점을 부정한다. 천사는, 스스로가 다른 피조물임을 부정한다.[159]

이 상호 부정 작용도 반드시 사라진다. 즉, 이러이러한 존재(esse hoc et hoc)는 반드시 사라지고, '이것이라는 점'(hocceitas), 바꿔 말하면, tode ti[그리스어]에 기반한 구별도 반드시 사라져 간다.[160]
예를 들면, 에크하르트는 이렇게 말한다.

우리는 천사와 매일반이어야 한다. (그 이유는) 내가 생각하는 것을 나는 시간 안에 있는 혹은 시간적인 빛 아래에서 생각한다. 하지만 천사는 시간을 초월한 또는 영원한 빛 아래에서 생각한다. 그러기 때문에 천사는 영원한 지금을 인식한다. 시간의 지금을 제거한다면, 그대는 온갖 곳에 있으며 일체의 시간을 가진다. —이것이다 또는 저것이다라고 하는 것은 모든 것이 아니다(동시라는 것이 아니다). 왜냐하면 내가 이것 또는 저것인 한, 또는 이것을 지니고 저것을 지니는 한 나는 모든 것이 아

---

158) Pf. 143, 4. [Walshe 1, 296.]
159) Pf. 322, 18. [Walshe 2, 339.]
160) hocceitas는 샹카라의 idantā와 완전히 일치한다. 왜냐하면 idantā는 그 일치로부터 보면 그렇게 생각하고 싶어질 것인데 identitas(동일성)이 아니라 iddi-tas(그것이라는 것), tode-ti-tas[그리스어]이기 때문이다.

니며 모든 것을 가지고 있지 않다. 그대가 저것이거나 이것이라는 것을 떠나라. 그렇게 하면 그대는 도처에 있다.[161]

마찬가지로,

그대가 이것도 저것도 아니라고 한다면, 그대는 모든 것이다. ―수數를 가지는 혹은 수數인 것으로부터 그대는 떨어져 있다.[162]

에크하르트는 그러한 감득을 '수없고 다양성 없는 구별의 감지'라고 부른다.

하지만 수도 양도 없는 구별을 파악하는 사람에게 있어 100도 하나가 될 것이다.[163]
이 (인간의) 영혼은 수도 수없는 것도 알지 못한다. 시간이라고 하는 병에는 수數없는 수라고 하는 것은 없다.[164]

(c) 이제 이것은 또 동시에 '이념적 이성 아래에서의' 혹은 '원리에서의'('태초의') '인식'이기도 하지만, 이에 관해서는 앞서 서술하였다.

그것을 원리에서(태초에) 붙잡는다.

(d) 그리고, 이것이 모두 본질에서의 일자의 직관 혹은 하나됨을 보는 것, 신에 관해 보는 또는 신을 보는 것이 된다.

---

161) Pf. 162, 7. [Walshe 2, 37.]
162) 원주 40. *Ibid.* [Walshe 2, 37-38.]
163) Pf. 105, 30. [Walshe 1, 217.]
164) Bü. 1, 139 & Pf. 232, 15. [Walshe 1, 136.]

모든 풀잎이나 나무, 돌(또는 모든 천사, 그리고 그대와 그대들 및 나, 그리고 모든 존재자)이 거기서는 하나인 바의 아버지의 영원한 하나.[165]

그리고 주의해야 할 것은, 에크하르트에게는 여전히 '일자의 직관'의 최고 단계에 머물러 있다고 하는 점이다. 하나인 것과 신은 장엄한 교환 개념이다. 하지만 신이 하나됨이라는 것이 먼저인지, 하나됨이 신인 것이 먼저인지는 뭐라 말하기 힘들다.

하나됨이 신 자신이다.[166]
거기에는 신성의 충일과 풍요로움이 있다. 거기에는 일체一體가 있다. …… 나는 두 가지를 본다, 실은 하나를 구했는데![167]
우리들의 주는 모든 빛의 저편, 또 인간의 모든 이해와 개념파악의 저편에 있는 하늘을 향해 넘어 가셨다. 이처럼 저편으로 운반되어 모든 빛을 넘어선 자는 일체 안에 거한다.[168]
이 하나됨은 근거를 지니지 않으며 오히려 자기 자신을 근거 짓고 있으며, 바닥없는 깊이가 근원이고 무한한 높이가 천장이고 파악할 수 없는 넓음이 주위이다.[169]
신이시여, 나를 도와 신 자신인 하나 안에 존재하게 해주소서. 아멘.[170]

이 외관상 추상개념인 하나됨이, 플로티노스가 말하는 구체적인 '하나'(hen [그리스에])와도 다르다는 것이 동시에 느껴진다. 에크하르트 자신은 다음의 말을 통해서, 그것을 꺼리고 있는 것으로 보인다.

---

165) L. 235.
166) Pf. 235, 10. [Walshe 1, 140.]
167) Pf. 234, 23. [Walshe 1, 139.]
168) Pf. 235, 1.
169) Pf. 525, 31.
170) Pf. 235, 9.

하나됨을 지니는 것은 홀로 된 신獨神뿐이다. 다만 하나가 아니라 하나
됨을 지니는 것이다.[171]

하나됨은, 한편으로는 제1 단계의 종합 형식이라는 계기를 여전히 명
료하게 간직하고 있다.

이 포옹 하에서 일체一切는 일체 안으로 용해한다. 왜냐하면 일체는 일
체를 감싸기 때문이다.[172]

하지만 다른 한편으로, 하나됨은 고정적인 하나(hen)와 비교했을 때
궁극적인 것의 훨씬 '신비주의적'인 이디어그램(ideogram)이다. 그것은 더
느슨하고, 개념으로부터 한층 몸을 피하며, 그 이상의 것을 시사한다.
'개념에게는 언제나 위쪽으로 열려 있는 것'이라고 우리가 명명한 것이
야말로 실로 이러한 '추상개념'을 즐겨 이용하고 있음을 분명하게 지적
하는 것이다.

하지만 그 자신(일체一切를 포함하는 하나됨) 아래에서 그것은 본디 속박
되지 않는 것이다.[173]

에크하르트는 그러한 하나됨에 관한 견해는 특히 하나됨의 일반적
'감정'이라는 형태에서만큼 그의 감정의 행위가 아니라고 주장하고 있
다. 하지만 구체적인 형태의 많은 표현은 때로는 그러한 감정도 구체적
인 의식적 관점으로 통합될 수 있음을 보여주고 있다.

만일 사람이 6천 년간에 일어났던, 또 세계의 종말까지는 일어날 시간

---

171) Pf. 323, 22.
172) Pf. 390, 26.
173) Pf. 390, 27.

과 모든 것을 이 현재의 지금으로 집어넣는 기술과 힘을 지닌다고 하면 그것은 때時의 충일일 것이다. 그것은 영원한 지금이다. 그것은 온갖 사물의 영혼을 신 안에서 새로운 신선한 것으로서 보고, 그 동일한 빛 아래에서 내가 그것들을 현재에 붙잡기 때문이다.[174]

그러한 순간은 '황홀'의 순간이 아니라, 실은 완전한 평정의 순간이다.

9. 쿠스의 니콜라우스(Nikolaus von Kues)의 일체관

에크하르트의 사변은 그의 충실한 학도이자 저작의 수집자, 보관자인 쿠스의 니콜라우스에 의해 '철학'의 지반으로 옮겨진다. 그때 주목해야만 할 점을 언급하면, 니콜라우스 사변의 토대를 이루는 것이 바로 '제2의 길'의 신비적 직관(mysticus intuitus)이고, 그것을 에크하르트에게서 감지했다는 것이다. 몇몇 인용이 이를 보여줄 것이다.[175]

거기서 우리는 각각의 것을 일자에는 하나인 것이며, 일자가 일체一切로서, 따라서 각각의 것도 일자에서는 일체라는 것을 인식한다(13 페이지). 각각의 것은 각각의 것 안에 있다. 자네가 이제까지의 것을 잘 음미해 본다면 아낙사고라스의 저 명제의 의미를 어렵지 않게 알게 될 것이며, 그뿐 아니라 아마도 아낙사고라스 그 사람 이상으로 깊게 파악할 지도 모른다.[176] 즉 각각의 것은 각각의 것 안에 있다. 따라서 (이 전제로부터)

---

174) 출전 미상.

175) 샤프(Scharpff) 『니콜라우스 폰 쿠즈의 주저主著』(*Die wichtigse Schriften des Nikolaus von Cues*) 독일어판에 따름.

176) 이 명제가 아낙사고라스의 homoimereial의 동기이기도 하다. 그것과 인도의 '오분결합' 사이의 유사성을 다른 곳에서 시사해두었다[제3부 보충 '모든 것의 모든 것과의 일체성 - 제4장 II. 1. (a), (b) 부분을 위해' 참조]. 신비주의자 니콜라우스는 여기서는 '신비주의의 정신으로부터 자연철학의 근원'을 인식하고

일체는 일체 안에 있고, 각각의 것은 각각의 것 안에 있다고 하는 결론이 나오게 된다(45 페이지).

거기서는 대립이 일치하는 바의(ubi contradictoria coincidunt) 저 단일성(Einfachheit)으로 자기를 높이는 것에 우리 정신의 모든 노력이 진지하게 경주되어야 한다(109 페이지).

신적 일체一體는 일체一切에 선행하고, 일체를 자기 안에서 파악한다. 그것이 다多에 앞서기 때문에, 일체의 상위, 이타성異他性(Andersheit), 대립, 부등不等에도 선행한다. 그래서 우리가 그것을 일체의 다多로부터 떼어 놓고 보면 볼수록, 한층 명백하게 그것을 보게 된다. 하지만, 이 절대적인 일체一體로부터만 정신은 가장 엄밀한 확실성을 얻는 것이고, 이렇게 하여 완전히 그 일체 하에서 존재하는 한편 그것을 통해 활동하는 것이다(114 페이지).

따라서 신은 존재하는가 하는 질문에 대한 최선의 대답은 '신은 존재한다'가 아니다. 그렇다고 해서 '존재하지 않는다'도 아니다. 그것은 '신은―존재한다고도 존재하지 않는다고도 할 수 없다'는 것이다.[177] 하지만, 그렇다고 하더라도 억측에 지나지 않는다. 완전하게 명확한 대답은, 오성에게도 이성에게도 도달 불가능하기 때문이다(115 페이지).

10. 에크하르트 및 샹카라에서의 일체관과 내관의 관계

'제1의 길'과 비교해서 '제2의 길'의 직관을 상당히 자세히 논하게 되었지만, 그것은 에크하르트 및 인도적 신비주의에서의 그 출현과 독자성이 지금까지 충분히 명확하게 확인되지 않았던 것처럼 여겨지기 때문이다. 후자가 전자보다도 중요하다든지 보다 강조되고 있었다고 하는 것이 아니다. 오히려 반대이다. 제2의 길의 직관은 직물로 비유하자면 중요한 날실을 이루고 있다. 하지만 에크하르트는 물론 샹카라에 있어

있다.

177) 이는 『입능가경』에서 문자 그대로 발견된다.

서도 직물의 씨실은 실로 제1의 길의 신비주의 쪽이다. 다음 장 이하에서 언급되는 것은 제2의 길의 직관보다도 제1의 길의 직관과 보다 많이 관련되어 있다. 그와 동시에, 지금까지 연구를 위해서 어쩔 수 없이 할 수밖에 없었던 고의적인 분리를 이제는 다시 폐기하게 될 것이다. 왜냐하면 분석에 대해서는 따로따로 나타나는 것이 두 사람의 신비주의자의 생생한 경험에서는 상호 침투에 의해 매우 긴밀하게 일체를 형성하고 있기 때문이다.

제6장 다른 유형의 신비주의에 대한 공통된 반대

1. 조명파 신비주의에 대한 공통된 대립

이미 언급했던 내용인데, 에크하르트의 신비주의도 샹카라의 그것도 시각적 환상이나 오컬트적인 일 또는 기적 취향 등을 수반하는 '조명파'(Illuminatentum)로서의 '신비주의'와는 아무런 관련도 없다. 설령 두 사람의 신비주의의 대상이 완전히 비합리적이고, 그 세계도 모든 '상식적인 것'과 전면적으로 대립하고 있거나 그 정점도 근저도 모두 완전히 비합리적인 것의 극치라고 하여도, 또 에크하르트의 '인식' 및 샹카라의 '진지眞知'(darśana)가 오성이나 성찰, 우리들의 오성적 사유능력의 논리적 사용에 의한 엄밀한 고찰, 래티오(ratio)나 따르까(tarka)와는 완전히 다르다고 하여도, 하지만 래티오를 보다 깊이 이해한다면 그것들은 실로 이성적인 측면을 지니고 있고, 명확함과 명징함을 구비하는 한편 가능한 한 모든 어두운 '비밀주의'(Mystizismus)와는 대립하고 있는 것이다. —덧붙여 말하자면, 조명을 받은 사람은 기적의 인간이다. 이 사람은 초자연론적인 기적에 의해 상식을 뛰어넘음 통찰이나 특수한 하늘의 계시, 천상의 빛을 마술적으로 지니고 있다. 그와 동시에 그러한 사람은 감각을 넘어선 것의 앞에 걸려 있는 베일을 통과하여 자기 개인의 통로를 뚫거나 빛이 번쩍일 때마다 묵시나 신탁, 예언이 떠오르거나 한다. 이 경우, 사람은 완전히 자연을 초월한 것(supranaturale)과 자연 안에 있는 것(intranaturale)과의 대립에 사로잡혀 있는 것이다. 하지만 이 대립은 일종의 물리적인 것으로, 자연(Physis)과 초자연(Hyperphysis)과의 대립에 기반해 여러 가지 힘이나 상태 또는 경험이 분류되고 있는 것이다. 그런데 참된 신비적 직관(intuitus mysticus)은 자연과 초자연의 대립 저편에 있다. 그것은 비의(Geheimnis)로서, 기적(Mirakel)이 아니다. 그것은 '깊이', '영혼의 근저'이자 '신적'인 것으로, 조금도 마술적인 것이 아니다. 그것은,

'통찰은 자연의 것이 아니라, 자연보다도 더 높다'(intellectus non est naturae sed altius quid natura)

라고 이야기되듯이, 자연적(natürlich)과 초자연적(übernatürlich)의 구별을 알고 있다. 하지만 이 구별은 본래 존재론적인 것이 아니라 의미나 가치의 구별이다. 신비적 직관은 '자연을 초월한 것'이 아니고 '하늘이 부여한 선물'(donum superadditum)도 아니라, 바로 '본질적인 것'이다. 그것은 불가사의하긴 하지만 기적은 아니다. 에크하르트는 이렇게 말하고 있다.[178]

사람들은 이렇게 말하고 내 뒤로 우회하여, 내 안에 잠재하고 있는 것이 '은총'인지 아니면 '자연'인지를 밝혀내려 했지만, 확실히 알지 못했다. 그들은 이 어찌 어리석은 일을 한 것인가? 그대는 신의 지배에 맡기고

---

178) Bü. 2, 54.

신이 행하신대로 놓아 두어라. 신들이 자연에서 성취하시든 초자연적으로 하시든, 그대는 신경 쓸 일이 없다. 자연도 은총도, 둘 모두 신의 조화이다. 신이 그대 아래에서 행하는 것이 좋은지 타인 안에서 그러한 것이 좋은지와 같은 것이 그대와 무슨 관계가 있으랴. 신이 무엇을, 어디서 어떻게 보는지는 그 성심聖心에 달려 있다. 자기 정원에 물을 끌어 오는 사람이 있다고 하자. 그 사람은 이렇게 말할 것이다. '물을 얻기 위해서는, 물이 흐르는 홈통이 어떤 종류의 것인지는 내게는 상관없는 것이다'고.

그 때문에 신비적 직관은 초자연론자에 의해 늘 '단순한 이성'과 혼동된다. 그리고 에크하르트도, 그가 '단순한 이성'을 가르치고 있다는 식의 언급에는 반드시 저항할 것임에 틀림없다. 신비적 직관의 '이념'을 통속적인 '개념'으로 옮겨 담는 경우, 그것은 '단순한 이성'이 되는 것이 아니라 '순수이성'이 된다. 순수이성은 감각지각 및 재생적 '오성' 능력에 불과한 이성과는 대립한다. 이러한 형태, 즉 신비적 직관의 '궁상스러운' 이념에도, ―그것은 '순수이성'이기 때문에― 여전히 궁극의 장엄함이, 그뿐 아니라 숭고함이나 근원적인 '불가사의'한 성격을 지닌 것조차도, 빛이 바라긴 했지만 여전히 들러붙어 있다. 왜냐하면 순수이성(ratio pura)는 어디까지나 '창조적인 것', 자주 듣는 '원리의 능력', 이념의 능력, 이념에서 감각지각을 초월해가는 능력이기 때문이다.

그렇지만 그것은 또 동시에, 보편적이고 필연적인 인식을 산출하는 능력이기도 하다. 그리고 진정 이것이야말로 에크하르트의 신비주의의 특징이고, 본래적으로 모든 조명파 신비주의에 대한 가장 깊은 차이이다. 조명파의 인물은 자신만이 지니는 환상 또는 몽상을 이야기한다. 신자들은 그것을 그의 권위에 기반하여 받아들인다. 하지만 에크하르트는 자기가 구하는 것, 자기가 인식하는 것을 결코 이야기하지 않는다. 에크하르트에게 인식의 주체는 이런저런 사람이나 능력이 부여된 사람, 특수하게 '신을 아는 자'(Theofore)나 신탁을 하는 사람 혹은 망아忘我의 재능을 지닌 사람이 아니다. 그렇지 않고 '영혼'이다. 게다가 그 우연한 담당자를 우선은 도외시한 영혼 일반으로, 스스로의 근저 또는 깊이로 귀일하는 한에서의 영혼이자 '본질적'이 되는 영혼이며 혹은 또 피조물이나 여러 가지 힘에 대한 분화에 의해 자기 자신 안에 깊숙이 감춰져 있는 인식, 그리고 자기 집중 하에서 자각할 때는 보편적이면서 필연적으로 반드시 거기서부터 나오는 인식을 방해하는 일이 없는 한에서의 영혼이다.[179]

하지만 이와 완전히 동일하게, 샹카라의 진정으로 완전한 지식(samyag darśana)도 조명주의자의 신비주의와는 관계가 없다. 브라흐만 및 브라흐만의 지(brahma-jñāna)는 영원하고 보편적으로 확정사항(siddha) 및 자명(svasiddha)하고 아트만 자신 하에서의 인식으로서 존재하고 폐기되지 않으며, 그저 불분명해지게 될 뿐인 것으로서, 자기 증명적인 것이기 때문에 증명불가능한 것으로서, 모든 증명에 처음으로 가능성의 근거를 부여하기 때문에 그 어떤 증명을 필요로 하지 않는 것으로서, 모든 무명(avidyā) 아래에 숨어 있다. 이들 명제는 에크하르트의 인식에 가깝고 아우구스티누스의 '영혼의 내적 영원의 진리'(aeterna veritas in anima)의 설과도 가깝다. 이 진리는 그 자체가 직접적으로 확실하고 모든 확실성 일반의 근거이기도 하다.

2. 감각신비주의(Empfindungsmystik)에 대한 공통된 반대

이 대립은 앞의 것과 관련되어 있다. 하지만 그것과는 다르다. 에크하르트 및 샹카라에게 실재적·신적인 것이 파악되는 것은 다름 아닌 본질적인 존재가 근저를 이루는 인식에서이다. 녹아들 것 같은 감정에서

---

179) 이는 신비적 직관의 '제1의 길'에도 곧바로 적용된다. 그것이 '제2의 길'에도 타당하다는 점은 부록을 통해 확인할 수 있다. '일체관'도 '아프리오리적인 인식'이다.

가 아니다. ─분명 두 사람의 신비주의자에게 일체─體의 인식이 또한 매우 현저히 감정적이기도 하다. 하지만 일체는 흥분한 감성 상태에서 경험되거나 소유되는 것이 아니다. 특히, 이러한 상태가 일체의 기준은 아니며 일체를 인식한 조짐도 아니다. 또한 인식에 뒤이어 일어나는 활동도 결코 아니다. ─에크하르트는 이렇게 말하고 있다─ 그리고 이렇게 말하는 점에서 이미 거의 루터에 앞서고 있다.

> 그런데, '왜 그런가 하는 것일 터이다, 내가 그에 관해서 전혀 아무것도 느끼는 것이 없는 것은!'이라고 그대는 말할 지도 모른다. 그게 어떻다는 것인가. 그대가 느끼는 일 없이, 게다가 굳게 믿으면 믿을수록 그대의 신앙은 한층 축복받음은 물론 높게 평가받게 될 것이다.[180]

하지만 이 신앙은, 에크하르트에게 '진정한 지知'이다. 바꿔 말하면, 진정한 인식의 성격, 따라서 그 완전한 확실성을 가지는 확신이다.
혹은 또,

> 감정을 위한 만족은, 신이 우리에게 위로와 법열과 기운을 북돋게 함을 내려주셨다고 하는 것이다. 하지만 그에 응석 부리는 것은 사랑하는 신의 친구에게는 없다. 그러한 만족은 감각의 문제이다. 이에 대해, 이성적인 만족은 순수하게 정신적인 일로, 기고만장하여 정신의 승리가 굴복되어지는 일은 없고, 황홀감에 빠져지는 것도 아니고, 오히려 고매하게 그것을 초월하는 것이다. 우리의 유한한 본질에 구비된 이러한 감정의 동요가 더 이상 영혼의 승리를 뒤흔드는 일이 없는 때에 비로소, 사람은 정신적 만족 상태에 있는 것이다.[181]

혹은,

---

180) Bü. 2, 28.
181) Bü. 2, 117.

진정 아궁이나 헛간에서보다도, 몰두나 일심불란, 녹아들 것 같은 감정
이나 특별한 밀착에서가, 신과 관련하여 한층 많은 것을 가진다고 생각
하는 사람은 마치 신을 붙잡아서 머리부터 외투를 씌우고 벤치 아래로
밀어 넣는 것과 같은 일을 하고 있음에 지나지 않는 것이다.[182]

또는,

그러한 사람들은 언제나 그저 '기분'이나 강렬한 '체험'만을 노리며, 이러
한 쾌적한 측면만을 품고자 한다. 그것은 아집(Eigenwille)이며, 그 이외
의 어떤 것도 아니다.[183]

등등이라고 한다.

3. 자연의 신비주의에 대한 공통된 대립

온갖 신비주의의 통일성이나 동형同形성을 주장하는 사람이라도, 적
어도 하나의 대립에는 분명 놀라게 될 것이다. 그것은 피상적인 관찰자
에게조차 쉽사리 혹은 다짜고짜 닥쳐오는 정신의 신비주의와 자연의 신
비주의간의 대립이다. 과연, 양자에게는 어떤 종류의 형태요소가 일치
하여 귀속하고 있으며 그 때문에 모두 '신비주의'라고 일컬어지기도 한
다. 그것은 일체에 대한 행동, 동일화의 감정, '타자'의 소멸, 특수와 보
편이라는 대립의 소멸, 합리적 논리와는 대립하는 완전히 신비주의적인
'제2의 길'의 '논리'가 그것이다. 그렇지만, 양자에게는 완전히 다른 분위
기의 내용이 들어 있다. 예를 들어, 루미(Jelāl ed-dīn Rūmī)의 도취에 찬
시에 귀를 기울여보자(뤼케르트의 뛰어난 번역에 따름[184]).

---

182) Bü. 1, 100.
183) Bü. 2, 19.
184) Bernhart 9f.

나는 햇살에 가물거리는 티끌, 나는 일륜日輪.

티끌에게 말한다, 거기에 있으라고. 일륜에게 말한다, 회전하라고.

나는 아침의 희미한 광선微光, 나는 저녁 향기.

나는 숲의 웅성거림, 바다의 넘실거림.

나는 돛대, 키, 키잡이, 배.

나는 배가 좌초하는 산호초.

나는 생명의 나무, 그리고 거기에 있는 앵무새.

침묵, 사고, 수다와 소리.

나는 피리의 소리, 사람의 마음.

나는 돌에 튀는 불꽃, 금속의 황금빛.

양초와 양초 주위를 날아다니는 나비.

장미와 장미에 취한 밤에 우는 새.

나는 물건을 연결하는 쇠사슬, 세계를 잇는 고리.

창조의 계단, 오름과 내림.

나는 있는 것, 그리고 없는 것. 나는 ―오오, 당신이 알고 계시는, 제라 룻딘이라고 하는 자― 나는 모든 것에 깃든 영혼.

이것은 우리의 제2 단계로의 이행을 수반하는 제1 단계에 기반한 신비주의적인 자연의 감득이다. 이 두 단계에 관해서 앞서 제시했던 모든 형식적인 요소가 여기에 표현되고 있다. 그렇지만, 여기서는 기분이나 경험 내용이 어찌나 세세하게 정해져 있으면서 또한 다른지. 이러한 정서적 기분은 샹카라에게서는 발견되지 않는다. 에크하르트도 전혀 모르는 것이다. 특히 에크하르트의 경우, 이것은 한층 더 주목할 만하다. 신이 정녕 만물의 모든 풍요로운 본질(essentia)을 자신 안에 지니고 있다고 여겨지기 때문이다. 신은 천사로부터 돌에 이르기까지의 온갖 것들의 핵심이고, 그것을 존재하게 한다. 정확하게는, 루미의 신비주의적인 자연의 감득의 가장 좋은 논리적 기반이 여기에 주어져 있다고 해도 좋을 것이다. 하지만 에크하르트의 신비주의는 샹카라의 그것과 마찬가지로 정신의 신비주의로서, 자연의 신비주의가 아니다. 자연의 신비주의라는 것은, 제라룻딘에게서 표명되어 있듯이 자연의 전全·일一에 있어서의 감정의 미세한 움직임이고, 자연의 사물의 온갖 독자성, 특수성을 동시에 자기 안에서 감지하는 것으로, 예를 들면 티끌과 함께 뛰어 오르고 태양과 함께 빛나고 아침 해와 함께 미광을 발하고 큰 파도와 함께 진동하고 장미와 함께 향을 풍기고 밤에 우는 새와 함께 취하는 것이며, 모든 존재, 힘, 환희, 쾌감, 고통을 모든 사물 그 자체 안에서 살아가고 동시에 바로 그것이며 불가분의 관계 하에 있다. 에크하르트의 신비주의와의 짐작하기 어려운 차이는, 자연의 신비주의에서는 신적神的·일자一者가 자연의 본질 및 환희에 의해 짐작되고 체험되는 것에 반해 에크하르트에게서는 완전히 반대로, 사물이나 사물의 본질 쪽이 자연과는 철저히 대립하는, 그리고 또 정신의 가치로서 자연의 가치가 아닌 신적인 것의 의미와 가치로부터 짐작된다. 위의 시에서 보이는 신비주의는 로맨틱한 신비주의로[185], 에크하르트에게도 샹카라에게도 없었던 고도로 발달한 자연감정을 전제로 하고 있으며, 최고 형식의 추상에까지 이르면 승화된 자연주의가 되는데, 그렇기 때문에 또한 성애적 신비주의의 열정으로 전환되기 쉬운 것이다. 그런데 샹카라와 에크하르트는 '정신', '인식', '의식'에서 무한한 것을 구하고, 특히 에크하르트는 그것을 한층 더 높은 가치로 채웠다. ―루미에게서 문제가 되고 있는 것은, 윌리엄 제임스(William James)와 함께 통상 '확장감'(Expansionsgefühl) 혹은 '확대감'(Erweiterungsgefühl)이라고 일컬어지고 있는 것이다. 이러한 확장감은 실제로는 인도 신비주의에서도 알려져 있다. sarva가 된다, 즉 일체一切인 점 또는 자기를 일체라고 아는 것이 그것이다.[186] 게다가 직관에

---

185) 성 프란시스코는 그의 태양 찬가에서 신비주의자 에크하르트 이상으로 루미의 시가 지닌 분위기와의 유사성을 보여주고 있다. 이는 그리 놀랄 일이 아니다. 프란시스코는 '신의 시인'이며 진짜 시인의 기분에 충만해 있기 때문이다.
186) 『뿌라슈나 우파니샤드』 9.5. mahimānam arubhavati.

서 영혼은 '우주에'로 확장한다고 하는 표현은 에크하르트에게도 해당된다는 것은 분명하다. 이들 세 경우를 보면, '확대감' 등의 표현이 얼마나 무의미하고 내용이 없는 지가 드러난다. 무엇이 확대되는가, 무엇이 무한한 것으로 전개되는가, 또 어디로 확대되는가, 어떠한 무한한 내용으로 채워지는가, 이것이 문제이다.[187]

이는 '신비주의란, 유한 속에서 무한을 지니는 것이다'라는 정식이나 '무한성의 신비주의'라고 표현에도 마찬가지로 적용된다. 애초부터 '무한한'이라는 개념은, 술어법상 엄밀하게 분명히 드러나지 않는 경우에는 오히려 문제 자체를 불명확하게 하는 성가신 표현으로, 무한성의 신비주의라는 것도 그 자체로서는 전혀 아무것도 말하고 있지 않거나 기껏해야 저 '확대'라고 하는 계기를 나타내는 것에 불과하다. 경험의 내용에 관해서는, 이 표현은 전혀 아무것도 나타내지 않으며 '무한'이라는 것도 지극히 다양한 내용을 지니는 형식일 수 있는 것이다.

종교라는 것도 그 자체로 다양하게 다른 것이며 '자연종교'나 '정신적 종교' 혹은 여타 많은 유형적 차이가 있듯이, '자연의 신비주의'나 '정신의 신비주의' 또는 다른 신비주의의 유형적 차이도 있다. 그리고 이러한 차이는 동양에도 서양에도 나타나기는 하지만 동양과 서양으로 구별되는 것은 아니다. 정신의 신비주의의 동일한 혹은 지극히 닮은 유형 또는 유형결합이 서양에서와 마찬가지로 동양에서도 성장했다고 하는 점이 샹카라와 에크하르트에게서 명료해지는 것이다. 실은 그것들은 인종이나 기후 및 세계의 지역을 넘어 퍼지는 인간 영혼의 정신적 유연성類緣性을 개시하는 것이다.

우리는 신비주의의 특수화를 다루는 다른 장에서 다시 이에 대한 고

---

187) L. 마시뇽이 전게서 p.116[제4장 원주 20 참조]에서 수피즘 이슬람교에서의 차이와 대립에 관해 서술하고 있는 種的 대립과도 비교해보라. '비스타미의 망아의 황홀은 (할라지의) 신비주의에서의, 신의 진정한 절대적 현존이 아니다. (할라지에 의한) 합일의 본질에서는 성자의 모든 행위와 그 지성에 의해 조화되어 자발적으로 결정된다. ─ 하지만 그것들 모두는 신성화되어 숭상된다.'

찰로 되돌아 갈 것이다.[188]

제7장 아트만과 영혼

1. 아트만과 브라흐만, 영혼과 신성

샹카라의 체계가 기반하고 있는 인도적 사변에는 일찍이 두 개의 출발점이 있으며, 그것과 관련하여 사변이 찾았던 두 개의 특별한 흐름도 있었다. 즉 세계의 근저에서 '불가사의한 것'(yakṣa)인 브라흐만을 발견하는 것 및 자기 내면에서 아트만이라고 하는 간다르바(gandharva 요정과 같은 것)를 발견하는 것이다. 후대에 이르러 비로소 양자는 접촉하고, 둘의 상호관계는 물론 동일성조차도 신비적 직관에서 인식된다. 샹카라에게 있어 이 둘은 동일하다. 브라흐만은 아트만이고, 아트만은 브라흐만이다. 뿐만 아니라 양자의 명칭은 서로 마치 동의어처럼 출현하고 있다. 그런데, 샹카라의 인식은 브라흐만의 각지覺知(brahma-bodhi)인가 아니면 아트만의 각지(ātma-bodhi)인가하는 질문에는 분명하게 대답하기가 어렵다. 적어도 그에게는 아트만의 각지에 중점이 두어진 듯한 감이 든다. 그리고 특징적인 것은 무엇보다도 브라흐만의 고찰(brahma-jijñāsā)를 교설하는 『브라흐마 수트라』에 대한 그의 설명이 '내적 자기의 인식'이 모든 것인 듯 보이는 서론으로 시작하고 있다는 점이다. 그 서론은 다음과 같은 문장으로 끝맺고 있다.

> 아트만이 하나라는 점에 대한 지知(ātma-ekatva-vidyā)를 가르친다는 것, 이것이 바로 모든 베단타 교전의 목적이다.[189]

---

188) '중간 고찰' 참조.
189) Deussen 6. 『브라흐마 수트라 주해』의 서문(Adhyāsabhāṣya)의 마지막 부분

그리고 브라흐만이라는 말이 등장하는 것은 가장 첫 번째 수트라『브라흐마 수트라』1.1.1]에서만이다. 여기서 두 출발점 중에서 어떤 것을 선택하느냐에 따라 신비주의의 스타일이 변하게 된다. 즉 하나는 영원한 브라흐만의 인식에서 출발하여 '그것은 아트만이다'(sa ātma)고 하는 놀라운 통찰에 도달하는 것으로, 인식에 도달하는『찬도갸 우파니샤드』에서 슈베타께투(Śvetaketu)가 했던 것이다. 다른 하나는 내적 아트만의 진정한 본질에 대한 탐구에서 출발하여 '나는 브라흐만이다'(ahaṁ brahmāsmi)라는 인식에 도달하는 것이다, 어쨌든 샹카라는 전자보다는 후자에 속한다. 그리고 이 점에서 샹카라는 또한 에크하르트와 비슷하다. 단, 차이점은 샹카라에서는 아직 윤곽으로만 떠오르는 것이 에크하르트에서는 아주 명료해졌다는 점이다. 에크하르트에 관해서는 대체로 이렇게 표현해도 좋을 것이다. 그의 신비주의의 중심은 '영혼의 신비주의'이자 영혼의 신비화이며, 신의 신비주의가 여기에 결부되어 있다고. 혹은 에크하르트에서는 사변이 결정적으로 위로부터 아래로 하강하는 것이 아니라, 아래에서부터 위로 상승해간다고 말해도 좋다. (이 인식은 머지않아, 에크하르트의 신의 사변을 보다 완전하게 이해하는데 있어 중요해진다.)

2. 영혼의 신비주의

자기 자신을 안다든다 발견하는 것, 자기의 영혼을 그 진정한 본질에서, 그 영광 또는 신적 영광 하에서 알고 이 인식을 통해 신적 영광을 해방하고 실현하는 것, 심연(abyssus), 깊이를 자기 안에서 발견하거나 또는 자기를 가장 깊은 내면에서 신적인 것으로서 찾아내는 것, 요약하자면 '고귀한 인간(homo nobilis)으로서의 영혼의 우아한 노래가 에크하르트의 교설의 핵심이자 요체라고 하는 것은 맞는 말이다. 그리고 그것은 또한 샹카라에서 높은 아트만 신앙 및 '내적 자기'의 자리매김과 완

이다. ātmaikatva-vidyā-pratipattaye sarve vedāntā ārabhyante]

전히 평행하고 있다. 양자의 인식은 우선 무엇보다도 아트만의 각지인 것이다.

이 경우, 명백히 샹카라에서의 내적 아트만과 비교하면, 에크하르트가 말하는 '영혼', '심정'(Gemüt), 내적 성채城砦, 불꽃은 줄곧 마음에서 느껴지는(inniger) 것으로, 감정에 호소하고 감정에서 느껴지는 정서가 풍부한 성질을 지니고 있다. 이는 샹카라의 아트만은 '정취가 풍부한 것'을 조금도 구비하고 있지 않기 때문이다. 게다가 샹카라에서는 '간다르바'(gandharva)의 깃털도 아트만이 지니고 있거나 애초부터 그 본래의 본질을 이루고 있는 비합리적인 것의 신비로운 광채도 완전히 없어져 그 빛을 잃고 있다. 에크하르트가 끊임없이 새로운 이미지나 빛, 제2 악센트(Nebentönen)로 치장하고 있는 듯한 불가사의한 움직임이 그 주위를 꽃처럼 감싸고 있다거나 배회하는 일도 없다.

그렇지만 이 점을 도외시하면, 저편의 내적 아트만과 이쪽의 영혼은 매우 분명한 평행을 이루고 있다.

(α) 우선, 두 스승의 특징을 이루고 있는 것은 '내부의 것'과 '외부의 것'의 공통된 대립이다. 그들에게서는, 궁극적인 순수하게 내부의 것이 모든 외부의 것으로부터 엄밀히 분리되어 있거나 자기적인 것이 거기에 부가되는 모든 타자적인 것으로부터 엄밀히 구별되어, '내부의 것' 안 깊숙한 곳에 숨어 잠들어 있다. 바꿔 말하면, 거기에 발을 들여 인식하고 해방시키는 것이 중요시되는 듯한, 주위가 울타리나 앞마당으로 둘러싸인 고리의 정신적인 중심으로서의 '자기'—이 표현은 두 사람에게서는 같은 장엄한 의미를 지니고 반복된다—가, 순수하게 정신적인 것이 그 자신의 빛 아래에 깊숙이 숨겨져 있는 것이다. 이 내부의 것이, 샹카라에게는 아트만이고, 에크하르트에게는 영혼 자체이다.

(β) 그런데, 이 내부의 것과 외부의 것의 대립이 유사한 심리학적 수단을 통해 두 사람에 의해 상술되고 있다

샹카라에서 '내부의 것'은 우선 살 내지 신체와 구별되고, 최초의 싸

움은 신체의 미망(deha-abhimāna), 신체가 자기 자신이라고 보는 잘못된 생각에 대해 생겨나고 있다. 감각기관(indriya)의 아래쪽에서 아트만 자신이 쉬고 있다.

에크하르트의 경우에는, 감각지각이나 외부 감각, 공통 감각(sensus communis)이나 감각적, 충동적 의지, 낮은 오성의 '여러 힘', '저차원'의 힘의 아래쪽에서, 또한 '고차원'의 여러 가지 힘, 즉 기억이나 이성, 이성적 의지의 아래에서 영혼 자체, 가장 깊은 한편 가장 높은 것, 정점, 영혼의 정상 또는 끄트머리, '영혼의 근저', 불꽃, 섬광(Synteresis), 내부에 있는 '제3의 하늘'이 쉬고 있다.[190] — 하지만 둘, 즉 아트만과 영혼은 한편에서는 모든 '힘', 마음의 구조에서의 그 외의 것과는 매우 다르지만, 동시에 여러 힘의 버팀목 내지 토대로서, 이것이 없으면 여러 힘은 무엇 하나 산출할 수 없다고 한다.

(γ) 아트만은 알려지지 않고, 알 수 없으며, 증명도 되지 않고 자명한 것이다. 마찬가지로, 영혼 및 영혼의 근저도 불가지不可知이다. 샹카라에서는('중간지中間知'에 기반하여), 아트만의 깊숙한 곳에 '주主'가 내적 안내원으로서, 아트만과 신비적으로 연결되어 거주하고 있다. 에크하르트에서는 영혼의 근저에서 신이 (아직 환멸하지 않는 한), 초목이 무성한 꽃을 피우듯이 성하고 있다. 신은 영혼의 근저로 귀일하고, 거기에서 생성하고, 거기에 은둔처를 짓고, 거기에서 영원한 말을 산출한다. 거기서 신은 영혼과 대화한다.

(δ) 하지만, 영혼은 '자기'이고 아트만도 마찬가지이다. 그리고 자기로서의 영혼은, 통상 자기와 동일시하는 것, 즉 '나我', 에크하르트가 말하는 자아성(Ichheit) 또는 아유성我有性(Meinheit)과, 또 샹카라가 말하는 ahaṁkāra 혹은 '나를 만들어 내는 자'(Ich-Macher)[191]와 첨예하게 대립한

---

190) 그리고 이 가장 내부의 것은 동시에 또한 신과 마찬가지로 말하기 힘든 것이다. '신은 언어도단言語道斷이다'(Spamer 52). 에크하르트는 이처럼 서술하며, 『기타』 2.39도 마찬가지이다.

191) 구판은 나라고 하는 자'(Ich-sager)라고 되어 있다.

다. ahaṁkāra(자아의식) 또는 내가 자아성이라고 하는 잘못된 생각을 품는 기반이 된다. 또는 내가 미망(abhimāna)을 불러일으킨다. 바꿔 말하면, 소유나 재산, 친척이나 친구, 신체, 감각, 의지, 행위를 나와 결부시켜 나의 것으로 따진다. 그런 후에 이들 개물과는 구분되는 것, 구별되는 것으로서 나를 파악한다. 이러한 잘못된 계산을 행하는 기반이 되는 자아와의 관계는 처음부터 자기에 속하는 것이 아니라, 진정한 자기의 인식에서는 무연한 것 내지 잘못된 것으로서 버려야 하는 것에 속한다. 에크하르트가 말하는 자아성이나 아유성도 영혼에 속하지는 않는다. 그리고 영혼이 자기에 도달하기 위해서는, 나는 모든 자아(Ich)와 내 것(Mein)을 포기하고, 게다가 죽어서 완전한 포기(tyāga)에 들어가지 않으면 안 된다.

(ε) 그와 동시에 아트만도 영혼과 함께, 그것을 둘러싸고 있는 것으로부터 분리되어 따로 떨어져야 하며, 감각이나 감각의 인상으로부터 되돌려져야만 하고, 감각의 제 대상물에 '무집착'하게 되고 '무경향'해져야 한다. 게다가 아트만도 영혼도 외적 대상이나 사유의 대상 등의 모든 대상으로부터 떼어짐과 동시에 모든 다양, 다多 및 차이로부터도 해방되어야 한다고 두 스승은 말한다.

(ζ) 완전히 안으로 향해 가서 모든 집착으로부터 자유로워지고 모든 감각의 인상이나 관념 내용으로부터 탈각하고 모든 자아성으로부터 해방되면, 아트만이 자신의 빛 아래에서 빛나기 시작한다. 그것은 온전한 자기 인식인 동시에 철저한 무아로, 주체와 객체의 구별을 벗어나 삼중성, 즉 인식자·인식대상·인식작용의 정립에서 벗어난다. 하지만 에크하르트에게도 영혼은 같은 경험을 한다. 즉 영혼은 온갖 사물, 온갖 대상물, 의지와 사유 하에서의 모든 구분에서 벗어나, 모든 것으로부터 완전히 환멸하여 어느새 세계와 자기를 알지 못하고, 애초부터 이미 아는 것도 없고 형태도 양태도 없고, 이것도 저것도 아니고, 주체도 객체도 아닌 완전한 '하나된 자'가 되고, '일자'가 돼버린다.

(η) 거기에서 [개아로서의] 아트만(영혼)은 실로 [우주아로서의] 아트만(ātman)으로, 무명(avidyā)에 의해 흐려지거나 '억압'되는 일로부터도 자유로워지고 순수한 빛, 구석구석까지 완전한 정신이며 모든 데바諸天를 훨씬 능가하는 한편, 실은 다시 아슈차리야(āścarya) 즉, 아트만이 본래 그러했던 불가사의한 것인 동시에 무상의 희열이기도 하다. 에크하르트에게도 영혼은 모든 것으로부터 해방되어 고귀한 인간(homo nobilis)으로서 스스로의 영광 아래에 있고, 세라핌이나 케루빔[192]보다도 고귀하며, 모든 피조물을 높이 초월하는 것이다.

(θ) 이제 아트만은 브라흐만 자체로서, 영원하고 순수하며 자유롭고 그저 존재할 뿐인, 완전히 정신적인, 결코 붙잡기 힘들면서도 완전히 축복받을 만한 원존재자原存在者(Urwesen) 자체이다. 영혼도 신의 내부에 있다. 아니, 미분화 상태의 신이다. 영혼은 하나된 신(deo unitum)이 아니라, 완전한 한편 철저하게 신과 함께 하나(cum deo unum ac idem)이다.

3. 영혼의 신비주의는 신의 신비주의에 의해 극도로 고조된다

이처럼 이 둘에게 있어 그 구제론의 중심에 있는 것은 '영혼의 신비적 포착으로 변하는 고차적인 영혼의 신앙'이라고 일컬을 수 있는 것이다. 그리고 특히 에크하르트의 경우, 이 신앙을 통해 그의 모든 사변의 본질을 규정하려는 것뿐만 아니라, 아마도 그의 신의 파악 전체를 단순히 신비적인 영혼의 감득(Gefühl)의 일종의 확대에 불과한 것으로 이해하고자 하는 유혹에조차 사로잡히게 될 것이다. 에크하르트 자신이 영혼에 의해 신 자신이 인식된다, 영혼의 인식은 신의 인식이다고 말하지 않고 있는 것일까? —샹카라의 아트만 파악에도 이와 평행을 이루는 것이 발견된다. 하물며 양태를 지니지 않고(weiselos) 초의식적이자 초

---

192) 모두 천사의 이름이다.

인격적인, 객체가 아니고 주체도 아닌 '신성'에 관한 에크하르트의 사변은 신비적인 상태 자체의 대서특필된(groβgeschriebene) 복사 혹은 '하나'가 된, 자기 자신 안에 침잠한 세계, 사물 및 자기에 관한 의식을 초월한 영혼의 복사가 아닌가? '신성'이란, '브라흐만'이란, 자기 자신의 영광(Herrlichkeit)을 발견한 영혼 자체를 나타내는 명칭에 불과하지 않는가?

(a) 그런데, 이것은 완전한 오해일 것이다. 원래 이것을 분명히 하는 것은 매우 어렵다. 가능하다고 하면, 오히려 인도(india)적인 길에서일 것이다. 하긴 인도에서는 아트만과 브라흐만이 완전한 동의어인 듯 보이고, 또 브라흐만은 다多 및 한정이라는 제약에서 벗어난 아트만 자신에 다름 아니라고들 하지만. 인도에서는 샹카라의 학설과 요가의 학설 간의 비교를 통해 위의 내용이 분명해진다. 요가에서는, 실은 영혼의 사변이 바로 궁극의 것이라고 하고 있다. 요가에서도 아트만이 발견되어 그 영광 하에서 알려져 해방된다고 한다. 덧붙여 말하자면, 아트만의 '독존'(kaivalya), 즉 모든 한정적인 속성 또는 결합물로부터 '고립시키는 것'이 요구된다. 그리고 이 고립 자체가 이미 아트만의 aiśvarya(주主의 성격), 즉 그 신적인 성격 및 신적인 힘인 것이다. 또한 이 aiśvarya는 절대성과 그 넘치는 영광에 있어서, 범梵·열반(브라흐만·니르바나)에 손색이 없다. 요가에서는 아트만의 kaivalya와 aiśvarya를 위해서는 도달되어야 할 브라흐만을 우회할 필요는 없고, 아트만과 그것을 통해서 아트만의 영광이 도달될 듯한 다른 것과의 동일성의 인식도 필요없다. 아트만은 영광을 자기 자신 하에서 영원히 지니고 있으며, 영광은 그저 자유롭기만 하면 된다.

(b) 이와 같은 것을 샹카라도 실로 내적 아트만에 관해 말할 수 있었다. 내적 아트만은 해탈을 구하는 자가 추구하는 모든 것들의 본질 내부에 있다. 그것은 스스로를 넘어서는 것에 도달하거나, 자기 외부의 것

과 합일하는 일도 없다고 샹카라는 종종 단언하고 있다. 그것은 신의 영광 그 자체이고, 그러한 것으로서 인식되는 것만으로 충분하다. 그러하면, 아트만과 브라흐만은 단순한 동어반복인 것처럼 보인다. 그럼에도 불구하고, 요가의 설명과 아트만·브라흐만 설명 사이에는 한없이 깊은 상위가 있다. 브라흐만을 구하지 않고 아트만만을 찾고자 하는 요가수행자들은 브라흐만을 아는 자 근처에도 못가고, 해탈로부터는 절망적으로 떨어져 있다.

한쪽의 정형구나 비유를 진지하게 이해하면 공허한 동어반복으로밖에 보이지 않는 듯한 명칭을 다른 한쪽이 사용하고 있지 않다는 것에 따르는 것 외에는 거의 구별되지 않는 두 이해 사이에 있는 완전한 기분의 차이를 재현하는 것은 우선 불가능하다. 하지만 이 기분의 차이는 매우 강하게 느껴질 수 있는 동시에 일의 가장 깊은 본질에 뿌리박고 있다. 그것은 다음과 같이 표현하면 좋을 것이다. 양자를 완전히 나누는 것은 정녕, 통상은 오해되어 샹카라에게, 또 마찬가지로 에크하르트에게 전가되는 것으로, 그들의 단순한 정형구나 주장과 함께 사실상 불가피한 귀결로서 부여되는 것이다. 베단타학파의 사람은 요가학파 사람 자신이 그 정형구를 통해서 끊임없이 행하고 있는 것을, 즉 요가학파 사람은 제도하기 힘든 '자기 신격화'를 강행하고 있음을 비난할 것이다. 그리고 자기 방어 시에 베단타학파 사람이 이용하는 것은, 요가학파 사람은 브라흐만에게만 귀속해야 하는 것을 아트만에게 귀속하고 있다고 하는 표현 외에는 없을 것이다. 그런데 이 답변은, 이론적으로는 곧바로 붕괴한다. 왜냐하면 그것은, 실로 아트만과 브라흐만의 완전한 동일성이 주장될 때에는 사실상 간단히 무의미해져버리기 때문이다. 신비주의 사변자는 이 문제에 봉착할 경우, 아마도 그 곤란을 변증법을 통해서 덮어버리는 것을 이해할 것이다. 여기서 새삼 분명해지는 것은, 신비주의 및 그 정형구는 그것을 딱 그만큼의 것으로 받아들이고, 그것이 뒤덮고 있는 '대지'와 결부되지 않는다면 내용상에서 이해되지 못한다는 것이다. 하지만 이 대지는 샹카라에게 브라흐만·아트만 사변과의 근원적인 결별이다. 정형구 및 사변적 노력에서 보면, 아트만은 브라흐만이다고 하는 판단은 분석적인, 그뿐 아니라 오히려 동일한 판단이다. 하지만 종합적 판단은 어디까지나 비밀의 내부에 있다. 그리고 이 점이야말로 단순한 요가와는 다른 샹카라의 사변의 고양(Hochschwung) 및 기분 내용의 모든 것이 걸려 있는 것이다. 아트만이 동시에 브라흐만이기도 하다는 것을 통해 단순한 제약이 풀린 아트만의 독존(kaivalya) 안에는 포함되지 않는 거대한 것이 성장하는 한편 아트만의 것이 되어 간다. 그리고 이것은 전적으로 동일하게 에크하르트에게도 들어맞는다.[193]

4. 시점은 아래쪽에 있다

앞서 거론한 계기에, 이제는 또 다른 하나의, 두 스승에게 있어 다 같이 중요한 계기가 첨가된다. 충분히 주의하길 바란다. 그렇지 않으면, 이 다른 계기를 앞선 것과 혼동하게 될 것이다. 하지만 여기서 문제시하는 것은 실은 새로운 계기이다.

두 스승의 교설은 그 정형구를 통해 보면, 소위 위에서부터 서술되고 있는 것으로, 그 결과 그것에 의해 표현된 프로세스는 아트만에 관한 사항이 아니라 브라흐만에 관한 사항으로서 나타나게 된다. 예를 들어 다음과 같다. '브라흐만, 즉 유일하며 불이不二한 것은 무명(avidyā)에 의해 많다고 여겨진다. 잘못된 표상을 통해 아트만에 다양성의 세계의 '상이 들러붙어 있다.' 이렇게 해서 지금은 (허구의) 개별적 영혼으로 구성된 다수 속에, 순수하게 하나된 존재자도 다양하게 현상한다. 브라흐만 설의 의미는 실로 이 점에서야말로 그러한 무명의 내장(Geschlinge)이 찢기고, 이 불합리한 잘못이 진정한 존재와 접촉하여 다시 폐기된다는 것이다.'

---

193) 이 중요한 사태에 관해서는 '중간 고찰'[원제 'A로부터 B로의 이행']에서 다시 한 번 조금 더 상세히 다룬다.

그렇지만 문제를 이렇게 표현하였던 것은 그것이 얼마나 샹카라의 본래 의도에 반하는 가를 곧바로 느낄 수 있도록 하기 위한 것이다. 그의 관심은 오류(도샤 doṣa), 즉 브라흐만이 조우하는 오해의 수정, 다시 말해서 존재에 관한 오해를 객관적으로 고치는 것이 아니라, 브라흐만에 관한 진성한 교설은 샹카라가 자신의 주된 서술 서장에서 역설, 아니 엄숙하게 말하고 있듯이, '사람이 스스로의 정복淨福을 해치지 않도록, 또 불행(Unheil)에 빠지지 않도록[194]'하기 위한 의도 하에서 서술된 것이었다. 그의 교설은 구제설로서, 그것도 브라흐만을 위한 것이 아니라[195] 구제를 바라는 사람들을 위한 구제설인 것이다.

'나는 브라흐만이다'(ahaṁ brahmāsmi)고 하는 정형구도 이것을 의미하고 있다. 전자의 경우에는, 이것은 그저 한결같이 '브라흐만은 존재한다, 홀로 존재한다'(brahmāsty ekaṁ ca asti)라는 것을 의미하고 있었다. 그리고 적어도 어떤 곳에서는, 즉 한때 어느 정도의 착각이, 다시 말해서 자아(Ich)가 브라흐만의 전일성(Alleinsein)을 뒤덮고 있었던 곳에서는, 거기에 생겨난 불분명함이 흩어져버렸다. 만일 여러 정형구로부터, ―그 자신은 그렇게 주장하고 있음에도 불구하고― 명제가 아니라 수수께끼이며, 한편으로는 계속 그러했던 귀결을 도출해내는 것이 허용된다면, 위 마지막 정형구가 '수미일관하고 있다'는 것은 의심의 여지가 없을 것이다. 그렇기는 하지만, 이것은 정녕 객관적인 브라흐만 형이상학이 아닌 구제론으로서의 교설의 진의와는 합치하지 않을 것이다. 이 진의는 인식에 도달한 사람의 구제 경험에 있어서 본래의 의미로서 불거진다. 가령 눈을 떠 개오한 완전한 인식 순간에 있어서 모든 자아 및 모든 구별

---

194) Deussen 10.

195) 이것은 쇼펜하우어적인 베단타 해석에서의 구제설이다. 하지만 이러한 시각으로 베단타를 보는 것은 이를 완전히 오해하는 것이다. 자기 자신을 구제하는 신, 브라흐만에 관한 구제자를 위한 구제, 늘 성취했다(nitya-siddha), 늘 각지覺知했다(nitya-buddha), 늘 구제되었다(nitya-mukta)는 샹카라에게는 꺼림칙한 불경일 뿐 아니라 미친 짓일 것이다. 그리고 모든 종교에 있어서도 그러할 것이다.

이 소멸했다고 하더라도, 정신이 이러한 상태에서 또 다시 정신을 차린 후에는 회상 속에서 이 상태를 정신이 경험한 구제라고 아는 것이다.[196] 그리고 그 내용은 '브라흐만이 거기에 있었다'가 아니라, '거기에서는 내가 브라흐만이었다'라는 것으로, 나와 관련한 일이 되며 브라흐만과는 아무 관련이 없는 것이 된다. '브라흐만은 이 아트만이다'고 하는 등치 (Ineinssetzung)야말로 실은 양자의 궁극의 등치인 것이다.

5. 신비적인 계사繫辭(Kopula)[197]

하지만 이 등치는 동시에 논리적인 성질이 아니라 신비적인 성질의 것이다. 신비주의의 동일성에 관한 정형구에서의 '이다'(ist)는, 논리학에서는 지니지 않고 있는 의미를 지닌다. 그것은 'S는 P이다'라는 명제에서와 같은 계사가 아니며, 그 역도 가능한 동일화라는 의미에서의 동일성의 징후도 아니고, 통상적인 동일성 판단의 '이다'도 아니다. 샹카라와 에크하르트가 강조했던 표현법이 아무리 이 논리학적 계사를 지향하고 있어도, 그 논리가 신비주의의 불가사의한 논리(Wunderlogik)라는 점을 숨기는데 성공하지는 못했다. 이를 나타내는 데, 무리하게 말을 사용하여, '있다'(sein)를 자동사와 타동사의 매개자 혹은 '고차원의 통일자'로 삼

---

196) 구판은 제3장 후반(본서 제3장 6)의 『기타』 11.54, 6.20, 9.2를 참고로 들고 있다.

197) '신비적인 계사'(mystiche Kopula)에 관해 여기서 서술된 내용은 피히테의 말과 비교될 수 있다.
"그러는 한에서 신적 현존재는 곧바로 활력있는 힘찬 현존재시키는 것(Daseyen)이다. '현존재 시키는 것'은 동시에 그 말로서 현존재의 행위를 서술하고 있다는 것이다."
이 행위로서의 현존재시키는 것은 여기서는 소위 '계속 존재하고 있는' 것이다. 이 현존재의 여러 현존재시키는 것으로의 의미의 확장은 어떤 종류의 타동사 혹은 사역동사로 만드는 것이다. Daseyen은 마찬가지로 Dasein의 사역형(Hiph'il)이다. '있게 하다'를 '있다'의 사역동사로 생각해도 좋다. 신은 그 영혼을 있게 하는 것이다.

는 것이 가능할 것이다. 예를 들어, '브라흐만은 나이다'고 말하는 대신, 브라흐만은 나를 '존재하게 한다'(geseint)라든지 '있게 했다'(ge-istet), '본질이 부여되었다'(gewesent) 등으로 말함으로써이다. [198]

제8장 피조물과 마야

더할 나위 없이 기괴한 샹카라의 교설은 마야에 관한 것이다. 그것은 일견, 인도라는 토양에서만 가능한 듯 보인다. 그렇지만 이것도 역시, 적어도 에크하르트에서는 현저한 일치가 발견된다. 즉 '피조물'(creatura) 및 피조물의 존재에 관한 그의 기묘한 이해에서이다.

피조물, 자신에게 있어 무無인 것, 본질을 지니지 않는 것, 존재를 가지지 않는 것, 구제를 지니지 않는 것이 존재와 본질에 도달한다는 것이 에크하르트 구제론의 주지이다. 샹카라의 구제론도 같은 주지를 지니고 있으며, 동일한 정형구를 이용하고 있다. 즉 존재에 도착하는 것, 존재에 이르는 것은 존재와 하나로 결합된다. 다시 말하면, sampatti, sampadyate, āpnoti, sad-ātma-svarūpa-sampatti는 sat, sad-ātman, sad-ātma-brahman, satyasya satyam, 죽음의 초월(Übertod), 불사의 것[이라고 표현되는,] 그뿐 아니라 불사 그 자체와도 하나로 결합되어 있다.

이처럼 존재 자체에 도달해야 할 것을 에크하르트는 '피조물'이라고 부른다. 그때, creatura[라는 말이 creare[창조]로부터 파생된 것으로, 의미상에서는 신의 피조물이라는 점은 거의 잊혀졌다. 오히려 creatura는 피조물로서, 신이 아닌 것이며, 허무한 것, 무가치한 것, 본질을 지니지

---

198) 샹카라가 astitva라든지 āstikatā라는 어형을 만들고, 에크하르트가 그에 완전히 대응하는 Istigkeit라는 어형을 만드는 이유가 있다고 한다면, isten도 신비주의의 문법에서는 그리 나쁘지 않을 것이다.

않는 것이라는 점에 역점이 놓여 있다. 그리고 이 점에 있어서 creatura 는 샹카라의 세계존재(Weltsein)와 닮아서, 이것도 마야와 무명(avidyā)에 의해 만들어진 무가치한 것, 허무한 것, 진실이 아닌 것이다. ─그와 동시에, 이러한 피조물의 해석이 당초에는 철저히 존재론적인, 소박하게 승인된 창조설의 기초공사 위에서 하늘을 나는 것이라는 점에서도 두 스승은 동일하다. 이 기초공사 하에서는, 피조물은 창조(creatio) 및 스리 슈티(창출 sṛṣṭi)에 의해 존재한다. 신은 여기서는 피조물의 조물주이고, 브라흐만은 세계의 근원(jagato mūlam)이다. ─마지막으로 둘은 또, 에크하르트에서는 creare가, 샹카라에서는 māya가 이중의 의미 하에서 애매모호하게 변화한다는 점에서도 유사하다. ─ 이처럼 비교되는 제 요소는 보다 상세히 엄밀하게 추구되어야만 한다.

1. 통속적인 의미에서의 피조물

에크하르트의 온갖 개념 속에서 피조물의 개념만큼 애매모호하게 변화하여 파악하기 힘든 것은 없다. 하지만 동시에 이처럼 그의 교설 체계를 이해하는 데 있어 중요한 것도 달리 없다. conferre esse, 즉 존재를 부여하는 것으로서의 creare는 한편으로는 신의 최고의 기능이자, 그뿐 아니라 신의 존재 그 자체의 가치와 의미이기도 하다.

(a) 원인과 결과 ─ 거듭 말하자면, 에크하르트가 creare 및 creatura 에 관해 이야기하는 무수한 사례에서 그는 그저 당시의 기독교 사변의 어법을 이야기하는 것에 불과하며, 그 점에서는 샹카라가 완전한 실재론적 창조설을 전제로 하여 그것을 전체로서도 세부에 있어서도 수없이 서술하고 있는 것과 동일하다. 즉 신은 원인이자 존재하는 것의 모든 제1원인(prima causa)이며 세계에서 우월하고 전지하고 전능하며 그 피조물에 대해서 완전한 초월 상태에 있으며, 원인과 결과의 관계처럼 피

조물 앞에 서고 모든 원인처럼 결과 하에서 생겨나는 모든 것을 그 스스로 포함하는 동시에 세계 속에 한때 존재했던 것 또는 있을 수 있는 것보다도 무한한 한편 말하기 어려울 만큼 많이 포함하고 있는 것이다.

(b) 무無에서 — 신은 무에서 그 말을 통해 창조한다. 신과 경합하는 어떠한 제2원리도, 어떠한 '재료'도, 어떠한 제1질료(prima materia)도 신과는 대립하지 않는다.

(c) 이념에 기반하여 — 신은 스스로의 내부에 영원히 존재하는 영원한 원형(Urvild), 영원한 이념에 기반하여 창조한다. 이 이념은 영원한 한편 필연적이다.[199] 왜냐하면 그것은 신 자신의 아무리 퍼 올려도 다하지 않는 풍요로운 존재 자체의 제 요소에 다름 아니기 때문이다.[200] 그리고 신은 그것을 자신 안에 품고 있기 때문에, 그 기반에서 또는 그것을 통해서 자기 자신을 보는 한편 아는 것이며, 게다가 스스로 영원하게 창조된 것도 아니고 창조되지도 않는 필연적인 존재의 끝없이 샘솟는 풍요로움 하에서 그러한다. 그리고 이 신의 자기 인식이 또 동시에 역으로, 제 원리 또는 풍부한 이념 혹은 에크하르트가 때때로 창조(creatio)라고도 부르고 있는 영원한 mundus ydealis(이상세계)의 정립이기도 한 것이다(이하의 태초의 창조 creatio in principio를 보라).

여러 물건들 중에서 무엇이 신의 마음에 들 수 있는 것일까? 이미 여러 사물이 신의 마음에 들었음에 분명하다. 왜냐하면, 여러 사물을 본 자는 신이며, 신이 본 것은 마찬가지로 신이었기 때문이다. 즉 신 자신이

---

199) '선성善性은 창조되지 않고, 만들어지지 않고 태어나지 않는다'(Rf. 21). 이는 모든 개념 그리고 레티오에도 똑같이 해당된다. '창조된 사물의 개념은 피조물이 아니고, 그것으로서 창조될 수 없다'.

200) '신에서의 개념은 다름 아닌 신의 본성이다'(Summa Theologiae I, 15, 1, ad 3)고 토마스 아퀴나스도 말하고 있다.

진정 제 사물의 영원한 원형으로, 신은 스스로를 직관한 동시에 거기서 또 만물도 직관한 것이다.[201]

(d) 로고스를 통하여 — 제 이념은, 총체로서는 신의 내적으로 영원한 '말'이기에, 신은 자기 안에서 영원에서 영원으로 말을 걸고 있는 것이며, 그것은 신이 스스로를 의식하고, 자기 의식하기 위한 영원한 사상 혹은 자기 자신의 인식은 인격이자 인격적이라는 것이다.[202]

(e) 공간과 시간의 세계로서 — 다음으로 신은 세계를 공관과 시간에 있어 창조할 때, 이 공간과 시간의 이념을 통해 창조하는 것이며, 이 이념은 신 자신의 본질 통일성 및 표현이기 때문에 신은 실은 본보기(Vorbild)로서의 자기 자신에 기반하여 세계를 창조하는 것이다. Deus est exemplar mundi(신은 세계의 본보기다). 따라서 세계는 복사이고, 영원한 신, 그 풍요로움 및 그 영광의 표현(expressio)이다(샹카라에서는 '신으로부터 일체는 빛을 발한다'고 언급되고 있다). 그렇다고는 하지만, 그 복사는 한없이 축소된 것으로 원형에는 도저히 미치지 못하는 것은 당연하다. 하지만 이 지상적 세계는 공간과 시간 안에 있고, 6천 살이며, 시간 속에서는 그 시작을 갖지 않고, 시간과 함께 가진다. 왜냐하면 세계 이전에는 시간은 존재하지 않기 때문이다. 하지만 시간에 간직된 세계의 창조 자체는 신에게는 영원한 행위(Akt)이다. (스콜라 철학이나 아우구스티누스에게 있어서도 자명한 관념이다.)

(f) 이데아로의 참여 — 그런데 플라톤적인 선례에 따르면, 개물은 모두 그것이 그것에 합치하는 이념에 '참여하는'(participat)한에서만 존재하

---

201) Bü1, 119.
202) 세계창조자로서의 '주재자'(Herr)에 관한 샹카라의 사변에 이를 상기시키는 것이 있는 점을 비교해보자. 이와 동시에 '말'에 의한 창조는 인도의 신학에서, śakti 이념에 불가사의한 평행을 지니고 있다. 그 이념은 인도의 로고스이다.

는 것이다. 개물이 백白(album)의 영원한 이념, 백색성(albedo), 백 자체(album ipsum)에 참여하는 한에서만 그것은 하얗다(album). 개물이 영원한 선함(bonitas), 선 자체에 참여하는 한에서만 그것은 선한 것이다. 그리고 이처럼 개물이 참여하는 것(participare), 배당을 갖는 것이, 이념 측으로부터의 배당을 수여하는 것이다.[203] 이념은 스스로 개물에 '참여하여', 자신의 배당을 개물에게 준다. 이념은 개물에 있어 또는 개물에 입각해서 존재한다. 그것이 하얗다거나 선한 한[204], 이념 자신이 개물의 본질을 이룬다, 그러는 한 이념은 개물의 본질이다'. 그런데 여러 이념은 신 자신의 전개된 제 계기에 다름 아니다. 따라서 신은 inquantum ea est alba, bona, una …… (그것이 순백이고, 선하고, 일등인 한) 피조물의 '본질이다'.

그리고 이것은 존재의 '이념', 즉 존재 자체(esse ipsum)에게도 타당하다. 신은 '선 그 자체'(bonum ipsum)이다. 따라서 피조물은 inquantum sunt, 단순히 피조물은 하얗다, 좋다 또는 그밖의 무언가일 뿐만 아니라 그것이 '존재하기' 때문에 존재하는 것으로, 피조물이 존재 그 자체에 '참여하기' 때문에 그리고 바로 그런 한에 있어서 존재하는 것이며, 이 존재 자체는 또한 신 자신이기 때문이다.

여기서 우리에게는 '범신론'의 울림마저 드는 것은 모두, 실은 당장 기독교의 창조(creare) 및 창조된 존재(creatum esse)라는 개념을, 아리스토텔레스를 넘어 플라톤에게까지 되돌아가는, 시간 속에서 부여된 사변의 수단으로써 표현하고자 하는 시도 이외의 그 무엇도 아니다.[205]

---

203) '우리가 사물을 선善이라고 부를 때, 아직 생겨나지 않은 선한 것에 의해 그 선성善性이 부여되고 흘러나와 그 안에서 결실한다고 이해한다'(Rf. 22)

204) '왜냐하면 어떻게 해서 하얀 것이 하얀 성질로부터 구별되거나 분리되는가?'(R f. 64)

205) 왜냐하면 이 참여 교설의 실존성을 특히 비교해 보았으면 한다. '선성과 선한 것은 완전히 동일하다. 선성은 절대적으로 온갖 사물에서 낳는 선성과 산출되는 선성으로서만 구별된다'(Rf. 21, v, 4; cf. Rf. 26, iv, 3 & 64, iv, 3). 에크하르트는 플라톤의 'methexis'를 삼위일체설의 용어 'generare'로 바꿔 놓고 있다. 선한 것에 대한 생각은 선한 개체 안에 선한 것을 '낳는다'. 그리고 그렇기 때문

(g) 이념의 세계, 태초의 창조 — 이제는 이와 동시에, 창조(creare) 및 '세계'의 사용도 확장된다. 세계는 또 종종, 각각의 문맥 안에서 그것이 항상 시사되고 있지만은 않지만, 또 시간 안에서의 세계의 '하강' 혹은, 이 세상은 여기 밑에 있다고 하는 표현은 별도로 하고, 정녕 원초의 세계(Urwelt)이며, 세계 자체(mundus ipse), '이념의 세계 또는 이념으로서의 세계'(Mundus ydealis)이다. 자기 자신의 풍부한 본질의 다양성 하에서의 신의 자기 인식에 다름 아닌 이 이상·세계의 산출과 그 영원한 직관은 이제는 마찬가지로 창조(creare)라고 불린다. 그리고 그때, creare는 '영원한 말을 이야기하는 것'('자식의 증언'과 같다)과 평행하다. 창조하다와 '말하다'의 차이점은, 이 경우에는 그저 다음에 불과하다. 즉 영원한 말이 이념의 다양성으로서 논해지는 때에는, 전자가 보다 많이 사용되는 데에 반하여, 역으로 이념 세계의 다양성이 세계의 통일성 아래에서, 영원한 전체로서, 하나의 말로서, 신의 자기 사색으로서 상념되는 경우에는, 후자가 이용된다는 것뿐이다. 나아가 이 '창조'(creare)는 동시에 '태초에 있어서의' creare이다. 바꿔 말하면, '원리적' 창조 내지 이념에 있어서의 혹은 이념으로서의 산출이다. —그리고, 이 '태초의 창조'가 신 자신과 동등하게 영원하다는 것은 명백한 동시에 완전히 '저의가 없는' 것이다. 신은 자신의 말을 이야기하고, 영원에서 영원으로 계속해서 그 '자식'을 낳는다. '세계가 신이다'라고 하는 표현도 저의가 없는 것이었다. 왜냐하면 태초에서의 세계, 이념의 충일은 실로 '신에 가까운 신'이었기 때문이다. 그리고 이 '세계'의 영원성을 스콜라 철학도 부정하지 않는다. 그것은 바로 '말'이었다.

에 이것은 선한 한에서, 그 자체 산출되는 것으로 조형되거나 창조되는 것이 아니다.

'하얀 것은 어떻게 하여 하얀 성질로부터 구별되거나 분리될 수 있는가!' 이 실존적 교의를 그는 『신의 위로의 서書』 제1절에서 열성적으로 전개하고 있다. (Pf. 419, 21ff.)

(h) 예지적 세계와 감성적 세계의 불명확한 경계 — 에크하르트의 교설이 바야흐로 '위험'하게 된 것은, 그가 한편으로는 태초의 창조(creare in principio)와 창조 일반(creare überhaupt)을 구별하지 않았던 것에 기인함과 동시에, 다른 한편으로는 그의 이러한 엄밀하지 않은 구별이 우연이 아니라는 점에 의거한다. 플라톤적인 참여(participatio)의 표상에 의해 '영원성' 또는 '동등한 영원성' 혹은 '세계'와 신과의 긴밀한 결합, 그뿐 아니라 통일성조차도 본래의 '피조물' 안에 주입해버렸다—적어도 그렇다고 한다.[206] 사실, 일종의 communicatio idiomatum에 의해 신적 본체성(Gottwesenhaftigkeit) 및 신적 본질성을 지닌 어떤 것이 세계의 위쪽을 뒤덮게 되었는데, 이것은 세계는 '규범'으로서의 신을 본받아 창조되었다고 하는 단순한 사태 이상의 것이었다.[207]

2. 대립물로서의 피조물

그런데, 다른 한편으로 에크하르트에게 있어 피조물(creatura)은 종종 바로 대립하는 원리일 뿐 아니라 샹카라의 사물 및 다多의 세계(prapañca)와 마찬가지로, 신적 존재 그 자체에 대한 순수하고 완전한 대립이기도 하다. 이 기묘한 사실을 이해하기 위해서는 두 가지를 실마리로 삼을 수 있다. 즉 자신이 지금도 행하고 있는 어법 및 이중의 대립하는 가치 평인데, 여기서 후자는 신비주의가 처음으로 행하는 것이 아니라 '창조된 것'에 대한 소박한 경건한 감정도 이미 행하는 것이다(왜냐하면, 이 경우에도 신비주의는 경건 자체 속에 이미 존재하고 있는 여러 요소의 과도한 승화에 다름 아니기 때문이다).

---

206) 이것은, 예를 들어 본장 원주 3의 인용문에서도 명효하게 느껴질 것이다.
207) 샹카라의 경우, 이것과 비교되는 것은 나중에 '중간지'(madhyāvidyā)에 관해서 언급되는 바의 것이다. 즉 이슈바라가 '자기 자신으로부터 창조하고', 그에 의해 세계에 하나의 관계, 즉 이 역시 이슈바라 자신으로의 일종의 참여, tad-āt-mya, 동일성의 약한 짝을 이루는 것이어야 할 관계를 부여한다.

(a) 일반적인 어법에서의 이중의 의미 — 우리들은 '피조물'(Geschöpf)이라는 말투를 쓰지만 이를 통해 생각하고 있는 것은 하나는, 어떤 것이 창조자에 의해 산출되고 야기되어 현존재로 호출되는 것이다. 그것을 통해 우리가 가장 먼저 떠올리는 것은 두 존재자 사이의 형이상학적 관계에 관한 단순한 존재론적 언표이다. 하지만 동시에 우리는, 그것을 통해 '피조물'의 존재 또는 진정한 존재 및 그 가치도 승인한다. 어떤 사물이 '창조되는' 경우, 그것은 실로 신에 의해 창조된다. 그리고 이를 통해서, 그 사물이 사실이다(wirklich)는 점은 자명하다. 왜냐하면 신은 진실되지 않은 것을 무엇 하나 창조하지 않았기 때문이다. 그것은 또한 선이기도 하다. 왜냐하면 신은 악한 것을 창조하지 않았기 때문이다. 그리고 이것을 통해 '피조물'은 또한 동시에 적극적인 가치의 언표라는 의미도 지니게 된다.

하지만 [둘에게] 우리는 '비참한 피조물'이라는 표현도 한다. 그때, 사물에 비참함이 덧씌워지는 것은 실로 그것이 '피조물'이기 때문이다. 이 경우에 짐작되는 것은, 피조물은 창조된 것으로, 신에게서 유래하는 것이라는 점이 아니라, 오히려 그것이 창조된 것에 '불과하다', 피조물에 불과하며, 본래 자기 자신에 있어 무가치하고 약하며, 자립할 수 없고 가치가 없다는 점, 즉 가엾을 뿐 아니라 천한 것이기도 하다는 것이다. 따라서 '피조물'은 우리에게는 비참한 것(miserandum)과 동의어이고, 뿐만 아니라 불쌍히 여겨야할 것(miserabile)과 동의어이기도 하다. 영어로는 'a miserable creature'(불쌍한 생물)이라고 한다. 그리고 독일인들도 전혀 무가치한 사람을 일컬을 때, 'diese Kreatur!'(이 자식!)이라고 한다. 이 경우, 'Kreatur'(피조물)이란 부정적인 의미를 지닌다.[208]

(b) 종교적 어법에서의 이중의 의미 — 그렇지만, 이 이중의 어법은

---

208) 비신비주의도 또한 피조물에 대해 말하고 있다. '티끌에서 만들어져 티끌로 돌아간다. 부서진 파편, 마른 풀처럼 퇴색한 꽃, 지나친 그림자, 사라져가는 구름, 멈춰가는 숨, 비산하는 반점, 그리고 덧없는 꿈과 같은 것이다.(유대교의 신

세계와 생물(Kreatur)에 관한 일반적인 종교적인 이중의 가치평가의 지반에서 생겨났다. 한편으로는 '세계' 및 '창조'는 신의 위업이자 선이고, 신의 영광의 반영이다. 하지만 다른 한편으로는, '세계' 및 모든 '피조물'은 허무하고 무가치하며 유약하고 무상하며 속박이자 장애이고 저지이자 차단이며 '한줌의 모래이고 마음의 우수憂愁'이다. '피조물', 세계는 극복되어야 할 것 또는 정복되어야 할 것이며 신에 거역하는 것으로, 반신反神적인 것 자체이다. 그리고 소박한 경건을 통한 세계의 평가조차도 이미, 마야설을 방불케 하는 듯한 표현에 가까워졌다. 즉 '가식이나 감각의 착각', '무가치나 공허', '물거품이나 꿈' 따위의 표현이 그것이다. ─ 나는 다른 책에서 이 이중의 의미를, 피조물의 존재와 가치를 나타내는 '만들어질 가치가 있는 것'과 피조물의 무가치를 나타내는 '피조물성'을 구별한다고 언급해 두었다.[209]

(c) 에크하르트의 존재를 지니지 않는 것으로서의 피조물 ─ 그런데, 에크하르트는 이 대립을 한층 높여, 그 두 번째와 관련해서는 샹카라의 마야설과 종이 한 장 차이 정도까지 접근하고 있다.

'창조된 것'은 모두 그 안에 진리를 갖지 않는다.[210]

'모든 피조물'은 그것이 피조물인 한, 그것이 '자기 자신 내부에 있음'(quod sunt in et per se)에 따라서 '가상'조차도 아니고 '순수한 무無'이다. 즉 이렇게들 말한다.

창조된 모든 것은 무이다.[211]

년 무사프Musaf에서의 기도)

209) DH 8의 '피조물 감정'을 참조 바람. [岩波文庫 18쪽 이하.]
210) L. 296.
211) L. 297.

에크하르트의 이러한 '순수 무'는 순수한 하나의 수수께끼이다. 그것을 해석하려고 하면, 정말이지 샹카라가 사용한 용어를 채용해야 한다. 즉 이 '순수 무'는 철두철미한 '없다'(nicht)를 의미한다. 결국 피조물은 전혀 존재하지 않는 것이다. 그런데 피조물과 대면하여, '그것은 무이다'고 하는 부정 판단을 하기 위해서는, 피조물은 오히려 어떠한 방식으로든 존재해야 한다. 우리는 에크하르트와 함께 '피조물은, 그것이 자기 자신 내부에 있는 한 존재하지 않는다'고 말할 수 있고 또 말해야만 한다. 결국 피조물은 '존재'를 갖지 않으며 무존재(wesenlos)이다. 하지만 앞서 언급하였듯이, 그것은 현대의 존재 개념이 의미하는 듯한, 즉 피조물은 경험적 존재 혹은 물리적 존재를 지니지 않는다고 하는 것을 말하는 것은 결코 아니다. 이 의미에서는, 피조물은 비존재(nicht-sein)일 필요까지는 없다. 왜냐하면 그렇지 않다고 한다면, 피조물은 실로 '순수 무'일 수 없어질 것이기 때문이다.[212]

피조물은 사실상, 샹카라가 말하는 쁘라빤짜(prapañca), 세계 및 다양성과 비슷하다. 샹카라에 따르면, 사물 및 세계 그리고 다양성은 그저 무명(avidyā)을 통해서만 존재한다. 그렇다면 무명 자체는 대체 어떻게 '있는가? 그것을 떠맡는 것은 무엇인가? 개별적인 영혼과 같은 것인가? 하지만 영혼은 실로 그 자신이 낳은 것이다. 그것은 '존재하는'가? 하지만 만약 존재한다고 하면, 브라흐만 외에 존재한다는 것이 되는데, 그렇게 되면 브라흐만은 '불이'가 아니게 될 것이다. 그렇다면 '영혼은 존재하지 않는'가? 하지만 존재하지 않는다면, 어떻게 영혼은 세계에 대한 잘못된 견해를 낳고, 하나인 브라흐만 위에 다多라는 '영상'을 결합하는가? ―에크하르트에서는 피조물의 형태(Wie)를 나타내는 가능적 표현으

---

212) 에크하르트는 이 경험적 본성과 존재에서의 피조물의 존재성을 피조물의 '형식상 선천적인 존재'(esse formaliter inhaerens)로 간주한다. 만일 이것이 신의 '존재'(esse)라고 한다면, 에크하르트는 범신론자일 것이다. 그리하여 사물의 자연 존재성을 범신론자와 마찬가지로 신의 존재 레벨에 둘 것이다. 범신론자는 피조물을 신으로 숭배한다. 에크하르트는 이와 정반대이다. 피조물이 끝날 때 신이 시작된다(Pf. 66, 26). 피조물 자신의 존재성은 순수 무이다.

로서 짐작되었을 뿐인 것을 샹카라는 명시적으로 이렇게 정식화하고 있다. 즉 무명(그리고 그것과 함께, 무명을 통해 산출되는 모든 kārya 즉, '야기된 것, 다시 말해서 창조된 것)은 sad-asadbhyām anirvacanīyam, 즉 존재한다고도 존재하지 않는다고도 표현할 수 없다고. 그리고 이와 같은 것은, 엄밀히 해석해도, 에크하르트의 creatura에도 들어맞는다.

3. 그 유래는 여전히 분명하지 않다

그런데, 에크하르트의 이 두 번째 의미에서의 '피조물'은 무엇으로부터 유래하는가? ―신은 세계를 창조했다, 이 세계는 6천 살이며 현실에 존재하고 있고, 신에 의해 존재하고 있다고, 모든 교회 신자들과 마찬가지로 에크하르트도 경건하며 굳게 믿으며 주장하고 있다. 하지만 앞서 말한 독특한 세계의 가치폄하를 이미 신자는 행하고 있으며, 이를 위해 애초부터 무가치한, 덧없는, 신에 등을 돌리는 것의 유래를 물어보는 일도 없듯이, 에크하르트의 보다 높은 차원에서의 사변에서도 그러하다. 피조물은 스스로의 '무' 혹은 존재와 가치의 결여를 짊어지면서 바로 실제로 존재하고 있다. 그렇다면 어떻게 하여 이러한 피조물이 존재자에게로 이를 수 있는가? 특히 그 무엇보다도 더 중요한 피조물, 즉 구원을 바라는 인간이 어떻게 하여 '무'로부터 흘러 나와 존재를 지니게 되고, 존재(esse)에 도달하여 존재 그 자체가 되어, 존재로서 스스로를 발견하기에 이르렀는가? ―정녕 이것이야말로 여기서 질문되고 있는 전부이다.

샹카라의 무명(avidyā)에 관해서도 사정은 마찬가지이다. 대립하는 학파의 사람들에게 시달리고 공격받으면서 사람은 이 문제와 씨름하게 될 것이다. 하지만 에크하르트 자신은 거의 그것에 고생하고 있지 않다. 그가 묻는 것은, 어떻게 해서 무명을 극복할까이지, 어떻게 설명할까가 아니다('우리는 세계를 설명하는 것이 아니다. 설명을 넘어 가는 것입니다[explain away]'―앞서 언급한 적이 있는 샹카라의 학생 한 명은 내게 이렇게 말해줬던 것이다). 이는 또 다음 일의 새로운 증명이다. 즉 샹카라 교설의 관심사는 수수께끼를 찾아 그것을 풀려는 듯한 '학문적'인 것이 아니라, 인간이 처한 일정한 불행 상황으로부터 출발하여 그것을 설명하는 것이 아닌, 그것을 제거하려고 하는 구원의 관심이며, 해결 불가능한 문제를 내버려두거나, 잘 된다고 하면, 잠시 견디기 위한 차선으로서의 이론과 결부시켜 간다는 것이다.[213]

4. 신과 같은 피조물

'요한복음' 1, 2를 해석함에 있어, 에크하르트는 종종 자신이 사용하는, 일반적으로 매우 다의적인 창조(creare)라는 개념을 신의 활동으로서 설명하려 하고 있다. 그는 창조된 것(creata)을 창작된 것(facta)과 구별한다. 피조물은 단순한 피조물로서는 순수 무이고, 그것이 또 창작된 것이기도 하는 한에 있어서 존재를 가지게 된다. 따라서 창작하는 것(facere)이 비로소 진정한 존재의 부여(conferre esse)이고, 이것에 의해 피조물은 그 단순한 피조물성을 불식하게 된다.

자 주의하기를 바란다. 이제야 나는 아직까지 말하지 않았던 점을 언급하고자 한다. 신이 하늘과 땅, 그리고 일체의 피조물을 창조하셨던 (creavit) 때, 신은 그 어떤 것도 창작(fecit) 하지 않으셨다. 하지만 이윽고 신은 이렇게 말씀하셨다. '우리와 닮은 모습을 창작하자'고. 만들어 내는 것은 쉬운 일이며, 사람은 바랄 때에 그 바라는 바대로 무언가를 만든다. 하지만 내가 창작하는 것을, 나는 스스로 만들며, 자기 자신을 이용하여 내 자신의 안에 만들고, 거기에 나 자신의 형상(Bild)을 새긴다. 따라서 신이 인간을 창작하셨던 때, 신은 영혼 속에 자신과 동일

---

213) 기독교도인들도 애초에 악마가 어디에서 오는지를 알지 못한다.

한 작품, 살아 움직이는 작품, 영원이 존속하는 작품을 창작하셨던 것이다.[214]

이 사상은 다음처럼 구성될 것이다. 즉 에크하르트는 창조(creare)를 저차원의 것과 고차원의 것으로 구별하는데 사물의 최초의 정립인 전자에 의해서는 사물은 여전히 '순수 무'에 머무름에 반해, 제2의 고차적인 정립인 후자에 의해서는 사물은 존재를 얻는다고 한다. 이 설은 mē on[그리스어(비존재)]의 설과 유사할지도 모른다. 이 '메이 온'도 비존재가 아니며, 하물며 무無는 아니다. 하지만 에크하르트는 이 귀결을 이끌지 않는다. 그리고 신에 대립하는 메이 온, 특히 신 자신이 산출한 메이온 설을 에크하르트는 단호하게 멀리했을 것이다. 신은 '무가치한 것'을 무엇 하나 만들어내는 것이 불가능한 것이다. 에크하르트에게는, 모든 경건한 심정에 고유의 독특한 이중의 사물관이 견지되고 있다. 즉 사물 및 인간은 그것이 creatura(피조물)인 한, 바꿔 말하자면 그 자성(was sie von sich aus sind), 그 단순한 피조물성에서 보는 한, 허무한 것이고 순수 무이다. 그런데도 그것들이 신으로부터 '만들어져', 신으로부터 존재하는 대로의 것인 점에서 보면, 그것들은 존재하며, 선이자 신적이기도 하다.

에크하르트가 즐겨 쓰는 '~한에 있어서'라는 어구도 여기에서 나온다.

피조물이 피조물인 한에 있어서, 그것은 자신의 안에 신고辛苦, 결함, 사악 및 재해를 지닌다.[215] 사물은 '우연'인 한에 있어서, 그것을 버리는 사람은 사물이 순수한 존재이며, 영원한 한에 있어서 그것을 소유한다.[216]

---

214) L. 239f.
215) L. 295. 이 '한에서'는 실제로는 어떤 사정의 의미가 전혀 아닌 하나의 첨사添辭로 쉽게 변한다.
      "영혼이 자연의, 만들어진 존재만을 지닌다는 것은 진실이 아니다. 내 주장은 그 만들어진 존재를 넘은 어떤 무언가가 (영혼 안에는) 있다는 것이다."(L. 297)
216) L. 297.

하지만 진정한 사태를 나타내는 가장 단순한 표현은 다음과 같은 것이다.

> 만물은 —유한한 형태 하에서는— 시간 속으로 흘러나오지만 —무한한 형태 하에서는— 영원성 안에 머물러 있다.[217]

그리고 이 '만들어져 있다는 것'은 존재의 부여로서 이해될 수 있음과 동시에, 영원한 존재를 지니고 있는 점(Sein-Haben) 혹은 존재 자체와 하나라는 점(Einig-Sein)으로서도 이해될 수 있다.

5. 신과 같은 피조물은 마야의 소유물에 가깝다

이러한 양의성에 대해서 creare는 māyā와 유사성을 지니고 있다. 샹카라의 마야에도 그 최초의 시작에서의 것과 최후의 세련된 형태의 것이라는 이중의 얼굴이 있다. 마야는 기원으로서는 주술적인 활동으로, 주술사가 효험을 발휘하기 위한 힘이었다. 주술사는 존재자와도 비존재자와도 다른 '존재자'를 산출하는데, 이것은 '암시에 의한 착각'에 의해서 단순한 환상을 불러일으키는 것에 가까운 것이지만, 다른 한편으로는 매우 현실적인 효과를 초래하는 것이기도 하다.[218] 보다 고차의 단계에서의 마야는 기적의 힘이다. 하지만 브라흐만은 위대한 마야를 지니는 존재(māyin), 마야가 풍부한 존재이다. 마야에 관한 원초적인 사고방식에 따르면 이 기적을 낳는 존재는 자신의 이 기적의 힘을 통해 세계를 모든 마술의 소행이 지니는 반실재성을 띠고 있고, 완전한 '가상'은 아닌 거대한 '마술의 소행'으로서 만든다고 한다. 그리고 샹카라도 때로는 이러한 관념에 관해 아주 소박하게 서술하고 있다.

---

217) Bü. 1, 90.
218) 성자 Saubhari는 자신의 마야를 통해 인체 50개를 만든다. 그것은 마술이지만 지극히 현실적으로, 결혼시켜 150여 명의 자식을 낳는 마술이다. VN 19.

하지만 샹카라의 최고의 사변 형식에서조차, 마야는 이러한 기적의 활동의 최후의 맛을 항상 보유하고 있다. 무명 때문에 우리가 다多에 있어 보는 세계는, 그러나 동시에 어떤 식으로든, 위대한 마야를 지니는 존재 자신의 마야 안에 근거를 지니며, 마치 마술의 소행처럼 존재와 비존재 사이를 정처없이 부유하고 있다. 마야는 이러한 양의성을 지니는 점에서 에크하르트의 피조물(Kreatur)과 비슷하다.

6. 자기로부터 만들어진 것

진정한 존재와 비존재의 관계에 관해서는, 플로티누스가 우연히 다음과 같이 서술하고 있다.

> 비존재자라는 것으로 이해되어야 할 것은 애초에 완전히 존재하지 않는 것이 아니라 '존재자와는 별개의 것'이다. 비존재자가 존재자로부터 구별되는 것은, 가령 (존재자의 상태인) 운동과 정지가 존재자로부터 구별된다는 방법에 의한 것이 아니라 존재자(대상)의 이미지가 존재자로부터 구별되는 방법뿐만 아니라 (대상에 관한 이미지 이상으로) 더 한층 비존재인 것이 존재자로부터 구별되는 듯한 방법에 의한다. 하지만 비존재자는 모든 감각세계이자 그 상태이며, 더 거슬러 올라가면 (그리고 심화되면), 그 우유성偶有性 혹은 그 원리 자체(질료)이며 이 감각세계를 구성하는 것 또는 이것이 되는 것의 개별적인 것이다.[219]

이러한 논술은 에크하르트의 이해와도 샹카라의 그것과도 현저한 유사성을 지닌다. 하지만 동시에 차이도 있다. 플로티누스에게 있어서 피조물은 그 '존재성'을 '질료'로부터 얻는다. 스콜라 학자와 마찬가지로, 에크하르트도 이 개념을 이용하여 생각하고 있다. 하지만 그에게 있어서

---

219) 『에네아데스』1.8.3. [中央公論社 1,317.]

본래의 표현은, 신과 질료와의 대립이 아니라 오히려 에크하르트의 독특한 '~한에서는'에 의해 주어진 것이다. 피조물이 신으로부터 존재하고 있는(weset) 한에 있어서, 그것은 진정한 존재이며 일체적이며 하나이며 신의 존재와 일체적이다. 그러나 피조물이 '자기 자신으로부터 존재하'는 한편 '자기 자신으로부터 존재하는' 것인 한에서는, 그것은 무가치하고 공허하고 무無이다. 샹카라도 바로 이 대립을 알고 있어, 어떤 때는 이를 다음과 같이 표현하고 있다. 예를 들어 『찬도갸 우파니샤드 주해』 6.3.2(313 쪽)에서는 이렇게 표현되어 있다.

> sarvaṁ ca nāmarūpādivikārajātaṁ sad-ātmanaiva satyam / *svatas* tu anṛtam /
>
> 만들어 내어진 것(피조물)의 이러한, 이름과 형태 하에서 존립하는 다양성 그 자체는, 그것이 존재자 자체인 한에서 진실이다. 그렇지만, 자기 자신으로부터는 그것은 비진실이다.

이 svataḥ는 에크하르트에게, 존재 안에서 스스로의 존재를 지니는 피조물과는 다른, 자기에 의한 피조물(creatura per se)이다.

이렇게 보면 에크하르트도 샹카라도 모두 '관념론'과는 동떨어져 있으며, 두 사람은 충실한 실재론자이다. 이 세계는 완전히 '나의 표상'이 아니다. 즉 진실의 눈으로 파악되는 세계는 통일 속에 있고 존재자 및 존재 자체인 영원한 것으로서 있으며, 철두철미한 '진실'이고 일체의 '표상작용'으로부터 독립되어 있으며 '실재의 유일한 영혼'이며 진실 중의 진실(satyasya satyam)이다.[220] 그리고 사물의 용출하는 본질의 풍부함과 깊이도[221] 실재적이다. 왜냐하면 그것은 진정 존재이자 존재성

---

220) 샹카라는 sad-āspada sarva sarvatra라고 『기타 주해』 13.14에서 말하고 있다 (p.557). '도처에 있는 만유(das All)는 실재(sat, 존재하여 현실적이고 진정한 것)의 저장고이다.'

221) pūrṇa, dives per se. āspada 저장된 존재 안에도 충일充溢과 풍요가 있다.

(Istigkeit)이며 astitva 자체이고 하나의 '완전한' 존재에게로 그러모아져, 함께 융합되는 것에 불과한 것이기 때문이다. 피조물이 '자기 자신으로부터의 것'(svataḥ), 즉 그 다양성과 분할성, 공간 및 시간으로의 그 분산이 비진실이며(anṛta), 신비적 통찰의 진정한 인식에 의해 극복되어야 할 것이다. 그렇지만 진정으로는 유일한 영원한 존재와 다름없는 피조물(vikarakārya, vikārajāta)이 어떻게, 존재로부터 있는 것이 아니라 자기에 의한 존재(per se, svataḥ)일 수 있는가, 또 그것에 의해 무가치함에 지배되는 것인가라고 하는 이 난문을 동서의 두 스승도 해결하지 못하고 있다. —이 점도 그들이 '일치'를 보이는 부분이기도 하다.

한편 그의 피조물의 교의에 따라, 그것은 유일한 순수 무(unum purum nihil)이다. 에크하르트는 급진적 이원론자이다. 그리고 그런 의미에서 그 이원론은 종교적인 관심을 끈다. 즉 구제의 교의에서, 여기서 종교적 관심을 끄는 유일한 것은 신과 세계에 관해서의 일반적 대립이 아니라, 절대적 성聖과 절대적 성이 아닌 것의 대립이다. 다시 말해서 극단적으로 아주 배타적인 그 어떤 변천, 전개, 발산에 의해서도 매체되지 않는 신과 악마처럼 서로 대립하는 반대이다. 하지만 이러한 의미에서 신비주의는 그것이 종교로서 우주론적인 사변이 아닌 때에는 거의 언제나 '이원론적'이다. 어쨌든 에크하르트에게 이것은 최고의 진실이며, 그와 동시에 그는 이 이원론 안에서 자신의 모든 선언이 두어야 할 기초를 보고 있다. 실로 이 '이원론'을 그는 죄의 사함義認에 관한 여러 저작 안에서 끊임없이 반복하고 있다. 그리고 그가 한편으로는 기세를 약하게 하고 다른 한편으로는 강한 자세를 취하는 것이다.

모든 피조물은 순수 무이다. …… 하지만 이것에 대립하는 것을 생각하는 것은 무지의 과오이며 의심할 여지없는 이단이다.[222]

그리고 엣세와 절대적으로 대립하고 있는 에크하르트의 창조의 무에 대해 진실인 것은 지식과 절대적인 대립에 있는 샹카라의 무명에 대해

---

222) Rf. 20, 15; 34, 15; 50, 30; 56, 43.

서도 진실이다. 그리고 양 체계는 서로 이 두 완전히 대립하는 것의 격렬한 대조[관계]에 의존하고 있으며, '정신과 물질', '영혼과 조형', '외연과 개념' 등의 대조보다 훨씬 이 기묘한 '이원론'에 의존하고 있다. 이처럼 이들 둘은 동시에 '범신론'으로부터 멀리 떨어져 있다. 왜냐하면 범신론이 신격화하는 것은 창조자이다. 그것은 범신론에서는 신과 다름 아니다. 에크하르트에게 그것은 유일하고 순수한 무(unum pourum nihil)이며, 범신론은 '일원론' 즉 보다 완전하지 못한 것으로부터 완전한 것으로의 등급 매김이며 전개와 변이이다. 광대한 참호, 건너는 것이 불가능할 정도의 틈새, 허무가 존재로 전변하여 진리의 직관으로 전개하는 완전한 본질의 내적 혁명에 대해서는 관여하지 않는 것이다.

제9장 환희로서의 종교

1. 환희

소박한 개인적인 신앙을 척도로 판단하면 신비주의는 언제나 '대담'하다. 소박한 신앙을 지닌 사람이 가지는 신에 대한 태도를 뛰어 넘어 이상하고 무모하게 비춰질 뿐 아니라 신에 대한 모독으로도 비춰질 것이 분명한 표현을 신비주의는 굳이 행한다. 이 대담함에도 정도와 단계가 있다. 그리고 많든 적든 '대담'할 수 있는 한에서 신비주의는 현저한 차이를 낳을 가능성을 분명히 지니고 있다. 그런데 샹카라와 에크하르트는 모두 지극히 대담하며, 그 대담함이 더할 나위 없을 정도라는 점에서 일치하고 있다. 『찬도갸 우파니샤드 주해』 6.16(657쪽)에서 샹카라는 다음과 같이 말하고 있다.

아트만은 그 지知가 해탈(Erlösung)을, 그 무지가 세간에 대한 속박을 불러일으키는 것으로, 세계의 근원이자 모든 피조물이 근저로 하는 동시에 그것에 의해 존립하는 것이고, 모든 것이 그것에 의해 존재하게 되는 것이자 불생이고 불사이며 무외無畏하고 선이며, 불이이자 진실이다. 아트만은 그대의 자기이다. 따라서 그것은 그대이다.

샹카라는 같은 말을 수도 없이 하고 있다. 그리고 이것이 철저히 무조건적인 그의 견해이다. 이 두려움을 불러일으키는 술어를 동반하는 절대근저의 브라흐만—그것은 그 근본에 있어서 그대, 그대 자신인 것이다. 이것은 또 동시에, 단순한 신비적 합일(unio mystica) 이상의 것이고, 단순한 밀접 결합 하에서의 일체화 이상의 것이다. 그것은 완전한 동일성이거나 그러해야 하는 것이다. 그리고 이 확신이 어떠한 환희에 잠겨 반주되고 있는가를 『까이발야 우파니샤드』 2.1의 시가 보여주고 있다.

> 나는 미세하고 극미하면서 또한 그 크기가 최대이다.
> 나는 풍부한 전부이다.
> 나는 태고이자 정신이며 신神된 주인이다.
> 나는 금빛 찬연한 신의 자태이다.
> 손발을 지니지 않아도 불가사의한 힘에 넘치며,
> 눈이 없어도 보고 귀가 없어도 듣고,
> 형태에 의지하지 않고 나는 안다. 하지만 나를
> 아는 자 없다. 정신이 되고, 존재자가 된다.[223]

에크하르트도 이것과 동일한 것을 구하고 있다. 즉 신과 '합일해' 있는 것(unitum)에 그치지 않고 신과 함께 '하나'인 점(unum), 그뿐 아니라 유일 자체, 전면적이자 철저한 동일성으로서의 합일(unio)인 점을 그는

---

223) 구판의 주에서는 cit-sat를 cit satahām으로 읽는다. Panskar, Aṣṭaviṁśa-ti-upaniṣadas. Bombay, 1918, p.257.

주장하고 있다. 나아가 그는 더욱 대담하게도 좀처럼 접근하기 힘든 표현을 구한다. 그는 자신이 드물며 신기한 것을 가르치고 아직 들어보지 못한 것을 말하고 있음을 자각하고 있는 것이다.

여기에는 통상 종교라고 할 수 있는 것을 훌쩍 넘어선 타입의 종교가 일치된 방식으로 존재하고 있음은 의심의 여지가 없다. 모든 종교는 분명 궁극적인 감정의 고양(Überschwengliches)을, 또한 그 안에서 구원을 바라고 평온과 미지의 다가가기 힘든 것, 말로 표현하기 힘든 고귀한 것과의 관계를 바라며 이를 통해서 자연적인 것, 만들어진 것에 불과한 것을 초월하여 자연적인 눈에는 현기증이나 황홀로 비춰질 높은 곳에서 제약으로부터의 이탈과 완성을 구한다. 하지만 그 관계가 아무리 긴밀하게 여겨지더라도 피조물과 창조주 사이의 간격은 어디까지나 계속 존재한다. 그리고 이 간격은 최고의 완성에서조차도 무한하고 넘어설 수 없다. 하지만 이 신비주의에서는, 영혼은 창조된 것의 영역을 넘어 신의 존재 및 신의 존엄 자체로 뛰어나오고자 하여, 그것이 창조되지 않는 것과 함께 창조되지 않은 것이 되고, 영원한 것과 함께 영원이 되고, 데바와 천사보다도 높이 올라 근원적인 정복淨福과 함께 정복이 되고, 근원적인 존재와 함께 근원적 존재자가 될 뿐 아니라 근원적인 존재 그 자체—단순히 그 일부로서도 아니고, 그 존재와 생명의 한 계기로서가 아니라 그 자체에서, 그 풍요로움과 통일성 하에서 근원적인 존재 자체가 되어 일자 자체가 되는 때에야 비로소 영혼은 스스로의 구원을 얻을 것이다.

2. 창조주 감정

에크하르트에게 있어 이 충동이, 우리가 이윽고 그의 '생기'(Lebendigkeit)로서 알게 되는 것에 의해 샹카라에게 보다 분명 한층 높이 비상한다. 그가 영혼을 영원한 근원적 존재자와 하나라고 알 뿐 아니라 창조주와 함께 영원성으로부터 창조하는 것, 영원히 창조하는 힘 자체로 아는 것을 서술한 것에는 독특한 울림이 있다.[224]

> 내가 신외 추정할 수 없는 바다에 있을 때, 신은 나를 통해서 만물을 창조하셨다.[225]
> 내 가장 내부의 인간은 피조물을 선물로서가 아니라, 예로부터의 내 것으로서 향수한다.[226]
> 나의 탄생으로 인하여 만물이 탄생했다. 나는 나 자신과 만물의 원인이었다. 그리고 만약 내가 그렇게 의욕하고 있었다면 나는 없었을 것이고 만물도 없었을 것이다. 만약 내가 없다면 신도 없을 것이다.
> 나는 신神이 신이게 되는 원인이다. 만약 내가 없다면 신은 신이 아니게 될 것이다. 하지만 그대가 이것을 알 필요는 없다.[227]

분명 표현만을 따져보면 이러한 표현 방식은 거의 '무해'하다고 보아도 될 것이고, 이것이 본래 스콜라 철학을 넘어서는 것은 아니라고 주장할 수도 있을 것이다. 왜냐하면 에크하르트가 여기서 논하고 있는 것은 '이념적 이성 아래에서의 영혼'(die Seele sub ratione ydeali), 즉 토마스에 의해서도 신의 내부에 있으며 영원한 혹은 신 자신의 본질과 하나로 여겨질 만한 인간의 이념이기 때문이다. 그리고 이 이념은 신의 내부에 있으며 신과 함께 있고 신 자신이며, 스콜라 철학에 의해서도 신적 창

---

224) 덧붙여 말하자면, 인도의 신비주의에서도 에크하르트적인 '창조주감정'(Schopfergefühl)과 매우 유사한 표현이 많다. 『까이발야 우파니샤드』 19.[Duessen 741. 1926년판에 따른다.]의 표현과 비교해보기 바란다.
   내 안에 전세계가 성립했다,
   내 안에서만 만물은 존립할 수 있다,
   내 안에서 만물은 변해 간다-이 브라흐만,
   불이의 존재, 나는 그 자체이다.
225) Pf. 581, 1.
226) Bü. 1, 148.
227) Pf. 284, 7. [Walshe 2, 275.]

조 및 창조된 피조물의 원리이다. 그런데 이 '무해'한 사상이 에크하르트에게는 그만의 고유한 작열하는 사상이 되고 환희가 불타오르는 것이 된다는 점에, 이 문제에서의 에크하르트의 특징이 있다. 즉 그가 이해하는 진정한 참여(participatio)에 따르면 '나'는 이 이념에 참여하고 있다. 그뿐 아니라 이념적으로 나는 이 이념 자체이다. 그리고 이념에 타당한 것은 '나에게도' 타당하다. 따라서 실은, 세계의 근거가 두어지기 전에 나는 신의 내부에 영원히 존재하고 있었고 세계의 근거는 나와 함께 두어졌으며 '나'는 영원한 아버지에 의해서 '영원한 자식'과 동시이자 함께 태어난 존재이며, 신이 신성(Gottheit)으로부터 생성하기 전에, 또한 신이 그 말을 하시기 전에 '나'는 신과 구별없이 신성의 영원하며 침묵하는 근거 안에 포장되어 있었으며 신성과 하나이자 그 자체였던 것으로 간주된다.

3. 유신론적 감정과의 대비

그것은 사실상 이미 '유신론'으로서의 종교가 아니다. 그것은 '누미노제적인 자기감정 또는 환희'로 모든 절대의존감정의 종교와 대조되어 매우 명확한 윤곽을 지니고 나타난다. 그것은 모든 유신론에 대한 완전한 배타적 대립항처럼 보인다.

4. 그럼에도 불구하고 두 사람에게는 유신론과의 적극적인 관계가 있다

그렇지만 두 스승이 또한 유신론자이며, 그 신비주의 아래에 유신론적 하부구조를 지니고 있다(게다가 이러한 유신론 자체도 똑같이 매우 다양한 유사성을 보인다)는 점도 이제는 두 사람 사이의 유사성의 또 하나의 특색이다. 이 사실은 원전에 비추어보면 간단히 승인될 터인데 중요시되지는 않았다. 에크하르트의 경우에 그것은 기존의 것에의 영합이나 순응 혹은 이미 알려져 있는 '무정견無定見'으로 간주된다. 하지만 샹카라의 경우에는 문제가 훨씬 두드러진 것으로 여겨진다. 왜냐하면 그는 '고치의 지知'와 '저치의 지'를 구별하기 때문이다. 통속적인 견해의 저차의 지에서는 이슈바라, 다시 말해서 세계를 창조하고 지배하는 인격적인 신이 존재한다. 하지만 이 저차의 지는 바로 무명이자 무지로, 고차의 지가 나타나면 곧바로 소멸하는 것이다. 이렇게 보면 두 사람은, 그 신비주의에 의해서는 '밀교도'(Esoteriker)이지만 유신론자로서는 '현교도'(Exoteriker)임에 틀림없다.

그렇다면 이러한 태도에서 인격적인 신에 반대하는 유물론자에 대항하여 샹카라가 경건하면서도 진정 정열적인 열의를 보이며 적극적인 신학을 상설하는 것은 어떻게 설명되는가 하는 점은, 이처럼 '밀교도라고 부르고 있음에도 불구하고 적어도 의문이기는 하다. 그러나 에크하르트가 자신의 신비주의적 비상과 마찬가지로 충분하면서도 본심으로 품고 있었던 진정 소박한 기독교도의 경건함을 알레고리라든지 순응 또는 밀교라고 해석하는 것은 전혀 무의미한 것이다. 에크하르트에 관해 보다 나은 대우를 할 수 없는 사람이나 이러한 사태 자체와는 그야말로 무연하고, 에크하르트에서는 경험된 사항의 본질로부터 분명해지는 양극적인 필연성을 인식할 수 없는 사람은 오늘날에는 이미 진부해진 '반대의 결합'(complexio oppositorum)으로 결론 짓거나 또는 마이어[228](C.F. Meyer)와 함께 '자기모순적인 사람'(Mensch mit seinem Widerspruch)으로 간주하는 것이 고작일 터이지만, 에크하르트를 현교와 밀교적이라는 도식에 밀어 넣어서는 안 된다. 이 도식은 적어도 그에게는 들어맞지 않으며, 또 그는 아마도 이해도 하지 않았던 것이다.[229]

---

228) 구판은 괴테(Goethe)라고 한다.
229) 참고로 그 도식은 샹카라에게도 어울리지 않는다. 명지明知(vidyā)와 무명(avidyā)의 관계는 밀교적과 현교적의 관계보다도 오히려 '재생한 것'과 '재생하지 않았던 것'간의 관계와 비교되는 것이다.

오히려 우리는 이렇게 말하고 싶다. 이런 종류의 신비주의에는 일정한 종류의 유신론이 수반된다는 사실은 역사적인 우연 이상의 것이라고. 그것은 유신론을 필요로 한다. 게다가 그것은 이중적인 점에 있어서 그러하다. 이 신비주의는 유신론이 없다면 결여되어 버릴 듯한 자기 자신의 긴장을 위해서 그것을 필요로 한다. 그것은 신비주의의 활시위를 팽팽하게 당기는 활이다. 하지만 다른 하나의 점에서도 그것은 유신론을 필요로 한다. 어떠한 신비주의도 창궁의 무지개처럼 걸리는 것이 아니라 독특한 종류의 근거 위에 구축되기 때문이다. 그리고 그것이 얼마나 높은 아치를 그리더라도 그 토대를 이루며 정기精氣를 빨아들이는 근원이 되는 근거나 지반의 색깔과 향기를 여전히 유지하고 있다. 따라서 이 두 사람에게 있어 신비주의와 신에 대한 신앙적 경험 사이에는 적극적인 관계가 있다. 나아가 중요한 점으로 이러한 유신론과의 적극적인 관계가 이 신비주의를 특별한 것으로 만들어 특별한 뉘앙스를 부여하고 있는 것이다. 이에 관한 상세한 검증은 뒤(중간고찰)에서 하기 때문에 우선은 스승 자신들의 두 유신론을 간단히 거론하기만 한다. 여기서는 우선 다음과 같은 내용을 지적하고 싶다. 서양의 스승은 그 고원한 사변에 있어 어떤 점에서는 동양의 스승보다도 '추상적'이며, 재래의 신앙과의 긴장관계에서는 극단으로까지 나아간다. 또한 동시에—샹카라에게는 전혀 그럴 의도가 없을 뿐 아니라 신중하게 회피되기도 한 것인데—표현적으로는 도전적이고 더할 나위없이 대담하고 무모할 뿐 아니라 저속하게 들리는 표현을 종종 일부러 하기도 했지만 실은 인격적 사변에 대해서는 결정적이며 샹카라보다도 더 적극적인 관계에 있는 것이다.

제10장 공통된 유신론적 하부구조

I. 샹카라 유신론의 기초

우리가 인도의 종교에 관해 말할 때 곧장 '일원론'이나 범신론, 비인 격적인 신비주의, 그리고 우리가 '신'이라는 말로 표상하는 것과는 전혀 다르게 보이는 브라흐만과 같은 것을 염두에 두는 경우가 보통이다. 그 때 통상 우리는 분명 인도라는 지반에 있어서 인격적 유신론을 둘러 싼 뜨거운 싸움이 전개되어 있으며, 많은 인도의 제학파가 저 '일원론'을 철 저히 부정하고 반박한다는 사실을 알지 못한다. 이러한 인격적 유신론 의 가장 저명한 선각자는 '세슈바라[=유신론] 요가'(seśvara-yoga)파 외에 위대한 라마누쟈나 마드바(Madhva) 등인데, 이들의 교단은 오늘날에도 존속하고 있으며 재차 새로운 열의를 보이기 시작하고 있다. 하지만 인 도 신비주의의 고전적 학파, 특히 순수 베단타학파로 불리는 샹카라학 파에 관해서 조차 주의가 기울어져 있다. 이 학파도 또한 자파의 방식 에 있어, 적어도 그 하부구조에서는 보다 높은 형태의 결정적인 유신론 을 표명하고 있다. 말하자면 이 학파에서도 비인격적인 브라흐만은 유 신론이라는 기반 위에서 뒹굴고 있는 것으로, 이 기반은 브라흐만 자체 의 개념에게 있어 관계가 없지 않다. 이 기반은 또한 이 학파의 신비주 의적 경험을 뚜렷하게 색칠하고도 있다. 이렇게 색칠된 신비적 경험의 연구는 후에 시도하고자 한다. 여기서는 우선, 이 독특한 유신론 자체에 익숙해지는 정도로 제한해두고 싶다. 이러한 유신론이 존재하며, 게다 가 우리 자신의 종교적 발전과는 지극히 연이 먼 지반에서조차, 우리들 의 종교적 이념과 많은 점에서 결정적인 유사성을 보이는 사상 및 체험 의 형성물이 출현했다고 하는 사실은, 적어도 호교론의 입장에서는 무관심할 수만은 없다. 따라서 여기서도 또한 우리들 자신의 표상에 종종 시선을 두는 것이 허락될 것이다.

이러한 연구에 있어 특히 중요한 것은 『기타』에 관한 샹카라의 주석서(=『기타 주해』)이다. 왜냐하면 『기타』는 인도의 유신론적 경건의 위대한 근본 성전이기 때문이다. 가르베(Garbe)는 『기타』를 번역하는 한편, 그것이 순수한 형태에서는 명백한 유신론의 특징을 갖춘 박티의 오랜 전적이라는 점을 지적하였다. 샹카라는 자신의 초인적 브라흐만설도 이 성전에서 읽어 내려고 하고 있기에, 『기타』를 변형시켜 읽고 있다는 점은 의심의 여지가 없다. 하지만 그때 간과해서 안 되는 점 그리고 또 오인해서는 안 되는 점은 샹카라가 징녕 『기타』의 유신론 자체에 대해 어떠한 적극적인 관계를 지니고 있는가 하는 점이다.[230]

1. 나라야나

샹카라의 『기타 주해』 서문을 읽는 것만으로는, 거기서 말하고 있는 것은 '일원론자'이며 비인격적 브라흐만 및 '해탈'로서의 브라흐만으로의 귀입이 고지되어 있다는 사실에 전혀 생각이 미치지 않을 것이다.

옴
나라야나는 미전개의 것(개화되지 않은 자연)을 넘었다. 미전개의 것으로부터 세계의 알이 열려 나왔다.

샹카라는 우선 이 오랜 전승시를 언급하고, 다음으로 나라야나 즉 이슈바라(주재신)가 세계를 창조하고, 이어서 나라야나의 이름으로 세계를 형성할 하위의 주물주들[231]을 창조하고, 그 후에 태초의 현자들에게 양

---

230) 아쉽게도 이 『기타 주해』는 아직 독일어로 번역되지 않았다. Ānandāśrama Sanskrit Series No. 34(p. 10)에서 이를 인용한다.
231) 그 최상의 존재가 브라흐만으로, 히란냐가르바라고 불린다.

면을 지닌 베다의 종교, 즉 세간에서의 행복으로만 인도하는 희생제의와 그밖의 공덕의 종교와 구제로 인도하는 인식 혹은 고뇌로부터의 자유의 종교를 계시하는 정황을 적고 있다. 이 주±는 무한한 인식, 신의 영광, 힘 등의 신적 속성을 구비하고 자연의 전개와 경과를 관장하며, 스스로는 불생불변하고 영원하며 순수하고 자유로운데, 크리슈나와 같은 인간의 모습으로 환생하여 『기타』를 계시하여 극심한 욕망 때문에 진정한 종교를 흐리게 하는 세간을 새롭게 다시 교화한다. 『기타』는 베다의 교설의 요체를 포함하고 있다. 그 목표는 최고의 구제이데, 이는 처음에는 단순히 윤회(saṁsāra) 및 그 원인의 정지로서 서술되며, 일체의 희생제의나 그밖의 (세간적 행복을 목표로 한) 공덕을 단념하고 아트만의 인식을 끊임없이 실수함을 통해 도달된다.

이러한 것은 모두 순수한 유신론적 '베단타학파의 사람'에게는, 설령 샹카라의 신봉자가 아니더라도 말할 수 있는 것으로, 라마누자나 마드바 같은 사람에게도 해당될 것이다.

사람에 따라서는, 그것은 진정 '순응'이고, 일시적인 알레고리 또는 어쨌든 주어진 성전으로부터 요구되는 '저차의' 지와의 영합이라고 말할지 모른다. 하지만 그것은 매우 부정확한 문제파악법이다. 샹카라와 『기타』및 그 사상 범위와의 관계는 밀접하다. 그의 입장은 이제는 단순히 오랜 우파니샤드의 그것이 아니다. 그리고 그 이유는, 역사적으로 보면, 인도 종교 일반의 전개 속에 존재하고 있다.

2. 오래된 유신론 전통의 상속자로서의 샹카라

샹카라 이전의 인도에서는, 결정적인 유신론적 사변이 고古우파니샤드의 교설인 '일원론'과 대립 또는 밀접하게 접촉하거나 융합하면서 발전하고 있었다. 『기타』, 대서사시[=『마하바라타』], 뿌라나 문헌군, 바다라야나(Bādarāyaṇa)의 『브라흐마 수트라』는 그 고지자告知者이자 증인이었다. 샹카라의 사변도 이 유산을 상속하고 있다. 샹카라도 결정적인 유신론자이다. 그도 또한 이슈바라, '주재신', 인격적 신을 고지하고 옹호한다. 그리고 '주재신'이라는 명칭은 샹카라에게도, 서양의 Dominus Deus, '주재신'이 가지는 것과 마찬가지인 장엄하고 풍부한 기세와 높은 의미를 구비한 것이다. 브라흐만은 주재신, '최고주재신'(parameśvara)이다. 하지만 이러한 존재로서의 브라흐만은 '저차의' 브라흐만으로, saṁyagdarśana, 즉 완성된 통찰과 교설에 있어 '주재신'은 영혼 및 세계 모두와 '최고의 브라흐만', 무속성의 브라흐만(nirguṇa-braman)에 몰입하여 하나가 되는 것이다. 이 브라흐만은 특성이나 구별을 지니지 않고 그저 존재할 뿐으로, 인식자, 인식대상 및 인식작용의 대립이 없는 완전히 무차별적인 유일 인식의 영혼이다.[232]

그렇지만 이 무한정(nirviśeṣa)하고 제2의 것이 없는(advitīya) 브라흐만에게는, 이슈바라가 그 안에 몰입해 융합하여 하나가 된다는 것은 중요치 않은 것이 아니다. 눈치 채듯이, 브라흐만은 '인격적 신' 위에 '마치 돔과도 같이 위치한' 것인데, 거기에는 여전히 그것을 떠받치는 지반이 가진 향기와 색깔이 배어 있다.

3. 신의 변호인으로서의 샹카라

샹카라는 '저차의 지식'(aparāvidyā)을 위해 열심인 유신론자이다. 그리고 또 그가 당시의 위대한 스승이자 순전한 베다설의 부흥자이자, 제종파 및 사교, 사설의 주장자들, 그 중에서도 특히 불교도에 대한 반론자 또는 분쇄자였던 때에는 실로 그 제1의 근본정의, 즉 브라흐만은 '그로

---

232) 깜짝 놀랄 만한 일치를 보여주면서 에크하르트는 이렇게 말하고 있다.(Bü. 2, 205) "하지만 그와 동시에 (영혼이 신 안으로 소멸함과 동시에) 신이 영혼에게 있어서 더 이상 존재하지 않게 됨에 따라 영원한 원상原像(Urbild)도 영혼에게 있어 더 이상 존재하지 않게 된다." [여기서의 원상이란 영혼의 영원한 이념이다. 마치 이슈바라와 생명(jīva)이 브라흐만 안으로 귀멸하듯이 신과 영혼은 함께 영원한 근원적 일자 속으로 귀멸한다.]

부터 세계의 생성, 유지, 파멸이 생겨나는' 존재[233], 바꿔 말하자면 세계를 창조하고 유지하는 한편 또한 해체하는 신이라고 하는 정의가 나타내는 브라흐만의 이름으로 그러한 일을 행했던 것이다. 하지만 이것이 엄밀하게, 유신론적인 신 개념의 일반에게 보급되어 사용되고 있는 정의라는 점은 명백하다. 그리고 그의 신의 교설이 유신론적인 한, 그것은 일반적으로 기독교의 신의 교설과 폭넓은 유사성을 지니고 있다. 우리는 여기서, 샹카라의 신의 교설이 지닌 몇몇 근본특징을 소묘하게 되는데, 그것과 기독교의 유사성은 일일이 지적할 필요가 없을 정도로, 누구에게도 분명하다.

4. 신의 증명

'최고주재신'(parameśvara)[234], '주재신'으로서의 브라흐만은 하나이자 유일하며 세계를 능가하고 자유롭고 전지전능하며 일체의 지혜를 지니고 정의로우며 자비심 가득하고 인격적이며 순수한 정신적인 신이다. 브라흐만은 철학이나 오성적 추리를 통해서는 인식되지 않으며, 브라흐만 자신이 세계가 시작될 때 발산한 베다의 계시를 통해 인식된다. 하지만 논적의 공격에 대해서는 샹카라도, 서양의 동료와 마찬가지로, 브라흐만을 위해 신에 대한 증명을 행하고 있다. 서양의 스승이 '운동'으로부터 부동의 동자動者를 역으로 추리했듯이, 샹카라는『브라흐마 수트라 주해』2.2.2에서 다음과 같이 말하고 있다. 즉 비정신적인 원초의 물질(Urstoff)은 태초의 평행상태로부터 스스로 창조운동 일반으로 이행할 수 없으며, 하물며 '방향이 정해진' 운동, 다시 말해서 '일정한 결과'(텔로스, 즉 형성된 세계)를 향해 나아가는 운동으로는 이행할 수 없다고.

---

233) Deussen 12f. 『브라흐마 수트라』1.1.2. [janmādi asya yataḥ]
234) 오늘날의 인도 기독교도들 사이에서는 신을 의미하는데 통상 사용되는 말이다.

이러한 '운동'(즉 목적을 향하는)은 비정신적 원인에서는 불가능하다. 왜냐하면 가령 점토나 수레는 비정신적인 것이기 때문에, 도공이나 말에 의해 조작되지 않는 한 스스로는 일정한 결과(그 자신의 형성이나 목표)를 향해 움직이는 것이 불가능하기 때문이다.[235]

이와 똑같이, 그는 또 세상의 일의 합법칙성, 예를 들어 몬순의 규칙성으로부터 신의 증명까지를 안다.

바람은 그 기능, 즉 불기를 규칙적으로 행한다. 하지만 그 규칙성은 안내자(그 규칙성을 의도하여 현실화하는)를 전제하고 있다.[236]

나아가 그는 서양의 것과 유사한 '물리·신학적 증명'도 알고 있다.[237]

저택, 오락실, 침대, 의자, 좋은 느낌의 정원 등은 쾌감을 종용하고 불쾌감을 피하는 생활 목적을 위해 현명한 예술가에 의해 비로소 마련된다. 하지만 세계에 관해서도 사정은 마찬가지이다. 왜냐하면 가령 얼마나 대지가 많은 노동의 과실을 향수하는 목적을 위해 마련되었는가, 또 내적 신체도 외적인 신체도 갖가지 피조물에 따른 세부까지도 지정된 부분의 배열을 가짐에 의해 얼마나 많은 노동의 과실을 향수하는 장으로서 제시되는가— 따라서 명민하고 아주 유능한 예술가라고 해도 그 오성을 통해서는 결코 이해할 수 없는 것 —를 보았을 때, 어떻게 이러한 (세계의) 배열이 비정신적인 태초의 물질로부터 유래할 수 있겠는가. 흙덩이와 돌멩이 등에는 그러한 것이 불가능하기 때문에.

마찬가지로, 소위 우주론적 증명에 분명 비견되는 점도 샹카라에게

---

235) Deussen 319.
236) 『따이띠리야 우파니샤드 주해』 [1.]3.
237) 『브라흐마 수트라 주해』 2.2.1.

는 있다. 이것은 발생의 연쇄는 무한 소급할 수 없고, 그 자신은 근거부여를 필요로 하지 않는(자기 안에서 필연적으로 연쇄 전체를 가지기 때문에) 최초의 것, 근본시원에 도달한다고 추론하는 점이다.

> 궁극의 근원으로서 원초의 자연(Urnatur)을 상정하지 않으면 오히려 그결과는 무한소급(regressus in infinitum)하게 될 것이다(그것은 있을 수없는 것이다[238]).

또는

> 브라흐만은 존재한다. 왜냐하면 그것은 에테르 등의 원인이기 때문에. 우리는 세상 속에서 무無로부터 생겨난 것은 그 무엇 하나 진실이라고간주하지 않는다. 명칭과 형태(사물의 다양성)가 무의 소산이라면 그것은지각되지 않을 것이다. 그런데도 그것은 지각된다. 따라서 브라흐만은존재한다. [239]

샹카라는 또 변신론辯神論 문제에도 힘쓰고 있다. 주재신이 어떤 피조물은 높은 존재 단계로 또 어떤 것은 낮은 존재 단계로 불평등하게창조할 때, 그 주재신은 지극히 정당하게 행동하고 있는 것이다. 즉 주재신은 앞선 생존에서의 공적과 과실을 고려하고 있는 것이다. —왜냐하면 이슈바라는 또한 세계의 심판자이기도 하고 혹은 아무튼 도덕적세계 질서의 감독자이기 때문이다. 이슈바라는 각 개인이 행하는 업, 카르마에 따라 상벌을 부과한다. 그리고 선과 악 어느 쪽이든 간에 각자에게 피할 수 없이 부여되는 이 정당한 응보는 맹목적인 세계 질서가아니라 진정 일체를 보고, 일체를 통괄하고, 일체를 판가름하는 것의 섭리인 것이다.

---

238) 『따이띠리야 우파니샤드 주해』 5[1.5에는 그 논의가 발견되지 않는다?]
239) 『브라흐마 수트라 주해』 2.3.8.

그렇지만 브라흐만·이슈바라는 '기관을 지니지 않고', '도구를 사용하지 않고', 오로지 자신의 '결심'만으로 세계를 창조한다. 왜냐하면 순수하게 정신적인 존재자로서의 브라흐만에게는 그 어떤 기관도 없고, 그것을 필요로 하지도 않기 때문이다. 그리고 또 브라흐만은 자신과 대립하는 세계 물질의 이원론적인 경쟁 없이 세계를 창조한다. 샹카라에게 있어 이 경쟁 상대가 멀어지는 것은 브라흐만이 자기 자신으로부터 세계를 낳았다, 바꿔 말하면 브라흐만은 세계의 동력인(causa efficiens)이기도 하고 질료인(causa materialis)이기도 하다는 교설에 의해서 이다. (이 교설이 향하는 곳은 분명 세계의 원인으로서의 신 이외에 '제2의 존재'를 허락하지 않고, 이를 통해 '완전한' 창조의 사상을 확실히 하는 것이다.)

하지만 서양에 있어 신 자신 및 그 '본질'이 '세계의 본보기'(exemplar mundi)이고 세계는 신의 반사광인 것과 마찬가지로, 동양에서도 그러하다. 세상 속에서 빛을 발하는 것은 모두 '신을 모방하여 빛을 발한다'. 그것은 신의 반사광이다.

그리고 신 자신이 순수하게 정신적인 성질을 지니듯이 그 숭배도 정신적 성질의 것이어야 한다고 간주된다. 브라흐만도, 게다가 브라흐만·이슈바라는 분명 우상숭배나 신상을 통한 예배(pratīka)를 부정한다.[240]

하지만 스콜라 철학의 신이 영원한 '말'이자 영원히 소유하는 '이념'이라고 하는 영원한 원형(Urbild)에 의거하여 창조하듯이, 브라흐만도 세계를 영원한 베다에 따라 창조한다. 베다는 모든 부류의 사물의 원형을 내장하고 있으며, 브라흐만은 창조의 때에 베다를 '상기한다'고 여겨진다.

5. 샹카라는 신앙의 길을 승인하고 있다

브라흐만은 '신들'보다도 높고 유일한 최고 존재자이고 신들은 그 피

---

240) 『브라흐마 수트라 주해』 4.3.15.

조물이며, 세계를 형성하고 지배할 때 하위의 이슈바라가 브라흐만에 대해 지니는 위치는 스콜라 철학이나 단테의 천계 계통제階統制에서의 천사의 힘이나 천상세계의 지도자가 지니는 것과 유사하다.

브라흐만은 또 동시에 구원을 주는 신이기도 하다. 브라흐만은 베다를 뱉어 낸다. 스스로의 노력이나 이성에 의해서가 아니라 오직 브라흐만의 선택적 은총(prasāda)에 의해서만 구원을 초래하는 구제의 인식이 성립한다. 경건한 자는 사후에 브라흐만에게 귀멸하고, 거기에서 아이슈바랴(aiśvarya), 즉 "이슈바라가 '세계통치의 예외로서' 스스로의 신자에게 보증하는 신적 영광"에 도달한다. ─그리고 이처럼 샹카라에게는 'bhaktimārga'(신애의 길), 즉 우빠싸나(upāsanā숭배)의 구원의 길, 바꿔 말하자면 의례, 기도, 예찬, 인격적 귀의, 사람 및 신뢰에 있어서의 인격적 구제신에 대한 인격적 숭배에 의한 구원의 길도 존재하고 있다.

6. 저차의 지와 고차의 지

이미 언급하였듯이, 샹카라는 저차의 지(aparāvidyā)와 고차의 지(parāvidyā)를 구별한다. 그리고 그가 이 구별을 의식하여 주목하는 경우에는, 그것을 능히 날카롭게 또 엄밀하게 행한다. 이 구별과 동시에 샹카라는 또 고차의 브라흐만과 저차의 브라흐만, 즉 만들어지지 않는 브라흐만과 만들어지는 브라흐만도 구별한다. 그리고 이 구별이 나타나자마자, 비록 '최고 주재신'이라 할지라도—이 호칭은 임의로 종종 브라흐만 일반을 나타내는데 사용되기도 하지만— 저차의 브라흐만으로, 완전한 인식을 지닌 눈에는 사라져 세계와 영혼과 함께 고차의 브라흐만으로 '귀멸하는'(eingehet) 존재이다. 하지만 여기서 근본적인 오해를 피하고자 한다면, 다음의 여러 계기에 주목해야 한다.

(a) 저차의 것은 그 스스로 고차의 것을 지향한다─ 샹카라 교설의,

아직도 우리들 사이에서 행해지고 있는 해석이나 서술로부터 출발하는 독자는 모두 같은 경험을 한다. 즉 거의 믿기 힘들 정도의 불명료함이 있다는 점, 그 논술이 끊임없이 이동하여 애매모호하게 변하는 점, 그의 서술과 직면할 때에 어찌할 바를 모르게 되어 버리는 점이다. 고차의 지와 저차의 지의 대립 도식은 종종 전혀 적합하지 않는 경우가 있다. 도대체 논해지고 있는 것이 고차의 브라흐만에 관한 것인지 저차의 브라흐만에 관한 것인지, 몇 장에 걸쳐 모르는 경우가 종종 있다. 또는 그 도식이 아예 혹은 거의 대부분 시야에서 사라져버리는 일도 여러 번 있다. 마치 임시방편적인 설명처럼 보이는 경우도 있다. 그렇지만 그것은 구제할 수 없는 사상의 혼란이나 적합성의 결여가 아니라 깊은 근본 사태의 결과인 것이다. 무속성 브라흐만(nirguṇa-brahman)은 실로 유속성 브라흐만(saguṇa-brahman)과 전적으로 대립하는 것이 아니라, 오히려 그 최상급(Superlativ)이자 유속성 브라흐만으로 인도하는 경향이 과도하게 상승한 것이다.

이는 서양 신학의 몇몇 개념, 즉 조명의 길(via eminentiae)과 부정의 길(via negationis)에 의해 분명해질 것이다. 이 두 길은 신적인 존재에 관한 서술에 이르는 방법이어야 할 것이다. 조명의 길은 이상화(Idealisierung) 혹은 이상의 설정(Idealsetzung)의 길이다. 즉 최고도로 높아져, 또는 보다 적절하게는 절대적인 완전성 하에서 생각할 수 있는 모든 이념적 서술, 예를 들자면 절대적으로 선하고, 현명하고, 정의롭고, 힘 있고, 존재하는 등의 술어를 정립함으로써 신에 대해서의 서술에 이른다. 인도에서는 이런 의미에서 다음과 같이 말하고 있다. 브라흐만은 '고귀한 특성의 영혼'이다. 그것은 유속성 브라흐만(saguṇa-brahman)이다. 그리고 이러한 표현법의 노림수는 실로 최고의 절대적 이상의 정립이며 조명의 길이다.

신성의 서술에 도달하는 또 하나의 방법은 부정의 길이다. 즉 신성을 부정적인 술어로 묘사하는 것이다. 하지만 이 부정적인 서술이 지닌 의미는 배제(Ausschließung)(remotio, vyāvṛtti)이다. 그렇지만, 술어의 이러한 배제는 빈곤화나 공허화를 의미하는 것이 아니라 제한, 빈곤화 또는 피조물과의 동일시로서의 모든 규정의 배제이다. 그것은 부정의 부정으로서의 부정(negatio als negatio negationis)이다. 따라서 그 자신은 (완서법緩徐法 litotes[그리스어로서) 오히려 가장 적극적인 것이다. 이와 같이 부정의 길은 조명의 길의 반대로서가 아니고 또 단순히 평행체로서도 아니라, 진정 조명의 길의 계속 혹은 연장으로서 그 정체를 드러낸다.

하지만 샹카라에게도 사정은 아주 비슷하다. 그리고 일단 이 관계를 이해하면, 샹카라에게 있어 일견 혼란스러운 듯 보이는 것도 더 이상 혼란을 주지 않게 된다. 샹카라가 따르는 방법은 본래 유속성 브라흐만과 무속성 브라흐만(nirguṇa-brahman)의 병합(samuccaya)의 방법인 것이다. 이렇게 해서만 샹카라는 이해될 수 있다. 그리고 또 여기서부터 그의 저작의 혼란도 해결된다. 그는 이에 준하여 이 방법을 지킬 수 있다. 왜냐하면 신비주의자들이 신을 나타내는데 사용하는 '무'는 일체의 어떤 것을 넘어서는 신적인 존재의 극도로 높아진 탁월성이기 때문이다. 그리고 샹카라의 무속성 상태(nirguṇatva)도 마찬가지로, 유속성 상태(saguṇatva)의 극도로 높아진 것이다. 전자에 의해 후자가 부정되고 있는 것이 아니다. 오히려 후자는 전자에게로 '지양되는' 것이다. 바로 그렇기 때문에 샹카라는 고차의 지(parāvidyā)의 입장에서 저차의 지(aparāvidyā)의 입장으로, 또 반대로도 진정 내적인 정당성을 가지고 평활하게 이행할 수 있게 되며, 마치 홍수가 넘쳐 상호의 경계가 완전히 사라져 버리게 될 때까지 둘을 수백 차례 범람시킬 수 있게 된다. (에크하르트에게 있어서도 사태는 매우 비슷하다) 이 병합(samuccaya)의 절차가 지니는 의미는 분명, 최고의 브라흐만을 위해, 생각해 낼 수 있는 모든 신적 가치 일반을 확보하고 브라흐만 속으로 그것을 집어넣는 것이다.

(b) 저차의 지知도 지이다—다음의 점도 빠져 있다. 사람들은 aparā-vidyā(저차의 지)는 저차의 지에 불과하다는 점을 강조한다. 하지만, 그렇게 해야함에도 때로는 강조점을 이동하여 aparāvidyā도 정녕 vidyā임에 틀림없다는 것을 강조하기를 게을리 한다. 그것은 지知인 것이다! 다른 것이어도 상관없는 듯한 우연적인 억단臆斷 따위가 아니다. 또한 진정으로 완전한 인식(samyagdarśana)에 대해, 무엇이든지 다른 것과 마찬가지로 무관심하고 중립적인 듯한, 또는 사실은 오류(bhrama), 잘못된 식(mithyājñāna), 허위 또는 거짓이라고 하는 운명을, 마찬가지로 다른 것과 서로 나누는 듯한 직지直知(darśana)도 아니다. 도리어 vidyā라고 불리는 것에 의심의 여지없이 가장 긴밀하게 소속되어 있는 것이다. 즉 억압되고 어둡게 차단된 형태를 하고는 있지만, 이미 최고의 존재, 최고의 실재와 진리와 관련이 있는 인식인 것이다. 하지만 그것은 최고의 브라흐만 자신에게도 유효하다. 그 누구도 아직 최고의 입장에 거하지 않고 브라흐만이 아직 '존재하게 되지'(geseint) 않은 채 아직도 인식되고 있는 경우에는, 즉 관찰되는 대상과 인식하는 주체의 대립이 있는 경우에는 브라흐만은 이슈바라로서 관찰되지 않을 수 없다. 그렇지만 그렇게 될 필연성은 의심의 여지없이 최고의 브라흐만 자신 안에 있다. 가령 브라흐만이 '저것도 아니고 이것도 아니'어도 그러하다. 아무튼 '저차의 지'가 활동할 때에는, 브라흐만은 이슈바라로서 관찰되지 않을 수 없으며 여타 모든 견해는 잘못돼 있는데, 하지만 다른 견해가 잘못돼 있는 것과 마찬가지로 '잘못돼 있는' 것은 아니다. 예를 들어 하나의, 동질의 하얀 빛이 프리즘을 통해 보면 일곱 색으로 나뉘고, 더욱이 그 일곱 색이 현실에 존재하는 근거가 그저 프리즘이 아니라, 특히 하얀 빛 및 그 본성 자체이듯이 '단지 존재하는 것'이 무명의 프리즘에서는 이슈바라와 영혼, 세계로 분산되는데, 그것이 그렇게 분산되어 있고 나아가 분산되어야 하는 이유는 의심의 여지없이 존재자 자신 안에 있다. 샹카라의 마야설에서도 마찬가지이다. 브라흐만은 대마술사, 즉 무지 상태의

인간을 '속이는' '마술사'(māyin)인데, 이것은 또 무지 상태의 인간의 표상에서는 이러한 성질을 지니는 세계가 나타나는 이유이기도 하다. 바야흐로 이 '속임'은 무지 상태의 인간의 의식에 대한 순수한 브라흐만의 행위일 수는 없다. 왜냐하면 고차의 지에서는 정녕 이러한 행위는 존재하지 않기 때문이다. 결국 그것은 '하나인 것'이 무명을 개재로 하여 관찰되는 경우에 일정한 성질을 지니는 다多로서 나타나는 충분한 근거는 '하나인 것' 그 안에 있다고 하는 것을 의미할 뿐이다. 그렇기 때문에 샹카라는 사실상 아무런 걱정 없이 브라흐만에 관한 정의를 다음과 같이 내릴 수 있다. 즉 브라흐만은, 그로부터 세계의 성립과 존립, 종말이 생겨나는 것으로, 그렇지 않으면 온통 잘못된 것이 될 것이 존재라고, 따라서 그에게 있어 유속성 브라흐만에 관한 성전의 문구 모두는 동시에 결정적이며 적극적인 관련을 지니게 되며, 만약 그렇지 않다면 그것은 많은 난문이 되었음에 틀림없다. 그러므로 샹카라에게는—에크하르트에게도 마찬가지이지만—, 그 교설은 일종의 초유신론으로 인도하는 것이지 반유신론으로 인도하는 것이 아니라는 지적이 타당하게 된다.

7. 인도 신학의 제 단계

이 일의 이유는 브라흐만의 이념 자체의 역사에 있다. 최초의 시원에서 브라흐만은 전적으로 불가사의한 누미노제적·주술적 존재로서, 비밀에 싸인 채 오랜 희생제의 주술의 상징과 감정의 세계로부터 나타나, 이윽고 불명료한 비합리성 하에서 온갖 데바의 위에 우뚝 서서 그 위에 그림자를 던지기 시작한 존재였다. 이 브라흐만 속으로 아트만과 관련한 사변이 합류하고, 이것이 '정신화'를 드러낸다. 브라흐만은 아트만이 되는 동시에 정신, 인식, 빛, 지(jñāna)가 된다. 하지만 『샤타빠타 브라흐마나』 이래로 이미 '비슈누는 제물이다'고 하는 유신론적 관념도 파고들어 온다. 모든 신들을 넘어서는 신이라고 하는 이념이 브라흐만의 이념과 융합한다. 혹은 후자가 전자를 끌어당겨 자신을 위해 이용한다. 예를 들어 『기타』에서는 본래의 주역이, 그밖에 이슈바라가 겸한다거나 말단 역할을 담당하는 듯한 브라흐만이 아니라, 인격적인 신이 주역이며 여기에 브라흐만의 상태(brahmatva)로서의 존엄이 달라붙어 있는 것이다. 샹카라 자신의 근본 텍스트, 바다라야나(Bādarāyaṇa)의 『브라흐마수트라』는 완전히 유신론적으로 관철된 브라흐만을 가르치고 있다.[241]

8. 브라흐만과 빠라메슈바라

따라서 샹카라가 자신의 브라흐만에 대해, 엄밀하게 해석하자면 온갖 세계를 창조하고 동시에 세계를 초월하는 신에게만 어울리는 높은 칭호를 지극히 소박하게 사용하고 있는 것은 단순한 순응이 아니라 일의 본질에 속하는 성질의 것이다. 특히 『기타』 해석에 있어서 그러한데, 그 외에서도 발견된다. 최고의 브라흐만을 나타내기 위해 그가 즐겨 사용하는 표현은 뿌리 또는 근원(jagato mūlam)이라는 것이다. 브라흐만은 sarvajña(전지)이자 sarvaśakti(전능)이고, 또한 최고의 브라흐만으로서 그 어떤(sarva) 자신의 지에 대한 대상을 지닐 수 없다. 또 그것은 순수한, 평온한 존재로서 활동하지 않기 때문에 그 어떤 śakti(힘)도 필요로 하지 않는다.

그리고 샹카라는 최고의 브라흐만 자체를 나타내기 위해 인격적 신의 장엄한 명칭, 즉 인물명인 '나라야나'(Nārāyaṇa) 혹은 '바수데바'(Vāsudeva) 및 바가밧(존자 Bhagavat), 빠라메슈바라(최고 주재신 Parameśvara), 즉 최고의 주라고 하는 존칭을 일부러 사용하고 있다. 그리고 최고의 주와 영원한 브라흐만이라는 표시가 서로 늘어서거나 섞이는 것도 지극히 당연한

---

241) 구판에는 다음이 이어진다. "그뿐인가, 샹카라가 절대적 브라흐만에 덧붙이고 있는 용어를 다룬다면, 고차의 사변적 유신론의 용어와의 유사성이, 아니 동일성조차도 두드러지며, 바로 그러는 한에 있어서 '한정적 첨성(upādhi)을 지닌 브라흐만보다도 더 높다고 말해야 할 것이다."

일이다.

나를, 이러한 성질을 지닌 최고의 주, 영원하며 순수한, 각성되어 해방
된 존재사, 만물의 아트만, 윤회라는 새앙의 싹을 키우는 속성을 갖지
않은 존재─이러한 나를 세상은 알지 못한다.[242]

그뿐 아니라 브라흐만과의 동일성이 특히 장엄하게 서술되어 있는
곳에서주차도, 정녕 이러하 인격적인 명칭을 제시하고 있다.

나(즉 영혼) 자신은 존자 바수데바(Vāsudeva)이다. 나는 그것과 구별되지
않는다. …… 그는 나에게, 바수데바여! 내적 아트만에 도달한다.[243]

그리고 이 명칭이 동시에 브라흐만을 분명하게 채색한다, 다시 말하
면 진정한 신의 존엄 및 가치로 채색하는 것도 알려질 것이다.[244]─혹은
『기타』 10.14-16의 훌륭한 부분을 살펴보면 좋다.

실로, 바가밧이여! 신들이나 악마도 당신의 현현을 알지 못한다. 그대
만이 자기자신을 안다. 지고의 뿌루샤여! ……

---

242) 『기타 주해』 7.13.

243) 『기타 주해』 7.18-19.

244) 『문다카 우파니샤드 주해』 1.17. '브라흐만의 영광이란 무엇인가. 그대의 명령
에 의해 땅은 지탱되고 하늘은 존립한다. 그대의 명에 따라 태양과 달은 불타
오르는 화염으로서 주위를 돈다. 그대의 명에 따라 강과 바다는 제방이나 해
안가를 넘쳐흐르지 않는다. 움직이는 것도 움직이지 않는 것도 모두 똑같이
그대의 명령에 따른다. 사계도 하지도 동지도 매해도 그대의 명령을 넘지 않
는다. 그대의 명에 따라 일체의 업과 행위자와 과보는 각기 할당 받은 시기를
넘기는 일이 없다. …… 이야말로 브라흐만의 영광이다.' ─여기서 가치, 존엄
및 영광의 점에서 치하 받는 것은 단적으로 브라흐만의 영광이다. 그리고 이
영광에 관해서는 지知의 고저차는 지평선 저 너머로 후퇴해 버린다.

샹카라는 이 문장을 모든 파악 능력을 넘어서는 브라흐만과 그 '자조성'(svayamprakāśatā)에 결부시켜야만 했다. 하지만 그것을 그는 다음과 같이 행하고 있다.

그대는 일체의 신들의 시발점(그와 동시에 그들 일체로부터 떨어져 있기도 하다)이기에 인식, 영광, 힘, 능력에 있어 매우 뛰어나게 풍요로운 주 자신인 자기를 스스로 아는데 지나지 않는다(『기타 주해』 10.15).

이들 표현은 엄밀하게 해석하자면 aparāvidyā에게밖에 귀속이 허락되지 않는 것일 터이다. 그 일의 책임을 반대자가 묻는다면, 샹카라는 분명 이러한 표현의 배후로 발을 뺄 것이다. 그렇지만 진정한 내용은 쉽게 판명된다. 즉 parāvidyā는 근본에 있어서, 그 자신의 하위 단계를 통해 살아 있는 것으로, 최고도의 승화를 이루어도 그 색과 향기를 감정을 통해 함께 흡수하고 있는 것이다. 그리고 이것이 특히 분명해지는 것은, 샹카라가 힘과 진리라는 술어를 영원한 브라흐만 속으로 이입할 뿐만 아니라 구원과 은총이라는 술어도 의도적으로 이입할 때이다. 그는 영원한 브라흐만을 śiva, '자비롭다'고 부르고 있다. 그리고 『기타』 18..54에 관해서,

이렇게 하여 차츰 브라흐만이 된 자, 최고의 아트만의 은총을 얻은 자는 근심으로부터 자유로워진다.

고 기록하고 있다. 구원을 초래하는 은총은 본래 이슈바라, 즉 인격신으로서의 브라흐만에게만 귀속 가능한 것이다. 하지만 여기서는 은총은 '최고 아트만' 자신의 활동이다. 따라서 『기타』 전체의 짜라마 슐로카(carama-śloka 궁극의 시)라고 칭해짐과 동시에 인격적인 신의 사랑에 관한 명확한 증언이기도 한 11.55의 문장을 샹카라가 전『기타』의 목적 및

의의라고 설명하는 것도 그리 놀랄만한 것은 아니다. 그에 따르면 그 목적은 최고 브라흐만과의 합일을 알리는 것이다.

'다른 어떤 것에도 향하지 않는 박티에 의해서'. 이것은 바가밧(존자) 자신 이외의 그 어떤 것에도 절대로 향하지 않고, 단 한순간도 그로부터 등을 돌리지 않고, 일체의 기관과 함께 그저 바수데바만을 붙잡고 다른 것은 붙잡지 않는 신앙의 사랑을 통해서야말로, 바가밧(존자)은 성전을 통해 알려지며, 더욱이 성전을 통해 알려질 뿐만 아니라 본질 및 진실에 입각하여 직관된다.(『기타 주해』11.54)

이제 『기타』 전체의 핵심이며 최고의 구원에 관한 의의와 목적은, 신자들에 의해 실행되어야 할 것으로서 다음과 같이 요약된다(『기타』11.55). 나를 위해 행위하고, 나에게 전념하고, 나를 신애하고, 집착에서 벗어나 모든 것에 대해 적의가 없는 사람은 실로 나에게로 이른다. 아르주나여!'(『기타』11.55)[245]

상카라는 또 이렇게 덧붙이고 있다.

나는 주인의 일을 완수하는데, 자신의 주인에 관해서, 주인은 최고의 목표이자 언젠가 사후에 도달하고픈 존재이다 등과 같이는 말하지 않는다. 하지만 나를 따르고 내 일에 임하는 자는 최고의 목표로서의 내 아래에 도달한다. 온 정신을 다하여 온갖 열의를 쏟아 어떻게든 나를 의지하는 사람은 나를 따르는 사람이다. 그 사람은 나에게로 온다. 즉 나 혼자만이 그 사람의 최고의 목표이다(『기타 주해』11.55).

---

245) 上村 103쪽.

9. 세계를 초월한 신으로서의 이슈바라

샹카라는 '저차의 브라흐만'과 '고차의 브라흐만'을 구별한다. 보통 흔히 행해지는 서술에 따르면, 저차의 브라흐만은 브라흐마 히란냐가르바, 즉 가상 세계 속의 조물주적인 존재자로서 그 자신도 세계의 유위전변에 지배받으며, 가르야[=결과로서 생겨난] 브라흐만으로서 세계가 시작될 때마다 탄생하고 세계가 끝날 때마다 멸한다. 이 세계의 신인 이슈바라와 동일시되는 경우, 이번에는 이 이슈바라도 이를테면 이 운명에 따르게 될 것이다. 그런데 말할 필요도 없이 『브라흐마 수트라』에 대한 『주석』에는 이러한 방향에서 탈선한 몇몇 문장이 있기는 하다. 하지만 샹카라에게 있어는 서술의 근본 방향에 있어 이 관계는 전혀 별개이다. 거기서의 히란냐가르바는 라마누자에게와 마찬가지의 위치를 꽤 정확하게 지니고 있다. 히란냐가르바는 창조된 존재자이자 저차의 조물주, 높은 지위에 있는 개별적 명아命我(jīva 개아), 그리고 매 창조마다 다시 다른 존재가 되는 개별 영혼으로서 '최고의 주(=주재신)'와는 구별되고 있다. 하지만 이슈바라 자신은 영원한 신으로서 히란냐가르바의 위에 있다. 이 신은 생겨나서 멸하는 세계의 움직임에는 휘말리지 않고 오히려 이 움직임을 조종하지만, 스스로는 세계를 초월하여 영원히 존재한다. 예를 들어 『브라흐마 수트라 주해』 4.4.19의 '창조된 것을 다시 자신 내부로 거둬들여, 영원히 해탈한 형태의 최고의 신이 존재한다'에서도 분명하다.[246] 그렇지만 이 형태는 문맥 및 인용된 성전의 어구를 통해 보더라도, 일체의 형태를 지니지 않는 브라흐만 자신이 아니라, 라마누자에게 있어서도 그러하듯이 세계를 창조하고 또 한편 자신 내부로 귀멸하는 이슈바라이다. 그에 앞서는 '영원히 완성된 신'에 관해 언급하고 있는 문장에서도 그러하듯, 이 신도 역시 또 동시에 세계지배를 담

---

246) Deussen 764.

당하는 존재이다. 그런데 히란냐가르바는 영원히 완성된 신이 결코 아니다. 『브라흐마 수트라 주해』 1.4.1과 같은 부분과도 비교해보면 좋을 것이다. 거기에는

일찍이 브라흐마(히란냐가르바)를 창조하고, 그에게 베다를 건네 준 신

이라고 서술되어 있다.[247] 1.3.30도 그러하다. 여기에서도 또한 '최고신'은 비인격적 브라흐만이 아니라 실질적인 세계 창조주이다. 세계의 움직임은 그 '승인'에 의해 발생한다. 그리고 여기서는 세계가 변할 때 마다 브라흐마 및 다른 '신들의 수장들'이 앞선 세계 창조와 마찬가지로 재차 새로이 창조된다. 이들 신들은 그 자신이 생성하고 소멸하는 존재의 일부로서 그 조종자나 주主가 아니다. 주는 자신의 이전 창조 때에 존재했던 것을 '상기하여', 앞선 창조에 준하여 새롭게 창조를 한다. 주는 영원하며, 자기 자신에 의한 존재자이다(1.3.29). 그리고 이러한 영원한 창조자와 그 세계와의 관계에 관한 라마누자의 모든 이론은 1.2.22안에 이미 있다. 따라서 '지배하는' 신이 '항상불변'인 점은 샹카라에게는 자명하다(2.2.19). 이 신은 세계가 끝이 나도 변함없이 감소하지도 않은 채, 자신의 세계지世界知 및 대상지對象知를 지니고 있다(1.1.5).

세계의 기원, 존립 및 종말에 관한 전대미문의 지가 얼마나 많이, 영원하고 순수한 신에게로 귀착되어야 하는 것인가![248]

이것은 '고차의 브라흐만'이 아니다. 이 브라흐만은 그 어떤 대상도 지니지 않기 때문이다. 하물며 열위劣位의 브라흐마·히란냐가르바도 아니다. 왜냐하면 이것은 생멸하기 때문이다. 그것은 세계의 움직임을 영속시키고 만들어 내는 인격적인 영원한 창조신이다.—샹카라가 개아와

247) Deussen 205.
248) Deussen 37.

최고의 신의 차이에 관해 언급한 부분이 가장 명료한 부분이다(1.1.2). 샹카라는 저차의 지의 세계에 대해서는 개아를 인정하고 있다. 하지만 최고의 신은, 당연한 일이지만 그러한 비인격적인 브라흐만이 아니다. 이 브라흐만에게는 어떠한 차이도 존재하지 않기 때문이다. 하물며 최고신이 저차의 히란냐가르바 따위일리는 없다. 그러한 상정은 심한 모독일 것이다. 개아와 구별됨과 동시에 그 '내적 안내자'인 것은 이슈바라, 즉 인격신이다. 그런데 이 '내적인 안내자'도 또한 보통은 순수한 브라흐만 자신에 어울리는 표현을 통해서 묘사되는데, 하지만 그 표현은, 이미 지적하였듯이 순화된 유신론에게는 모두 자명하며 주지의 것이다. 왜냐하면 이슈바라가 '최고의 아트만'이며, 때에 따라서는 '다양성을 지니지 않는' 존재이기도 하다는 것은 자명하기 때문이다. ―그러므로 저차의 브라흐만을 히란냐가르바의 형상을 통해 불분명하게 해버리자마자, 고차의 브라흐만과 저차의 브라흐만의 구별은 이러한 관계의 진정한 이해에는 소용이 없게 되어 버린다. 하지만 진정한 관계가 특히 잘 드러나 있는 것은 『기타』 11.37에 대한 샹카라의 설명으로, '브라흐만보다도 더 경외할 만한 그대, 태초의 창조자(ādikartṛ, Urschöpfer)에게'라고 하고 있다. 『기타』 텍스트는 진정, 통상의 브라흐만 해석에 대한 하나의 문제제기를 포함하고 있는 듯하다. 즉 '태초의 창조주'를 브라흐만 그 자체의 위로 높이고자 하는 것이다. 당연히 샹카라는 이를 인정할 수는 없다. 그는 여기서 거론된 브라흐만을 브라흐마·히란냐가르바라고 설명한다. 하지만 그와 동시에 그는, 이 브라흐마·히란냐가르바보다도 높게 태초의 창조주, saguṇa-parameśvara[=유속성 최고 주재신], 즉 창조신 자체를 둔다. 따라서 샹카라에게 있어서도 이 창조신은 열위의 조물주 브라흐마·히란냐가르바 자체가 아니다.[249]

---

249) 하지만 결정적인 것은 『아이따레야 우파니샤드 주해』 5.3의 문장이다. 여기서는 한정적 첨성(upādhi)을 지니지 않고 모든 말과 사상의 저편에 있는 하나인 브라흐만은 순수한 예지의 upādhi와의 결합에 의해 이슈바라가 된다. 이슈바라는 전지자이자 모든 아트만의 주인이고, 근본원질(mūla-prakṛti)의 원리

『기타』5. 29에 관한 샹카라의 『주해』에서, 이러한 이슈바라에 대한 신앙고백이 지극히 장엄한 형태로 요약되고 있고, 여기서는 구제, 즉 윤회로부터의 최종적인 해탈 자체가 이슈바라에게로 돌려지고 있다.

나, 나라야나를 일체 희생제의 및 고행의 담당자로서, 이러한 일의 원조 혹은 목표로서, 온갖 세계의 높은 주로서, 모든 존재자에 대해 보수 없이 자선을 베푸는 존재로서, 마음속에 거하고 거기서 일체의 업과 그 성과를 지배하는 존재로서, 모든 사상의 증인으로서 인식하는 사람은 śānti(평온), 즉 일체 윤회의 정지에 도달한다.

그리고 『기타 주해』13. 17에서 샹카라는 이중의 '자연'의 주로서의 이슈바라가 영원하고, 시작도 끝도 없다고 하는 교설을 공공연하게 옹호하고 있다.

10. 창조주의 힘으로서의 마야

이와 같은 것은, 많은 경우에 대립하듯이 보이는 개념, 즉 마야의 개념을 고찰할 때에도 명료해진다. 샹카라에 따르면, 세계는 마야에 의해 현존재한다. 이것은 통상, '세계는 가상假象에 의해 현존재하는 것에 불과하다'고 해석된다. 그런데, 이 표현 방식은 고차의 지(parāvidyā)에는 들어맞는다. 하지만 이 경우에도 마야는 가상 그 자체가 아니라 가상을 만들어내는 것이다. 그리고 이처럼 가상을 만들어 내는 것, 즉 마야 자

___

인 동시에 모든 사물 및 영혼의 '내적 안내자'이기도 하다. 이윽고 이슈바라로부터 히란냐가르바·브라흐만이 나타나, 조물주로서 전개된 세계를 형성해 간다. 그리고 이로부터 마지막으로 다시 한 번 저차의 조물주인 비라즈(virāj)가 나타나고, 그밖에도 이 조물주는 '세계의 알' 속에서 비로소 태어나 그곳을 자신의 활동영역으로 한다. —다른 곳에서는 비라즈와 브라흐마가 서로 바뀌거나 동일시되는 경우가 있는데, 이는 세계상을 간단하게 하기는 하지만, 히란냐가르바의 이슈바라에 대한 관계에는 아무런 영향을 미치지 않는다.

체는 결코 그 자신이 가상이 아니다! 마야는 샹카라에게 있어서도 브라흐만의 마야이자 어디까지나 그러하다. 브라흐만 자신이 māyāvin, 즉 마야에 차 있고 마야를 행사하는 존재이다. 하지만 브라흐만과 마야와의 관계를 결정하는 것이 곤란하다거나 불가능하다고 해도, 애초에 마야가 현존재하고, 더욱이 이 마야가 이러한 세계라는 결과를 수반하고, 나아가 목적이나 목표, 질서나 예지에 찬 세계라고 하는 결과를 수반하고 현존재하는 근거가 어떠한 방법으로 브라흐만 자신 안에 있다고 하는 점은 의심의 여지가 없는 부분이다.

11. 샹카라와 에크하르트의 madhyā vidyā

결국 샹카라가 고차의 지와 저차의 지를 구별하는 경우, 엄밀하게 말해서 그는 스스로의 입장에 대한 구별을 충분히 행하지는 않고 있다. 적어도 다른 하나의 vidyā, 즉 madhyāvidyā 중간지를 구별해야 하지만 그렇지 않다. 왜냐하면 이슈바라로서의 브라흐만은 이미 명백한 신비적 경향을 띠고 있고, 이 경향은 이제는 전진해서 완전히 고차의 지가 지니는 이러한 경향의 토대가 되어 그것과 혼합되어, 종종 그것과 구별할 수 없을 정도로 뒤섞여 있게 되기 때문이다.

합리주의적으로 완전히 세례 받아 굳어져버린 '이신론理神論'이라고 하는 인공적 구성이 문제시 된다면 또 몰라도 그렇지 않은 경우에는, 신은 정녕 그 자신, 많든 적든 신비적인 특징을 갖춘 존재이며 세계 및 영혼의 관계도 거기에 기반한 것이다. 이는 『기타』 및 바다라야나=『브라흐마 수트라』의 이슈바라에게도 들어맞는다. 그리고 샹카라가 설하는 이슈바라에는 그 이상으로 들어맞는다. 이 이슈바라는 자기 자신을 스스로의 창조 안으로 주입하는 한편 전개시켜, 창조에서는 그 주재신으로서 초월적인 상태를 유지하는데, 그 질료인으로서는 동시에 내재적이기도 하다. 이슈바라는 특히 세계의 특별히 두드러진 현상 하에서 신비적인 방법으로 눈앞에 나타나고 있다. 이슈바라는 세계에 앞서 자신 내부에 포장되어 있는 개별 영혼의 총체인 명아(jīvātman)와 함께 스스로의 창조로 귀멸하며, 창조에게 있어 내재적인 동시에 초월적이다. 그것은 인간의 내면에 antaryāmin[내제자內制者], 즉 '내적 안내자'로서 주하고 있다. 단, 그것은 영혼과의 동일성 하에 있는 것이 아니라 영혼과의 신비적 결합 하에 있다. 이러한 것으로서의 이슈바라는 영혼의 영혼이다. 그리고 샹카라에게는, 이 madhyā vidyā를 획득하기에 이르고 있다.

이러한 사태에 대해 에크하르트도 지극히 명료하게 유사한 예를 제시하고 있다. 그의 신비주의적 사변(어쩌면 샹카라의 그것보다도 높을지도 모른다)의 견고한 유신론적 기초를 그는 의심의 여지없이 틀림없는 진실이라고 믿고 있다. 그 기초는 소박한 기독교적 신앙으로, 당시의 스콜라 철학적, 유신론적 사변이다. 그 기초 위에 아치처럼 그의 신비주의가 높이 구축되어 있는 것이다. 하지만 그와 동시에, 샹카라의 경우보다도 한층 더 명백하고 확실하게, 이 신비주의가 그 위에 걸리는 대지의 정기가 그것을 적셔 그 안을 피처럼 돌고 있다. 그리고 에크하르트에게도, 그 중간에—각각 위와 아래쪽으로 향함에 따라 전적으로 유동적인 경계와 함께 희미해져 가기는 하지만— 보다 소박한 형태의 신비주의가 있다. 즉 아직도 신과 영혼의 동일성의 신비주의가 아니라 내재['동거', 기독교신학에서는 '내주內住'], 내적 탄생(Eingeburt), 신비에 찬 상호관계 혹은 상호침투의 신비주의가 있다. 이 신비주의는 완전한 일체(Einheit)라고 하는 한층 더 신비적인 단계로의 이행인데, 하지만 동시에 그 경쟁상대이기도 하고 또 종종 대등하게 중요한 쌍의 한쪽이기도 하다.

12. 윤리적인 신으로서의 이슈바라

『기타』에서는 이슈바라와 이에 대한 신앙에는 거대한 미와 엄각함의

에토스(êthos)가 갖춰져 있다고 한다. 즉 여기서는 종과와 인류가 밀접하게 서로 침투하고 있다. 그리고 이슈바라가 요구하는 에토스에 의해, 그 성격도 본질적으로 규정되고 있다.

(a) 개인의 의무―신분적 윤리(Standesethik)― 실로 『기타』의 문제는 윤리적인 질문 아래에서 전개되고 있다. 아르주나(Arjuna)는 기사의 도덕, 예술 및 관습 아래에서 자기 자신의 존경할 만한 친척과 봉건영주 및 자신의 스승과 스승들과 싸운다. 그는 의기소침해 한다. 싸우는 것은 바른 것인가, 애초에 싸운다고 하는 행위를 포기하는 것이 좋지 않은가 등의 의문이 샘솟는다. 그리고 이 질문은 보다 일반적인 것으로 확대되어, 애초에 행위는 바른 것인가, 일체의 행위를 단념하는 것(nyāsa와 tyāga)이야말로 바른 길이지 않은가 등의 질문이 된다.―이슈바라의 화신인 크리슈나가 이제는 아르주나를 교화한다. 크리슈나는 『마하바라타』 전체를 관통하는 높은 기사의 에토스를 아르주나에게 가르친다. 이 도덕은 '경건한' 유디슈티라에게서 구체화되어, 마찬가지로 '의문을 품은' 그 아내와의 대화에서 멋진 말로 표명된다.[250] 싸움은 기사의 의무이다. 정당한 싸움은 바른 것의 수호, 이슈바라가 바라는 질서의 유지, 궁핍한 사람들의 보호로 인도한다. 그것은 또 동시에 스스로의 관심의 포기와 함께 인도한다. 그것은 스바다르마(svadharma), 즉 기사신분의 '고유의 의무'에 속한다. 자신의 고유 의무를, 개인이 속하는 신분에 응하여 이행하는 것이야말로, 무릇 모든 인간의 최고의 사명이다. ―

(b) 루터는 매우 주목할 만한 유사성을 지닌 '신분 혹은 직업의 윤리'를 svadharma라는 개념 하에서 전개하고 있다. 루터에 따르면, 교육과 방위, 노동이라는 세 신분은 신에 의해 정해졌다고 한다. 많은 직업은 이 안에서 분류된다. 그리고 자신의 직업을 넘어서지 않고, 다른

---

250) VN 24의 '신앙의 싸움'을 참조.

직업의 영역을 침범하지 않으며 자신의 직업 안에서 봉사하는 것, 이 것이야말로 기독교도의 의무이다. 인도에서도 마찬가지로, 이슈바라가 네 신분을 만들었다. 즉 바라문, 크샤트리야, 바이샤, 수드라, 다시 말 하자면 교육, 방위, 노동 및 봉사의 신분이다. 각각의 신분은 이슈바라 및 그 구제에 이르는 가능성을 지니고 있다. 하지만 각각의 신분에는 svadharma, 즉 이행해야 할 자신의 고유 의무가 있다. 그 경우, 각 신 분은 이슈바라 자신의 본보기를 준수해야만 한다. 왜냐하면 이슈바라도 '소업을 수행하다', 바꿔 말하면 세계를 인도하는 일을 해야만 한다.

(c) 각자가 스스로의 āśrama(신분)의 범위 안에서 행해야 하는 이 '필 연적인 소업'은 거의 '의무'라고 하는 말로 바꿔 말할 수 있으며, 얼마간 칸트의 의무 개념에 가까운 부분이 있다. 왜냐하면 그것은 '소업에 대한 구애' 때문에 혹은 '소업의 결과' 때문에 행해져야할 것도 아니기 때문이 다. 그렇지 않으면 그것은 '속박한다'. 그런 것은 아니고 자기의 이해를 수반하지 않은 채, 자신에 대한 보수를 기대하는 일 없이, 그저 그것이 '필연적인 소업'이라는 이유만으로 행해져야 하는 것이다.

> 덕을 쥐어짜려고 하는 사람,
> 의무를 팔아먹는 사람,
> 신앙의 힘에 마음이 움직이지 않고
> 그러한 일을 하는 사람은
> 의무도 덕도 바르지 알지 못한다.
> 그런 까닭에 결국 그 보수를 취하지 못한다.[251]

이처럼 '필연적인 소업'이라는 이유만으로 행하는 사람은 바른 사람 이자 바른 뜨야가(tyāga) 및 니야사(nyāsa), 바른 체념과 단념을 실행하

---

251) *Ibid.* 29를 참조

는 사람이지 '무위의 사람'으로서 그것을 거부하고 세간으로부터의 도피를 설하는 사람이 아니다. 그리고 이러한 소업의 길 혹은 소업 실행의 길은 구제로의 길이기도 하며, 오랜 옛날의 왕 같은 현자들은 자나까(Janaka)처럼 이 길을 걸었던 것이다.[252]

(d) 방하放下(Glassenheit)—이와 같이 크리슈나는 아르주나에게 그 고유의 의무(svadharma)로서, 사내답지 않음과 무기력한 습관적 회의감과는 반대인 용감함과 용기, 늠름한 사람들이나 후대의 사람들에 대해 부끄러울 행위에 대한 수치심이라고 하는 기사의 이상을 설명한다. 그것은 신앙이 샘솟는 타오르는 듯한 사랑 또는 그 자신이 행위와 소업을 구하는 '단 한시도 쉬지 않고' 몰아대는 충동이 되는 신앙이라는 기독교적 이상이 아니다. 적어도 루터가 내세운, 신 자신이 행한 일에 대한 신의 협동자가 되라고 하는 이상은 아니다. 그것은 '필연적인 소업'에 잠잠히 종사하는 것으로, 충동의 움직임을 초월하여 자신 안에서 확실히 평온해지고, 스스로에게 걸맞게 행하면서도 그럼에도 '소업에 대한 구애'를 수반하지 않는 심정이라는 고귀한 이상이다. 그것은 금욕주의적인 경향을 지닌다. 기쁨과 슬픔, 불리한 것과 유리한 것, 친구와 적 그 어느 쪽에 대해서도 내면적으로 '동일한' 태도를 취한다. 그것은 고요한 마음에서의 버림이자 감각의 제어이고, 내적인 독립, 자기 확립 및 초연(Überlegenheit)이다. 하지만 그것은 또 동시에 금욕주의를 넘어서는 것이기도 하다. 왜냐하면 이 버림은, 오늘날 우리가 이 말을 해석하는 듯한 무기력이라는 의미에서의 버림이 아니라 신비주의자들, 특히 에크하르트 자신이 각인시킨 본원적인 의미에서의 버림이기 때문이다. 이러

252) 이 문장은 후에 인도에서도 은총의 고지자들에게 얼마간의 당혹감을 초래했다. 왜냐하면 그 생각에 따르면, 구제가 실로 은총으로부터 오는 것이지 우리의 소업으로부터 오는 것이 아니라고 하기 때문이다. 하지만 이는 바르지 않다. 그 이유는, 이 문장의 창끝은 은총을 향해 있는 것이 아니라 무위無爲의 승려나 '철새 백조'에게는 형편이 좋은 svadharma의 포기의 길에 향해 있는 것이라는 점에 있다. 실은 은총론은 『기타』에 그 뿌리를 두고 있는 것이다.

한 버림은 세간 및 세간의 사물에 상관하지 않는 초연함을 함의하는 경우가 있다. 하지만 그것이 그 명사의 유래가 아니라(이것은 이러한 점에서는 결코 아무런 의도도 지니지 않는다), 신의 영향 아래에서의 자기 버림(Sich-Lassen im Gott)에서 유래하고 있는 것이다. 『기타』에서 의미하는 부분도 또한 그것이다. 『기타』에서 박티는 이미 쁘라빳티(prapatti), 문자 그대로는 '끌어당기다'(Herzunahung)라는 의미가 포함되어 있는 것으로, 이 말의 의미에서 따져보면, 독일어 Gelassenheit(버림)가 이를 가장 잘 표현하는 것이다. 스스로의 소업을 자기의 이해를 수반하지 않은 채 이슈바라에게로 던져 넣어(lassen in), 이슈바라 자신이 손을 쓰는 까닭에 그것을 행하고, 우리가 활동하기를 이슈바라가 원하기 때문에 그 봉사로서 행하며 소업의 성과에는 무관심하고, 동시에 또 스스로의 마음을 신 안에서 버리게 하기 때문에 세간의 형국 특히 재해에 무관심한 것, 바로 이것이 박티이다.

(e) 그리고 이러한 완전한 자기 버림(Sich-ganz-Lassen)은 때로는 '신앙'(śraddhā)이라고도 불리기도 하는데, 이제는 이 에토스(ēthos) 본래의 이상 혹은 정서적 기초이자 원천이기도 하다. 이 윤리의 확실함과 설득력뿐만 아니라 세간에 초연한 강건한 버림이나 감각의 제어, 내면의 정적과 부동심과 같은 성격도 그것에서 유래한다. 이러한 내면적 연관을 이 책에서는 비할 데 없이 경건한 말로 표현하고 있다.

> 인간이라는 것은 신앙으로 이루어져 있다. 어떤 사람이 어떤 신앙을 품은 경우, 그는 그 [신앙에 대응하는] 사람임에 틀림없다.[253]

어떤 사람의 신앙에는 그 사람의 신이 반영되어 있다. 자신의 신이 자신의 신앙을 결정한다. 그리고 신과 신앙이 사람과 그 성격을 만들고,

---

253) 『기타』 17.3. [上村 126쪽.]

우상숭배자나 악마 예배자를 아수라적이게 하고, 이슈바라의 신봉자(bhakta)를 강하게, 성실하며 자유롭고 정의로우며 고귀한 덕에 가득 차게 한다.

(f) 심정의 신앙이 두터운 귀의―이 에토스는 요가와 결부된다. 하지만 주술을 얻기 위해서가 아니라 감각의 장난으로부터 벗어나 독립자존에 도달하기 위해서이다. 초연한 마음, 금강불괴의 마음을 지향하는 세련된 요가가 기사계급에게 특별히 매력적으로 보였다는 점은 쉽게 이해될 것이다.[254] 그리고 『기타』에서도, 이 책에서 칭찬하고 있는 신애의 길(bhakti-mārga)과 함께, 요가의 서술이 요가 본래의 독자성을 그 자체로 보여주는 것을 때마침 포함하고는 있다. 하지만 당연한 일이지만 본서의 핵심은 그것이 아니다. 여기서는 요가가 방편이 되고 있다. 즉 요가는 의지와 주의 사이의 팽팽한 긴장 하에서 자기를 이슈바라 자체로 향하게 하고, 신앙과 인식을 통해 이슈바라를 '유지하는'(dhāraṇa) 것을 목표로 한다.

(g) 그리고 온전히 이슈바라를 목표로 하는 요가행자의 단계조차도 한층 더 넘어서 더 높은 단계로 높아져 간다. 즉 이러한 '각고정려刻苦精勵'의 필요를 넘어서 이제는 개개의 명상 실수에 있어서가 아니라 신앙생활의 전체적인 존재방식에서 이슈바라에 전념하여 몰입하는 단계로 높아져 간다. 『기타』12,6에는 이렇게 서술되어 있다.

한편 모든 행위를 내 안으로 내던져버리고, 나에게 전념하여 한결같은 요가를 통해 나를 명상하고 염상하는 사람들[255], 그들을 나에게 마음을

---

254) 일본의 기사계급인 무사들이 선종이라고 하는 요가파에서 수련을 쌓는 것도 우연이 아니다.(S. Ohasama-Faust, *Zen, der lebendige Buddhismus in Japan*, Gotha, 1925의 필자 서문을 참조할 것.)

255) 上村 105쪽. 이하는 12,7의 전반부이다.

쏟는 사람들에게 있어서 ……

또한

오로지 나에게만 뜻을 두어라. 나에게 지성을 집중시켜라. 그런 후, 당신은 틀림없이 내 안에 깃들 것이다. ……[256]

라고도 언급되어 있다. 이것이 이상이다. 그리고 이 이상에 아직 도달하지 못한 자만이 기술적 요가를 실천해야 하는 것이다.

만약 그대가 마음을 단단히 내게 집중할 수 있다면, [그때에는] 항상 수행하는 요가(abhyāsa-yoga)를 통해 내게 이르기를 바라라.[257]

이것은 '각고정려'를 수반하는 기술적 요가이다. 신의 영향력 아래에서의 마음의 적정은 이러한 방법을 넘어선 곳에 있다.

(h) 고귀한 덕—이 이슈바라의 윤리를 이루는 것은 긴장된 의지의 단련과 신에 대한 헌신이지 고행, svadharma가 아니고 자기의 자동적 성화聖化도 아니다. 또한 완전한 소업을 실천하여도 그 소업의 보수를 내면적으로 버리는 것(Gelöstheit)이고(動中靜, 靜中動[258]), 그리고 또한 이것을 토대로 하여 타애주의와 고귀한 생활태도의 풍부한 목록을 만드는 것이다. 이러한 윤리는 에크하르트에게 있어, 활력을 발산하는 기독교적인 신에 대한 경험의 파토스(pathos)에 의해 치밀어 오르지는 않았지만, 마침 이슈바라가 서양의 신과 닮았듯이 기독교적 에토스와 유사성을 지니고 있다.

---

256) 『기타』 12.8.[上村 105쪽.]
257) 『기타』 12.9.[上村 105쪽.]
258) 에크하르트도 같은 것을 말 그대로 말할 수 있었다.

그리고 배후에서, 에크하르트는 또한 목표로서 이슈바라를 갖는 이 에토스를 하층으로서 완전히 인정한다. 하지만 인정할 뿐만 아니라 그 것을 정교하고 치밀하게, 깊고 상세하게 주석하고도 있는 것이다.

13. I의 끝맺음

이상과 같이 샹카라와 에크하르트 사이에는 유사성이 있다. 둘에게 는 인격적 유신론 위에 '신비주의'가 구축되어 있다. 샹카라와 비교했을 때, 에크하르트에게 양자[=유신론과 신비주의]의 침투가 두드러진다는 점은 확실하다. 하지만 이 위대한 인도의 신비주의자도 또한 유신론이 서양의 발전의 '우연한 산물'이 아니라 원래부터 깊은 필연성에서 출발 하고 있다는 점을 증언하고 있다. 종교적인 표현을 쓰자면, 샹카라도 바 울이 '사도행전'14.17에서 서술하고 있는 것의 증인인 것이다.

II. 에크하르트 유신론의 기초

에크하르트는 『교도강화教導講話』(Tischgespräche[259])나 『신의 위로의 서書』[260]에서, 또 그 『설교집』 도처에서도 신비주의적 사변의 전후에 지 극히 소박하며 틀림없는 신앙을 고지하고 있다. 그것은 풍부하면서도 깊은 지식과 경험에 기반하면서 허물없고 섬세하며 마음의 온기와 힘 을 지니고 있고, 그와 동시에 그의 신비주의와 분리된다 하더라도 그 자체로 흥미 깊은 개인적인 성격을 띠고 있다. 이것은 좀체 추상화하거 나 차가운 개념으로 대치시키기 어렵고 하물며 '교리개념'(Lehrbegriff)으 로 옮기는 등은 불가능한 것으로, 에크하르트 자신의 논술에 입각하여 감정에 호소해서 파악해야 하는 것이다. 에크하르트 안에서 거의 언제

---

259) L. 50ff.
260) L. 97ff.

나 '신비주의자밖에 보이지 않는 것은 일면적이다. 하지만 가끔은 에크하르트를 '지극히 소박한 경건'으로부터 배워 알고, 이점에서도 그를 독자성과 고유성 아래에서 이해하는 것은 가치 있는 일이다. 만약 에크하르트가 신비주의자나 스콜라 철학자가 아니었다고 하더라도, 역시 그는 기독교의 성실하고, 강렬한 심정의 독자적인 특별한 정화로서 위대한 현상이었을 것이다. 사실 그러한 것으로서 동시에 또 당시의 환경으로부터 독창적이자 혁명적으로 두드러지고 있다. 게다가 달인의 종교(Virtuosen-Religion)나 학자의 종교, 새크러먼트(sacrament)의 마술이나 교회주의(Ekklesialismus), 업에 의한 공덕이나 수도사의 규율, 전통적 사상이나 사제의 중개제도(Priestermittlertum)와는 대조적으로 실로 에크하르트의 '소박한' 측면이 가지는 드러나지 않는 작용 및 거기서 발한 고요한 복음주의의 저류를 루터의 종교개혁에 주입하기까지 더듬어 보는 것도 가치 있는 일일 것이다. 에크하르트에게 있어서 이러한 '복음주의'적 저류의 특징 몇몇을 묘사해 보자. 이러한 기층이 가장 분명하면서도 소박하게 나타나고 있는 것은 에크하르트의 『교도강화敎導講話』에서 이다. 레만(Lehmann)에서는 이것이 정당하게도 다른 것보다도 앞에 놓여 있다. 그리고 거기에서 에크하르트 사상세계 일반으로의 가장 좋은 입구가 발견된다. 그때, 그의 신비주의적 제 이념이 어떻게 모든 진정한 종교 자체에 이미 소속되어 있는 소박한 전前형태를 지니고 있는가 하는 것도 분명해질 것이다.

1. 심정心情에서의 신의 소유

에크하르트의 입장 전체를 푸는 열쇠는 레만이 잘도 '신의 소유'라는 표제를 단 장[261]에 부여되어 있다.

신을 소유하고자 원하다. 이것이 풀어야 할 비밀의 핵심이다. 온갖

---

261) L. 55ff.

겸양 하에서, 온갖 심정의 힘 하에서, 엄격한 복종 하에서, 깊은 심정 하에서, 집중된 의지 하에서 신을 소유하고자 할 때, 신 자신이 영혼의 가장 깊은 위로이자 정복淨福이다. '왜냐하면 신만이 그대가 만족하고 또 그대를 만족시킬 수 있는 재보임을 그대는 마음속에서 확신해야 하기 때문이다.[262]' 하지만 신은 그 이상이다. 신은 갱신되고 성화된, 가장 깊은 근저로부터 통일적으로 흘러나오는 삶의 근거이자 힘이다. 순수한 정신성에 있어서 '자연적' 이상을 넘어서는 인간성의 이상이 여기서 파악된다.

그것은 동시에 미적이지도 취미적이지도 않고 하물며 도덕적이지도 않은, 순수하게 종교적인 이상이다. 왜냐하면 지극히 친밀하게 신을 가진다.—그것은 애초에 인간성의 가장 본래적인 삶生의 의미이기 때문이다. 게다가 또 반대상(Gegenbild)으로서, 에크하르트적인 죄의 이념이, 마찬가지로 무엇보다도 종교적인 반규범성(Normwidrigkeit)으로서 발생한다. 에크하르트에게 있어, 죄도 기본적으로는 도덕론적으로 판단되고 있지는 않다. 죄는 그 본질상 리비도(정욕 Libido)나 큐삐디타스(갈망 cupiditas)가 아니라, '내가, 나의, 나에게, 나를'이라는 '아성我性(Eigenheit) 이다. 하지만 그것은 도덕적인 의미에서의 에고이즘으로서의 아욕我欲 (Selbstsucht)이 아니다. 그렇지는 않고 그것은 우선 순수하게 종교적으로 해석하자면, 신에 대해서 피조물이 나이고자 원하는 것(Selbstseinwollen), 즉 순수하게 종교적인 의미에서의 존대(superbia)이자, 인간이 처음으로 스스로의 진정한 존재 및 이상적인 존재의미에 도달하는 계기가 되는, 신적인 것에로의 소속, 종속 및 내속(Zuordnung, Unterordnung, Einordnung)의 결여이다.[263] (신으로부터 분리로서의 이러한 아성에 기반하여 비로소 아성은 아욕이 되고 이웃에 대한 에고이즘도 되며, 또 쾌락, 정욕, 자연적·육체적 욕망도 되는 것이지, 이들 일체의 뿌리가 끊어지는 것은 진정 신에 대한 '아성'이 소멸하는 때이다.) 하지만 이상의 점에 관해서는 신비주의를 전혀 필요로 하지 않는

---

262) L. 67.

263) 이러한 이상과 반이상성의 이해가 루터의 방향선에 있음은 명백하다. 루터도

다. 에크하르트는 이러한 것들을 지극히 소박한 사람들도 이해될 수 있게 말할 수 있다.

인간의 심정은 안전히 신을 향해 있다고 하는 것,

혹은

그대에게 있어 신은 위대해져, 그대의 모든 진지함과 근면함이 그대의 일체 행장 하에서 신에게로 향해지듯이, 그대의 모든 것을 몰두시켜라.[264]

그렇지만 그것은 '신을 의지처로 한다'(Gott anhaften)는 것을 의미함과 동시에 높은 곳에서 울려 퍼지는 신과의 합일이라는 사변의 단순하면서 두드러지지 않은 뿌리이기도 하다. 이러한 사정을 분명히 드러내고 있는 것은 다음의 문장이다.

그는 유일무이의 신이다. 그리고 만물의 토대에서 유일무이한 신을 감득하는 사람은 모든 소업에서, 또 모든 장소에서 신을 자신 안에 짊어지며, 그 모든 소업을 불러일으키는 것은 오로지 신뿐이다. 그는 신 이외에 다른 그 무엇도 바라지 않고, 신 이외에는 그 무엇도 마음에 들지 않는다. 그는 모든 사색에서 신과 하나가 된다. 그리고 신이 다양성을 퍼뜨리는 일이 없듯이, 그 무엇도 이 사람을 분산시키지 않으며 다양하게 하는 것도 불가능하다.[265]

이상이라고 규정한 것은 그 어떤 '도덕적인 것'이 아니라 외경과 신뢰, 사랑이라고 하는 심정의 기능 하에서의 신과의 관계이다. 그리고 죄는 그 반대로 규정되고 있다. 그에게도 죄는 은총을 통해 생겨나는 대신에 자기의 활동에 있어서 '아성我性'을 구하는 오만함이다.

264) L. 54.
265) L. 55.

혹은

나는 최후의 심판에 이르기까지 여기에서 육체 아래에서 살아가고 지옥의 고통을 받아야만 하는 운명이지만, 그것은 내가 사랑하는 주 예수 그리스도 때문에 사소한 일에 불과하다. 왜냐하면 나는 신으로부터, 신으로부터 결코 떨어지지 않는다는 확증을 받았기 때문이다. 내가 여기에 있는 때, 신은 내 안에 있습니다. 이 이승 이후, 나는 신 안에 있다. 따라서 일체의 것이 나에게는 가능하다. 왜냐하면 나는 일체의 것을 가능케 하는 분과 하나로 결합되어 있기 때문이다.[266]

하지만 이상과 같은 것은 모두 '가장 소박한' 기독교도의 신앙에 있어서도 자명한 것이다.

2. 진지함(Ernsthaftigkeit)으로서의 합일과 단순(Einfachheit)

이처럼 신을 '의지처로 한다'는 것은 이제는 무엇보다도 인간에 대한 요구이다. 인간은 신을 의지처로 해야 하며, 자신의 모든 주의, 모든 심정의 힘을 지극히 깊은 집중을 통해 가장 깊은 내면에서 '마음속'(Herzensgrund)으로부터 유일한 선으로 향하게 해야 한다. 이처럼 '소박한' 설교자 에크하르트에게 있어 이미 다양한 것, 즉 감각이나 사고, 감각적 사물 다수에 대한 반박이 생기고 있다. 그것은 '단일' 혹은 '단순'(simplex)해져라, 자기의 움직임과 본질과의 '일체'가 되라는 요구이다. 그것은 우선, 철저한 집중 그 자체에 다름 아니며 혹은 완전한 집중을 이룬 존재가 신의 파악 및 소지에 이를 수 있다고 하는 인식에 다름 아니다. 그와 동시에 집중을 이룬 존재만이 완전히 진지한 사람으로, 신이

---

266) Pf. 498, 35.

무엇인지, 그에게 있어서의 신이 무엇인지를 이해할 것이다. 그러한 사람만이 신을 스스로의 구제의 본체이자 스스로의 정복淨福이라고 경험한다. 하지만 또 있다. 실로 그러한 사람에게서만 신적인 것은 회심, 개전改悛 및 참회를 위한 힘이 되고 또 자유로워지고 강화된 의지의 힘이 된다는 것이다.

3. 의사의 양도(Hingabe)

왜냐하면 그것은 에크하르트의 기독교의 특징을 이루는 것이기 때문이다. 즉 그는 신을 소유하는 것의 정복淨福, 신의 달래는 힘(『신의 위로의 서』라고 불리고 있다!)을 알고 있고, 또 신 자신이 그것과 함께 정복을 이루는 듯한 정복에 대한 참여이며 모든 '행복'보다 뛰어난, 신 아래에서의 법열도 알고 있다. 하지만 또 하나의 다른 특징이 그에게는 저 높은 곳에 존재한다. 즉 갱신되고 자유로워진 의지의 힘으로서의 신의 소유이다. 에크하르트에게는, 신에 대해 기뻐 어찌할 바 모르는 것(Gotteswonne)이나 지복의 환시幻視(visio beatifica), 즉 정복의 감정의 격발이나 감격이 최고의 것이 아니라 행위와 활동에서의 신에 대한 복종[267]이 그것이다. 거기서부터, 특히 그리고 제일 먼저 감격이나 기뻐 어찌할 바 모름이라는 감상에 대한 승부가 나온다.

자기 자신에 대한 무조건적인 단념[268]이 이 복종인데, 이것은 동시에 자기목적으로서의 향락(Genüssigkeit) 및 향수욕(Genießenwollen)의 단념이기도 하다. 이 복종은 자기의 의지나 원망을 영원한 신의 의지에 무조건적으로 종속시키는 것이다. 하지만 그것은 신의 의지 아래에서 단순히 자기를 버리는 것 이상의 것이다. 그것은 동시에 객관적으로 가치 있는 것과 그 요구에 대한 헌신이기도 하고, 그에 대한 자유이자 흐뭇한 봉사이기도 하다. 그리고 [에크하르트에게 있어] 이러한 봉사야말로

267) L. 50.
268) L. 51.

기독교도의 생활의 핵심인 것이다. 즉 우리들의 의지는 신의 의지와 다르지 않고, 신의 의지는 우리의 의지를 통해서 의욕하고 활동하고 살아가는 한편 창조하는 것이다. 따라서 우리의 의지는 동시에 정의 그 자체이기도 한 의지가 아닐 수 없다.

4. 올바른 존재로서의 본질성

하지만 요구는 한층 더해진다. 왜냐하면 본래 중요한 것은 이러한, 또 단순한 의지로서의 의지, 외면적인 것으로서의 행위가 아니기 때문이다. 오히려 '본질성'이야말로 문제인 것이다.

> 인간은 무엇을 할 것인가를 생각하기 보다는 오히려 무엇이어야 하는가를 잘 생각해야 한다. 그대의 신성함을 행위에 기초하게 하려 생각해서는 안 된다. 오히려 그것을 존재에 기초하게 하라. 왜냐하면 소업이 우리를 성화聖化시키는 것이 아니라 우리들이 소업을 신성하게 만들어야 하기 때문이다. 스스로의 본질상에서 위대하지 않은 사람의 소업으로부터는, 그가 어떤 일을 하든지 무가치한 것이 나오게 된다.[269]

따라서 '소박한' [신앙의] 영역에 있어서 이미 주안점이 되는 것은 새로운 '존재' 그 자체로서, 이는 그 자신이 처음으로 새로운 의지의 근거가 되고 통일적인 것, 잠재적인 것으로서 애초부터 모든 의욕에 선행하고, 바로 거기에서 진정한 가치가 처음으로 부여되는 듯한 존재이다. 이것은 '마음가짐', 칸트가 말하는 '선의지' 이상의 것이다. 그것은 존재하는 것 자체의 근거의 좋음으로, 마치 샘으로부터 냇물이 흘러나오듯이, 거기서부터 선의지나 심적 태도도 나오는 데에 불과하다. 그것은 그 자신 '내적 소업'이지만 본래는 더 이상 그 어떤 '소업'이 아니며, 일체의 소

---

269) L. 54. '존재와 행위에 대하여'.

업 혹은 활동 일반의 가능성의 숨겨진 원천이다. 이와 같이 '내적 소업'에 관한 스승의 설명이 결실을 맺는다. 그는 이를 종종 언급하고 있는데, 하지만 가장 통일적으로 언급하는 것은 『신의 위로의 서』의 교설에서이다. 그것은 또 동시에, 지금까지 언급된 모든 것을 간명하게 요약하는 것이기도 하다.

5. 내적 소업

에크하르트는 이렇게 말한다.

> 따라서 시간도 공간도 한정할 수 없고 파악할 수 없는 내적 소업이 있다. 그리고 이 소업 안에, 신인 존재, 신적인 존재, 혹은 (이 역시) 시간도 공간도 한정할 수 없는 신과 닮은 존재가 있다. 그것은 도처에 존재하고 모든 때에 한결같이 현전하고 있다.[270]

이것은 다름 아닌 다음과 같은 것을 말하는 것이다. 즉 중요한 것은 근본적인 선인데, 이것은 우리의 경험적으로 부여된 또는 스스로 활동하는 의지나 심정생활의 각각의 작용 안에 있는 것이 아니라 우리의 존재 그 자체의 숨겨진 '예지적' 근거로서 그것들 모두에 스승하고 있는 것이다. 하지만 이 근거는 기본적으로는 도덕적 근본 마음가짐이 아니고, 그 보다 훨씬 더 깊은 것이다. 그것은 신에 대한 친밀하고 본질적인 연관이다.

> 이 소업은 낮에도 밤에도 빛을 발한다. 이 소업은 신을 칭송하며 노래한다. 그것은 새로운 노래를 부른다.[271]

---

270) Pf. 433, 40. [Walshe 3, 82.]
271) Pf. 434, 11. [Walshe 3, 82.]

그 소업은 신을 사랑하고, 이를 통해 일체의 외면적 소업과, 그리고 엄밀히 말해서 애초에 일체의 '소업'과도 구별된다. 왜냐하면

> 그 (외면적인) 소업은 신을 사랑하지 않는다. 그것은 외면적이자 시간과 공간이 한정하는 것이자 좁은 것이며, 사람이 그것을 노리거나 강제할 수 있는 것으로 시간과 행사行使에 의해 피로해져 늙어 가는 것이다.[272]

반면에 내적 소업은

> 신을 사랑하고 선과 선한 것을 원하는 것이다. 그 일은 인간이 원하고 또 행하고자 하는 모든 것을 이미, 모든 선한 소업에서 순일한 (전체적) 의지를 가지고 행하였다는 것이며 ─그런 점에서, 이를 행한 사람은 역시 신과 비슷하다. 다비드는 이 신에 대해서, 신이 행하고 작용하고자 원하셨던 일체의 것은 성취되었다고 서술하고 있다.[273]

'순일한 전체적 의지를 가지고'라는 것은, 개별 의지의 작용으로 분열하기 이전의 본질적 통일성이다. 그리고 이러한 의지에서 성취되었던 것이며, 바꿔 말하면 좋은 행위로서 시간 속에서 나타나 어떤 가치를 획득하는 일체의 것이 원칙적으로 정립되어 미리 선취되는 것이다.

에크하르트는 이러한 '내적 소업'을 구체적인 돌의 비유를 통해 설명하고 있다. 즉 돌은 낙하하는 일 없이도, 바꿔 말하면 자신에게 내재하는 자기의 중력을 낙하라는 개별 작용에 임하여 처음으로 확인하지 않아도 이미 움직이지 않는 것으로서 언제나 무거운 것으로, 시간에서의 그 모든 행위는 시간과는 관계없이 돌이 본질적으로 소유하고 있는 그 존재로부터 나오는 것이다.

---

272) Pf. 434, 14. [Walshe 3, 82.]
273) Pf. 434, 17. [Walshe 3, 82.]

돌은 자신의 소업을 낮밤을 가리지 않고 줄곧 행하고 있다.[274]

하지만 존재인 이러한 소업은 자신 내부에 가치를 지니고 있다. 그리고 이 가치는 외면적 소업의 '우연'에 의해 불어나거나 변화하는 일은 없다.

외면적 소업은 그 길이도 넓이도, 양도 크기도 내적 소업의 선함을 늘리는 것이 아니라고 나는 말하며 또 이전에도 말했다. 내적 소업은 자기 안에 선함을 지니고 있다.[275]

6. 선물로서의 요구

그렇지만 심원하며 의의 깊고 또 모든 '신비주의'로부터 완전히 독립한 이상의 상세한 논술은 곧장 다음의 말로 닫힌다.

내적 소업을 언제나 자신 안에 품고 있는 사람, 즉 내적 소업의 모든 크기, 길이 및 넓이를, 또한 자신의 모든 본질을 신으로부터 혹은 신의 마음 이외에서는 받아들이지 않고 만들어 내지 않는 사람[276]

바꿔 말하면, 이상적인 것의 모든 요구는 마지막에는 은총이라는 선물로 바뀌는 것이다. 이 점에 관해서는 뒤에서 서술한다. 하지만 이 은총은 새크라먼트(sacrament)의 은총이 아니다. 그것은 위대하며 정의이자 성스러운 것인 동시에 불쌍히 여기고 죄를 사하며 사랑하는 신, 소박하고 참으로 진정한 '복음'의 신 자신, 그리고 인간 측에서는 위로에 찬 신앙이나 신뢰, 사랑을 통해서 또 참회, 공순, 복종 및 의지에서 자기의 흉금을 터

---

274) Pf. 434, 27. [Walshe 3, 83.]
275) Pf. 435, 25. [Walshe 3, 84.]
276) Pf. 435, 30. [Walshe 3, 84.]

놓고 헌신함을 통해서 해후하는 신의 경험이다. 그리고 이러한 신에 대한 에크하르트의 고지는 완전히 뒤의 '복음주의' 교설의 방향에 있다. 아마도 여기에는 루터와의 의미심장한 차이가 있을 것이다. 왜냐하면 에크하르트는 그 신비주의에 의해서뿐만 아니라 '소박한' 신앙에 있어서조차 종교개혁가의 깊은 경험에는 아직 여전히 이르지 못하기 때문이다. 루터의 죄 및 책망의 감성의 깊이라든지 죄의식의 전율(terrores conscientiae)이나 죄의 사함, 두려움에 벌벌 떠는 양심의 위무나 그리스도로 인한 신의 호의(favor Dei per Christum)로서의 은총이라는 것에 대한 기독교의 전면적인 방향성 부여, 게다가 자기의 선행, 고역, 능력(propria merita, opera, vires)의 최종적인 엄격한 배제는 에크하르트에게는 아직 발견되지 않는다. 그러기 위해서는 루터 당시의 개심의 성사聖事를 둘러싼 분쟁이나 긴장 속에서 가장 먼저 힘차게 움직이기 시작한 죄의 감정의 고지를 필요로 했다. 하지만 나는 다른 곳에서[277], 실은 충심에서 나온 신뢰로서의 신앙 및 위로를 주는 신, 심지어 거짓 없는 순수한 개심이나 참회조차가 어떻게 에크하르트에게 있어 중요해지고, 선행이나 고역의 강요, 그뿐 아니라 의무 이외의 선행(opera supererogationis)의 강요조차도 그에게는 완전하게 무연해질 정도의 일정한 기색을 띠기 시작했는지에 관해서는 이미 지적했다. 그리고 루터적인 신앙의 가장 깊은 의미가 드러나는 듯한 인식, 즉 모든 기독교도들의 생활 및 바른 생활의 근저는 구제의 확신(certitudo salutis), 완전한 확신으로 기독교도라는 점은 확신을 통해 살아간다는 것이라는 인식을 이미 에크하르트가 지극히 순수하게 표명하고 있는 것이다. 신을 품는다는 것은—이라고 루터는 말한다— 신을 마음으로부터 신뢰하고 믿는 것이다. 그리고 에크하르트도 또 이렇게 말하고 있다.

사람이 신에게 감히 기대하는 것 모두를 실제로 신 안에서, 그것도 몇

---

277) SU 참조.

천 번이나 발견할 것이다. 신을 너무 사랑하지 않는 일이 없듯이, 신을 너무 신용하는 일도 없다. ─왜냐하면 아무리 신을 사랑한다고 해도, 신이 그대를 비할 바 없이 사랑하고 비할 바 없이 그대에게 충실하다는 것을 그내는 확신할 것이기 때문이다. 이 확신(신앙의)은 진자(초자연적인 조명으로부터 온다고 언급되는 확신)보다도 훨씬 강력하고 완전하며 진실이다. 그것은 속이는 일이 없다.[278]

또 이렇게도 말하고 있다

신은 그것을 그저 한결같이 자신의 순수한 선의와 연민을 위해서만 행한다. 왜냐하면 신은 모든 행위를 위해 자기 자신의 선의 이외에는 그 어떤 것도 필요로 하지 않기 때문이다. 신이 우리에게 무언가를 주거나 행하는 것에 대해서, 우리의 소업은 아무짝에도 쓸모가 없다.[279]

그리고 신에 대한 심정의 이러한 친밀하고 확실한 관계가, 그가 다른 독특한 말투로 '신과 합일해 있다'(Gottvereint)거나 '신으로서 존재한다'(Gott-wesend)고 부르고 있는 것과 동일하다는 것은 종종 또 도처에서 분명하다.

7. 신 자신이지 신의 선물이 아니다

그렇지만 에크하르트의 신비주의가 구축되어 있는 토대, 그리고 그 자체 소박한 신앙의 근거이기도 한 것은 다음과 같은 말에 아주 분명하게 나타나 있다.

인간이 선물을 받고 이에 만족하는 것만을 위해서 신이 선물을 주신 것

---

278) L. 70.
279) L. 77.

이 아니며 또 하나로서 주시는 일은 없다. 아니, 신이 하늘과 땅에서 주시며 또 단 하나의 선물을 주실 수 있다고 하는 목적만을 가지고 주신 모든 선물—그것은 신 그 자신이다. 신은 모든 (단순한) 선물을 통해, 실은 신 그 자신인 하나의 선물에게로 우리를 준비시켜 주신 것이다.[280]

이것은 아직 '신비주의'가 아니다. 오히려 여기서 문제가 되는 것은 '내가 그대만을 품을 때, 하늘과 땅에 관해 묻고 있는 것이 아니다'(73.25)는 '시편'의 말에서 언급되고 있는, 경건 그 자체의 구제에 대한 다름 아닌 명백한 갈망이다. 또는 이것이 이미 신비주의라고 한다면, 신앙 자체가 이미 신비주의의 씨앗을 품고 있는 것으로, 이 신비주의는 신앙 그 자체 안에 깃들어 있는 비합리적인 제 계기의 과잉 고양(Übersteigerung) 이외의 그 무엇도 아니다. 어쨌든 위의 말이 의미하는 것은 신앙 자체의 가장 깊은 내면이다. 즉 구제는 무엇 하나 신이 준 것 안에서는 발견되지 않고 신의 소유 자체 속에 있다. 그리고 이 가장 내적인 것이 매우 경건한 사람 안에서 비합리성의 힘으로 뚫고 나올 때—왜냐하면 그 내적인 것은 진정 그 자체 이미 비합리적이자 모든 개념을 거부하는 것이고, 게다가 이 일은 신을 품는다고 하는 것 자체가 함축하고 있는 것이기 때문이다—자연스레 신비적 직관(intuitus mysticus)이 일종의 필연성을 지니고 생기한다. 영혼의 깊숙한 곳으로부터 뚫고 나오는 듯이 보이는, 그 일체관(Einheitsschau)이나 기이한 변증법 및 대담하고 무모한 이디어그램(ideogram)을 수반한 채.

8. 내재하고 갱신하는 힘으로서의 신

하지만 다음과 같은 내용을 곰곰이 생각하는 한편 명심해 두어야 한다. 신비주의가 신성이라고 하는 독자의 관점에서 출발하여 나와 너, 구

---

280) L. 85.

별과 대비라는 관계의 경우에서와는 다른 파악을 한다는 점은 사실이다. 그렇지만 이 관점도 또한 신비주의에만 고유한 것이 아니며, 그것이 있어야 비로소 신비주의가 되는 것도 아니다. 왜냐하면 신비주의의 구축 토대가 되는 소박한 신앙의 기초 자체에는 다음의 것이 갖춰져 있기 때문이다. 즉 그 신앙 자체에는 이미 두 가지의 명료하게 구별되는 신의 관점이 정립되어 있어, 양극의 관계에 있고 서로 다양한 형태로 침투하거나 서로 보완하며 혹은 때로는 배제하거나 조용한 긴장에 이르는 일도 있다는 점이다.

신비주의의 특징을 이루는 것은, 신비주의가 신을 초월신으로서가 아니라 내재신으로서 파악한다는 것이다. 그리고 이것이야말로 에크하르트의 신비주의의 두드러진 특색이라고 한다. 이 점에 관해 주목할 만한 점으로 두 가지가 있다. 첫 번째는 앞서 서술한 것이 신비주의자로서의 에크하르트에게 있어 처음으로 해당하는 것이 아니라 그가 소박한 신앙을 불러일으키기 위해서, 부언하자면 기독교도로서 말하는 경우의 그에게는 이미 해당한다고 하는 점이다. 두 번째는 초월과 내재의 대립은 퇴색하여 차가울 뿐만 아니라 진정 생생한 사태를 나타내기에는 충분하지 않다고 하는 점이다. 오히려 대립은 신적인 것을 둘러싼 것으로, 한편으로는 사회적 영역에서의 영상에 의해 주, 왕, 아버지, 심판자로서 또 제 인격과의 관계에서의 인격으로서 파악되는 신적인 것과, 다른 한편으로는 생명의 힘으로서, 빛과 생명으로서, 존재하고 움직이는 정신으로서, 진리, 인식, 본질적 정의 및 신성성으로서, 침입하고 침투하고 갱신되는 초자연적인 생의 원리가 되는 불꽃과 불로서, 자기에 개입하고 자기를 전달하며, 살아있는 사람 속으로 그 새로운 생(nova vita)으로서, 즉 그 생 혹은 존재의 내실로서 뚫고 나오는 신성으로서, 다이나믹한 영상으로써 파악된다. 여기서 본래 문제시 되고 있는 것은 '내재적인' 신이 아니라 새로운 존재 또는 생 그 자체의 내적인 힘의 원리로서의 살아있는 신이다. 에크하르트는 이 '제2의 신'(deuteros Theos[그리스에])을 저 인격신과 나란히 거론하고 있다. 그리고 에크하르트는 이 신을 무엇보다도 우선 단순한 교설자로서, 부언하자면 기독교의 좋은 설교자로서 고지하고 있는 것이다.

9. '내재'라는 것은 '소박한' 신앙의 이념이다

그도 그럴 것이, 에크하르트가 이렇게 고지하고 있는 것은 정녕 가장 오래된 기독교의 재산이기 때문이다.

(a) 현전하는 '신의 왕국'으로서―그것은 이미 신의 왕국이라고 하는 오랜 복음서의 이념 자체의 기묘한 양면성 안에 숨겨져 있다. 신의 왕국은 한편으로는 완전히 피안적인 혹은 미래에서야 비로소 성취되는 것으로, 신약 교단은 그것을 희망 속에서 기대한다. 하지만 다른 한편으로 신의 왕국에 관해 복음서 자체에서는 '신의 왕국은 그대 등의 곁에 있다'(루카의 복음서「누가복음」 17.21)고도 말하고 있다. 즉 피안에 있는 왕국은 그 신비에 찬 그림자를 이미 사전에 던지고 조용히 숨어 지내고 있으며 최초의 교단의 싹튼 신앙 속에서, 부활과 변용에 있어 성령 아래에서의 평화와 기쁨 상태에서, 악마와 세계를 극복하는 불가사의한 침으로서 이미 활동하고 있다는 것을 테이다.

(b) '말·영혼으로서'―하지만 이 '내재하는' 신의 왕국은 흘러나온 '성령'이라고 하는 후대의 이념, 즉 생명의 근거이자 생명의 힘으로서의 신성 그 자체임에 분명한 성령이 자기 전달하거나 자기를 쏟아 붓는 이념에서 처음으로 구체화된다. 그리고 성서에 나오는 여러 비유, 즉 불, 생명, 빛, 진리 및 인식, 생명의 물 및 부어진 향유라든지 신의 씨앗이나 내존하는 '은총의 선물'(charis)과 같은 것은 신적 영혼의 이미지가 지니는 의미를 강화시키는 것에 불과하다.

(c) 진정한 기독교의 실체(Hypostase)설의 근거로서―이에 그치지 않고, 우리가 이중의 국면이라고 부르는 것은 원래 성서의 실체설의 틀림 없이 오랜 근본적 의미에 다름 아니다. 왜냐하면 이 의미에 따르면, 신성의 다른 실체는 '말과 영혼'이기 때문이다. 말과 영혼이라는 것은 어디까지나 세계로부터 떼어내져, 그것을 초월할 뿐만 아니라 세계 및 영혼에 내존하는 한에서의 신성 자신의 본질인 것이다. 여기서는 아직 후대의 삼위일체의 사변에서 신의 위격 자체의 제2 및 제3의 것으로서의 그 복사물에 불과하다고 여겨지는 '위격'은 화제가 되고 있지 않다. 여기서의 문제는, 서로 결부되는 한편 하나의 일의 이중의 계기로서, 실로 우리가 제2의 국면이라고 부르는 것을 가리키는 말과 영혼인 것이다. 즉 3개의 자아이면서 유일한 신의 위격의 영원한 자아를 파괴해서는 안 된다고 하는 그 논리적 불가사의가 문제인 것이 아니라, 본질적으로 모든 피조물의 피안에 있는 것이 말·영혼으로서의 존재형태를 취하면서 부활한 피조물과 내존하고, 이것 자체의 생명의 근거가 된다고 하는 이해하기 어려운 본질적 비의가 문제인 것이다. 이 비의가 없다면, 기독교는 기독교가 아니게 될 것이다. 하지만 실로 '소박한' 기독교는 이 비의를 통해 진정으로 신을 품는 것을 주장하고 있는 것이다. 그리고 이러한 기독교는 또한 이러한 측면에서 보면 나와 너의 관계 하에서 생각되어지는 신성이 아니라, 회자되기보다는 살아가는 것을 원하는, 침투해 오는 빛 또는 생명의 원리로서 고안된 신성을 이미 알고 있는 것이다. 이 방향에 기반한 인간과 신과의 관계는, 인간이 신에 의해 떠맡겨지거나 관통된다는 것이다.

따라서 이 스승의 가장 신비적인 교설은 직접적인 기독교 체험에 확고하게 입각하고 있다. 그것은 특히 기독교의 실체설 주위를 돌고 있으며, 에크하르트에게의 이 실체의 사변이 지니는 명백한 의미는, 삼위일체 도그마의 경직화된 도식을 앞서 제시한 그의 의미로 다시 한 번 녹여 넣는 것이다. 이는 특히 영혼의 근저(Seelengrund)에 대한 영원한 말의 탄생(Eingeburt) 설에 들어맞는다. 이 설이 동시에 또, 기독교적 고지가 성령의 주출注出로서 언제나 염두에 두었던 것의 극도로 높아진 복사물이기도 하다는 것은 분명하다. 그뿐만일까? 에크하르트가 그것을 종종 '내적 신의 왕국'이라고 표현하고 있는 것도 실제로는 전적으로 잘못된 견해는 아닌 것이다. 왜냐하면 앞서 살펴보았듯이, '내적 신의 왕국'이라는 것은 그 자체, 교단이 후에 '성령의 전달'이라고 안 것의 예비적인 형식이기 때문이다.

에크하르트가 기독교적인 의미에서의 일체 성령의 전달 조건, 즉 부여된 '외적 말'의 고지를 분명히 오인하고 있는 것은, 그의 명백한 잘못이다. 하지만 분명 그의 교설 속에서 '신비주의적'이라고 하는 부분, 즉 내부에 깃들어 있는 신성(innewohnende Gottheit)이라는 형식의 신적인 것에 대한 진정한 참여는 순수하고 '소박하게' 기독교적이다. 그리고 이 참여를 부정하는 사람은, 기독교도라면 자신들의 생활원리로서 받아들여야 할 '성령'의 신성을 부정하는 것이 된다.

10. 외적인 것(objectum)과 내적인 것(injectum)

이렇게 보면, 적어도 에크하르트의 교설의 근저는 본디 지극히 기묘하고 대담한 설, 즉 사람은 신 자신으로부터 자유로워져야 한다, 신을 제거해야 한다, 신에 대해서 아무것도 '알아서는' 안 된다는 설도 그의 가장 소박한 경건의 세계에 이미 깊이 속해 있다. 이러한 표현을 단순히 '강조를 위한' 표현으로 해석하고 싶은 유혹에 빠진 결과, 비록 심원하고 진실되기는 하지만, 아직도 특수하게 신비주의적이지 않은 '소박한' 의미로 해석되어 버리는 경우가 있을지도 모른다. 그것은 옳지 않을 것이다. 왜냐하면 에크하르트는 그러한 표현을 통해, 자기 자신에게 있어 놀랄 만한 일인 비밀조차도 동시에 시사하려고 했음이 감지되기 때문이다. 하지만 단순하고 경건한 토대가 여기서도 지극히 잘 인정된다.

에크하르트의 생각을 존중하여 이렇게 말할 수 있을 것이다. 단지 '신'을' 믿을 뿐, 그저 신을, 신의 현존재를 확신하고 있을 뿐으로 사색 또는 감정을 통해 단순히 외적인 존재(objectum)로서의 신과 관계할 뿐인 사람은 여전히 신을 소유하고 있지는 않다. 신이 더 이상 외적인 것이 아니라 내적인 존재(injectum)가 된 사람, 즉 신에 의해 살아가게 되고, 신의 성령 및 신의 힘에 의해 지지되고 북돋아지는 사람이야말로 비로소 신을 소유한다. 하지만 그런 사람이 그렇게 되면 될수록, 신은 단순한 외적 존재[객체]로서 그 사람의 표상과 사색의 세계로부터 점점 더 '환멸한다'(entwerden). 신은 그 사람의 내적 힘 및 정신생활의 강건함이 되며, 이렇게 신으로부터 '생명의 물'이 유출되고, 살아 있는 결과가 결실을 맺어 정의와 신성성이 되어 사랑이 뚫고 나올 뿐만 아니라 성령 자신이 모습을 드러내고, 다른 존재로 들러붙어, 거기서도 같은 작용을 한다. 그러한 사람은 단순히 고안된, 표상된 신으로부터 '벗어난다'. 왜냐하면 이러한 신은 내적인 힘이 되었기 때문이다. 사람은 이 힘을 통해 산다. 하지만 그렇게 강력하고 완전하게 '살아'가면 갈수록, 그 사람은 더욱더 그 힘에 대해 반성을 하지 않게 된다.

> 만일 어떤 사람이 있어 천년 동안 '그대는 왜 사는가'하고 생명에게 질문한다면, 생명은 '나는 내가 살기 위해서 산다'고 말할 것이라고 답할 수 있을 것이다. 그 이유는, 생명은 자기 자신의 근거로 살고, 스스로의 자기로부터 솟아난다는 점에 있다. 따라서 생명은 '왜라는 이유 없이 살며, 그저 자기 자신을 살아갈 뿐이다. 마찬가지로 자기 자신의 근거로 작용하는 진실한 (성실한) 인간에게 '왜 그대는 일을 하는가'하고 질문한다면, '나는 일하기 위해 일한다'는 표현밖에 하지 않을 것이다.[281]

그 사람의 일은 자유롭게 흘러나와, 그 어떤 '목적'도 알지 못하고 또

---

281) Pf. 66, 17. [Walshe 1, 118.]

목적을 세우지도 않는다. 왜냐하면 더 이상 그 어떤 지知도 필요 없기 때문이다.

이와 마찬가지로 완전히 신으로부터 의욕하고 존재하기 때문에 더 이상 신에 대해 전혀 '아는' 일이 없는 사람이야말로 바로 신과 가장 친한 사람이다.

> 자신이 진정 하얄 때에는, 하얗게 된 점에 대해 누구도 눈치채지 못한다. 하지만 자기가 하얗다고 아는 것은 자신이 하얗다는 점과 비교하면 훨씬 하잘 것 없는 것이자 외면적인 것이다. 따라서 나는 또 다시 이렇게도 말한다. 고귀한 사람조차도 스스로의 본질, 생명 및 정복淨福의 모든 것을 그저 신으로부터, 신 아래에서, 신 안에서 그것도 신에 대해 무언가를 알려고 한다거나 보거나 사랑하고자 하는 일 없이, 받거나 만들 뿐이라고.
> 영혼이 신을 그저 단순히 볼 때에만, 영혼은 자신의 모든 본질과 사랑을 신의 근거로부터 받고, 또 항상 자신의 근거를 거기로부터 창조하는데, 하지만 그 어떤 앎에 대해서도, 어떤 사랑 및 그밖의 것에 대해서도 알지 못한다. 영혼은 철두철미하게 신의 본질 안에서 안정되고, 그저 신과 함께 존재한다고 하는 일 외에는 그 무엇도 알지 못한다. 하지만 영혼이, 스스로가 신을 보고, 사랑하고, 인식하고 있다고 자각하자마자, 그것은 이미 영혼이 내쫓는 것이다.[282]

에크하르트의 신비주의가 가령 플로티노스적 신비주의와 어떻게 다른가를 이해하기 위해서는, 이러한 근저를 이해해 두어야 한다. 그러면 양자의 표현상의 유사성이 전혀 다른 의미를 오해시키는 일도 없다. 양자 모두, 진실한 인식자에게는 인식자가 인식되는 존재가 됨으로써 주

---

282) Bü. 2, 212. 이러한 문제를 에크하르트가 얼마나 소박하게 서술하고 있는지를 보여주는 것은 『종교강화』(Reden der Unterweisung)(Bernhart 32)의 다음 부분이다. '이처럼 진정으로 신을 소유하는 것은 심정(Gemüt) 안에 있는 것이지,

관과 객관의 대립이 소멸한다고 말한다. 하지만 플로티노스에게는, 통상의 의식상태가 정지하고 의식의 고양상태가 나타나는 엑스터시의 황홀경에서 이것이 일어난다. 에크하르트는 그러한 일에 대해 아무것도 몰라, 엑스터시적 신비주의자 고유의 황홀경과는 전혀 연이 없다. 오히려 에크하르트에게는, 인간이 신으로부터 살아가고 행동하게 됨에 따라 객체로서의 신은 환멸한다. 즉 거기서는 스스로의 생 그 자체의 원리나 힘이 의식되지 않고 또 고려조차 되지 않고 더구나 생이 스스로를 의식하는 일 없이 싹을 틔우고 개화하고 '왜냐고 묻는 일 없이'(sunder Warumbe), 바꿔 말하면 어디로라고 묻는 일 없이, 그 자신의 이유를 반성하는 일 없이 자유롭게 흘러가듯이, 스스로의 생의 활동을 드러낼 수 있게 하는 것이다. 하지만 이 일이 발생하는 것은 플로티노스의 엑스터시적 황홀경에서가 아니라, 생동하는 존재와 활동에서이며[283], 특별히 요구받고 충분히 준비된 예외적인 상태에서가 아니라 일상의 활력있게 산 생활에서이고, 마리아의 명상에서가 아니라 마르타의 활동 의욕에서이고, 에로스의 지극히 숭고한 소원으로서 혹은 그밖의 그 어떤 소원으로서가 아니라 존재와 행위로서이다.

자, 잘 생각해보자. 그때까지 속박되고 붙잡혀 있던 우리의 모든 영혼의

그와 대칭을 이루는, 신에 대해 고양된 사유에 있는 것이 아니다(에크하르트 자신은 이 사유를 종종 필요하다고 하지만). 사람은 고안된 신만을 지녀서는 안 된다. 왜냐하면 사유가 끝나 사라지면, 그(즉 고안된) 신도 사라져버리기 때문이다. 오히려 인간의 사유를 훨씬 넘어선 본질적인 신을 지녀야 한다(신은 본질적으로 내면에서 소유되고 생존해가는 존재이기 때문이다). 사람이 자유의지를 통해 등을 돌리지만 않으면 그 신은 사라지지 않는다. —이처럼 신을 본질상 지니는 사람은 거룩하다고 이해한다. 그러한 사람에게 있어 신은 만물 속에서 빛을 발하고 있다. 그러한 사람 안에서 신은 언제나 눈을 뜨고 있다. 그러한 사람 안에서 외적인 것에 대한 고요한 단념과 사랑받고 임재臨在하는 신의 관입貫入이 생겨난다'.

283) '이러한 사람은 또한 활동에 있어서도, 신 곁에서의 관조에 있어 지니는 이외의 것을 지니지 않는다. 하나는 타他에 있어서 안식하고 타를 완성한다'(L. 155)

힘이 해방되어 자유로워져(자발적으로 움직이기 시작하여), 모든 목적지향
(Bezwecken)(타율적인 행동에 의한)이 우리 안에서 침묵하기 시작할 때에,
신이 우리 안에 탄생하시고 우리의 양심이 더 이상 우리를 벌하지 않게
된다.[284]

플로티노스와 에크하르트는 모두 신비주의자라는 점에서 일치한다.
그리고 바로 그 때문에 두 사람은 또—근본적으로 다르다. 신비주의라
는 것은 지극히 다양하기 때문이다.

우리가 서술한 [신의] 두 국면은, 기독교에서도 서로 양극과 같은 관
계에 있다. 그리고 에크하르트의 '소박한' 교실에서도 마찬가지이다. 지
금까지 8~10에서 서술했던 것은 에크하르트에게도 문제의 일면에 불과
하다. 이것은 다른 일면을 폐기하는 것이 아니라 보완하는 것으로 10에
서 거론한 부분에 있어 당장 강하게 구체화되어 처음으로 나타나게 된
다. 에크하르트에게는 공순한 사랑과 신뢰의 대상으로서의 신은 내재하
는 힘으로서의 신성의 배후로 사라져가는 일은 결코 없다. 그리고 이를
상세히 검증하는 것은 쓸데없는 일로서, 만약 그렇게 하고자 한다면, 절
반은 그의 말을 베껴야한 할 것이다. 에크하르트가 『신의 위로의 서』에
서 행하고 있듯이, 위안을 주는 신에 대해 기록하는 사람에게는, 에크하
르트에게서도 마찬가지이지만, 신과의 신비주의적인 관계가 언제든지
즉시 가장 인격적인 사랑이나 헌신, 교제 관계로 재차 변하게 되는데,
그러한 사람은 근본에서 유신론자이지, 양보에 의해 또는 비교적秘敎的
으로 그러한 것은 아니다.

11. 소박한 신앙의 고양감정(Hochgefühl)

매우 익숙해진 기독교의 입장에서 보면, 에크하르트의 신비주의는

---

284) L. 246.

모든 '신비주의' 이상으로 우리에게 이질적인 인상을 준다. 그것은 사변뿐만 아니라 정서 자체에서의 고상高翔이라고 명명되어야 하는 것으로, '고귀한 인간'(homo nobilis)의 찬미에서 특히 현저하게 표명되고 있는 고매하고 고귀한 자기감정의 기분이다. 하지만 이러한 것이 우리에게 이질적인 느낌을 품게 하는 것은 에크하르트의 책임인 것인가? 아니면 우리의 단면적 관찰의 책임으로, 이러한 점에 관해서도 기독교도의 감정자체 속에 에크하르트의 '고귀한 인간'이 의거해 서는 '기반'이 부여되어 있는 점을 우리가 눈치채지 못하고 있을 뿐인가? '인간이 전 세계를 손에 넣어도 마음의 병을 얻을 뿐이라면 대체 무슨 이익이 있겠는가!'('마태복음'16.26)라고 하지 않는가. 왜 이렇게 말하는 것일까? 마음과 인간, 그리고 마음의 피해는 전 세계보다도 중요하기 때문이다. 그것은 고양감정이기도 하다.

기독교적 자기감정은 이중의 대상을 지니고 있다. 즉 신과 여타 피조물이다. 신에 대해서는 그것은 겸양(Demut)이다. 그런데 피조물에 대해서는, 만일 인간이 또 인간만이 신의 모상模像으로서 창조되었다고 하는 교설이 기독교의 것이라고 한다면, 자기감정 그 자체는 자부이자 고양감정이다. 그리고 이 고양감정은 성서 자체에 이미, 신과 함께 있다 혹은 일체 피조물과는 달리 신과의 친연관계가 귀속하고 있다고 하는 감정으로서 표명되어 있다.

> 왜냐하면 우리는 [분명] 신의 자손이기 때문에.('사도행전' 17.28)

이것은 유사의 감정 이상의 것이다. 그것은 이미 친척 감정(Verwand-tschaftsge-fühl)이다. 그리고 에크하르트가

> 인간이 전 세계 이상의 것이 아니라고 한다면, 그것은 인간에게 무슨 이익이 되겠는가![285]

라는 소박한 자부의 말을 할 때, 이것은 오히려 그의 기독교적인 기층에 완전히 직속하고 있는 것이다.

　동양과 서양의 스승은 '신은 환멸해야 한다'고 요구하는 점에서 일치한다. 하지만 그것뿐만이 아니라 두 사람은 각각의 장소에서의 독실한 유신론자라는 점, 두 사람의 신비주의가 유신론적인 근저 위에 구축되고 있다는 점, 게다가 둘의 신비주의적 사변이 그 구축 높이에도 불구하고 자신들이 의거하여 서 있는 근저를 부정하지 않는 다는 점에 있어서도 일치하고 있다.

285) Bü. 2, 61.

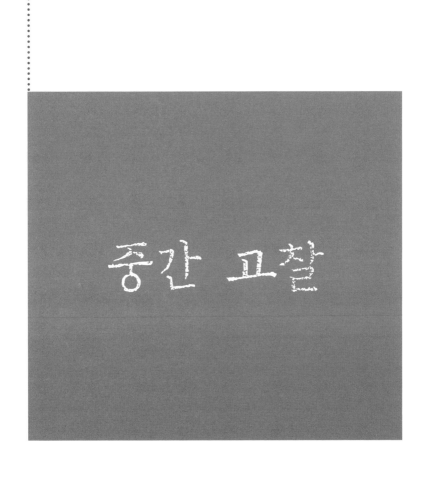

중간 고찰

중간 고찰

사례에 입각하여 드러나는 신비주의적 감정 일반의 구별[1]

제2부는 에크하르트의 신비주의와 샹카라의 그것의 차이를 제시해야 한다. 그것은 동시에 신비주의는 구별된다고 하는 말의 증명을 제시해야 하는 것이기도 하다. 이하의 설명은 샹카라와 에크하르트를 비교함에 있어 특수한 사례는 건드리지 않고, 신비주의적 경험이 개별화하는 가능성을 논함에 있어 인도의 영역에서만 끄집어 낸 여러 예에 입각하여 이 가능성을 설명하는 것인데, 그 점에서 이는 또 앞선 과제에 대한 징검다리로서 도움이 될 것이다.

1. 신비주의의 유형과 종류

샹카라는 인도의 신비주의, 즉 베단타 신비주의의 전형적인 대표자인데, 이 신비주의 자체도 많은 사람들에 의해 신비주의 일반의 전형적

---

1) 이하의 논술은 이미 1926년에 『종교심리학연보』(*Johrbuch für Religionspsychologie*)에 독립적으로 발표된 것이다. 나는 이를 처음의 형태 그대로 두었다. 그 때문에 약간의 중복이 발생하지만, 내 기대로는 대상의 난해함으로 보아 오히려 도움이 될 것이다.

인 사례로 여겨지고 있으며 또 이렇게 간주되어도 좋을 것이다. 우리의 샹카라 연구는 신비주의 일반의 본질을 분명히 하는 노력으로 이어지는 것이다. 이 본질 구명에 있어 하나의 시점이 안내 역할을 하게 되는데, 여기서 사전에 예로 인용하는 내용을 통해 그 유효성을 보이기를 바라고 있다. 그리고 내가 이 예를 선택하는 이유는 그것이 당초에는 그 시점과 서로 터놓기 힘들 만큼 대립하는 것처럼 보이기 때문이다. 신비주의는 아무리 다양한 근거 위에 구축되어도 근본적으로는 아주 동일하며, 이 점에서 시간 안에 없고 공간을 점하지 않으며 주위의 상황이나 그때그때의 조건에 좌우되는 일도 없다는 의견이 여전히 널리 퍼져있다. 하지만 이것은 사실에 반하는 것이다. 오히려 실제로는 기가 막힐 정도로 정형구가 일치하고 있음에도 불구하고 종교적 감정 일반의 개별화 못지않게 중요한 신비주의적 감정의 개별화가 발생하고 있는 듯이 보이고 있다. 분명 '신비주의'는 그 '본질'상에서 완전히 동일하다. 그렇지 않으면 신비주의라고 하는 개념도 존재하지 않을 것이고, 그 명칭의 사용도 있을 수 없을 것이다. 왜냐하면 우리가 많은 대상에 관해 동일한 명칭을 논리적으로 정당하게 사용할 수 있는 것은, 각각 그렇게 불리는 대상이 언제나 '동일'하다고 확정할 수 있는 부분을 지니고 있는 경우에 한정되기 때문이다. 하지만 이 경우, 예를 들어 '종교' 일반에 관해서도 사태는 다르지 않다. 우리는 불교, 힌두교, 이슬람, 기독교를 '제 종교'라고 부르고 또 그렇게 부름으로써 그것들이 모두 본질적으로는 '종교'라고 하는 동일 부류에 포함될 수 있다는 점을 가리킨다. 하지만 그 일은 '종교'가 그들 각각에 있어서 개별화되고 있다는 점 및 완전히 동일한 본질 부류 안에 그 자체에 있어서 매우 다른 정신적 형성체가 부여되고 있다는 점을 배제하는 것이 아니라 포함시켜야 하는 것이다.

2. 신비적 대상은 신비적 관계에 앞선다

신비주의적 경험은 신적인 것을 초월자로서 파악하는 것과는 달리, 신적인 것의 내재적 경험, 신적인 것과의 본질적인 합체 내지 본질적 합일이다. 이것이 종종 언급되는 신비주의의 본질 정의이다. 이점에 관해서도 우리는 비판적인 논평을 해야 한다. 왜냐하면 이 정의가 애초부터, 용어의 다의성의 허위를 짊어지고 있다는 것은 분명하기 때문이다. 즉 '신적인 것'이라는 동일한 표현이 대치된 두 가지 경험에서는 종교적인 관계의 대상 자체가 다른 성질의 것이라는 사실을 은폐하고 있다. '신적인 것'이라는 말은 비교의 각각의 대립항에 있어서 같은 의미로 사용되고 있는 것이 아니다. 내재적 원리로서의 '신성'이 초월적 신과는 자체적으로 다른 것이며, 또한 그것을 의미하고 있는 점은 분명하다. 두 대조적 사례에 있어 다른 것은 신적인 것과의 관계만이 아니다. '절대적인 것', 보다 적절하게는 종교적인 관계의 대상이 내재적인 신이라고 여겨지는 경우와 초월적인 신이라고 여겨지는 경우는 각각의 신적인 것 자체의 다른 본질 형식이 존재하는 것이다. 따라서 정의상에서는 명백히 경건한 사람과 그 관계 대상과의 관계를 가리킴에 분명한 정형구에 의해 그 차이가 규정되는 것이 아니라, 동시에 그리고 무엇보다도 대상 자체의 이종성異種性이 강조되는 것으로, 이것이 차이의 중심이 되는 것이다. 신비주의자는 신에 대해서 다른 혹은 새로운 관계를 갖는다는 것이 출발점이나 본질점이 아니고, 오히려 신비주의자는 별종의 '신'을 갖거나 또는 신비주의자가 지향하는 종교적 대상은 그 자체 별종이라고 하는 것이다. 대상의 차이가 결과로서 관계의 차이를 낳는 것이다. 하지만 대상 자체의 차이가 결정적이다. '양태 없는 신'(Deus sine modis)을 발견한다거나 마음속에 품는 것이 모종의 형태의 신비주의의 특징을 이룬다. 그러한 신은 그것과의 합일을 통해 경험된다. 하지만 사람은 그러한 신의 개념을 품자마자 이미 '신비주의자'이고, 게다가 신비주의자에게는 흔한 일이지만, '합일'의 계기가 후퇴하거나 또는 강조되지 않게 되어도 역시 그러하다. 완전히 비합리적인 성격을 지니며, 소박한 형식의 유신론의 신뢰빛은 인격적으로 변용된 신과는 다른 이러한 신 개념이야말로 '신비주의자'답게 하는 것이다. 그리고 합일이 처음으로 신비주의인 것이 아니라 이 '전혀 다른 것'으로서의 신의 경이(Wunder) 아래에서 살아가는 것이 이미 신비주의인 것이다.[2] 신 자체가 '신비적' 즉 불가사의(mysteriös)한 것이며, 그것을 경험하는 것이 비의에 차 있어서 신비적인 것이다. 그리고 단지 이처럼 신비적인 신과만 신비적인 관계, 즉 하나가 되는 것이 가능한 것이다.

신비주의는—우리들의 표현법에 따르면—종교적 감정의 관계 대상이 '비합리적'이게 됨에 따라 나타난다. 혹은 내가 다른 곳에서 언급하였듯이, 그 대상의 비합리적·누미노제적인 계기가 지배적으로 나타나며, 감정생활을 규정함에 응하여 나타난다. 바로 이점에서 신비주의의 통일적 '본질'을 보아야 함과 동시에, 이 '본질'이 개별화의 다양성을 지닐 수 있다는 점 또 틀림없이 지닐 수 있다는 점 또 틀림없이 지닌다는 점도 파악해야 한다.

---

2) DH 218의 부록에서[岩波文庫에는 없다] 닛사의 그레고리우스 찬미가를 번역해 두었다. 이 찬미가는 신비주의적인 것인데, 그것은 신비적 합일에 의해서가 아니라 오, 그대, 모든 것의 저편에 있는 자라고 불리는 '양태樣態 없는 존재'의 불가사의 속에서 그가 살아갔기 때문이다. 신비가(mystēs)의 근본 의의는 '합일시키는 사람'이 아니라 epoptēs, draṣṭr, divya-cakṣuḥ의 사람(숨은 신을 보는 자 is qui videt oculis Dei)이고 신비적 직관이 나타나, 이를 통해 '전혀 다른 것'을 직관하고, 이 직관 하에서 살아가는 '직관하는 사람'으로, 이 경우 '전혀 다른 것'이 아트만이든 브라흐만이든, 아니면 일체(Einheit) 또는 공한 것(śūnyatā), 영혼, 양태 없는 신성, 일성一性(Einkeit) 어느 쪽이든 선택하는 일은 없는 것이다.

3. 신비주의 및 신비주의적이라고 하는 말의 사용법

이러한 신비주의의 개념규정은 '신비적'(mystisch) 및 '신비주의'(Mystik)라는 말의 사용법 자체에 의해 확인된다. [라틴어] 'mystica'는 원래 형용사이다. 그것이 수식하는 명사는 'theologia'(신학)이다. 하지만 신비주의적 신학은 보통 '신비적'(mysteria) 신학과는 달리 비의를 가르친 점, 즉 그것이 아니면 알려지지 않는 깊이를 가리켰다는 점에 그 본질을 지니고 있다. 이러한 의미에서 이 어법은 더 오랜 흔적을 계승한 것이었다. 왜냐하면 신비주의적 신학이라는 것이 회자되기 이전에 이미, 예를 들어 성서의 '신비적 의미'라든지, 그 신비적 해석이라는 것이 논해지고 있었기 때문이다. 하지만 이 일은 '신비적 합일'이 설해졌다는 것이 아니라 성서의 통상적 의미의 배후에, 그 안에, 또 그 밑에 숨겨져 있던 의미나 깊은 의미가 요청되어 발견되었다고 하는 것을 말하는 것이다.

4. 단순한 영혼의 신비주의

신비주의가 나타나는 것은 신의 앞에서의 의미에서의 '신비적' 존재자가 되는 때이다. 하지만 우리의 본질 정의에서 보면, 다른 경우에는 전혀 이해할 수 없을지도 모르지만, '신비주의'는 애초에 신의 개념이 없는 때에도 또는 그것이 궁극적인 체험 자체에 있어 중요하지 않은 경우에도 존재할 수 있다는 점이 이해된다. 신비주의가 문제가 되는 때에 가장 먼저 머리에 떠오르는 듯한 신비주의의 사례가 바로 그것이다. 도대체 신비주의를 논할 때 곧바로 인도의 요가를 떠올리지 않을 사람이 있겠는가? 실제로 요가는 신비주의이다. 하지만 그것은 신의 신비주의가 아니라 순수하게 '영혼의 신비주의'인 것이다. 우리는 sa-īśvara-yoga와 an-īśvara-yoga 즉 신을 가지는 요가와 신이 없는 요가=유신론 요가와 무신론 요가를 구별한다. 후자가 신과의 신비적 합일(unio mystica)일리 없다는 것은 분명하다. 하지만 전자에게도 신 및 신과의 합일이 구제과정의 목표가 아니다. 이 경우에서도 추구되는 것은 신비적 합일이 아니라 '아트만의 분리'로, 신은 그저 그것을 도울 뿐이다. 게다가 그 분리가 달성되었을 때에는 더 이상 신과의 어떠한 관계도 없게 된다. 구제의 목표라는 것은 요가 기법을 통해 아트만을 모든 잘못된 결합 및 아트만 자신의 순수본질의 방해로부터 해방하는 것뿐이다.[3] 이 절차는 사실상 신비주의적 실수實修이다. 왜냐하면 아트만의 āścarya 즉 불가사의한 존재자 아트만이 여타 일체의 것에 대해서 '완전히 다른 것'으로서 관계하고, 이 역시 완전히 불가사의한 존재자인 자기 자신의 영혼의 본질에 있어서 요청되어 발견되어야 하기 때문이다. 요가는 '주술적' 관념이나 실천에서 탈피했지만, 여전히 세련된 주술이다. 즉 그 최종 목표인 '독존'(kaivalya)은 '주술적'인, 바꿔 말하자면 불가사의한 최고상태로, 기적을 낳는 힘(siddhi 혹은 riddhi)을 획득하는 것과 결부되어 있을 뿐만 아니라 그 상태 자체가 '아이슈바리야'(aiśvarya) 즉 세계를 넘어 완전히 불가사의, '기적'의 영역에 있으며 경탄해야 할 힘과 인식이 풍부한 '영광'(Herrlichkeit) 안에 있는 것이다.[4]

이것과 같은 일은 근본불교에도 적용된다. 불교는 신을 부정하기 때문에 원래 종교가 아니라고 진지하게 주장되어 왔다. 실제 불교는 신을 부정한다. 하지만 불교는 종교이다. 왜냐하면 불교는 누미노제 안에서 살아있기 때문이다. 열반(nirvāṇa)에 있어 추구되는 그 구원은 요가에서와 마찬가지로, 완전히 주술적·누미노제적이다. 그것은 완전히 비합리적이며 침묵을 통해서만 이야기할 수 있는 것이다. 그것은 매혹하는 정복淨福이다. 그것은 '부정'의 길을 따라야만 도달되는 것으로, 불가설의 기적(mirum ineffabile)이다. 왜냐하면 이 경우에도, 모든 신비주의에

---

3) 『요가 수트라』 서두에는(1.1.2) '요가는 심 작용의 지멸'(citta-vṛtti-nirodhaḥ yogaḥ)이라고 설명하면서, 이하에서 요가의 8단계가 서술되고 있다.

4) 누미노제와 '주술적인 것'의 관계에 대해서는 DH를 참조. [岩波文庫 117-119쪽]

서와 마찬가지로 부정은 제로의 정립이 아니기 때문이다. 제로는 철저하게 합리적인 것이자 이해가능하며 정의할 수 있고, 하등 표현 불가능한 것이 아니며 영혼이 침묵하여 말을 삼가야만 하는 것이 아니라, 말할 수 있는 것들 중에서 가장 객관적으로 말할 수 있는 것이다. 그리고 불교의 '아트만'의 부정, 즉 무아설은 사정의 신비주의적 성격을 한층 더 높인다. 왜냐하면 아트만이라는 의지처조차도 최종적인 속박으로서 제거됨으로써, 정의 불가능한 열반의 완전히 신비주의적·배리적背理的 성격이 더욱더 완전히 드러나기 때문이다. 열반은 절대적인 동시에 비합리적·신비적 상태이다. 그것은 영혼과 무한한 신적인 것 사이의 신비적 합일과 같은 정도의 신비적 상태이다. 그리고 바로 이것에 의해 양자 모두 신비주의인 것이다. 하지만 그와 동시에 양자는 또 각각 완전히 다른 내용을 지니는 신비주의, 하늘과 땅 만큼 떨어진 '특수성'을 지니는 신비주의이기도 하다. 왜냐하면 불타의 열반이 요가 신비주의와 마찬가지로, 브라흐만 혹은 신 또는 신성과의 그 어떤 합일도 아니라는 점은 분명 확실하기 때문이다.[5]

---

5) 불교는 신비주의이지만 기실 '신비적 합일'의 신비주의가 아니라는 점에서 요가와 공통된다. 그와 동시에 불교는 분명 본질적인 차이에 의해 요가와 구별된다. 그 차이는 개념을 통해서는 파악하기가 거의 힘들지만, 상호 조정 불가능하게 대립하지 않을 수 없을 만큼 현저하다. 또 동시에 요가에 있어서도 불교에 있어서도, 신비적·누미노제적인 세련된 계기를 통해, 또한 독존 및 열반이 지니는 '주술적' 성격을 통해 양자의 지반 위에 항상 새롭고 본래적인 주술이 부착했다는 것도 설명된다. 머지않아 그것은 불교의 퇴화라고 불리게 되고 실제로 그렇기는 하다. 하지만 이 퇴화를 설명하기 위한 '타락'이라고 하는 기계적인 카테고리'(릿츨)는 이 경우에도 너무 좁다. 이를 위해서는 주술과의 내적 친화성을 근거로 삼아야 한다. 그리고 이 친화성은 내가 열반의 신비적·누미노제적 성격이라고 부르는 것 안에 부여되어 있다.

5. 영혼 신앙의 비합리적으로 과도한 고조로서의 영혼의 신비주의

요가가 신비주의인 까닭은 '하나가 되는' 신비주의, '신비적 합일'의 신비주의로서가 아니라 순수하게 '영혼의 신비주의', '영혼'의 누미노제적 의미의 과도한 고조로서이다. 영혼 및 영혼에 대한 신앙, 영혼의 특별하고 비교할 수 없는 본질에 대한 신앙, 그 고귀함 및 '영혼의 구제'에 대한 규정에 대한 신앙은 필연적으로 종교 일반에 속한다. 그리고 보다 고도의 신앙은 모두 '영혼'에 대한 신앙을 포함하고 있다. 하지만 영혼의 신앙은 아트만의 '전혀 다른 것'의 요소, 즉 영혼의 기적적인 성격 혹은 초세계적 비밀이 느껴짐에 따라 신비주의적이게 되며, 그 때문에 여기서도 또 어느 '영혼의 신앙'에도 잠재하고 있는 영혼의 본질의 누미노제적 요소가 생기 넘치게 됨에 따라 신비주의적이게 된다. 그리고 '양태 없는 신'(Deus sine modis) 또는 신이 완전한 비합리성 하에서 나타나는 곳에서 신비주의가 모습을 보이듯이 영혼에 관해 같은 일이 발견되는 곳에서 영혼의 신비주의가 출현한다.

6. 신의 신비주의와 결합한 영혼의 신비주의

요가나 불교에서 그러하듯이, 신비주의는 단순한 영혼의 신비주의일 수 있다. 그리고 이미 언급하였듯이, 신비주의의 이 두 형태는 그 자체에 있어서 현저하게 다르다. 하지만 영혼의 신비주의는 신의 신비주의와 결합할 수 있다. 그리고 그 경우에는 또 순전히 독자적인 타입의 신비주의가 나타나게 된다. 에크하르트도 샹카라도 이 타입을 보이고 있다. 우리가 이미 살펴보았듯이, 샹카라에게도 가장 먼저 아트만 신비주의가 그 구성의 토대 또는 도식을 이루고 있다. 이와 같은 일은 에크하르트에서도 마찬가지다. 에크하르트에게 있어 신비주의적인 것으로서 '양태 없는 신성' 혹은 '고귀한 인간', 그리고 그가 몇 번에 걸쳐 반복적으로 영광 있는 존재로서 분명히 하려 노력하고 있는 불가사의한 존재로서의 영혼이 있는데, 이들 중에서 가장 신비주의적인 것이 어떤 것인지 결정하기는 어렵다. 영혼의 놀랄 만한 깊이와 그 깊은 바닥으로의 침강, 그 놀랄 만한 구조(Wunderbau) 및 불꽃(Fünklein)과 말초末梢(Wipfel)도 또한 신비적이며, 일체의 힘의 밑바닥 깊숙한 곳에서 '완전히 다른 것'으로서 그 자체 영원하고 시공간의 저편에 있으며, 또 너무 깊은 탓에 신 자신(인격적이고 양태를 지닌 존재이다)도 엿볼 수 없고 이해할 수도 없는 영혼 자체도 신비적이며 불가사의하며, 경악스럽고 경이로우며, 그뿐 아니라 거의 '주술적'이라고도 말할 수 있는 것을 스스로 구비하고 있다. 더구나 에크하르트에게는 이러한 영혼의 설명이 하나의 스타일 또는 독립된 성격을 지니고 있기에, 그의 경우에 주요 개념이 신비화된 영혼 개념인지 아니면 신비화된 신 개념인지 의심하는 것도 가능하다. 즉 후자를 기대하고서야 비로소 에크하르트가 '신비주의자'인 것이 아니다. '영혼의 설명' 자체에 의해 이미 완전한 신비주의자인 것이다. 샹카라의 『브라흐마 수트라 주해』 서문에 따르면, 아트만 및 바른 아트만 인식의 문제가 전면에 나오고 있기 때문에, 무엇보다 우선 그를 당연히 '영혼의 신비주의자'의 한 명으로 꼽아야 한다. 그 서문에서는 이 문제만이 논해져야 할 것인 것처럼 보여진다. 브라흐만은 처음에는 전혀 문제가 되고 있지 않은 것이다.

그렇지만 샹카라는 요가의 순수한 아트만 신비주의와는 지극히 첨예하고 대립하고 있다. 그 대립은 우리에게 특히 다음과 같은 내용을 보여주고 있다. 즉 샹카라는 소위 '신비주의자'가 아니며, 그 태도도 일반적인 '신비주의'가 아니라 특수하게 한정된 신비주의, 즉 적어도 다른 타입의 신비주의에 대해서 정확히 통상의 유신론적 경건에 대해서와 같은 정도로 첨예하게 대립하는 특수한 타입의 신비주의를 표방한다는 점이다. 그뿐만 아니라 사정은 그것으로는 끝나지 않는다. 신비주의자 샹카라가 만약 요가의 신비주의적 태도와 그의 위대한 라이벌인 라마누자의 순수하게 인격적인 유신론에 대한 선택을 강요받는다면, 그는 전혀 의심의 여지가 없이 전자를 비난하고 후자를 선택할 것이다. 즉 한편으로는 대담한 '나는 브라흐만이다'(brahmāsmi)[는 신앙고백]과 다른 한편으로는 인격적 유신론인 박티의 독실하고 경건한 신에 대한 귀의 사이에 있는 기분의 대립 혹은 체험의 차이는 분명 매우 커서 전혀 중개를 담당할 수 없는 것이다. 그렇지만 요가의 독존(kaivalya)의 이상과 비교할 때, 양자 모두 이것과는 같은 정도로 떨어져 있고, 같은 정도로 첨예하게 대립하고 있다. 왜냐하면 양자에게 있어 단순한 독존의 이상은 완전한 신이 없는 상태(Gottlosigkeit)로 비칠 것임에 틀림없기 때문이다.

요가학파의 인물과 샹카라와 같은 인물 사이의 이러한 차이를 개념적으로 분명히 하는 것은 매우 어려운 일이다. 각각 상대의 개념적 서술로 보면, 외견상 비슷하여 그 차이는 거의 알아차리기 힘들다. 양자는 전적으로 동일한 것 혹은 여하튼 매우 비슷한 것을 추구하고 있는 듯이도 보인다. 왜냐하면 애초에 독존(kaivalya)의 이상이란 무엇인가 하면, 완전한 '영광' 하에서의 아트만이기 때문이다. 그리고 이 영광은 브라흐만 자신으로서 알려지는 아트만에 부여되는 것과 전혀 차이가 없는 듯이 여겨진다. 요가행자가 원하는 아트만은, 그 절대성 하에서 일체의 비아트만과 대치되고 그후 자유로워져 순수하게 자기 자신에게로 초래되고, 순수하고 명백한 자기 인식인 동시에 일체의 아성我性(Ichheit)으로부터 해방되어 세간의 제약을 벗어나 자신 안에서 정복淨福인 아트만이다. 하지만 brahma-bhāva(브라흐만과의 완전히 하나의 상태)도 또한 마찬가지로 기술된다. 샹카라에게도 브라흐만은 자기 자신에게로 되돌아간 아트만 자신, 즉 그 자신에게 본질적으로 소속되면서도 무명(avidyā)에 뒤덮여 있음에 불과한 그 자신의 영광 아래에서의 아트만에 다름 아닌 듯 보인다. 브라흐만과 아트만은 호환명칭(Wechselnamen)에 불과한 것같이 보인다. 아트만이 발견되는 곳으로, 바야흐로 브라흐만이 도달한다. 그리고 아트만이 브라흐만의 이름을 지님을 통해 아트만에 덧붙여진 것을 보는 것은 바르지 않다. 왜냐하면 요가수행자들로부터는 아트만의 다양성이 고집된다고 하는 사실은 양적인 면에서 또는 내용과 관련하여 전혀 아무런 영향도 미치지 않으며 샹카라에게는 아트만의 다양성은 모습을 감추던가 아니면 부정되고 있기 때문이다.

어느 경우에서나 진정 문제가 되고 있는 것은, 신비주의에 대한 종교 심리학적 고찰에 즈음하여 종종 화제가 되는 무한한 해방감 또는 확대감이다. 또한 어느 경우에서나 주안점이 되는 것은, 자기의식 제한으로부터의 해방이자 인식자와 인식대상, 인식작용의 대립이 없는 지(jñāna)이며 순수의식의 정복淨福인 적정이다. 요가의 독존(kaivalya)에 도달한 사람의 자기의식이 범梵·열반(브라흐만·니르바나)에 도달한 사람의 그것 못지않게 가치 있는 것도 의심의 여지가 없는 부분이다. 즉 차이는 양적인 차이가 아닌 것이다.

나중의 박타(bhakta, 박티 신봉자)는 요가수행자들에 대해서 그 kaivalya 때문에 '세계의 벽지'(Ecke in der Welt)로 가야할 것이라는 유죄선고를 하고, 지옥에 떨어진 자에게조차 베풀어지는 추후의 해탈 가능성을 인정하지 않았다. 보통의 요가행자가 얼마나 잘못된 길을 걷고 있는지를 그들은 잘 알고 있었기 때문이다. 하지만 이 점에 관해서는 요가행자에 대한 샹카라의 입장도 박타의 그것과 본질적으로 거의 다르지 않았다. 왜냐하면 브라흐만 신비주의는 단순한 아트만 신비주의와는, 비록 양자의 정형구(Formeln)는 비슷하게 보이더라도 질적으로 다른 것이었기 때문이다. 그 내용은 심연에 의해 서로 분리되어 있다. 하지만 그 차이는 내용 자체와 마찬가지로 비합리적이며 궁극적으로는 개념적으로 제시할 수 없고, 신비적 경험 하에서만 파악될 뿐이다.—나아가 일반적으로 신비주의를 나타내는데 얼마나 단순한 '상승감이나 확대감 또는 확장감'이나 '무한의 신비주의'(Unendlichkeits-Mystik)라고 말하는 것만으로 족하다고 여기고 있는가하는 점도 지적해둔다. 이것들은 모두 이미 단순한 요가행자에게도 해당하는 것이며, 그 나름대로 이것을 표명하는 것이기는 하다. 하지만 브라흐만 감정은 분명 이들 모두와는 전혀 다른 것이나.

7. '소박한' 경건에도 있는 고양감

이러한 사태는 다른 점에서도 중요하다.

(a) 사람들은 '신비주의자'를 비난하며, 신비주의자에게는 종교 본래의 근본감정인 겸손한 마음이 결여되어 있기에 '진정한' 종교와는 구별되어야 한다고 말한다. 왜냐하면 신비주의자의 이상은 저 옛적 뱀의 그것처럼, '신처럼 있다'는 것일 뿐 아니라 신 자신이라고 하는 터무니없는 것이기 때문이다. 사실 신비주의는 독특한 누미노제적 고양감을 통해 특징지어지는데, 이 감정은 말할 것도 없이 종교는 '절대의존의 감정'에 의해서는 완전히 정의되지 않는 것이라는 점을 증명하는 것이다. 누가 봐도 알 수 있듯이, 이 슐라이어마허의 정의는 '본래의' 종교에 관해서는 너무 좁다. 진정한 종교라면 그 어느 것에도 '고양감'이 존재한다. 그리고 기독교의 경건한 감정의 규정에 관해서도 '절대의존'에 의한 그 규정은 일의 한 면에 불과하고, 적어도 신적인 것에 대한 이 절대의존이 그 자체로 '세계'를 초월하고 '죄나 악마, 죽음'을 초월하는 지극히 강렬한 해방감 혹은 초탈감(Überlegenheitsgefühl)을 동시에 불러일으키는 일이 없다면 잘못됐다고 하는 점이 들어맞는다. '우리의 신앙은 세계를 극복하는 승리이다'—이것이야말로 기독교적인 겸손의 이면이고, 이 이면이 없다면 그것은 거짓 믿음이다. '그리스도는 만물의 자유로운 주이다'—루터가 『그리스도 교도의 자유』에서 기술하고 있는 이 순수한 주의 인상은 가장 강렬한 고양감으로, 과연 신비주의자의 고양감이 그 긴장에서 볼 때 루터의 그것보다도 강했는지 아닌지에 대한 의문조차 든다. 여기

서도 신비주의가 나타나고 있는 것으로, 거기는 이러한, 온갖 진정한 종교에는 이미 고유하며 또 그 자체에서 이미 강력한 누미노제적 요소를 띠는 고양감이 비합리적 및 말로 표현하기 힘든 것의 영역 속으로 더욱 더 무리하게 들어가고 있는 부분이다.

(b) 신비주의와 겸손 - 두 번째로, 샹카라의 해탈한 자(mukta)의 입장에서 보면 이미 겸손 등은 문제가 될 수 없다는 점은 분명하다. 하지만 문제시하려는 것이 그것만으로 끝나는 것이 아니어서, 여기서 다시 한 번 요가와 샹카라의 관계에 주목해야 한다. 범梵·열반(브라흐만·니르바나)에서 보면, 독존(kaivalya)은 완전한 '무신無神'으로 보일 것이라고 앞서 말했다. 샹카라는 요가행자가 '겸손'하지 않다는 점에서 이를 비난할 수 없다. 실제로는 샹카라 자신이 더 이상 겸손하지 않기 때문이다. 오히려 그가 비난하는 것은 요가행자가 완전히 '세속적'(profan)이며 아주 불경건(unfromm)할 뿐 아니라 그 요가행자가 '구원'을 바라며, 또한 유일하며 영원한, 정복의 브라흐만 밖에서 또는 그것이 없더라도 구원이 소유된다고 선전하고 있는 경우에는 아마 우쭐해하기 때문이다. 이 계기가 때로는 샹카라를 은총설의 편으로 '탈선'시키는 원인조차도 되고 있다. '보다 높은 브라흐만'으로서의 브라흐만 혹은 각각의 아트만이 동일한 '최고의 아트만' 자체로서의 브라흐만은 엄밀하게 해석하면 '은총을 주는' 존재가 아니다. 하지만 사람들은 요가행자와 마찬가지로, 자기 자신으로부터가 아니라 브라흐만에서 혹은 브라흐만으로의 도달에서만 '무우無憂'(ohne Sorge)할 수 있다, 바꿔 말하면 정복일 수 있다는 인식은 어느 쪽이냐 하면 은총설의 동기에 가까운 것이며, 그러한 점에서 샹카라에게는 『기타』의 은총설을 뒷받침하고 있을 가능성이 있는 것이다. 덧붙여 말하자면, 인격적인 신이 인식의 길을 비춤을 통해 조력한다는 의미에서뿐만 아니라, 때때로 '최고의 아트만' 자신이 '은총을 증명한다'는 의미에 있어서도 그러하다. 예를 들어 『기타』18.54의

브라흐만이 된 자, 최고의 아트만(adhyātman)의 은총을 얻은 자는 근심으로부터 자유로워진다.[6]

[여기에는] 그것이 분명하다. 이 관계는 앞의 제10장 I. 5. (b) 이하에서 거론한 것과 유사하다. 브라흐만이 무명 때문에 다多에 있어서 대립하는 세계가 출현하는 때에는 본질 필연적으로 이슈바라 혹은 창조신으로 보여 질 수밖에 없듯이, 브라흐만에게 있어 혹은 브라흐만과의 동일성에 있어 구제도 마찬가지로 '보다 저차의 지'가 뚫고 나오는 때에는 은총의 관계로서 출현할 수밖에 없는 것이다. 이 신비주의의 저변으로서의 은총설은 단순한 양보가 아니다.─이 관계는 또 다음과 같이 표현되어도 좋을 것이다. 즉 '한편으로는 무명의 마법 안개 속에서[7] 세계가 출현할 때, 이 세계가 질서, 예지 및 정의의 세계여야 하는 것은 브라흐만 자신의 그렇게 만드는 바이다. 그런데 다른 한편으로는, 세계가 출현하는 때, 구원을 얻고 무명을 극복하는 영혼이 거기에서 발견되는 것도 또한 브라흐만이 그렇게 만드는 바이다'고.

어쨌든 중요한 것은 브라흐만 안에만 구원이 있다고 하는 점이다. 브라흐만 없이 구원을 바라는 것은 터무니없는 잘난 체이다. 그것은 '자기구제'─샹카라에게도 에크하르트에게도 마찬가지로 두려운 개념─라는 우쭐한 시도일 것이다.

8. 마하야나 신비주의와 다른 베단타

샹카라의 신비주의적 경험을 인도 이외 지역에서도 존재 가능한 신비주의 형태, 예를 들어 중국이라는 토양에서 성장한 도교와 선의 신

---

6) 上村(138쪽)는 '브라흐만과 일체가 되어 그 자기(아트만)가 평안해진 사람은 슬퍼하지 않고 ……'라고 번역한다.

7) "공간과 시간이라는 이중의 마법의 안개' 속에서"라고 야코비가 말하고 있는 것과 같은 것이다.

비주의와 비교해보면 그 특수성이 한층 더 부각될 것이다. 노자의 도道에 대한 설명 및 그 경험은 사실상 신비주의이다. 이 신비주의에 있어서도 유사한 내용의 정형구를 발견하기란 그리 어렵지 않다. 게다가 일견한 것만으로는 인도의 신비주의와 중국의 신비주의를 모든 것이 검어지는 밤의 어둠 속으로 동시에 사라지게 하는 것도 어렵지는 않다. 하지만 도는 브라흐만보다도 내적으로 깊은 것이다. 애초에 취급되는 것이 완전히 비합리적인 것이기에, 이 경우에도 또한 그 차이를 찾아 암시하면서 감정에 이끄는 것밖에 할 수 없다. 하지만 감득할 수 있는 사람은 도가 샹카라의 브라흐만보다도 한편으로는 어래장(bhūta-tathatā[8]) 및 알라야식(ālaya-vijñāna)에 대해, 또 한편으로는 마하야나의 불가사의한 공성(śūnyatā)에 대해 보다 큰 친화성을 지니고 있음을 느낄 수 있을 것이다. 이것들은 사실상 도와 마찬가지로 이해되어 양자는 당연히 서로 침투할 것으로, 실제로 중국 전통에서는 그러했다. 하지만 양자는 샹카라의 지반에서는 전혀 있을 수 없었던 것을 본질 필연적으로 낳지 않을 수 없었다. 즉 중국 및 일본의 선사들이 만들어 낸 세계와 자연의 지극히 깊고 철저히 누미누제적인 파악과 비할 바 없는 예술에서의 재현이 그것이다. 이에 관해서도 앞서 이미 비난받은 것과 같은 오류가 범해졌다. 즉 마하야나는 일반적인 인도적 수준으로의 '점차적 퇴보' 혹은 베다로의 위장 또는 완전한 회귀로 이해되었다. 그리고 여기에도 손쉬운 혼합주의의 이론이 곧바로 적용되었다. 그런데 베단타와 불교 간의 영향이나 자극의 지극히 깊은 상호작용이 작용하였음은 의심의 여지가 없다. 그렇지만 이 경우에도 양자의 유사성은 상호간의 차용관계로 설명되기보다는, 이미 『비슈누 나라야나』라는 내 저술에서 언급하였던[9], 예의 제 유형의 수렴이라는 독특한 법칙에 의해 설명된다. 하지만 베단타와 불교 간의 관계에 있어서도, 이 수렴은 내적 동일성으로는 인도하지 않는다. 쌍방의 수렴에도 불구하고, 양자의 내면에서는 전혀 다른 '정신',

---

8) 여기서는 대승불교 유식설의 개념의 문제가 아니다.
9) VN 205.

즉 그 본질에 있어서 파악되기를 바라고 조잡한 개념으로 병에 담겨질 수는 없는 정신이 살아있다. 알라야식은 가장 깊은 의미에서는, 브라흐만으로서의 jñāna와는 다른 것이다. 후자―적어도 대략적인 구별을 제시하자면― 즉 전적으로 정적인 것, 자기 안에 응축한 것, 조용히 움직이지 않는 것으로서의 후자는 선 신비주의의 최고의 원리와는 다르다. 이러한 원리는 매우 동적으로, 정적이지 않은 것인 동시에 훨씬 생기가 있고 심정이나 공상 혹은 상상적인 생산을 자극하는 것으로, 세계와 자연의 불가사의 혹은 그 아름다움이나 매력 하에서 경험되는 것이다. 그와 동시에 '아트만(ātman 나)'의 멸각이 정열적으로 더해져 경험의 표어가 되어야 하며, 이때 무아설의 이율배반이나 역리逆理 혹은 계속해서 전진하는 내적 변증법은 무의식의 한계까지 다다라야 한다. 그것은 실로 아트만 개념이 고정되어 격식화된 것에 대한, 또 동시에 브라흐만 개념의 경직된 실체성에 대한 항의이다. 바수반두(Vasubandhu)의 한 진정한 제자가 베단타 안에서 '근본적으로 동등한 것'을 발견하지 못하고, 베단타의 분위기에 숨 막힐 듯한 느낌을 받고 거기에서 해방된 때에, 마치 덫에서 벗어난 새와도 같은 감정을 느꼈을 것임에 틀림이 없다. 샹카라의 지반에서는 철저하게 망상이었던 것, 즉 '열반과 윤회는 똑같은 것이다'는 것이 마하야나에서는 필연적이고 중요한 것이 되어야 했다. 그와 동시에, 이 마하야나와 박티의 경건 사이에는 엄격한 불이일원론(Advaita)과 박티 사이에 있는 것과는 전혀 다른 친화성이 여전히 존재하고 있음에 틀림없다는 점도 간파된다. '붓다 흐리다야'(buddha-hṛdaya 부처의 진실된 마음, 견실심) 즉 마하야나의 영원한 불심은 여래장(bhūta-tathatā)의 정서적인 이면이고, 이것이 마하야나에서의 박티적 경건의 직접적인 근원인 것이다. 그렇기 때문에 중국에서 마하야나의 선종이 아미타불 및 관음보살에 대한 박티적 숭배를 자신의 실천에 있어 필요한 제2의 날개로서 이식된 이유도 역사적인 우연이 아니라 내재적인 것이었다.[10]

---

10) 그와 동시에, 그 박티도 마하야나 체계와 힌두교 체계에서는 바로 같지는 않다는 것도 분명해진다. 아미타는 인도의 위대한 박티파의 이슈바라와 비슷하기

9. 신비주의적 경험은 유신론적 감정에 의해 관철되고 있다

결국 샹카라의 신비주의는 유신론과의 관계에 의해 특별한 성격을 띠고 있다. 그렇다고는 하지만 유신론 일반과의 관계가 아니다. 왜냐하면 신비주의 일반이라는 것은 존재하지 않기 때문이다. 오히려 인도적 신비주의와의 관계이다.

이러한 한정이 붙는다 하더라도, 이 주장은 저항을 받을 것이다. 물론 트뢸치(Troeltsch)가 초기 저작에서 여러 번 언급하였던 주장, 즉 인도의 신비주의는 자연주의적인 다위령 신앙이나 다신 신앙 위에 구축되어 있다는 주장은 인도의 위대한 종교적 체계가 우리에게 차차 알려지게 된 오늘날에는 그 누구도 예전처럼 간단히 반복하지는 않을 것이다. 가장 성스러운 서적인 『기타』가 속하는 층에서는 '이교적 다신교'가 아니라 고도로 성숙한 유신론이 '토대'를 이루고 있으며, 그 위에 신비주의적 사변이 구축되어 있다는 점은 분명 명백한 점으로, 이에 대해 더 이상 말할 필요는 없다. 하지만 별도의 이론異論이 제시되며, 이는 일견 그럴싸해 보인다. 그 이론이란 다음과 같은 것이다. 박티 신앙의 사랑에 의해 숭배되고 획득되어야 할 인격적인 신, 구원을 베푸는 신에 대한 신앙이라 할지라도, 샹카라에게는 진정 '저차'의 지(aparā vidyā)이다. 이 신앙은 진정으로 완전한 인식(samyagdarāna)이 나타나자마자 소멸한다.─이 인식은 '그대는 그것이다'(tat tvam asi)라는 '구절'이 나타내는 인식이다. 그것(즉 인식자와 인식대상, 인식작용의 구별을 초월하는 순수한 인식인

는 하지만, 단순히 그것이지는 않다. 아미타는 전혀 다른 정서적 기층에서 나타나는 것으로, 만일 오해해서는 안 된다고 하면, 이러한 기층에 기반하여 나타나지 않으면 안 되고, 또 그렇게 보여지면 인도의 이슈바라와 외면적으로는 비슷하지만 내면적으로는 다른 형성체이다. 한편 아미타를 기독교적 유신론의 의미에서 이해하려 하거나, 그에게서 제2의 그리스도를 발견하려 한다면, 그것은 한층 더 심한 오해일 것이다.

영원한 비인격적 브라흐만)은 그대이다. 그리고 이러한 브라흐만 및 그 신비적 경험은 인격적인 신 및 신뢰의 사랑의 작용에서의 인격적인 관계도 완전히 배재할 뿐 아니라 그것과는 순수하게 또 완전히 대립한다. 다양한 세계 전체가 그 주재신과 함께 무명의 가상 속으로 침잠해가며, 그뿐 아니라 또한 그 자신 무명에 불과하다. 그리고 그와 동시에 '인식자'의 입장은 그 어떤 다른 세계 해석을 초월하는 한편 인격적 유신론도 초월한다. 나아가 가교할 수 없는 균열이 저 인식자와 다른 사람 사이를 갈라놓는다. 여기서는 신비주의가 순수하게 자기 자신 안에 존재하며 이질적인 요소에 의해 채색되지 않고 '특징지어지지 않고', 유신론적인 혹은 '신앙에 의한' 경건한 감정의 움직임 저편에 있는 차가운 정적 안에 존재하며, 순수존재 및 순수인식의 마치 얼음처럼 투명한 명석함 안에 존재한다. 여기서 신비주의는 시종일관하고 있다. 그것이 '시종일관하여' 나타날 때에는, 장소를 고르지 않고 발견될 수 있는 듯한 신비주의이다.

10. 이론異論의 격퇴

(a) 샹카라의 신비주의는 '차가운' 신비주의이다. 자 이러한 주장에 반발하여 가장 먼저 언급되어야 할 것은, 샹카라의 신비주의는 분명히 '냉정'하고 비열정적이며, 모든 감정의 진정이라는 점이다. 하지만 그것에 의해 그의 신비주의가 특별한 성질의 것이라는 점을 이미 나타낸 것이 된다. 그것은 '차가운' 신비주의로서, '뜨거운' 신비주의자, 강렬한 정서적 성격을 띤 신비주의자와 구별된다. 그 차가움을 시사하는 일은 실로 이 신비주의의 전적으로 '특수한' 성격을 드러내는 일이다. 페르시아의 신비주의, 수피 신비주의는 뜨겁다. 알 할라지(alHallāj)의 신비주의는 뜨겁게 타오르고 있다. 제랄룻딘 루미(Dschelāl ed-dīn Rūmī)와 같은 사람의 신비주의는 우쭐함에 취해 있다. 플로티노스의 신비주의는 그 비합

리적인 일체 체험의 깊이에 이르기까지 에로스의 향락에 의해 완전히 만족시켜지고 있다. 에크하르트의 신비주의는 심정의 완전한 만족이다. 십자가의 요한의 신비주의는 그 깊이에 이르기까지 서정적이다.[11] 이들 신비주의는 모두 각각 다르다. 그리고 이들 신비주의는 또 대체로 샹카라의 경험과는 다르다. 다른 한편에서 신비주의의 '얼음의 차가움' 특히 인도적 신비주의의 그것도 성립하지 않는다. 물론 샹카라의 신비주의 및 범梵·열반(브라흐만·니르바나)에 도달한 사람의 상태는 다른 신비주의의 형태와 비교하면 감정이 억제된, 깊은 안락 혹은 부동심에 의해(이 점에서 예를 들어 마하야나의 신비주의와는 지극히 명료하게 다른), 즉 그 '정태靜態'에 의해 특징지어진다. 하지만 추구된 상태는 결코 차가운 '존재'나 '인식'이 아니다. 왜냐하면 브라흐만은 아난다(ānanda), 즉 깊은 '무상의 기쁨[12]'이기 때문이다. 그렇지만 브라흐만이 '무상의 기쁨' 일반이라는 것도 아니다. 왜냐하면 그러한 것도 존재하지 않기 때문이다. 무상의 기쁨도 그 자체로는 매우 다양하기 때문이다.[13] 브라흐만의 무상의 기쁨은 다른 무상의 기쁨 혹은 다른 신비주의적인 무상의 기쁨과는 비교되지 않으며, 그 신비주의를 특별한 것으로 하고 있다.

(b) 샹카라의 신비주의적 경험은 신의 경험을 통해 만족된다. 하지만 샹카라의 신비주의의 특수성을 이루는 제2의 점은, 그의 신비주의가

---

11) 원십자가의 요한 및 특수한 타입의 그의 신비주의에 대해서는, Jean Baruzi, *Saint Jean de la Croix*(Paris, 1924)를 참조.—그의 신비주의의 시정적 성격 및 그 성격이 실로 état théopathique의 심원에까지 이르고, 이것도 물들이고 있는 점에 관해서는 p.661을 보라.—통상 요한의 스승으로 여겨지는 테레사와의 차이는 유사점을 알고 있는 사람에게는 명백할 것이다. 감정에 차이를 알아차린 사람이라면 누구나 알 수 있다. 바루지는 p.703 이하에서 이에 관해 명쾌하게 서술하고 있다.

12) 부언하자면, 전혀 비합리적인 기쁨이다. 왜냐하면 '존재'로부터도 '인식'으로부터도, 브라흐만 곁에서 기쁨이 되는 것은 분명해지지는 않으며 브라흐만의 무상의 기쁨이라는 본질도 현실로는 제시되지 않기 때문이다.

13) 이에 관해서는 DH 19를 참조. [岩波文庫 27-29쪽]

거기서부터 높아지고자 하는 유신론에 대해서 실제로는 중립적이지 않고, 설령 거기서부터 높아졌다하더라도 동시에 인도의 유신론과도, 특히 『기타』와도 고정된 관계를 지니며, 이 관계를 통해서 분명한 성격을 지니고 있다는 것이다. 이 점에 관해서는, 또한 약간의 고찰이 우리의 앞선 설명을 보충함과 동시에, 특히 샹카라의 신비주의의 특징을 이루는 감정의 요소를 명백히 해야 할 것이다. 이 요소는 유신론과의 관계를 통해 얻어진 것으로, 앞에서는 논할 수 없었던 것이다.[14]

샹카라와 그 비인격적 브라흐만설, 그리고 특히 마야설에 대한 위대한 유신론적 반대자는 라마누자(인도의 전통에 따르면 1017~1137)이다. 그는 브라흐만의 인격적 이해를 지키고자 샹카라와 치열하게 싸운다.[15] 비슈누, 나라야나, 바수데바, 인격적 이슈바라, 즉 세계의 창조자, 유지자 및 파괴자는 그 자신 영원한 브라흐만이고, 이 브라흐만은 동시에 영원한 존재로서 모든 세계 현상, 일체의 생성과 일체의 소멸을 초월하는 비할 데 없는 신이다. 그 아득한 아래에는 데바·브라흐마, 즉 영원한 브라흐만에 의해 창조된 조물주가 신의 이름과 명령 하에서 하계를 형성하였다. 하지만 이슈바라 자신이 세계의 원인인데, 그것도 세계의 질료인인 동시에 동력인(causa instrumentalis)이기도 할 정도로 절대적인 원인이다. 질료인이기도 하다는 것은(라마누자는 세계를 데바·브라흐마와 함께 전체를 형성하는 '이슈바라의 신체'라고 하는 점에서 이 오랜 우파니샤드의 설을 바르게 이해하고 있다) 세계의 창조에 앞서 이슈바라(주재신)가 명칭·형태를 하나로 하여 자기 안에 '원인'으로서 지니고 있다는 것이다.[16] 이슈바라는 이 원인으로부터 의지와 예지, 창조력을 통해 명칭·형태를 지니는 구별된 다양성, 다시 말하면 이 전개된 현실 세계를 형성하고, 한편으로 창조와 파괴를 무한히 반복하면서도 자기 자신은 세계와 시간을 초월하는 신으

---

14) 본서 제10장을 참조.

15) SR 참조.

16) 서양의 신(Deus)이 자기 및 자기의 본질과 하나인 '이념'을 자기 안에서 영원히 지니고 있다는 것과 동일하다.

로서 영원히 살아가는, 어디까지나 자기 동일적 존재이다. 이 신은 스스로의 은총에 의해 선택된 자를 세계로부터 초세계의 장소인 '바이쿤타'(Vaikuṇṭha)로 구제하여 동료로 삼고 정복淨福한 봉사에 종사하게 하여, 사람들은 거기서 신과 함께 영원히 정복하게 된다. 이 신의 인식은 '지知'이다. 이 지의 위에 다시 '고차의 지'가 있는 것이 아니다. 이 지 자체가 '고차의 지'이다. 이것과 샹카라의 그것을 비교해보면, 그의 설명은 어쨌든 단순히 비인격적인 브라흐만설이 아니라 독특한 건축구조, 즉 이중구조를 지니고 있음을 알 수 있다. 이 이중구조의 관계는 저차의 지와 고차의 지라고 하는 그의 용어에 드러나 있다. 하지만 이 구별은 하위의 지를 부정한다는 것이 아니라 양자의 필연적인 관계를 시사하고 있는 것이다. 저차의 지는 고차의 지에 비하면, 분명 후자에 의해 지양되어야 할 또는 지양된 지이다. 하지만 그래도 그것은 진정 저차의 지로서 그 영역 자체에서의 vidyā이고, 이 경우 통상의 착오와는 엄밀하게 구별되는 것이다. 다시 말하면, 저차의 지에 대한 고차의 지의 관계는 예를 들어 단순한 개인적인 억견이나 '사교도'의 교리체계에 대한 관계와는 전혀 다르다. 즉 그것은 저차의 지에 대해서 중립적인 것이 아니라 스스로의 입장에 있어서 이를 전제로 하는 것이다. 유물론자나 바이쉐시카, 상캬 등의 학파는 완전히 틀려서 그 어떤 '지(vidyā)'도 가지지 않는다. 그런데 신을 믿는 사람은 vidyā를 지닌다. 즉 저차의 것이기는 하지만 지를 지닌다. 저차의 지는 억제되고 차폐된 지이기는 하지만 기만이나 그릇된 견해가 아니다. 그렇기 때문에 샹카라는 일층에서는 순수하고 완전한 유신론자로서, 특히 진지하며 성스러운 열의를 지닌 유신론자이다. 이 점에서 그의 신학은 앞서 묘사한 후기의 라마누자의 그것과 거의 동일하다. 또 이 점에 관해서는, 신의 부정 혹은 완전한 유신론과 경합하는 체계에 대한 샹카라의 반대의 세기는 실로 라마누자의 그것과 동등하다. 따라서 말할 필요도 없이 샹카라에게는 신의 아래로 구제된 사람은 '다시 되돌아오지 않는' 것이 아니라 '점진해탈'을 따라 언젠가는 범·열반(브라흐만·니르바나)을 발견하는 것이다. 그리고 이미 앞서 상술했던 샹카라의 저차의 지와 고차의 지 사이의 경계의 특이한 탄력성도 여기서 분명해지는 것이지 단순한 '인도적인 종합적 사고법'을 통해 분명해지는 것이 아니다. 브라흐만이 vidyā의 프리즘을 통해 굴절되어 보이는 경우에는, 필연적으로 이슈바라 및 그것과 대극을 이루는 영혼으로서 나타나지 않을 수 없다고 하는 것도 브라흐만 자신이 그렇게 만드는 바이다. 하지만 이것은 이러한 신의 개념 및 경험으로서 그것에 대응하는 신비주의가 매우 특정한 성격을 띤다는 것을 의미한다. 이 신의 개념은 '저차의 지'에 기반한 박티 유신론의 가능성, 동태, 가능력(Potenz)을 자신 안에 함유하고 있다.

11. 그의 마야 개념이 그것을 증명한다

동일한 관계는 샹카라의 마야 개념에도 반영되고 있다. 마야와 무명은 때로는 평행하는 경우도 있지만, 양자에게는 중요한 차이가 있다. 무명을 지니는 존재는 다양함 속에서 영원히 하나인 것을 관찰하는 인간이다. 하지만 마야를 지니는 존재는 브라흐만이다. 브라흐만은 위대한 마술사(māyin)이다. 세계상, 즉 이 신기루(fata morgana[17])가 결코 주관적인 상상물이 아니라고 하는 것은 그 때문이다. 이러한 상태가 되기까지에는 객관적인 요인가 있다. 무명 하에서 '착오를 일으킨' 사람은 결코 스스로 착오를 일으키고 있는 것이 아니다. 그는 '착오가 일으켜'진 것이다. 이 다양성의 세계는 실재의 근거를 지니고 있다. 첫 번째로, 존재하는 브라흐만이 이 근거의 근저를 이루고 있는데, 그 위에 잘못하여 다양성의 '이미지'가 덧씌워지는 것이다. 하지만 두 번째로는, 세계가 이 [다양성]의 세계로서 존재하는 이유도 아무튼 브라흐만 자체 안에 있다. 특히 세계가 지금 있는 그대로 존재한다, 즉 세계가 지극히 현명하고

---

17) 혹은 '환영'—영국 신화 속의 것이다.

합목적적이고 유의의한 연관으로서 존재하는 이유는 거기에 있다. 따라서 샹카라도 열심히 설명하고 있듯이, 브라흐만이 세계의 질료인 및 동력인으로 알려진 것은 타당한 것이다. 브라흐만이 질료인인 이유는 그것이 존재하는 기체이기 때문이다. 만물의 다양성은 이 기체에 이미지로서 덧씌워진다. 브라흐만이 동력인인 이유는 이 다양한 것의 가상세계가 일단 나타나면, 그것은 브라흐만의 마야에 의해, 그것이 나타나는 대로 나타나기 때문이다. 이러한 관계가 확실해질 때만, 샹카라의『브라흐마 수트라 주해』의 제1장에서 거의 절망적으로 지배하고 있는 듯 보이는 저차의 지와 고차의 지의 외관상의 곤란으로부터 빠져 나온다. 샹카라가 바다라야나[=『브라흐마 수트라』의 저재 자신과 마찬가지로 '세계가 거기서부터 시작하고 존속하고 귀멸하는 근거가 되고 있는 것'이라고 하는 말을 브라흐만의 정의라고 해석하고 있는 점으로 볼 때, 그 혼란은 결코 타협이나 이론적 부정합이 아니다. 샹카라가 유물론자나 자연론자에 격렬하게 반대하고 우주론적 및 물리·신학적인 신의 증명을 행하고 있는 점에서 보아도, 그것은 또 논리적 부정합이 아니다. 그런데 만일 그가 말하는 브라흐만 자신이 이슈바라와 무관계하고 그의 신비주의가 우리가 이미 언급했던 '성격'을 지니지 않는다고 한다면 이상의 것은 실제로는 전혀 무의미하게 될 것이다. 왜냐하면 그 경우에는 세계의 성립이나 존립, 의미나 무의미라고 하는 것은 샹카라에게 있어 아무런 상관 없는 일이 될 것이기 때문이다. 오히려 세계의 무의미가 현저해지면 질수록, 그것은 점점 더 좋은 일이 될 것이다. 하지만 이 관계가 올바로 이해된다면, 실로 그의 주저[『브라흐마 수트라 주해』]의 위대한 서장은 투명해져 '시종일관한' 것이 될 것이다. 샹카라가 자신의 신을 세계의 유일한 근거로서 모든 것에 앞서 힘이 있고 현명하고 지혜를 지니고 정의라고 기록할 때, 바야흐로 그는 브라흐만을 나타내는 데에 유신론자가 마음에 품는 모든 가치를 요구할 수 있는 것이다. 그리고 또 그렇게 함으로써 샹카라는, 실제로도 그렇게 하고 있는데, 저차의 지와 고차의 지의 구별에 대해서 때로 정당하게도 철저하게 중립적인 태도를 취할 수 있는 것이다.

12. 이슈바라에 의한 브라흐만의 충실

샹카라는 오랜 우파니샤드의 예지의 교설과 신비주의 이외의 것을 언급하고 있는 것은 아니라고 믿고 있다. 우파니샤드에서 이미 브라흐만에게 중요한 변화가 생겼다. 오랜 브라흐만, 이 철저히 비합리적인, 정의될 수 없는 마술·주술적인 존재(Zaubergroße), '약샤'(Yakṣa)는 아트만적 존재자, '영혼'으로서 경험되었다. 아트만도 이슈차리야(āścarya) 즉 불가사의한 존재이긴 하지만 계속 뚜렷해서 투명하며 합리적으로 통찰 가능한 존재에 가깝다. 아트만은 '자명한 것이자 의식이고 인식이다'. 이러한 표현이 그것이 늘 보유하고 있는 신비적 성격을 빼앗아 버리는 점, 그리고 그럼으로써 이 명칭이 세속의 영역에서 지니고 있는 평범한 심리학적 사상이 이해되는 것을 방해해야 한다고 해도, 어쨌든 그것이 오랜 주술 혹은 우주론적 동화나 신화의 세계 및 그 감정으로부터도 멀리 떨어져 있다는 점은 의심의 여지가 없다. 하지만 투명한 아트만이 이처럼 브라흐만의 본질에 스며들어 있다는 것만으로는 샹카라의 브라흐만 개념은 여전히 설명되지 않는다. 그에게는 브라흐만 안에 또한 다른 것이 나타나서 사라지며, 그때마다 그 특이한 기질을 뒤에 남기고 있다.─ 그것이 바로 이슈바라의 개념이다. 샹카라가 자신의 브라흐만을 나타내는 데에 오래된 브라흐만에게도, 오래된 아트만에게도 적합하지 않은 명칭, 즉 인도에서는 일반적으로 신을 나타내고 또 그러한 호칭으로 숭배되고 있는 명칭인 빠라메슈바라(Parameśvara), '최고 주재신'을 즐겨 사용하고 있다는 사정이 이미 그것을 보여주고 있다. 이렇게 해서 오래된 브라흐만은 정말로 '신'이 되었다. 그것도 신비주의적인 신이기는 하지만 보통 신이라고 칭해지는 것과 순수하게 대립하는 것이 아니라, 동시에 그 신의 신비주의적 최상급이기도 한 듯한 신이다. 이를 증명하는 것은, 샹카라의 다음의 표현이다.

> 그 본질상 영원하고 순수하며 현명하고 자유로운, 전지전능함을 구비한 존재자.[18]
> 그들은 저 존재를 영원하고 전지하며, 도처에서 현전하고 있으며 영원히 무욕하고 영원히 순수하고 현명하고 자유로운 존재라고 가르치고 인식, 무상의 기쁨, 브라흐만이라고 가르친다.[19]
> 절대로 진실하고 모든 것을 소유하며 영원하고 에테르처럼 일체의 것에 침투하고 일체의 변화로부터 자유로우며 모든 것에 충족하고 불가분하며 그 자체가 빛으로서 활동하는 존재.[20]
> 자기 자신과 동일하고 하나이며 지복하고 영원한 영혼.[21]
> 영원하고 순수한 신.[22]
> 영원히 완전한 최고의 신.[23]

13. 이슈바라의 과도한 고조로서의 브라흐만

샹카라가 그가 말하는 '규정 없는 브라흐만'에게 부여하는 이러한 규정은, 그가 스스로의 한낱 번쇄한 변증법 이외에 종교적 감정에도 활동의 여지를 주어, 그것에 의해 본래 생각하고 있는 것을 인식에 가져오고자 하자마자, 일견 차갑고 추상적이며 공허하게 보이는 '순수한 존재자'에게 비로소 내면적인 내용을 부여하는 것이 된다. 이 경우의 브라흐만은 유신론에 있어서 불가피한 절대성의 사변을 중요시함과 동시

---

18) 『브라흐마 수트라』 1.1.1. Deussen 9.
19) 『브라흐마 수트라』 1.1.4. Deussen 18.
20) 『브라흐마 수트라』 1.1.4. Deussen 20.
21) 『브라흐마 수트라』 1.1.4. Deussen 27.
22) 『브라흐마 수트라』 1.1.5. Deussen 37.
23) 『브라흐마 수트라』 1.1.20. Deussen 61.

에, 다른 한편으로는 가능한 한 '신'을 인간화나 물화物化의 경향에서 해방하고자 하는 유신론이 지닌 숙명으로부터 멀리 떨어지지는 않는다. 이러한 브라흐만은 데우스와 순수하게 대립하는 것이 아니라, 그 자신의 승화된, 신격화된, 괴도로 높여진 데우스이다. 이는 하나의 비교를 통해 한층 더 명료해진다. 즉 샹카라의 브라흐만은—바로 '고차의 브라흐만'은—서양 스콜라 철학의 유신론적 사변과 두드러진 유사성을 지니고 있다. 토마스의 신도 존재(esse), 순수하고 단순한 존재(esse purum et simplex)로서 또한 그것에 의해 규정되고 있다. 신은 존재(esse)이며, 존재는 신의 본질(essentia)이다. 신은 또, 다른 어떤 것과도 함께 같은 유(genus)에 속하는 일이 없다. 아니, 신은 애초에 유에 속하지 않는다. 신은 자신의 유이다. 신 아래에서는 보편적 존재와 개별적 존재의 구별이 없다. 신 아래에서는 어떠한 '차이'도 존재하지 않는다. 신은 절대적으로 단순(simpliciter simplex)하고, 브라흐만과 마찬가지로 엄밀히 무한정(nirviśeṣa)하며 무속성(nirguṇa)이다. 왜냐하면 신은 순수본질에 다름 아니고, 속성(guṇa)의 차이를 지니지 않기 때문이다. 신 아래에서의 일체의 구별과 다양성은 '명목상'의 것이거나 아니면 '우리들의 이해의 측면에서의'(a parte intellectus nostri) 것일 수밖에 없다. 신의 '아는 작용'(intelligere)은 브라흐만에서와 마찬가지로 그 존재와 하나이다. 신에게는 엄밀하게는 인식하는 주체와 인식되는 객체 간의 대립은 지양되고 있다. 왜냐하면 신은 자기 자신을 자기 자신의 표상을 통해서가 아니라 자기의 본질 자체를 통해서 무매개적으로 인식하기 때문이다. 하지만 이러한 서술의 동기는 '스콜라 철학의 근저에 있는 본래의 비인격적인 신 개념'이 아니라 본질 혹은 근본 본질(Urwesen)을 의존하고 제약된 존재와 구별하여, '절대적'이라고 생각하려는 신학적으로 필연적인 시도이다. 왜냐하면 신과 같이 질서 잡힌 다양성의 근거여야 할 존재는 그 자신이 하나여야 하기 때문이다. 애초에 다양성의 근거여야 할 존재는, 그 자신이 스스로 다양성일 여지가 없다. 일체의 규정을 처음으로 가능하게 해야 할 존재

는 그 자신이 규정 자체에 포함되어서는 안 된다.[24]

14. samyagdarśana(진정 완전한 인식)와 upāsanā(숭배)

샹카라에게서의 진정한 관계는 그 자신이 종종 충분하게 기술하고 있는 대로이다. 고차와 저차의 '두 브라흐만'은 엄밀히 말하자면 후자가 전자와는 전혀 다르다. 즉 가상세계와 함께 끊임없이 생성소멸하면 저차의 조물주인 듯이 구별되는 것이 아니라, 철저하게 동일한 근원존재 (Urwessen)가 어떤 때에는 samyagdarśana의 대상으로서 파악되고, 다른 때에는 upāsanā 즉 개인적 숭배의 대상으로서 파악된다는 형식으로 구별되는 것이다. 개인적 숭배는 samyagdarśana의 것과는 다른 대상과 관련된 것이 아니라 동일한 대상과 관련한 것인데, 다만 그 파악 방식이 '저차'인 것이다. 하지만 동시에 주의해야 할 점은, 두 관련 방식 모두의 대상도 될 수 있는 '최고의 주재신'이 매우 많은 부분에서 고차의 브라흐만을 의미하는지, 아니면 저차의 브라흐만을 의미하는지 명시할 수 없는 듯이 서술되고 있는 점이다. 이 불명료함은 실로 의도적인 것이다. 왜냐하면 세계를 형성하고 지배하는 신이 갖는 존엄의 어느 하나로서, 영원한 브라흐만에게는 결여되어 있지 않다고 여겨지기 때문이다. 후자 자신은 아득히 높은 존재여야 하지만 저차의 브라흐만에 귀속하는 일체의 것이 그것에 '지양되고 있다'는 형식으로 그러해야 한다. 그리고 이 '지양'이라는 말은 여기서는 이중의 의미를 지니고 있다. 즉 배제하는 것으로서의 지양과 보존하는 것으로서의 지양이다.

---

24) "이와 동시에 양자에서, 이 절대성의 사변이 누미노제적인 '전혀 다른 것'이라고 내가 명명한 것의 합리적인 '도식화'라는 점도 분명하다. 이 점에 관해서 샹카라는 두 개의 명료한 용어를 지니고 있다. 즉 bṛhattva(브라흐만의 '존엄')와 atigam-bhīra(브라흐만의 '측정하기 힘든 깊이')이다. 《브라흐마 수트라》 2.1.31을 참조."

15. 예증

『기타』10.10에 관해 샹카라는 다음과 같이 말하고 있다.

이러한 samyagdarīana라는 형태에서의 인식의 실행에 의해 나, 아트만인 최고의 주에 도달한다.

이 표현이, 보통은 종종 그러하듯이, 실재(sat) 및 sad-ātman으로서의 브라흐만으로의 도달에 관해 언급되는 경우와 비교하면, 독특하게 충분하고 완전하다는 느낌이 들지 않는가? 나아가『문다카 우파니샤드 주해』3.1.1과도 비교해 보기 바란다. 여기서는 깨달음은 얻은 사람은 윤회의 속박에서 해방되어, 공복, 갈증, 슬픔, 무지, 쇠망 및 죽음에 좌우되는 일 없이 최고의 아트만을 발견하고, 전 우주를 통치하는 주재신을 발견하여 다음과 같이 명상한다.

나는 모든 것에 있어서 자기 동일한 이러한 (최고의) 아트만이고, 나는 (지금까지 망상되어 온 듯한) 무지를 낳는 제 제약에 감금된 형상화된 아트만(eingebildeter ātman)이 아니다. 이 모든 것은 나의 것, 모든 추재신의 것이다.

다음 구문에서는 브라흐만을 초월하여 한층 더 높아져야 할 주재신 혹은 창조자에 관해 명료하게 언급하고, 이를 '브라흐만 자신의 근원'(brahmayoni)라고 이름짓고 있다『문다카 우파니샤드』3.1.3]. 샹카라는 이를 인정하지 않고 자위책을 마련하고 있다. 하지만 그는 브라흐만이 모든 것의 창조주라는 점을 무조건적으로 인정하고 다음과 같이 계속한다.

이와 같이 브라흐만을 보고 슬픔으로부터 해방될 때, 그 사람은 브라흐만 자신과 동일한 저 최고의 동일 상태에 도달한다.[25]

이 감정이 지니는 지복은 모든 것의 주이자 창조자라고 하는 감정에 의해 일관되고 있다.

16. 이러한 경험의 감정의 내용

그런데 이러한 이슈바라인 점에 싫증난 브라흐만이 되는 사람의 심정 속에 생겨나는 것은 그 자체를 경험하는 사람밖에 말할 수 없을 것이다. 어쩌면 그러한 사람조차도 그것을 '말로 표현하는' 것은 불가능할 것이다. 그는 말없이 그것을 알고 브라흐만이 이슈바라를 높이 넘어서는 경우의 범·열반(브라흐만·니르바나)과 그렇지 않은 경우의 것과의 차이가 어디에 있는지도 알 것이다. 오랜 희생제의의 주술세계와의 연을 끊은 원초의, 불명의 브라흐만과는 달리 이러한 범·열반이 띠고 있는 성질은 우선 무엇보다도, 나중에 브라흐만에게 끊임없이 부가되어 가는 것, 즉 투명한 명석함, 완전한 각성, 자기 조명이다. 하지만 이러한 계기는 그것이 그저 브라흐만인 것에 그치지 않고, 이미 훨씬 이전에 아트만이기도 하다는 점에 의해 자기 안에 지니고 있었을 것이다. 그렇지만 범·열반을 샹카라의 방법으로 경험하는 사람은 그 이상으로 어떤 것을 자기 안에서 알고, 자기 아래에 떠맡고 또 그것을 간직하면서 그 주변을 둘러싸고 있는 것도 느낄 것이다. 이 어떤 것은 '나는 브라흐만이다'(brahmāsmi)고 인사할 듯한 순수한 타입의 사람에게, 바꿔 말하자면, 당당한 존엄과 매우 드문 세련된 고귀함을 만날 때 실제로 느끼는 것이다. 그것은 몸놀림이나 말투, 용모나 표정의 침착하고 냉정한 모습에 멈추지 않고, 세련된 고상함(Hoheit)이자 거의 고품격(Vornehmheit)이라고

25) 『문다카 우파니샤드 주해』 3.1.3.

말해도 좋은 것이다. 이러한 신비주의는 투명할 뿐만 아니라 고상함이 가득 차 있다. 하지만 그것은 아직 브라흐만이면서 아트만인 존재로부터는, 즉 순수한 존재, 순수한 의식, 절대의 정신성(caitanya) 및 지식(jñāna)으로부터는 이해되지 않는다. 오히려 그것이 이해되는 것은 여기서 경험되는 브라흐만이 빠라메슈바라, 즉 '최고의 주재신'을 스스로의 내부로 흡수한 때이다.

17. '균형을 유지하는 신비주의'(balanzierende Mystik)로서의 특수화

브라흐만과 빠라메슈바라 사이에는 유동적이며 상호간의 한계를 넘어 가는 관계가 있으며, 고차의 브라흐만과 저차의 브라흐만 사이의 대립도 엄격하게 규정된 것이 아닌 반면, jñāna에 의한 관련과 upāsanā에 의한 관련 사이의 관계는 샹카라의 견해를 한층 더 명백하고 엄밀하게 표현하는 것이라고 언급했다. 이 최후의 관계를 논하는 것은 또 동시에 본질적으로는 확실히 다른 느낌을 지닌 어떤 타입의 신비주의로부터 한층 명확하게 식별하는데 도움이 된다. 이 다른 타입은 '불이일원론'(Advaita)의 한 형식이기도 한데, 샹카라의 것과는 기분 상에서도 체험 상에서도 분명하게 다른 것이다. 그것은 예를 들어 『비슈누 뿌라나』나 샨딜랴(Śāṇḍilya)의 『박티 수트라』의 근저에 있는 한편 jñāna에 대해서 샹카라의 제자나 샹카라 지신의 것과는 본질적으로 다른 박티와의 관계를 지니는 불이일원론이다. 이 차이를 분명히 하고자 한다. 샹카라와 같은 사람에게는, 아마도 두 상태, 즉 사마디의 상태와 통상 의식의 상태가 구별될 것이다. 사마디에 있어 지반묵타(jīvanmukta)는 스스로의 목샤를 '깨닫는다'. 그때 그는 진정 브라흐만이다. 그의 시야로부터 다양성의 세계는 사라지고, 여기서 체험되는 브라흐만은 하나이자 전체이고, 그 자신 브라흐만이다. 이윽고 사마디로부터 일상의 의식으로 되돌아와도, 그저 브라흐만만이 존재하고 자기 자신이 브라흐만이라는 인식은 남지만, 이때의 그것은 인식에 불과하며 느꼈던 체험은 아니다. 이제는 다시 실수로 다多를 보게 된다. 모든 것은 일자에 불과하다고 하는 좋은 지혜를 얻고도 그는 다시 다多를 본다. 달이 하나뿐임을 알면서도 두 개의 달을 보는 티미라 환자[26]와 같은 상태에 있다. 잘못된 견해는 '그 사람의 카르마를 위해 계속 이어지는 것으로, 이것은 필연적으로 장래에 까지 영향을 미친다'. 그럼에도 불구하고, 그러한 시각의 기만은 다음과 같은 확신을 저해하는 것은 아니다. 즉 브라흐만만이 외관에도 불구하고 홀로 존재하고 불이이며, 외관은 외관에 불과하고, 설령 시각 상에서는 그것이 극복되지 않는다 하더라도 그러하다는 확신이다. 이제 이러한 상태에 있어서 그가 브라흐만을 생각한다면 그것은 장엄한 최고의 외경의 대상이 된다.[27] 이 외경은 보통의 인간이 신에 대해 생각할 때 품는 외경과 유사성을 지니고 있다. 하지만 그렇다 하더라도 그 상태는 박티의 그것은 아니다. 그러한 상태에 있으면서도 그는 우빠사나, 즉 인격적 이슈바라의 숭배로 되돌아오는 일은 없을 것이며, 스스로 바라거나 또는 희생제나 제의, 여타 업(karman)을 통해 신과 관련되는 것을 생각하는 일도 없을 것이다. '우리들은 그것을 넘어서 있는 것이다'—한 샹카라 법사는 확신을 갖고 내게 말했다. 일단 '인식'이 나타나면, 업, 기도 및 우빠사나는 폐기되며, 그와 동시에 초월적 대상에 대한 모든 인격적인 관련도 폐기된다. 샹카라와 같은 사람에게 있어 박티로부터 인식, 하물며 사마디로의 이행 따위는 전혀 존재하지 않는다. 그에게는 브라흐만과 하나라는 점, 보다 정확히는 브라흐만이라는 점은 인격적 이슈바라에 대한 '신앙에 의한' 귀의의 연장선상에 있는 것이 아니다.

---

26) 눈병환자의 '어둠'(timira)에 있어서. [이 병은 녹내장이다.]

27) 샹카라는 다음과 같이 『만두캬 카리카 주해』 4, 100에서 말하고 있다. "최고 존재 그 자체, 우리는 그를 (만일 우리가 자신을 세간적 관행(vyavahāra)의 입장에서 볼 때) 존숭한다."

그런데 진정 후자야말로 상술한 불이일원론의 두 번째 타입에서 보여 지는 것이다. 이에 관해서는 『비슈누 뿌라나』에서 발견되는 쁘라흘라다(Prahlāda)의 예가 시사하는 바가 크다.[28] 쁘라흘라다는 비슈누에 대한 신앙을 이유로 신심 없는 아버지에 의해서 바다 속으로 잠기는데, 비슈누에 대한 신앙과 충심으로부터의 신뢰를 성실하게 유지하고 변함없이 마음을 다해서 매일 이를 칭송한다. 주재신에 대한 이러한 심정의 고양, 이 우빠사나가 이제 분명 매끄럽게 이동하여 신비적 체험으로 옮겨 가는 것이다.

> 그의 것에 예배하고 기도하고 존경해야 한다.
> 주 비슈누를 위해, 몇 번이고 반복하여. ⎫ 우빠사나,
> 살아있는 것은 그로부터 나와, 그에게로 향하기 때문이다. ⎬ 박티
> 그는 일체를 존재하게 하고, 움직이는 것을 붙잡는다. ⎫ 이행
> 그 존재는 모든 공간과 모든 시간을 붙잡는다. ⎬

> 나는 또한 그이고, 일체는 내 것이다.
> 나는 일체이고, 일체는 내 안에 있으며,
> 나는 영원하고 끝이 없으며, 불멸의 존재이다. ⎫ samyag-
> 최고의 정신이 있는 곳으로서 ⎬ darśāna
> 나는 시작과 끝과, 그리고 만유를 포함하는
> 브라흐만, 세계의 최고의 정신이라고 일컬어진다.[29]

이렇게 그는 스스로를 아쮸타(acyuta)라고 느끼고 자기 자신 환멸하여 (entwerden) 스스로를 그 자신으로 안다.

---

28) 본서 제5장 및 德永宗雄 'バクティ―神への信愛と歸依(岩波講座·東洋思想 7 インド思想 3, 岩波書店 1989), 212-215쪽 참조.
29) VN 50.

나는 무한하고 변화 없으며,

이제 나 스스로 최고의 자기이다.

여기서는, 강렬한 박티의 움직임에서 신비적 경험이 나타나고 있음을 알 수 있을 것이다. 사랑받고 신뢰받은 인격적인 주재신이 확대해 가, 그 후(주재신'으로서의 존재 계기를 상실하는 일 없이) 하나된 존재자로서의 신비주의적 전적 존재자가 된다. 그리고 이제 객체와 주체는 서로의 내부로 미끄러져 들어가, 그 경험자 자신이 이 전적 존재자로서의 주재신[30]이다.[31] 그리고 이것과 완전히 동일하게, 이윽고 이 신비주의적 경험이 다시 소박한 박티를 향해 미끄러지듯이 되돌아가고[32], 거기서 비슈누는 천계의 모습을 취하고 쁘라흘라다와 대화하는 선량한 구제의 주로서 인격적으로 나타나는 것이다.

하지만 이 경우, 이러한 인격적인 교통이, 없어도 좋을 혹은 소멸하지 않을 수 없을 듯한 가치가 낮은, 뒤떨어진 것이 아니라 신비주의적 관계와 동등한 가치를 지닌 것이라는 점은 의심의 여지가 없다. 이 신의 특징을 이루는 것은, 그것이 모습을 바꿔 영혼에 대해서 출현할 수 있다고 하는 점, 즉 지복 안으로 흡수하는 전적 존재자로서임과 동시에 영혼의 인격적인 연인 또는 친구로서 출현할 수 있다는 점이다. 여기서는 '균형을 유지하는 신비주의'이라고 불러야 하는 것이 있다. 샹카라도 라마누자도, 『비슈누 쁘라나』를 설명함에 있어 텍스트의 의미에 대해서 마찬가지로, 말하자면 좌우로부터 폭력을 더하고 있음은 의심의 여지가 없다. 즉 전자는 박티에 의해서 깊은 영감이 부여된 텍스트의 기분을

---

30) 다음의 에크하르트의 말을 참조. "이처럼 사람은 일심으로 기도해야 한다. 그리하면 모든 신체의 기관—눈, 귀, 심장, 모든 감관—과 힘이 작용하기 시작한다. 그리고 그에 대해 사람은 자신과 그의 눈앞에 있는 것 및 그가 기도하는 것, 즉 신과의 일체를 마음에 소유하고 있음에 눈치챌 때까지는 이를 그쳐서는 안 된다."(Pf. 544, 37)

31) '신비주의적 계사'라는 의미에서의 '이다'.

32) VN 51.

놓쳤다는 점에서, 또 후자는 이 박티가 지니는 신비주의적 깊이를 간과하였다는 점에서.

18. 상투적인 말에 대한 캐치프레이즈

하지만 쁘라흘라다의 예는 또 혼합주의라든지 시종일관하지 않는 신비주의 혹은 그와 유사한 안이한 캐치프레이즈를 사용함으로써, 종교적 경험의 깊은 문제를 해결하는 것이 아니라 오히려 매장시켜 버리는 것에 경계심도 던져준다. 샹카라의 종교성은 쁘라흘라다의 그것보다도 '시종일관'하고 있지 않다. 쁘라흘라다의 입장에서 보면 그것은 '일면적인 동시에 경험적으로도 빈약하게 비춰진다. 쁘라흘라다의 종교성은 완전히 '시종일관하고' 있으며, 그 자신에 있어서 통일적이다. 그것은 진정 그 본질상 '양극적'이다. 하지만 그것은 시종일관하지 않은 것은 아니다. 처음부터 양극적인 본질은 '시종일관하지 않은' 것이 아니다. 그것이 두 가지로 작용하는 때에는 그 자신 진정 시종일관하고 있는 것이다. 그한 쪽의 자극磁極을 꺾어도 자석은 꺾인 부분에서 곧장 동일한 자극을 회복한다. 이것이 정녕 자석의 시종일관성이다.

19. 박티 신비주의의 특수화

마지막으로 다음의 내용으로 맺고자 한다. 박티 신비주의 안에도 또한 특수화가 있으며, 이것이 상호간의 날카로운 정서적 긴장으로 인도하는 경우가 있다. 예를 들어 쁘라흘라다 형식(조용히 집중하는 라마누자 형식에 가깝다)을 뱅골의 짜이탄냐(Caitanya)와 비교하면 이를 알 수 있다. 후자의 경우에는 박티가 '쁘레마'(prema), 즉 크리슈나의 연애 형태를 취하여 타오르는, 전적으로 성애적인 색채를 띠는 뜨거운 사랑의 불꽃이 된다. 이 경우에는 황홀경 속에서 개인의 한계를 뛰어 넘어, 몸도 마음도 녹이는 연애 상대와의 일체를 구하는 연애 감정의 불꽃에 의해, 합일의 상태가 추구되고 있다. 쁘라흘라다는 그것과는 전혀 다르다. 이 경우의 박티는 반대로 신 앞에서의 영혼의 정적이자 신앙과 신뢰에 의한 전심몰입(Ergebenheit)으로, 쁘레마의 몸도 마음도 녹이는 흥분상태라기보다는 오히려 에크하르트의 신에서의 방하放下와 같은 것을 그 안에 포함하고 있거나 띠고 있다. 타오르는 에로스나 애정 어린 카리타스(caritas)가 아니라 신뢰(fiducia) 혹은 신뢰하는 동시에 하나의 상념으로 향하는 '명상'(Sinnen)으로서의 완전한 신앙이야말로 자기 상실과 신과의 일체화로 인도한다. 왜냐하면 '신앙'도 신비주의로 이행할 가능성을 지니고 있기 때문이다.[33]

20. 결어

인도의 신비주의 위에 걸린 온갖 또는 거의 모든 형태에 관해서, 기독교의 영역에서도 유사함이 발견된다. 후자도 전자와 함께, 그 신비주의는 '특수화하는' 것을 예증할 것이다. 그렇지만 그때 동시에 '제 타입의 수렴'에도 불구하고 여기서도 또한 내적 '정신'은 구별되는 점, 기독교 신비주의가 구축되는 때의 다른 지반이 인도적이 아니라 기독교적인 성질을 지니는 듯한 수법으로 신비주의의 최고의 경험을 채색하고 있는 점, 바로 이 점을 나타내는 것도 중요하고, 이렇게 해야 양자의 유사성은 저 예증을 한층 더 완전하게 할 것이다.─에크하르트와 샹카라의 각각의 신비주의에 관해 이를 행하는 것이 이제 제2부의 과제이다.

---

33) SU 140ff.

제2부

차이점

차이점

들어가며

1. 우리는 에크하르트의 신비주의를 인도의 위대한 신비주의와 비교하여 형태상에서의 유사성과 동일성의 놀랄만한 제 경향을 분명하게 하고자 함과 동시에 이 유사성 안에서 민족이나 시대, 인종이나 문화의 벽을 넘어 확대되는 인간의 영혼 일반의 유사성도 동시에 훤히 드러나는 점을 인정했다. 하지만 내가 다른 곳에서 언급하였듯이, 종교의 비교라는 과제는 그러한 유사성을 증명하고 내보이는 것으로 끝나는 것이 아니라 이제는 더 세련된 연구가 시작되는 것이다. 즉 구조가 동일함에도 불구하고 사정의 내면을 각각 매우 다르게 규정하고 있는 특수한 영혼, 지역적 누멘(numen loci)를 형태상의 일치라는 틀 안에서 증명하고 내보이는 것이다. 이러한 시점은 신비주의에 관해서뿐만 아니라 종교 일반의 높은 형태에 관한 비교에서도 중요하다. 신비주의 이외에서도 다양하게 다른 장소에서 거의 동일한 것을 낳는 것처럼 여겨지는 한편 기독교적 은총설에 대해서도 놀랄 만한 유사성을 초래하는 듯이 보이는 '제 타입의 수렴'에 놀라움을 금할 수 없다.[1] 하지만 이 점에 관해서도, 내면에 발을 들여 놓으면, '정신' 또한 사항의 본질까지도 동일한 것은

---

1) VN 201.

아니다. 그리스도는 크리슈나나 중국·일본의 위대한 불교종파의 구제자인 아미타불[2]과 '근본 상 같은 존재'가 아니다. 마찬가지로, 신비주의도 동양과 서양에서 '근본적으로 동일하지 않다'. 기독교 신비주의는 인도 신비주의가 아니며, 그 위에 그것이 구축되는 근저로부터 명료하게 설명되는 그 독자의 성격을 지니고 있는 것이다.

2. 브라흐만은 인격신을 훨씬 초월하며, 인격신이 초인격적 브라흐만 아래에서는 힘을 상실 또는 소멸한다는 점, 영혼과 브라흐만은 동일하고 구원은 브라흐만 자체와 동일하게 되는 것이며, 이 브라흐만은 한정되지 않는 순수한 존재 혹은 정신으로 속성을 지니지 않고, 자기 안에 차이를 갖지 않는다는 점, 따라서 세계는 본래의 존재가 없고 마야와 무명의 불확정성 하에서 떠돌고 있다는 점—즉 모두 하나하나 에크하르트에서도 평행하는 것을 지니고, 용어에 이르기까지 놀랄 만큼 일치하고 있다. 즉 어떠한 차이도 파고 들지 않는 초인격적 '신성'은 인격 또는 제 인격으로서의 신을 높이 초월하고 있으며, 초인격적 신적 존재자 아래에서 '신은 환멸하고' 소멸하며 이 존재자에게 있어서 영혼과 신은 차별이 없는 유일한 하나이고, 거기에 구원이 있으며 또 세계와 사물은 '창조된 것'의 불규정성과 규정 불가능성 사이를 떠돌고 '창조된 것'은 그 어떤 '존재'도 아니고 철저하게 존재가 없으며, 그 자신에게 있어 '무'이고 애초부터 '존재'하지 않는다.—표현상 이것 이상 가까운 것이 있을까. 가까운 것은 표현상에서뿐일까. 뭐라 해도 구원이 양자에게 있어 절대적으로 한정이 없는 유일한 신적 존재자 아래에서의 멸아(Entichung) 혹은 귀멸(Untergehen)이라고 한다면 구원 자체 속에 차이가 있는 것일까. 양자는 정녕 '신비주의' 그 자체, 즉 거기서 일체의 차이가 사라져 그 어떤 인류에게 나타나든 완전히 동일한 듯한 '시종일관한' 신비주의는 아닌 것인가. '순수하게 존재하는 것'이라든지 '초월적으로 존재하는 것',

---

2) der Heiland Amida는 '아미타불의 정토'.

'무'나 '무한한 것'과 같은 도식적, 추상적이고 공허한 목표 및 부정 신학에 의해, 구체적인 종교적 경험을 동시에 희박하고 퇴색한 것으로 만들고 억압하고 희미하게 하는 듯한 신비주의는 아닌 것인가.

3. 우리는 이하의 논술을 다음과 같이 나눈다. 먼저 제1편에서는 두 스승의 신비주의를 그 자체로 이해한다. 제2편에서는 두 사람의 신비주의에 내용을 부여하는 것 또는 그 파악을 위한 형식을 나타내는 재료를 다룬다. 그리고 다음의 서론이 제2부 전체의 머리말이 되고 있다.

서론

에크하르트가 비난받고 때로는 일반적인 '신비주의'가 아니라고 여겨지는 이유는, 본래의 종교 즉 인격적인 신앙이나 사랑, 신뢰나 외경, 감동이 풍부한 심정 및 양심 생활이 지니는 풍부하고 생기 넘치며, 개별적인 생이 결국에는 빛이 바랜, 시원찮은 추상화, 공동화 혹은 내용 없는 도식적인 본질성의 공허한 동일화에 빠지기 때문이다. 예를 들어 하나인 것, 존재하는 것 또는 일체의 개념이나 일체의 구체적 내용이 박탈된 것과 하나가 된다거나 유한이나 무한이라는 추상개념과 시시덕거린다거나, 순수한 도식에 불과한 형이상학적 형식이 지닌 빈궁한 분위기로 점차 사라져 간다는 것이다. 또 그뿐 아니라 마지막에는 아마도 완전히 절대적인 제로라고는 아니다 하여도 지극히 그에 가까운, 적어도 완전히 무규정하고 따라서 내용이 없는 '무'가 된다고 하는 것이다.

이러한 비난이 이미 인도 신비주의의 체험 내용에 대한 오해라는 점은 앞서 언급한 대로이다. 그렇지만 그 비난은 에크하르트에 관해서도 완전히 터무니없는 것이다. 그와 동시대에 발발한 터무니없이 새로운 생명의 고양감과 신神 감정, 즉 '고딕'에서 퍼져가고 루터의 『자유의 지』(De servo arvitrio)에서 파도처럼 넘실대고, 베어(Bähr)의 오페라 '성모 교회'나 바흐의 오르간 곡 토카타에서 마지막 파문을 일으킨 그러한 감정의 충격에 의해 활력을 받아 불타올랐던 이 철저하게 '고디적인' 인간이 '추생개념' 하에서 또 그것을 통해 살아 있었다고 하는 것은 이상한 일이다. 에크하르트의 스승이었던 토마스가 오히려 그 구체적인 유신론에도 불구하고 추상적이며 도식적이고 형식적인 인간이다. 게다가 그는 에크하르트와 비교해서 역행적인 사람이었다. 즉 둥근 것을 사각형으로 한다거나 전통과 권위에 의해 부여된 기독교의 이념적 유산을 전혀 다른 토양에서 자라 전혀 다른 정신을 지닌 아리스토텔레스적 체계의 합리주의와 융합시키고자 진지하게 노력하고 있는 것이다. 토마스는 자기 사변의 종교적 내실에 관해서는 연을 끊고 무엇도 새로이 시작하지 않는다. 아무튼 그의 종교성 안에는 새롭게 자신을 산출하고자 하는 시대의 강력한 태동은 전혀 없다. 에크하르트도 분명 토마스 및 종래의 스콜라 철학을 통해 연구하고 있다. 에크하르트의 개별 정형구를 그 깊은 의미를 향해 종합적으로 이해하지 않고 역으로 사상의 흐름을 부분적으로 세분화하게 되면, 그를 순전한 스콜라 학자라고 증명하는데 성공할 것이다. 하지만 이는 나무를 보고 숲을 보지 않는 것이다! 그는 학교나 학파로부터 떼어 낸 사상 재료를 가지고 하나의 사상체계를 세우게 되는데, 그것은 추상적이기보다는 '공상적'이라고 불러도 좋을 것으로, 또 실제로는 보링거(Worringer)가 『고딕의 제문제』(Problemen der Gothik)에서 새로이 발견한 계기도 갖추고 있다. 그 요소를 보링거는 '주술적'이라고 일컫고 있다. 즉 그것은 어쨌든 기묘하며 기이한 생각을 품게 하는 것으로 미지의 새로운 감정 세계로 안내하고 심정 속에 이제껏 없었던 새로운 움직임을 일깨우는 것이다. 그것은 비합리적인 한편 그 구성적 제 요소의 엄밀함과의 대조를 통해 한결같이 비합리성 하에서 높아져 간다. 예를 들어 에크하르트의 양태 없는 신성이 그것으로, 이것은 스스로 회전하는 수레바퀴이자 자기 안을 흐르는 강이고, 영혼의 근저에서 잎을 벌리고 꽃을 피우는 신이자 패러독스나 지극히 난해한 모순에 꼼짝 못하는 놀랄 만한 심연인데, 하지만 이들 모두는 위대한 무언의 근본 직관의 통일성 안으로 녹아 들어 융합하고 있는 것이다. 더구나 이 직관은 예레미야의 내심(Eingeweide)에서의 야훼의 말처럼, 그 내면에 있어서 작열하고 자극하는 것이다.

이 '신비주의'는 아주 강렬한 생명력으로, 이를 통해 '추상화'와는 멀리 떨어져 있다.

이와 동시에 이 신비주의는 이러한 점에서 샹카라 및 인도 신비주의를 훨씬 능가한다. 신비주의는 실로 단순히 신비주의가 아니다. 그것은 많은 계기에 기반하여 달라진다. 특히 무엇보다도, 그것은 각각 그 위에 구축되어 있는 기층에 따라 다르다. 왜냐하면 '신비주의'는 결코 에테르처럼 공중에 떠 있는 것이 아니기 때문이다. 도처에서 그것은, 일정 종교가 성장한 지반 위에 중첩되어 세워져, 그 지반 위에 또 그 종교 위에 구축되어 있다. 그리고 그것이 얼마나 다각적으로 구축되어도, 그 지반이 가지는 특수한 정취나 성격을 마지막까지 띠고 있다. 가령 그것이 최종적으로는 '보편적인 양태 없는 존재', '초월존재', '무' 혹은 '공허'가 되어도 그것은 어디까지나 신비적인 것으로, 방법을 갖춘 정신 착란이 아닌 한에서 또 이 무나 초월적 존재나 공허가 각각에 정취를 나타내며, 그것도 다른 정취를 나타내는 한에서 그러하다.

이러한 까닭에, 형식적인 현저한 동일성에도 불구하고, 팔레스타인 및 13세기의 기독교 가톨릭적인 독일의 대지와 인도의 대지가 다르듯이, 에크하르트의 내면과 샹카라의 그것도 다르다. 우리는 이제 그 차이를 이해하고자 한다.

제1편 생기

제1장 역동적인 신비주의

1. 스스로 회전하는 수레바퀴

샹카라의 브라흐만은 존재하는 것(sat), 순전한 정신 자체(cit 및 caitan-ya)로 일체의 물질적인 것이나 일체의 '정동적인 것'(Dumpfes)과는 완전히 대립하는 것이다. 이 신 개념에 높은 정신성을 인정하고자 하는 사람이 아무도 없을 것이다. 하지만 이 브라흐만은—'살아 있는' 신인가라고 질문한다면, 곧바로 에크하르트의 신 개념과의 차이가 느껴질 것이다.

'나는 살아 있는 신이다'—이것은 그저 '살아 있는' 신 이상의 것이다. 기독교의 신 개념이 지니는 이러한 '살아 있는' 성격에 관해 다른 곳에서 상세히 논했기 때문에, 여기서는 이 점에 관해 지적해야 한다.[3] 그것은 에크하르트에게서도 매우 강하게 재현되고 있으며, 그의 신 개념을 샹카라 및 인도의 국민성 일반의 그것과 비교할 때에 가장 명료하게 느껴진다. 샹카라의 신 개념은 매우 정적이고 에크하르트의 그것은 매우 동적이다. 에크하르트도 신성의 영원한 정지라는 것을 말하는데, 그것은 정지하는 존재와는 다른 의미를 지닌다. 그것은 원리인 한편 거대한 내적 운동, 즉 자기 내부를 도도하게 흐르는 삶의 영원한 프로세

---

3) AN 141.

스의 종식이기도 하다. 스스로 회전하는 수레바퀴, 자기 내부를 흐르는 강—상카라의 일자에게는 도저히 있을 수 없는 듯한 비유이다. 에크하르트의 누멘은 자기 원인(causa sui)인데, 하지만 이것은 다른 모든 원인이 배제되어 있다는 단순 배타적인 의미에서가 아니라 자기 자신을 쉼없이 생산한다고 하는 최고로 적극적인 의미에서 그러한 것이다. 그야말로 [괴테가 말하듯이[4]],

　　…… 스스로의 손으로 스스로를 만든 자
　　영겁의 옛날로부터 오로지 창조를 업으로 하는 자의 이름으로……]

인 것이다.

　에크하르트가 사람은 신조차도 버려야 한다, 신의 위로조차 올라야 한다 혹은 신은 양태 없는 신성으로 환멸하여 귀일하는 데까지 이르렀을 때, 마치 신 및 신과 세계의 출현은 매우 불행한 이상사태이자 재차 보상될 수밖에 없는 숙명인 듯이, 따라서 그 어떤 적극적인 고유 의미나 의의를 갖지 않는 완전한 부조리인 듯 보일지도 모른다. 상카라에게서는 실제로 그러하다. 하지만 신은 스스로 회전하는 수레바퀴이며, 더욱이 역회전 없이 회전운동하면서 또 다시 최초의 위치에 이른다. 이처럼 출발부터 다시 귀일할 때까지 회전한다고 하는 점에 깊은 의미가 있다. 에크하르트가 아리스토텔레스와 함께 최초의 동자動者라고 부르는 신은 자기 자신 하에서의 거대한 삶의 운동인 것이다. 신은 미분화된 통일성에서 나와 인격, 인격적 삶 및 '제 인격'의 다양성 속으로 걸어 들어간다. 거기에는 '말'도 '세계'의 다양성도 동시에 포장되어 있다. 그리고 신은 거기서부터 또 다시 영원한 원초의 하나에게로 되돌아간다. '흐름은 자기 자신 안으로 흘러 들어간다'. 이와 같이 신은 자기 자신의 원

---

4) 『시집』(괴테전집 1 人文書院 1978) 282쪽(서곡에서)

리인 동시에 결과이기도 하다. 신은 영원히 자기로부터 나와 자기에게
로 돌아감으로써, 자신의 오류를 수정하는 것이 아니라, 신의 삶은 '이유
가 없이'(sunder Warumbe) 스스로를 살아가는 것이며, 그것도 이러한 프
로세스를 통하여 자기 자신의 삶의 충실을 향해 영원히 나아가는 것이
다. 즉 출구였던 곳이 목적지가 되고, 더욱이 중간에 의해 풍요로워진
다. 그리고 영원한 정지가 동시에 삶의 운동이고, 삶의 운동이 또 영원
한 정지 자체이다. 샹카라의 브라흐만·이슈바라의 관계와 비교하면, 이
경우에는 전혀 다른 형태로 또 한층 더 의미 깊게, 신은 신성 안으로 포
섭되어 지양되고 있다.

> 실로 신 자신은, 그 최초의 시작점에서 쉬지 않으신다. 오히려 자신이
> 끝이자 만물의 목적지에서 쉬신다. 그 존재자는 거기에서 무가 되시는
> 것이 아니다. 오히려 자신의 최고의 완전성으로 완성되는 것이다.[5]

이 점에 관해 조금 더 파고들어보자.

2. 끓어 오르는, 작열하는, 팽창하는 생활(vita bulliens, fervescens, intumescens)

이 신은 '생동감 있는' 프로세스이지 정적인 존재가 아니다. '일자는
솟아 나온다, 일체의 원천 없이.[6]' 이를 나타내기 위해 나는 '프로세스'라
는 표현을 사용했는데, 이는 보다 좋은 말이 없기 때문에 불과하다. '프
로세스' 내부에만 존재하는 일체의 것은 이러한 프로세스를 지니지 않
는다. 프로세스는 자연적인 현상이다. 그런데 이러한 프로세스는 '현상'
이 아니라 활동이자 힘이 넘치는 자기 정립이고 자기의 안과 밖으로
의 출산이지만 법칙이나 어두운 생성의 충동에 의해 강제되는 것이 아

---

5) Pf. 288, 23. [Walshe 2, 66-67.]
6) Bü. 2, 73.

니라 숭고한 불가사의한 힘의 창조적인 힘과 자유에 의한 것이다. 이를 묘사하는 수단을 에크하르트는 스스로의 전통으로부터 쓸어 모은다. 즉 삼위일체설의 위격에 관한 사변, persona, substantia, natura의 차이 및 deitas와 deus의 차이와 같은 것도 잘 알려진 것이다. 하지만 그는 어떤 것을 창조한 것인가. 그것들로부터 얼마나 불가사의한 신의 드라마를 창작한 것인가. 에크하르트의 마법 지팡이에 걸리면, 이 웅덩이와도 같은 스콜라 철학의 개념이 얼마나 '매혹적으로', '주술로 묶는 듯이', '고딕 풍으로' 불가사의하게 타오를 것인가. 같은 용어를 사용하면서도 이러한 신의 낭만을 찬양했던 스콜라 학자가 그 이전에 있었던가.— 신에 대해 서술한 이러한 말은 교의로서는 모두 번잡하고 난해하여, 그것을 규범화한다거나 그것으로부터 체계를 만들고자 하는 경우에는 그러하다. 하지만 그것을 학파의 명제로서가 아니라 그 설교에 놀라는 청중들에게 던져진 것으로 받아들인다면, 그것은 얼마나 불가사의한 매력을 지닐 것인가. 학파와의 관계를 잊고, 그러한 말을 통해서, 그러한 스콜라 철학에 구애되지 않는 스승 자신의 직관이 그 자체를 이야기하듯 시킨다면, 각자의 내면에 얼마나 예감과 반향을 불러일으킬 것인가. 아무튼 여기서 느껴지는 초월자는 그 얼마나 동적이고 생기 넘치는가. 『설교』나 『논술』과 비교하면 에크하르트의 라틴어 저술은 훨씬 냉정하게 쓰어 있는데, 거기에서조차 이러한 신적 존재에 관해 그는 이렇게 말할 수 있는 것이다.

'나는 존재하는 자이다.' 여기서 주목할 점은 반복이 (그는 두 번 '나는 존재한다'고 말하고 있기에), 존재 자체가 자기 자신 안에서, 또 자기 자신을 초월하여 회전하면서, 자기 자신 안에 머무는 한편 고정되어 있음을 지시하고 있다는 것이다. (흐름과 정지.) 나아가 자기로부터 끓어올라, 쏟아져 나와서는 다시 자기에게로 돌아가, 작열해서는 자기 안에서 자기 자신을 녹여 끓어오르게 하여 (삶에 앞서서 내부에서 끓어오르는 신!), 빛을 빛으로, 전체의 자기를 전체의 자기로 침투시키는 것도 지시한다. 이로써 '요한복음' 제1장에는 이렇게 언급하고 있다. '그의 안에 생명 있다'고. 왜냐하면 생명은 마치 분출과도 같이, 사물이 자기 자신 안에서 부풀어 오르듯이, 외부로 쏟아져 나와 뿜어내기 전에, 자기를 자기의 어디에도 유출시키기 때문이다.[7]

혹은 이렇게 말하고 있다.

그것은 거기에서 죽었던 사물이 되살아나, 죽음 그 자체가 삶이 되는 듯한 실로 힘이 넘치는 삶임에 틀림없다. 신에게서는 그 무엇도 죽지 않는다. 모든 것이 신 안에서 생기 넘치게 된다.[8]

나아가

말에 올라타 완전히 평평한 녹색의 평원을 달리면, 말은 특히 전력을 다해 황야를 뛰어 다니는 것이 그 본성이고, 그것이 말에게 있어 쾌적하고, 그것이 본성인 것과 마찬가지로 신에게서도 또한 스스로가 같은 것을 찾아내어, 거기서 스스로의 성질과 본질을 그 동일한 것 안으로 주입하는 것이 쾌적하고 만족하는 것이다.[9]

3. '살아 있는 신'

'존재(esse)는 신이다'고 에크하르트는 말한다. 그리고 신은 존재를 부여한다. 그것은 '추상적'으로 울려 퍼진다. 하지만 에크하르트에게 있어 이 존재는 오래된 바이블의 개념, 즉 조에(chajjim, zōé[그리스에]), 생명 및 생명의 부여(vita, vivificatio)라는 개념의 틀 안에서 나타나는 것으로, 이

---

7) Denifle 560.
8) L. 217 & Pf. 263, 35. [Walshe 2, 245.]
9) Pf. 311, 22. [Walshe 2, 86.]

들로부터 특수성, 실로 그 '생기'를 받아들이고 있음은 용이하게 알아차릴 수 있다. 에크하르트의 존재의 특징을 이루는 것은 모두, 이미 바이블의 조에(zōé[그리스에])의 특징을 이루고 있다. 즉 이중의 의미, 구원의 의미, 동일성, 실재적 참여(participatio realis), '신비주의' 및 어림잡아지는 듯한 '범신론'의 위험, 창조자와 피조물간의 혼동이다. 일반적인 의미에서의 생명은 살아 있는 피조물에 대한 보편적인 술어로, 이것은 창조에 의해 얻어지는 생명이다. 하지만 피조물은 '생명'을 지니지 않는다. 피조물이 지니고 있는 것 혹은 에크하르트의 표현으로는 '그 아래에' 있는 것은 '생명', 진정한 생성이 아니다. 그것은 오히려 bāsār 육체로서, 바꿔 말하면 '생명'보다도 죽음 또는 무력이다. '생명'을 지니는 것은 단지 '살아 있는' 신뿐이다. 그리고 신은 생명 그 자체이다. 하지만 이 '생명'은 구원이고 '빛'이며, '진리'이고 생기(ruach=뿌네우마 pneuma)이자 무진장한 것(Überschwengliche)이다. 하지만 신은 그 '정신'을 통해 생명을 부여한다. 그리고 이 참여, 즉 신·정신 및 '생명'으로의 참여는 신적인 것 그 자체에의 참여이다. 이것이야말로 '정신'에 관한 성서의 온갖 가르침 및 '나는 생명을 부여하는 성령, 주를 믿는다'고 하는 교회의 신앙 고백의 의심할 여지없는 의미인 것이다. 에크하르트가 토마스의 이등분된 참여설을 뛰어 넘어 그 오랜 플라톤의 의미로 되돌아가 존재 자체로의 실재적 참여를 가르치는 것은 페트루스 롬바르두스(Petrus Lombardus) 및 바울의 설에 따른 것으로, 이에 따르면 성령으로부터 '새롭게 주어진 생명'은 진정 신의 정신 그 자체라는 것이다.

4. 생명과 작용

하지만 이 존재는 진실로는 영원히 '사는' 것이기도 하기에, 거기에서 신의 생명성, 용솟음쳐 나오는 생기, 자극 및 운동이 나온다.

신은 존재로부터 기쁨을 얻는다, 그뿐인가 완전히 기쁨을 얻는다. 왜냐

하면 기쁨을 통해 '선동되지' 않는 듯한 것은 그 무엇 하나 신의 근저에는 존재하지 않기 때문이다.[10]

또는

이 힘 아래에서 신은 그 모든 풍요로움, 모든 감미로움, 모든 무상의 기쁨을 통해 끊임없이 붉게 타오른다.[11]

그리고 작용 또는 활동으로서의 신의 성격이 거기에서 유래한다.

신은 자기 자신을 위해 (이유가 없이) 사랑한다. 바꿔 말하면, 신은 사랑을 위해 사랑하고 창조를 위해 창조한다. 따라서 신은 끊임없이 사랑하고 창조하는 것이다. 행위는 신의 본성이고 본질이며, 삶이자 지복이다.[12]

그것은 '삶', '존재', '신'이 된 사람에게도 명확해진다. 이러한 인간은 '존재를 지니고', 따라서 '현실적'이다. 에크하르트에게는, 그것은 단순히 그 사람이 존재 중의 존재(satyasya satyam), ontos on[그리스어], 진실된 존재라는 의미에서의 실로 실재적인 존재에 도달한다는 것 이상이다. 그것은 샹카라에서는 결코 언급되지 않는, 언급될 수 없는 것이다. 왜냐하면 샹카라는 '살아 있는 것'을 알지 못하고, 인간이 활동하는 것으로서 동시에 '실재적'이게 된다고 하는 것도 알지 못하기 때문이다. 일체의 업(karman) 혹은 의지의 작용이 가라앉는 것이 샹카라에게는 목적이기 때문이다. 적정주의, 포기(tyāga), 의지와 활동 자체의 단념, 나쁜 활동뿐만 아니라 좋은 활동의 포기─이 두 활동은 모두 '꼼짝 못하게 얽매이다', 변

---

10) Pf. 189, 12. [Walshe 2, 97.]
11) L. 175.
12) Bü. 2, 86.

해가는 세계에 꼼짝 못하게 얽매이기 때문이다—가 그의 목적이다. 진실된 존재는 '활동'하지 않는다.—이점에 관해서는, 에크하르트로부터도 놀랄 만큼 비슷한 내용을 추출하여 그도 적정주의자이다고 주장할 수 있을지도 모른다. 또는 그가 더할 나위 없이 열렬한 현실주의자임을 보여주는 반증을 발견할 수 있을지도 모른다. 이렇게 절망적인 혼란의 죄를 그에게 전가하는 것도 가능할 것이다. 그렇지만 아마도 사람들은 그의 근본 직관이 지니는 깊은 통일성에 대해서 그 어떤 예감도 품지 않을 것이다. 왜냐하면 이 예감은 신비적 적정주의도 아닐 뿐더러 세속적 현실주의도 아니고, 가장 깊은 통일성과 가장 활동적인 다원성 사이의 동일성, 따라서 가장 깊은 정지와 가장 생동감 있는 운동의, 따라서 또한 완전한 '방하放下'와 가장 강한 의지의 해방 내지 긴장과의 동일성이다.—방금 사용된 용어는 아주 잘 고안된 것이다. 즉 그것이 나타내는 것은 세 단계를 구성한다. 그리고 그 세 단계는 밀접하게 서로 관련되어 있는 것이다.

5. 동중정, 정중동

여기서 샹카라와 에크하르트 사이에 있는, 형식적으로 보이기는 하지만 양자의 사상 재료의 서로 다른 내용으로부터 분명해지는 본질적인 차이를 지적해야 한다. 양자 모두 다원성과는 대립하는 통일성 혹은 영원한 일자(das Ewig-eine)를 구하는 한편 본다. 하지만 일과 다의 관계는, 샹카라의 경우에는 매우 엄격한 배타의 관계인 반면, 에크하르트에게는 더할 나위 없이 생동감 있는 양극성이다. 샹카라는 그 고차의 지(parā vidyā)에서는 지극히 엄격한 일원론자이지만 일과 다에 관해서는 '동일성의 철학자'가 아니다. 그런데 에크하르트는 완전히 그러하고, 무엇보다도 우선 신의 계기 자체에 관해서 그러하다. 영원히 정지시키는 신성이며 하나이면서 동일한 존재는 실로 스스로 회전하는 수레바퀴이기도 하고 정지인 동시에 흐름이기도 하다. 어떠한 차별도 파고들지 않은, 양태 없고 불모의 신성이며 하나이자 동일한 존재는 또한 아버지와 아들과 성령이기도 하다. 영원히 정지한 통일로서, '이유가 없이' 정적하고 움직이는 일이 없는 하나이자 동일한 존재는 또한 존재와 생명을 부여하는 존재, 끊임없이 활동하는 존재이기도 하다.

> 왜냐하면, 이 근거는 스스로 운동하지 않는 통일적인 정지자이기 때문이다. 하지만 이 부동성으로부터 만물은 움직이고, 초감각적으로 살아가는 모든 것이 생명을 부여받으며, 그 자신 안으로 끌려 들어간다.[13]

더구나 이 하나이면서 동일한 존재에게는, 이쪽도 저쪽도 모두 필연적이다. 근원적 일자가 자신의 모든 계기를 다원성으로 이완시킴과 동시에 모든 계기의 다원성을 다시 영원히 정지시키는 통일성으로 수축시키는 이 운동은 신성 그 자체의 영원한 생명 과정인 것이다.

> 아버지가 모든 피조물을 낳으셨을 때에 나도 낳으셨다. 그리고 나는 모든 피조물과 함께 흘러 나왔는데, 하지만 여전히 아버지 안에 머물렀다. 마침 내가 지금 언급한 말과 같은 것이다. 우선 처음에 그 말은 내 안에 나타난다. 다음으로 나는 이미지에 기반한다(마음속으로 조용히 고찰하면서 관념을 품는다). 세 번째로 나는 그것을 말하고, 그대들은 모두 그것을 듣는다. 하지만 그런데도 그것은 또 (생각으로서) 내 안에 남는다. 이처럼 나는 또한 항상 아버지 안에 남는 것이다.[14]

나오는 일은 안에 머무는 것이다.

신이 만물 속에 계시면 계실수록, 더욱더 신은 만물 밖에 존재한다. 신

---

13) L. 260.
14) Pf. 285, 15. [Walshe 2, 61.]

이 안에 계시면 계실수록, 신은 밖에 존재하신다.[15]

하지만 그뿐만이 아니라, 나오는 일은 들어가는 일이기도 하다.

in pricipio라는 것은 일체 존재의 처음이라는 의미이다. 하지만 그것은 또 동시에 일체 존재의 도착점이기도 하다. 왜냐하면 최초의 시작은 최후의 목적을 위해 있기 때문이다. 그뿐인가, 신 자신은 최초의 시작에서 쉬시는 것이 아니라 일체 존재의 목적지 혹은 쉬는 장소에서 쉬시는 것이다.[16]

이것은 단순한 '릴라'(līlā), 신성의 장난이 아니라 신적인 존재 자신에서의 의미 깊으며 또 생명에 찬 회전인 것으로, 그 안에서 이 존재자는 자신의 내적 생명의 풍요로움을 지니고 또 유지하는 것이다. 정지하는 통일성은 자기 전개(Selbstentfaltung)의 잠세태潛勢態인 동시에 자기 자신으로의 귀환을 통해 자신에서의 영원히 풍요로운 존재자의 목표이기도 하다.—자기에 의해 풍요로운 존재(dives per se)이다.

6. 처리방법

이와 동일한 것이 신과 세계 사이에도 적용된다. 창조와 피조물에의 존재의 부여도 그러하듯이, 영원한 통일성을 방해하는 것도 아니고 단순히 반대로 되돌리는 듯한 모순도 아니다.

내가 다시 신 안에 이를 때에는, 나의 돌파는 나의 최초의 유출보다도 훨씬 고귀해진다.[17]

---

15) L. 220.
16) L. 232.
17) Pf. 181, 13. [Walshe 2, 82.]

오히려 신에게 있어 창조와 피조물은 피조물에서의 신과도 같이 필요하다. 피조물의 존재에서 처음으로 신 자신이 스스로의 목적 혹은 목표에 도달한다. 바꿔 말하면, 영원히 또 부단히 창조하는 존재로서만 신은 신인 것이다. 왜냐하면 그렇게 하여서만 신은 '살아 있는' 신이기 때문이다. 기독교의 신은 실로 살아 있는 신이다. 그것은 고대의 신처럼 자기 자신에게 만족하고 자기 자신에 대해 지복한 신이 아니라 스스로의 '나라'를 '자기실현'을 위해서가 아니라 자기의 영원한 구원의 출현을 실현하고자 건설하려는 신이다. 기독교의 신은 이 출현이 없으면 구원 및 신앙의 신이 아니게 될 것이고, 그 실현을 통해서 신은 비로소 트리스하기오스(trishagios 삼부 성스러운) 및 트리스마카리오스(trismakarios 삼중으로 지복한 존재)가 되는 것이다. 때문에 에크하르트의 신 개념은 실로 주지주의적인 신 개념이다. 왜냐하면 이 의지(voluntas)는 가만히 입 다문 채 움직이지 않는 존재와는 달리, 영원히 작용하는 원리, 완전히 동적인 원리로서의 의지이기 때문이다.

7. 영혼에 있어서도 그러하다

이 원리는 신적인 존재의 모상模像에 있어서, 즉 영혼 및 그 행동에서 모사된다. 이 점에서 에크하르트는 무엇보다도 우선 당당한 '적정주의'의 스승인 것이다. 즉 영혼은 일체의 대상으로부터 나와 일체의 부착물로부터 스스로를 풀어 놓고, 일체의 피조물을 잃고 다양성으로부터 통일성으로, 일체의 다망으로부터 정적으로, 일체의 불안으로부터 집중으로 귀일하며 또한 재차 영원한 신성의 정지와 불모의 영원한 근원상태 하에 있으며, 구별이 없고 그 움직이지 않는 유일하며 전일하게 된 신의 본질의 영원한 안식 하에 있으며, 이는 흡사 영혼이 일체의 시간 이전에, 아직 '원리에 관해' 이데아적 이성 하에 있으며, 그뿐인가 그들 이전에 있으며, 아직 정지하여 불모한 신성 자체의 내부에서 구별과 특수성도 지니지 않은 채 감싸여 있었던 모양이라고 여겨진다. 하지만 정녕 영혼이 이처럼 일체의 작용으로부터 완전한 위양과 방하放下에 이름으로써, 영혼은 그것이 없으면 일체의 외적 작용이 허무한 것이 되는 듯한 진정한 내적 작용, 즉 하나인, 전적인, 진실된, 미분화이자 불가분의 작용을 한다. 그리고 이 작용이 공간과 시간을 넘어 영혼의 근저에서 이루어질 때에, 그것은 부단히 시간적인 작용으로 뚫고 나와 '이유가 없이' 강제나 보수의 요구나 저의도 없이 진실로 해방된 새로운 의지의 자유로운 흐름 속에서 흘러 나와 작용하는 신 자신과 마찬가지로 쉬는 일은 있을 수 없다. 이렇게 에크하르트는 활동적인 강력한 의지 및 힘찬 행위의 찬미자, 그리고 실제로는 처음으로 그러한 이름이 합당한 주지주의의 찬미자가 된다. 바야흐로 그의 적정주의는 활동적인 작용의 의지이다. 바로 그렇기 때문에 이 신비주의자는 일체의 '신비주의적' 실천을 역전하는 것이다. 그의 이상은 조용한 마리아가 아니라 활동적인 마르타이다. 왜냐하면 마르타는 창조적인 행동이나 활동에 의해, 마리아가 구하고 필요로 했던 것을 이미 발견한 점을 증명했기 때문이다. 즉 중심에서의, 요컨대 조금도 움직이지 않는 통일성과 확실성 하에서의 깊고 움직이지 않는 정지이자, '모든 힘'의 활동의 깊은 밑바닥에 존재하고 이 힘에 힘을 부여하는 한편 그 생명을 갱신하는 부단한 행위의 근거이기도 한 것이다. 여기서 또 통일성은 다원성 자체이며, 정지는 영원한 운동이고, 수축은 이완이며, 안식일은 평일 자체이고, 입구는 출구이고, 등을 돌리는 것은 얼굴을 돌리는 것이며 심정의 더할 나위 없이 고요한 내적 집중은 의지를 모두 집결한 거대한 긴장이다. 다음의 말이 의미하는 바는 바로 그것이다.

마치 자신의 내면으로부터 도망처 불성실해져야 할 듯이 아니라, 실로 자기 안에서 또 자기로부터 작용하는 것을 배워야 할 것이며, 스스로의 내면성을 실천 활동으로 뚫고 나오도록 하고, 실천 활동을 자기의 내면

성으로 끌어 들이듯이 해야 한다.[18]

또 한편으로는

그대는 공허하면서 침묵시키는 정지에 젖어 들면서, 타오르는 심정을 지녀야 한다.[19]

라고도 언급되고 있다, 또는

비유를 사용하자. 문에는 경첩이 달려 있어 이를 통해 문이 회전한다. 나는 문짝을 외부의 인간에게, 경첩을 내부의 인간에게 준비시킨다. 문이 개폐될 때마다 문짝은 밖으로 안으로 움직이지만, 경첩은 그 위치에서 움직이지 않고, 그 운동은 전혀 좌우되지 않는다.[20]

라고도 언급된다. 다음의 말을 통해 인도인과의 거리가 측정될 것이다.

그대가 강하게, 모든 의지로 의욕하는 것을 그대는 이미 소유하고 있으며, 그대의 의지가 전체적 의지이며, 신을 위해 의욕하고 신 앞에서 현실이 되는 경우에는 신도 일체의 피조물도 그대로부터 그것을 빼앗는 일은 불가능하다. 그렇기에 나는 하고 싶다고 하는 것이 아니다. 그것은 아직 미래적인 것을 터이다. 오히려 나는 현재 있는 것을 원한다고 하는 것이다. 진실로는, 나는 내 의지에 의해 모든 것을 해낼 수 있는 것이다.[21]

---

18) Bernhart 83.
19) L. 162.
20) Bü. 1, 17f.
21) Bernhart 39.

8. 에크하르트의 비유에서의 생명적인 것

때문에 '삶'이 마이스터 에크하르트가 애호하는 표현이자 즐겨 문제 시하는 것으로, 그가 자주 그것과 비교하거나 그것으로부터 비유를 채용하는 것도 이상하지 않다. 신이 영혼의 근저에서 푸르러져 꽃피운다고 하는 표현도 '삶'에 의한다. 자기 자신에게 있어 목적인 것, 반성이나 숙려 혹은 보수나 목적을 목표로 하는 계산과는 다른 마음가짐, 의지 및 행위의 자유로운 흐름인 것, 복수의 혹은 외면적인 규칙이나 명령에 기반한 '공덕'(bona opera)과는 다른 '활동'(Werk)의 통일성을 이루는 것을 구체적으로 하고자 할 때에 에크하르트는 삶으로부터 '이유가 없이'라는 표현을 채용한다.

9. 그의 언어와 양식에서는

신, 영혼 및 피조물의 이처럼 매우 생동감 있고 깊은 영감에 둘러싸인 파악은 저 스콜라 철학적 개념의 학파적 의상을 일부러 거역하고 있는데, 이 파악으로부터 에크하르트의 언어 및 사상 세계의 놀랄만한 시적 성격이 설명된다. 그의 언어는 생기발랄한 광휘 하에서 아마도 반짝이며 밝게 비추고 있을 것이다. 에크하르트는 스콜라 철학적 용어를 주조하는 경우에도 마치 시를 짓는 듯 하고 있지 않은가. 하지만 '삶'을 말하는 사람은 동시에 또 비합리적인 것을 말하고 있다. 그가 바이블의 의미에서 말할 때에는 특히 그러하다. 다른 곳에서 제시한 적이 있는데, '살아 있는' 신의 이념 안에는 특히 신 이념의 비합리적인 제 계기가 포함되어 상징되고 있다. 그리고 이 비합리적인 것은 에크하르트의 양식이나 언어 및 강연에도 특별하게 나타나고 있다. 미숙한 사람들을 혼란시키고 당혹감에 휩싸이게 하지 않을 수 없는 '희유'하고 '극단'적인 것에 관해서 말해야 한다는 점을 에크하르트는 알고 있다. 그리고 그는 그것을 열심히 말한다. 그는 이를 위해 더할 나위 없이 대담한 표현을 추구한다. 청중에 대해서 그들이 '아직 들어본 적이 없는 것'을 말한다.

> 이제 귀를 기울이기 바란다. 나는 이제 내가 지금까지 말하지 않았던 것을 말하고자 한다. 자, 부디 당신들은 영원한 진리 하에서, 영속하는 진리 하에서, 그리고 내 영혼 아래에서 내가 말하는 것을 듣길 바란다. 이제 나는 아직 말한 적이 없는 것을 말하고자 한다.[22]

에크하르트는 한층 날카로운 패러독스를 사용하는 한편으로, 같은 것을 더 간단하게, 오해의 여지가 없이 말할 때에도 혹은 이단이나 독신瀆神의 고발을 당시에 합당한 관용 표현을 통해 말할 수 있었던 때에도 이를 선호하고 있다. 샹카라와 그 학파는 신비주의적 상징 언어의 패러독스를 오히려 논리화하고, 때로는 일상화하고자까지도 해서, 그 경우에 애초에 신비성을 품고 있던 우파니샤드의 표현을 동시에 추상적인 것으로 고쳐 만들고자 하고 있는데 비해 에크하르트는 역으로 전대미문의 말을 통해 청중의 마음을 뒤흔들고 학파의 언어의 정형구나 술어 자체를 오랜 신비적인 의미로써 신비주의로부터 차용하여 재차 소생시켜, 오랫동안 학파가 사용해 오면서 명예 있는 일상적 개념으로까지 그 사용이 줄어들게 된 제 이념을 오랜 색조와 깊이의 토대에서 재차 빛나게 하고 있는 것이다.

10. 변덕

여기서 샹카라의 태도 및 '추상화'의 주장과 비교하여 우리가 에크하르트의 특수성에 대해서 정리한 것은 그의 '생기'라고도 부를 수 있을

---

22) Pf. 180, 14. [Walshe 2, 80.]

것이다. 그것은 그의 신 및 영혼 개념이 지니는, 영혼에 울려 퍼지고 의지력에 찬 생기, 그와 동시에 체험하고 파악하고 말하는 사람으로서의 그 자신의 내적인 생기와 영감을 의미해야 할 것이다. 에크하르트의 이러한 본질적 특징이 집중적으로 발견되는 것은 설교, 뷰트너가 '변덕'이라고 명명하는(1.178) '영혼의 분노와 그 바른 장소에 대하여' 이외에는 없다. 실제로 여기에서는 엄격한 스승도 스스로의 영혼이 내부에서 솟아나 재촉한 나머지 거의 예술가, 시인의 길에 너무 깊이 들어가 있을 정도이다. 생동하는 생기가 정말이지 거의 폭발하려고 하고 있다. 대담함은 거의 무모함이 되어 패러독스의 필요가 거의 대담한 표현의 유희가 되고 있다. 하지만 그 일은 소유된 사항 자체에 구비되어 있었던 것이다. 이 사항이 샹카라의 그것과 내적으로 얼마나 떨어진 것인지, 여기에서는 신비주의가 신비주의와 얼마나 다른지와 같은 것이 이 부분에서 분명하게 파악된다. 인도의 스승에게는 정신과 형식으로 보아 그것은 얼마나 완전히 불가능한 것인가. 때문에 우리는 그것을 특히 고찰하려고 한다.

'더 없이 대담하고', 무모한 고상高翔을 보이는 이 시는 신성성의 요구로부터 나온다(그리고 이 일은 이 신비주의의 가장 내적인 것을 이해하기 위해서 후에 훨씬 중요해진다). 그대는 신성해야 한다고 하는 것이 신의 의지라고 성 바울은 말하고 있다. 하지만 신성성이라고 하는 것은 신과 자기 자신을 바르게 인식하고, 그리고 나서 모든 것을 그저 신 안에서 사랑하고 최종적으로는 자기를 삼중의 인격적 존재인 신에게 뛰어난 장인이 작품을 만들기 위한 '좋은 도구'로서 제출하는 것이다. 왜냐하면

그것은 신의 아이들이고 그들은 신의 정신에 의해 스스로를 인도하도록 하기 때문이다.[23]

---

23) Bü. 1, 179.

하지만 이것은 영혼을 만족시키지 않는다. 왜냐하면 영혼은 그것을 통해 최고의 것에 도달하지 못하기 때문이다. 영혼이 원하는 것은 '신성하다'는 것이 아니라 '신성성' 자체, 즉 신이라는 것이다. 여기서의 영혼은 분노하는 영혼이다.

사랑하는 영혼은 스스로를 인식하고 화를 낸다. 영혼은 시뻘건 반항적인 얼굴을 하고 화를 낸다. 신 안에 있는 것은 신보다 열등하기 때문에 영혼은 신이 본성상에서 그러한 것 모두가 아니며 또 신이 본성상 지니는 것 일체를 지니지 않기 때문이다.[24]

벗은 자신의 벗과 그 소유하는 모든 것을 자신의 것으로 하고자 한다고 스승은 말한다. 그리고 영혼도 이렇게 말한다.

그 분노가 너무 격렬하기 때문에, 신도 달랠 수 없을 것이다.[25]

영혼은 창조주에 의해 행해진 부당함을 호소하며 신을 책망한다. 만일 영혼이 창조주이고 창조주가 영혼이라면 영혼은 자기의 모든 영광을 흔쾌히 희생하여, 마치 창조주가 신의 존재로 귀입하듯이 스스로가 피조물이 될 것인데 라고 말한다. 이렇게 영혼은 더욱더 화내며 자기 자신의 존재를 단념할 것이다. 그것은 부여된 것에 불과하며, 신 자신의 존재가 아니기 때문이다.

왜냐하면 오히려 영혼은 자신에 속하는 것을 지니고 혹은 결코 받은 것 이외의 것이 되고자 하지 않는다.[26]

---

24) Pf. 542, 9.
25) Pf. 542, 16.
26) Bü. 1, 180f.

그뿐인가, 신이 자신을 '상기하는' 일이 전혀 없기를 영혼은 바란다. 그리고 바로 거기에 영혼의 진정한 구원이 기반하는 것이다.

> 왜냐하면 영혼이 그것을 알고 있을 때에는, 아직 신의 의식으로부터 잊혀지지 않고 있기 때문이다. 그리고 이 망각 안에 영혼의 정복淨福이 있다.[27]

이처럼 영혼은 스스로가 신 자신으로, 자기 자신이 아니며 피조물도 없기를 희망한다. 하지만 이것이 머리에 떠오르자마자, 신도 또한 사랑하는 일이 불가능해진다! 피조물이 소멸함과 동시에 사랑도 신의 마음으로부터 찢겨 나가버린다. 이렇게 해서 마지막으로 영혼은 최고조의 분노가 쌓여, 자신이 신이 아니라 단순한 '존재자'로서, 이것에서 신도 자신과 함께 소멸하기를 바란다.

하지만 영혼 자신의 존재를 벗기게 되면, 신이 그 존재에 다름 아니기 때문에 영혼은 신을 신 자신과 함께 파악한다.[28] 거기서는 신은 소리 없이 듣고 빛 없이 본다. 그 심장은 한이 없이 그 영혼은 감각을 지니지 않으며 그 정신은 모양을 지니지 않고 그 본성은 본질을 지니지 않는다. 자기의 힘을 지도할 수 있었던 모든 이성적 인식을 초월하여, 영혼은 모든 이성에 의한 구별(및 술어)이 끝나는 아버지의 '어두운' 힘에 이르렀다. 소리 없이 듣는다는 것은 근원적 감정 하에서 내심으로 알아듣기 때문이다. 빛 없이 본다는 것은 '무'(저것도 아니고 이것도 아닌)의 기반에서 규정에 의거하지 않고 알기 때문이다. 한이 없다는 것은 압도적인 초불가사의(dazüberwundernde Wunder) 앞에서는 사랑의 어떠한 시도도 좌절해버리기 때문이다. 모양을 지니지 않는다는 것은 정신이 형상도 형태도 지니지 않는 모양으로, 즉 신에 새겨지기 때문이다. 본질을 지니지 않는다는 것은 그 고유한 존재가 완전히 소멸해 버려, 유일한 '존재

---

27) Bü. 1, 181.
28) Bü. 1, 185.

하다'(Ist)는 것밖에는 더 이상 남지 않기 때문이다. 하지만 이 '존재하다'는 자신 및 일체 사물의 존재 그 자체인 통일성으로서 존재한다.

거기서 영혼은 말한다. 나에게는 이제 신은 없다고, 나도 또한 그 누구에게도 너 이상 영혼이 아니다. 말할 것도 없이 '우아한 노래'로 새색시는 '그는 나의 것으로, 나는 그의 것'이라고 말하고 있다. 이를 본뜨면, 영혼은 오히려 이렇게 말하는 편이 좋을 것이다. 신은 나에게 있어 더 이상 존재하지 않고, 나는 신에게 존재하지 않는다고. 왜냐하면 신이 만물 안에 있을 때에는 신은 자기 자신만이 존재하고 있는 것이기 때문이다. 따라서 다른 곳에서, 새색시는 이렇게 외치고 있다. 내게서 떨어져! 사랑하는 사람이여라고. 다시 말해서 서술 가능한 존재 모두 '나는 신으로 간주하지 않기' 때문이다. 이렇게 해서 나는 신을 위해 신으로부터 벗어나는 것이다.

하지만 이렇게 영혼은 불변의 존재(Umwandelbare)가 된다. 영혼은 영원히 불변하는 신(신성) 자신, 따라서 성스러운 삼중성이 각각에 불러일으킨 그 어떤 작용에도 연루되지 않는 신 자신과 하나가 됨으로써, 일찍이 거기서 창조된 무無 그 자체보다도 불변한 존재가 된다. 에크하르트는 신이 무 그 자체보다도 불변하다는 점을 장황하게 증명한 후에 이렇게 결론짓고 있다.

> 이제 신이 무無보다도 불변하고, 영혼이 그 존재인 바의 것의 불변성 안으로, 즉 신 안으로 바뀌게 된다면,[29] 그때에는 영혼도 또한 무無보다도 불변해 진다.[30]

바흐의 아멘처럼 울려 퍼지는 장대한 피날레로 『논술』이 끝난다.

---

29) 샹카라에게 있어 브라흐만이 존재하고 있음에 틀림없는 곳에서는 빠라메슈바라와 바수데바가 존재하고 있는 것과 마찬가지로, 이 경우에도 신성이 존재하고 있음에 틀림없는 곳에는 신이 언제나 존재하고 있다.

30) Bü. 1, 193.

거기서 영혼은 지식을 지닌 자에서 무지해지고, 의지를 지닌 자에서 무의지해지고, 비추는 자에서 어둠이 된다. 아직 자기를 알지 못하기 때문에 스스로를 불완전하다고 느끼기까지도 한다! 일체의 인식 저편에서 영혼은 파악할 수 없는 존재를 자기 신체에 받아들이게 될 것이다. 마치 아버지가 그 본성에 따르는 것처럼 영혼은 은총을 통해 받아들일 것이다. 이렇게 영혼은 자기 자신으로부터 나와 단순한 존재 안으로 들어가며, 거기서는 마치 영혼이 신으로부터 출발했을 때와 마찬가지로, 일체 사물과 관련을 지니지 않는다. 이렇게 영혼은 나로서는 완전히 무無로 돌아가기 때문에, 거기에는 이제 신 이외에는 남지 않으며, 뿐만 아니라 태양 빛이 달보다도 더 밝게 비추듯이 영혼은 신보다도 아름답게 빛나며 신과 마찬가지로 일체의 것에 침투하면서 신성의 영원성으로 흘러 들어갈 것이다. 거기서는 영원의 흐름 안에서 신이 신 안으로 흐르고 있다.[31]

진실로 이러한 분노로 신을 바라는 영혼은 인도印度적이지 않고 플로티노스적이지도 않다. 그것은 고딕적이다.

하지만 동시에 주의해야 할 점은 더 없이 높이 비상하는 가장 강한 음에 있어서조차, 희미한 통주저음이 울려 퍼지고 있음을 알아차려야 한다는 것이다.

사랑의 서(우아한 노래)에서 '신랑은 그 눈길로 나를 상처 입혔다'고 새 색시는 말한다. 그것은 이 점(신적 중심)에서 쏟는 하나가 되는 힘이다. 이처럼 신도 영혼을 모든 창조된 것 및 모든 변해가는 것으로부터 떼어내고, 이 시선 아래에서 신은 영혼을 일점으로 되돌려, 이제 영혼은 이 점과 하나가 되어 영원히 거기서 재가裁可된다. 하지만 사람들이 이 시선을 인식할 수 있게 되는 것은 단지 영혼의 주목에 있어서만인데, 영혼은 이 주목을 자신 안에서, 그것이 부덕하든 덕에 넘치든, 그 어떤 실

31) Pf. 509, 14 & B. 1, 194.

행도 없을 정도로 완전히 공백 상태가 될 때에만 지닌다. 영혼이 이와 같은 공백상태일 때에, 자신 안으로 다가오는 것(즉 시선)을 아주 잘 인식하는 것이다. 하지만 나아가 신도 또한, 영혼이 존재하기 이전에 자기가 어떻게 영혼을 인식하고 또 사랑했는지를 영혼이 알아차리도록 영혼을 향해 시선을 던진다. 그것은 영혼에게는 자기로부터 밖으로 나오도록 하는 스스로의 재촉이기도 해야 할 것이다. 이러한 시선에 아랑곳하지 않는 사람은 일찍이 사랑의 화살을 받은 적이 없는 사람일 것이다. 이러한 사람에 관해서 성 베르나르도는 이렇게 말하고 있다. '그 정신이 이 시선을 받아들인 사람은 그것을 죄다 말할 수 없다. 그것을 받아들이지 않은 사람은 그것을 믿을 수 없다'고. 내적인 눈을 열게 하는 맑고 깨끗한 은총의 샘이 입을 벌리는 까닭에 무상한 기쁨에 찬 직관 하에서 신의 방문이라는 환희를 받아들이는 것이다.[32]

제2장 양극으로서의 고양감과 겸양

1. 신비주의적 태도 자체의 계기로서의 겸양

이러한 변덕은 샹카라의 신비주의 지반에서는 사실상 불가능할 것이다. 하지만 그것이 무엇보다도 우선 에크하르트의 본질의 한 특색을 보여주고 있다. 즉 에크하르트를 의심의 여지없이 '통상의' 혹은 '소박한' 기독교도의 신앙이라는 의미에서의 기독교와 구별하는 한편, 에크하르트가 샹카라의 소박한 신앙 내지는 신뢰라는 의미에서의 온갖 종교와는 대조적인 완전히 발달한 신비주의와 공유하고 있는 특색이다. 신비주의자가 편안해지고자 하는 것은 '피조물에 있어서가 아니며, 선물에 있어

---

32) Pf. 504, 6 & Bü. 1, 184.

서도 아니다'. '신 자신' 이외의 그 어떤 존재도 그 구원 소원을 만족시켜 줄 수 없다. '신과 합일하는 것에 그치지 않고 완전히 하나가 되는 것[33] 이다. 이것이 에크하르트의 변덕(capriccio) 및 신비주의적 고상高翔의 의미이다. 그리고 이 점에서는 샹카라도 일치한다. 하나된, 미분의, 영원한, 죽지 않는 브라흐만 그 자체를 지니는 것, 오히려 존재 자체, 정신 자체, 무상한 기쁨 자체인 이러한 브라흐만이라는 점, 철두철미 그것인 점, 바로 이것이 또한 인도에서 구원을 바라는 사람들의 거의 개념파악할 수 없는 갈망이자 긍지이다. 그것이 또한 에크하르트의 생각이기도 한 점, 그리고 이 생각이 보다 소박한 의미에서의 기독교의 구원과는 깊고도 확연하게 구별되고, 후자에게는 언제든 너무 지나친 것일 뿐 아니라 피조물의 지양되지 않는 한계의, 마치 거인과도 같은 월권 혹은 일탈로 비추어짐에 틀림없다는 것은 분명하다. 오늘날의 사람들의 '파우스트적 충동'이라고 부르는 바일 테이다. 그리고 이 충동은 고딕 건축의 돔, 둥근 천장이나 첨탑으로, 즉 보다 높은 것을 향해 쉼 없이 올라가고자 하는 충동으로 표현되고 있다고 여겨진다.

2. 이어서

에크하르트의 충동이 이러한 충동과 유연관계가 있다는 것은 우리가 앞서 그를 최초의 위대한 '고딕적' 인간이라고 표현했을 때에 이미 주장해둔 바이다. 그때, 우리가 눈여겨보았던 것은 바로 이것이었다. 하지만 이것이 진정 '파우스트적 충동'이나 '거인적인 월권' 혹은 '인간과 피조물'의 한도를 넘는 기도인지 단언할 용기가 없다. 그것에 관해 결말을 지으려면 에크하르트 자신의 영혼을 지니고 그와 같은 경험을 해야만 할 것이다. 오늘날 에크하르트에 관해 신탁과 같은 것을 말하고 있는 사람은 대개 그 몇 줄로 판단하건데, 자신이 그러하지 않음을 폭로하고 있

---

33) Bü. 2, 75.

다. 에크하르트 자신은 아마도 '파우스트적 충동'을 스스로 단호하게 부정했을 것이다. 왜냐하면—이는 기묘한 일이기는 한데—그 만큼 겸양한 사람은 없었기 때문이다.

'신이 그대들에게 위대해지도록 배려해라'

고 그는 말하고 있다. 그에게 있어 겸양은 주된 덕목 그 자체로, 모든 덕목의 처음이자 마지막이다. 더욱이 이것은 '저차의 입장'에서의 타협으로서의 것이 아니라 겸양이 이상으로서, 직접 부여되는 영혼의 태도로서 다름 아닌 그의 신비주의적 경험 자체와 매우 밀접하게 결부되어 있다고 하는 것이기 때문이다.

에크하르트가 이미 소박한 기독교도로서 지니고 있는 겸양은 그의 신비주의적 경험 영역에서 사라져버리는 것이 아니라 오히려 높아져, 그 자신 신비주의적 특징을 띤 기품과 존엄을 얻게 된다. 즉 겸양을 요구하는 일이 그의 신비주의 자체의 방식이 되는 것이다. 이것은 에크하르트를 샹카라로부터 구별한다. 하지만 이 신비주의는 그가 다른 곳에서 특징짓고자 했던[34] '존엄'(majestas)이라고 하는 누미노제의 계기 하에서 성장하고, 피조물의 완전한 무無 혹은 무화無化(annihilatio)로 끝나는 '존엄 신비주의'에 시종일관하는 것이 아니다. 특히 한편에서의 겸양과 다른 한편에서의 신이라고 하는 것 사이에는 다원성과 통일성, 주의주의와 적정주의, 소업의 다양성 하에서의 삶과 일자 하에서의 정지 사이에서와 같은 관계가 있다고 하는 점에서 그러하다. 샹카라에게는 이들 대립항은 서로 배제한다. 에크하르트에게는 그것은 서로를 필요로 한다. 고양감과 겸양에 관해서도 마찬가지이다. 우리는 이 관계를 양극적이라고 명명해 두었는데, 하지만 엄밀하게 말해서 이 관계의 근본 취지를 충분히 나타내기에는 부족하다. 그러기 위해서는 더 나아가 패러

---

34) DH 25.

독스로까지 가야 할 것이다. 즉 일자이기 때문에 다多이고, 신의 기반이 되는 영원한 정지이기 때문에 운동이고, 완전한 방하이기 때문에 더 없이 힘에 찬 의지라고 하는 관계이다. 이렇게 또 모든 시간에 앞서 신과 함께 하나가 되고 신과 함께 신이기 때문에 무無이고 티끌이고 겸양인 것이다.

이 관계는 다음의 서술에서 찾을 수 있다.

> 우리는 만물을, 마치 영원한 예지가 영원히 그것을 포함하였듯이, 영원 하에서 포함해야 한다. 우리는 만물을 성스러운 정신이 영원히 그것을 정신화하였듯이, 영원 하에서 정신화해야 한다. 우리는 만물에 대해서 정신이어야 하고, 만물은 우리에게 있어서 정신 속의 정신이어야 한다. 우리는 만물을 인식해야 하고, 스스로를 만물과 함께 신으로 삼아야 한다. 신이 본성상 신이듯이, 우리는 은총을 통해 신이어야 한다. 그리고 이러한 것 모두를 우리는 스스로 단념하고, 신에 맡겨 우리가 존재하지 않았던 때와도 같이 빈약해야한다![35]

그리고 그러기 위해서 에크하르트는 이제 영원한 무상의 신성 자체를 모범으로서 눈앞에 둔다.

> 신성은 신에게 만물을 위임했다. 신성은 마치 존재하지 않았던 것처럼 빈약하고, 순일(bloβ)하고 공백하다. 그것은 지니지 않고 바라지 않고 요구하지 않고 움직이지 않으며 낳지 않는다. 스스로를 위해 재산과 새색시를 가지는 것은 신이다. 그런데 신성은 마치 존재하지 않는 듯이 일체를 면하고 있다.[36]

물론 이것은 논리적으로 통찰된 관계가 아니며, 에크하르트 자신에

---

35) Pf. 533, 5.
36) Pf. 532, 30.

게는 패러독스로서 표현되고 있다. 하지만 그 자신의 눈에는 하등의 패러독스적인 요소를 지니지 않고, 더 없이 명증적인 필연성을 지니는 사태가 펼쳐져 있었음은 분명하다. 우리는 머지않아 은총론에서 재차 이 사태를 맞이하게 되며, 거기서 그 궁극적이며 가장 깊은 의미가 분명히 표시될 것이다.

제3장 고디적인 인간

1. 상승력(Auftrieb)

하지만 에크하르트의 생각에서는, 그의 교설이 신에 대한 기독교적·겸양의 태도를 낮추는 것이 아니라 오히려 높이는 것이라는 점은 분명한데, 아울러 그의 신비주의에서는—또한 이 점에서는 샹카라의 그것과도 유사하기는 하지만—종교는 절대의존의 감정이라고 하는 슐라이어마허적인 구상을 파괴하는 종교적 계기 혹은 감정 내용, 즉 압도적인 종류의 누미노제적 고양감, '고귀한 인간'이라고 하는 감정이 끓어오르고 있다. 이 점에 우리가 앞서 언급했던 것이 특히 해당한다. 즉 에크하르트는 학파의 오랫동안 사용해 왔던 정형어(Formeln)를 다시 그 근원적인 열기를 띤 의미로 되돌려, 그 신비주의적인 원초의 색채 기반에서 소생시키는 것을 알고 있다고 하는 것이다. 왜냐하면 에크하르트가 사용하고 있는 정형구 자체는, '고귀한 인간'이라는 말도 그러한데, 실제로는 원래 스콜라 학파 안에서도 '순전한 스콜라 학풍'의 것이라는 점이 알려지고, 에크하르트가 그것을 통해 새로운 것을 거의 산출하지 않았다는 것을 알 수 있기 때문이다. 호모 노빌리스(고귀한 인간)는 이념적 이성 아래에 있는 인간(sub ratione ydeali)이다. 그는 인간의 이념이다. 그리고 이 이념 및 모든 이념이 영원하고, 신 아래에서 영원하고, 영원한 말과 하나이자 그렇기 때문에 그 자체 신과 하나라는 점, 또 이념에 의해 세계가 있는 그대로 존재하고 이념에 의해 창조된 점은, 말할 필요도 없이 토마스에게도 그러하다. 조심스러운 말투(formula caute loquendi)를 사용하지 않고, '인간' 즉 다른 이념과 함께 영원한 말에서 언급된 이념으로서의 '인간 자체'가 창조의 원리라고 언표하는 것은 '전혀 지장 없는' 것일 수 있었다. 하지만 에크하르트의 특수성은 실로 다음의 점에 있다. '스콜라 철학'에서는 낡아진 플라톤적인 유물교의학의 화석이 된 것이 에크하르트에게는 오랜 신비주의적인 작열 속에서 급격히 빛을 발하고, 개물은 이데아에 실재적인 참여를 지닌다고 하는 참여설도 그에 의해 부활되어, 이제는 형이상학적 유물은 그에게는, 토마스도 생각이 미치지 못했던 고양감이 본래 그대로, 힘차게 찢고 나오는 계기–혹은 구실이라고 해도 좋을 것이다–가 된다는 점에 있다. 그것은 말로 하면, '인간은, 아니 나는 시간과 세계 이전에 신 안에 함께 있었다. 뿐만 아니라 영원한 신성 안에, 이것이 아직 신이 아니었던 때에 싸여 있었다. 인간과 함께, 또 나와 동시에 신은 창조하였고 언제라도 창조하고 있다. 내 아래에서 비로소 신은 신이 되었다. 설령 내가 없었다고 한다면, 내가 내가 아닌 것과 마찬가지로 신도 신이 아니었을 것이다'고 하는 것이 된다. 여기에는 길들여져 거세되어, 어느 새인가 낡은 학파의 정형구나 개념의 그림자에 숨어버렸던 생명이 활기를 띠고, 다음과 같은 선율이 울려 퍼지고 있다.

그렇기 때문에 신이 나를 신으로부터 면해주도록 나는 신에게 기도한다. 왜냐하면 존재를 지니지 않는 존재자는 신 및 일체의 구별 있는 것 이상으로 고조되고 있기 때문이다. 이 존재자(양태 없는 존재자) 아래에서 나는 자기이고, 나 자신을 원하고 나 자신을, 이 인간을 창조한 존재로 알았다. 때문에 나는 내 영원하며 시간적인 본질상 나 자신의 원인이다. 따라서 나는 태어나, 더욱이 영원한 내 탄생의 본질상에서 더 이상 죽는 일이 없다. 나의 (영원한) 탄생상에서 나는 영원히 존재해 왔고 지금도 존재하고 영원히 계속 존재할 것이다. 내가 시간 안에서 존재하는 것은 죽을 것이고 무無가 될 것이다. 왜냐하면 그것은 변해가는 것이고, 시간과 함께 지나가 버려야 하기 때문이다. 하지만 나의 (영원한) 탄생에서 만물은 생겨났다. 나는 내 자신과 만물의 원인이었다. 그리고 내가 원하지 않은 때에는 나도 만물도 존재하지 않을 것이다. 내가 존재하지 않으면 신도 또한 존재하지 않을 것이다.─이것을 이해할 필요 따위 없다!37)

2. 상승해 가는 정신

앞으로 앞으로─이는 실로 누미노제적 고양감이다. 하지만 그것은 또 동시에 샹카라의 것과는 근저에 있어 서로 다르다. 그리고 이러한 에크하르트의 특이성은 샹카라의 브라흐만 개념에서의 인도적·정적인 것과 비교하여, 우리가 에크하르트의 신 개념에서 고딕적인 것이라고 이미 언표했던 것과 관련을 지니고 있다. 양자의 신의 차이는 그것이 질문되고 추구되고 경험되는 때의 감정에서도 다시 나타난다. 샹카라의 경우에는 아트만이 '옛 보금자리로 돌아가' 영원한 아트만이 되면, 거기에 존재하고 도달하고(āpta) 정지하고 완전히 멈춘다(śānta). 하지만 에크하르트는 사실 결코 거기에는 없다.

> 영혼이 (삼중성을) 넘어서 (신성 그 자체의 존재 속으로) 갈 때, 영혼은 점점 더 신성의 심연 안으로 잠겨가고, 이리하여 더 이상 근거를 발견할 수 없게 된다.38)

고딕 건축의 가는 기둥과 기둥몸이 위를 향해 올라가듯이 뻗어, 둥글

---

37) L. 183.
38) Pf. 501, 11.

게 반원을 그런 지점에서 끝나는 것이 아니라 첨두아치를 꿰뚫고 더 한 층 측정될 수 없는 것을 행해 그 충동을 발사하듯이, 에크하르트도 '상승해 가는 정신'을 요구한다.[39] 그리고 이 정신은 그 '밑바닥'에서는 바닥이 없는 곳에 있으며, 그 목표점에서는 '가장 측정하기 힘든' 곳에 있다.

영혼은 신적 존재자의 하나된 곳으로 침잠해 가라앉는데, 그 바닥을 이제는 파악할 수 없다. 자신의 창조자의 깊이를 완전히 측정해 아는 것이 불가능한 것이 영혼이 가장 본질로 하는 바이다. 하지만 거기서는 '영혼'이라는 표현도 더 이상 전혀 허락되지 않는다. 왜냐하면 신적 존재자의 하나된 곳에서 영혼은 그 이름을 잃어 버렸기 때문이다. 거기서는 그것이 영혼이라고 말하지 않고 측정하기 어려운 것이라고 일컬어진다.[40]

에크하르트는 상승해 가는 정신을 거듭 다음과 같이 표현하고 있다.

그렇기 때문에 정신은 행한다. 정신은 이 (지상의) 빛으로는 만족되지 않는다. 창궁을 꿰뚫고 돌진하고 천공을 뚫고 거듭 돌진하여, 세계의 만물이 하늘의 회전으로부터 푸르름을 싹틔워 잎을 무성하게 하기에, 천공을 둘러싼 정신(움직이는 정신 spiritus motor)에 이른다. 하지만 그래도 정신은 만족하지 않는다. 정신은 앞으로 앞으로 돌진하여 소용돌이 속으로, 근원 속으로, 즉 (천계의) 정신이 시작되는 곳으로 가야 한다. 이러한 정신은 그 어떤 수도 알지 못한다. 수는 시간에의 여림에 불과하다. 그러한 정신은 영원 이외의 그 어디에도 뿌리를 내리지 않는다. 그것은 모든 수를 뛰어 넘고 일체의 다수를 돌파해야 한다. 그러면 그것은 신에 의해 돌파된다. 하지만 신이 나를 돌파하듯이 이번에는 내가 신을 돌파한다. 신은 이 정신을 불모의 황야로, 자기 자신과 하나되는 곳으로

---

39) Pf. 275, 6.
40) Pf. 387, 10.

인도한다. 거기서는 신은 순전한 하나이며, 자기 자신에서 솟아 나오고 있다. 이 정신은 '왜?'를 가지지 않는다. 이 정신은 하나와 자유 아래에 있다.[41]

하지만 하나된 곳인 불모의 황야 혹은 자유 하에 있는 것은 정지하고 있는 것이 아니다. 영혼은 '앞으로 앞으로' 나아가야 한다.

최초의 돌파에서 영혼은 신을 선한 존재로도 진실된 존재로도 받아들이지 않는다. 영혼은 깊이 탐구하고, 찾아 나아가고, 신을 그 하나된 곳에서, 그 황야에서, 사막에서, 바닥에서 받아들인다. 그런데도 영혼은 만족하지 않는다. 신의 신성 하에 있는 것은 무엇인지, 신의 본성의 재산 안에 있는 것은 무엇인지를 찾아 영혼은 앞으로 앞으로 나아간다.[42]
자, 그대가 조금이나마 앞으로 나아가 근원에 도달한다면, 그대의 영혼에 의해 차례차례로 기적이 일어날 것이다.[43]
남아도는 선은, 영혼에서는 그것을 넘어서(그때마다 파악된 것을 넘어서) 영원 속에서 멈추어야 하는 것이자 영혼의 능히 가늠할 수 없는 것인데, 실로 그것은 유혹하는 심연이며, 거기서 영혼은 자기를 잃고 영원히 가라앉는다.[44]

상승은 점점 더 앞으로 나아간다. 정신이 상승해 가는 곳인 하나된 곳은 끊임없이 위로부터 열려 있다.

최후의 목적은 무엇인가. 그것은 영원한 신성의 어둠이 뒤덮어 감추는 곳이자 미지의 것으로, 결코 알려지지 않고 단연코 알려지는 일도 없을

---

41) Pf. 232, 8. [Walshe 1, 136f.]
42) Pf. 266, 36. [Walshe 2, 145.]
43) Pf. 275, 18. [Walshe 2, 283.]
44) Bü. 1, 123.

것이다. 신은 거기서 자기 자신에게 계속해서 알려지지 않은 존재로 남는다.[45]

이러한 말은 실은 목표의 도달 불가능에 대한 한탄이 아니라, 끊임없이 무한한 것을 얻고자 하는, 그리고

자신의 최고의 완전성

을 얻고자 하는 고딕적인 영혼의 상승해 가는 정신을 유혹하는 '더 앞에'를 의미하는 것이다.

3. 한없는 이상

그것은 누미노제적 고양감이다. 하지만 이처럼 상세히 서술한 것 안에 보통은 주목받지 않는 하나의 계기가 있다. 그것은 고양감과는 관계가 없는 것으로, 오히려 그 안에서야말로 본래적으로는 비로소 에크하르트의 가장 깊은 신비주의적 대위법對位法이 존재하는 것이다. 다음 문장을 주의 깊게 읽어보자.

이 불꽃은 일체의 피조물과는 대립하고 있다. 그것은 꾸밈없는, 자기 자신 안에 있는 그대로의 신 이외에는 무엇도 원하지 않는다. 그것은 아버지와 아들과 성령이라는 세 위격이 각각의 독자적 존재 안에 있는 한은 그것으로 만족되지 않는다. 이 빛은 신적인 본성의 (영혼에 있어서의) 탄생일지라도 만족하지 않는다고 나는 말한다. 그뿐 아니라 그 이상으로, 그리고 훨씬 더 이상하게 들리겠지만 그것은 주는 일도 받는 일도 하지 않는 통일적인 정지한 신적 존재(세 위격에 있어서의 통일적 존재자)

---

45) Pf. 288, 25-26. [Walshe 2, 67.]

에조차도 만족하지 않는다고 나는 주장한다. 오히려 이 빛이 알고자 하는 것은, 이 존재가 어디에서 오는가 하는 점이다 그것이 들어가고자 하는 것은, 구별이 들여다보지도 않았던 통일적 근거, 조용한 황야이지 아버지나 아들이나 성령이 아니다. 그 누구의 거처도 아닌 이 가장 안쪽 부분에서 비로소 그 빛은 만족하고 또 자기 자신과 하나가 되는 이상으로 그것과 하나가 된다. 왜냐하면 이 근거는 그 자체에서 부동한 통일적 정지이기 때문이다. 하지만 이 부동성으로부터 만물은 움직이게 되고, 초감각적으로 살아가는 존재는 모두 생명을 받고, 자기 자신 안으로 되돌려지는 것이다.[46]

말할 필요도 없이, 이것은 가장 높은 비상이다. 하지만 그것은 한없는 이상으로 향한 것이다. 여기서는 고양감이나 이러한 이상의 추구에 관해서는 전혀 문제가 되고 있지 않은 것이다. 이러한 문장을 신비주의적 기고만장의 감정, '확대감', '전체 감정'이라고 이해한다면 이 문장을 오해하는 것일 터이다. 오히려 이 비상은 높아지면 높아질수록, 점점 고요해진다. 여기서는 도취상태가 완전히 사라진다. (여기서는 또, 신비주의를 규정하고자 할 때에 즐겨 사용되는 표현, 즉 유한한 것에서의 무한한 것의 내재 등도 힘을 잃는다. 이러한 모조품이 무슨 도움이 된다고 하는 것인가. 그 어떤 신의 의식에도 잠재하고 있는 비합리적 계기가 여기서는 무한히 재고되어 나타나, 합리적 계기를 장애로서 극복하고 넘어서려고 한다고밖에는 말할 수가 없다.) 이 스승은 교설이나 표상을 주며, 또 정당하게 부여하는 자기 자신의 모든 저차의 규정의 배후에—이들 교설 등에 의해서도 전혀 파악되지 않은 채로—존재하는 근원적으로 궁극적인 존재 및 근원적으로 가장 높은 존재를 알고 있다. 하지만 그는 그것을 도취를 위해 바라는 것이 아니라, 그것을 발견하고 그 안에 존재하는 것이 스스로의 본질필연성이기 때문에 바라는 것이다. 그는 거기서 비로소 편안해 지는 것이다. 하지만 그 안에 자

---

46) L. 260.

신의 최고의 환희가 있기 때문이 아니라, 최고의 규범이 있기 때문이다. 그리고 바로 이것이 다음의 제2편으로 안내해 간다.

제2편 윤리의 내용

제1장 객관적인 가치로서의 구제

1. 객관적 가치로서의 구제, 주관적 가치로서의 구제

에크하르트의 신비주의는 그 기독교적 종교가 성장했던 대지로부터 그리 간단히 벗어날 수 없다. 오히려 그것은 그 대지의 특수한 성격과 분위기를 그 밑바닥까지 여전히 띠고 있다. 그의 신비주의는 완전히 기독교도의 신비주의이다. 그것은 이미, 우리가 그의 신비주의의 '생기'라고 부른 것에 표시되고 있다. 나아가 그것은 다른 계기에 의해서도 표시되는 것으로, 이것이 또한 그의 신비주의를 라이벌인 샹카라의 그것으로부터 의미심장하게 구별하는 것이기도 하다.

두 스승은, 그렇게 불러도 좋다면 '구제의 스승'이다. 둘은 '구제'를, 그것도 극도로 고조된 구제를 바란다. 하지만 '구제'는 구별 가능한 두 계기를 포함하고 있다. 하나가 다른 하나보다 강조되면 구제에 대한 다른 심정의 태도가 나타난다. 그리고 그것은 신비주의적 심정의 태도에 관해서도 이야기될 수 있다.

'구제'는 그 내용이 어떠하든, 독자적으로 가치 있는 것이며, 그 가치 때문에 또 간절히 추구되는 것이다. 하지만 어떠한 사항은 이중의 의미에 있어 '가치 있는' 것이 될 수 있다. 하나는 주관적인 의미에서로, 바꿔 말하면, 어떤 일이 나에게 있어, 나와의 관계에서 내게 쾌락이나 즐거움, 정복淨福을 주는 것으로서 가치를 지니는 경우가 그것이다. 하지만 다른 한편에서는, 전혀 다른, 즉 객관적인 의미에서도 '가치 있는' 것일 수 있다. 즉 어떤 일이 그 자체로 가치가 있고, 그 자체에서 가치를 지녀, 누군가가 그것에 기쁨을 느낀다든지 화를 낸다든지 하는 것과는 관계없이 그러한 경우이다. 예를 들어 선행은 이를 보는 것이 누군가를 즐겁게 하는지 아닌지와는 관계없이 '가치'를 지니고 있다. 그것은 자기 자신 안에 '객관적 가치'를 지니고 있는 것이다. 그렇지만 종교가 지향하는 '영혼의 구제'에 관해서도 이중적 의미에서의 가치가 있다. 영혼에게 있어 가치가 있는 것은, 말할 필요도 없이 영혼에게 있어 주관적인 가치이자 그 정복의 근거이다. 하지만 기독교적인 의미에서 스스로의 영혼의 구제를 묻는 사람은 단순히 자신을 '정복하게' 하는 것만을 묻는 것이 아니라 자신이 정복한지 아닌지는 도외시하고, 객관적으로 모든 것에서 중요한 것, 단순히 있어야 하고 무해한 것을 묻는 것으로, 즉 한없는 객관적인 반가치, 바꿔 말하면 죄나 과실, 비난받아야 할 것이나 처벌받아야 할 것으로부터의 구출, '신 앞에서의 도리'의 획득, 신성성과 순수성, 나아가 최고의 관점에서 본 자기 존재의 이상성 등을 묻는 것이다. 그리고 이제 중요한 것은 모든 종교적 구제는 사실상 두 계기, 즉 주관적 가치와 객관적 가치를 양극적으로 내포하는 것을 인식하는 동시에 또 한편으로는 이 양극의 어느 쪽이, 즉 주관적인 가치가 객관적인 가치보다도 강조된다거나 혹은 상위에 두어지는지 아니면 그 반대인지, 바꿔 말하면 내가 최초에 묻는 것이 '어떻게 하여 나는 잃을 일이 없는 기쁨을 얻을까'이거나 혹은 '어떻게 해서 나는 신 앞에서 바를 수 있을까'하는 것에 응하여 이러한 구제의 희구가 전혀 다른 것이 되지 않을 수 없다고 하는 것을 인식하는 것이다. 그리고 이제는 바로 이 점에서야말로 직접 이해할 수 있는 차이가 에크하르트의 신비주의와 샹카라의 신비주의 및 인도인의 신비주의 전체 사이에서 보여진다. 왜냐하면 샹카라는 구제의 주관적인 한 극에만 특히 관심을 기울이고 다른 한 극에는 거의 주목하지 않기 때문이다. 샹카라 및 인도의 구제론 일반의 구성 자체가 주관적인 극에서 출발하고 있어, 사변적 서술에서도 통속적인 교설에서도 그러한 서술 방식이 행해지고 있다. 이에 관해 많은 사례를 들 필요는 없을 것이다. 무수한 사례 대신에 하나의 예만으로 만족하자. 그것은 오래된 것으로, 인도에서의 그밖의 주장에 방향을 부여하고 있는 것이기도 하다.

2. 근심 없음無憂(Leidlosigkeit)에 대한 갈망

『찬도갸 우파니샤드』6.14에는 세간의 불행에 절망하여 고향, 즉 영원한 구제로 돌아가고자 하는 사람의 감동적인 예가 서술되어 있다. 샹카라는 그『주해』에서 텍스트와 그 의미를 해석하면서 다음과 같이 묘사하고 있다.

> 사랑하는 아이야, 가령 간다라 지방에서 온 사람과 같은 것이다. 도적이 간다라 출신 사람을 덮쳐 납치하여 눈을 가리고 양손을 묶은 채 사람이 없는 황야에 던져 버렸다. 이제 그는 방향도 모르고 동으로 남으로 방황하면서 '도적이 나를 간다라로부터 몰래 데려와 여기에 홀로 남겨두었다'고 부르짖었다. 이때 한 사람이 나타나 그 줄을 풀고 '이쪽으로, 북쪽을 향해 가시오. 거기에 간다라 사람들이 살고 있소. 이 방향으로 가시오'라고 알려 주었다. 이제 그는 물어물어 갔다. 그리고 알려준 사람의 가르침에 의해, 그것을 이해하는 경우에는 다음 마을로 가는 바른 길을 선택할 수 있어 결국에는 간다라로 귀향하게 된다. 하지만 가르쳐 준 사람의 말을 이해하지 않는 사람이나 가야 할 마을이 아닌 다른 마을로 간 사람은 길을 잘못 들게 된다. 이 우화에 나오는 사람은 살고자 했던 간다라로부터 도적에게 납치되어 호랑이나 노상강도, 그밖의 많은 재난이 기다리고 있는 황야에 버려져 굶주림이나 갈증에 시달리다 이처럼 줄에서 풀려나 고통으로부터 벗어났다고 생각하고 도움을 바라고 있

을 때, 이윽고 도움을 받아 다시 고향 사람들이 있는 곳으로 되돌아가 구원을 얻어 행복해졌다. 바로 이와 같이 (윤회 속에 있는) 인간도 존재하는 것 자체, 세간의 아트만으로부터 '이로움, 불리함' 등과 같은 도적에 의해 지상의 요소인 불, 물 및 음식물로 구성된 이 신체 안으로 끌려들어와 있으며, 더구나 그 신체는 재앙과 악의 근원, 즉 신체의 가스, 담즙, 점액, 피나 지방, 살, 뼈, 골수, 정액, 기생충, 오줌, 똥이 들러붙고 더위와 추위 등 대립하는 것에 지배되고 있다. 그와 동시에 인간의 눈은 기만이라는 천으로 가려져 있는 동시에 아내나 자식, 친구, 가축, 친척, 그밖의 눈에 보이거나 보이지 않는 욕망의 대상물에 의해 손발이 묶여 있다. 나는 아무개의 자식이다. 아무개는 내 친척이다. 나는 행복하다. 나는 불행하다. 나는 어리석은 사람이다. 나는 현명한 인간이다. 경건하다. 친척이 있다. 나는 태어났다. 죽었다. 늙었다. 악인이다. 내 자식이 죽었다. 내 돈이 없어졌다. 오호 통재라, 나는 이제 다 틀렸다. 어떻게 하면 좋은가. 빠져 나갈 길은 어딘가. 구원은 어디에!'와 같이 (혼란스러워하며) 몇 겹이고 재난이라는 밧줄에 묶여 있는 사람은 부르짖는다. 결국 인간은 어떠한 형태로든 어떤 사람과 만난다. 그 사람은—존재하는 것, 브라흐만 아트만을 알고 속박으로부터 해탈한 최고로 성스러운 사람으로— 동시에 그 남아도는 공덕에 의해 더 없이 동정심 넘치는 사람이기도 하다. 그 사람은 세간의 일이나 목적의 그릇됨을 인식하는 길을 잃은 사람을 가르친다. 이를 통해 이 사람은 세간의 일에 대한 집착으로부터 해방된다. 이렇게 그는 곧바로 안다. 그대는 (그 진정한 본질상) 길 잃은(윤회에) 사람이 아니다. 욕망과 같은 규정은 그대에게 속하지 않는다. 오히려 존재하는 것 자체인 존재, 그것이 그대이다!고. 이렇게 그는 무명에 의한 교만의 눈가림으로부터 자유로워져, 저 간다라 사람처럼 고향으로 돌아가 스스로의 아트만에 도달하여 행복과 평온함에 다다른다.

텍스트는 다음과 같은 말로 마무리하고 있다.

이러한 사람에게 있어-그 사람이 말하듯이- 나는 마지막에는 정말로
자유로워질 것이다. 그리하면 머지않아 되돌아 올 것이다'고 말하기까지
의 기간은 길게 (그리고 답답하게) 느껴질 것이다.

이 문장은 지극히 인상적이다. 냉정하고 추상적인 사상가인 샹카라
가 여기서는 스콜라 철학자의 껍질을 벗어 던지고 있다. 냉정한 정형구
아래에 숨어 있는 심장이 여기서는 고동치고 있고, 본래는 그의 모든
사변의 내적 의미를 이루는 것이 여기서는 생생한 감정 속에서 뚫고 나
오고 있다. 그 의미란 이 세계의 타국이나 이국의 아득히 멀리에 있는
선善을 찾는 타오르는 구원에의 희구, 향수 및 영원성에 대한 갈망이다.

3. 도리義에 대한 목마름

그렇지만, 물론 여기에는 저 '마태복음' 5.6이 말하는 갈증의 희미한
흔적조차도 없다.

행복하도다, 도리에 굶주리고 목마른 자. 그 사람은 만족을 얻을 것이
다.

그 사람을 괴롭히는 재앙이나 악은 윤회의 번거로움이자 육체의 가
스, 담즙, 점액, 병, 노화, 무한의 재생이지 죄, 무가치, 의롭지 않은 것이
아니다. 하지만 이들이야말로 에크하르트 신비주의의 의미인 것이다.
실은 에크하르트도 또한 구원을 측정하기 힘든 주관적 가치로 인정하고
있다. 즉 그가 동시에 신 자신의 지복 자체를 지니는 한편 그리고 어떤
때에만 만족되는 신 아래에서의, 또 신과 함께하는 지복이 그것이다. 그

리고 이러한 끝없는 지복에 대한 목마름은 영혼과 신의 통일이라는 '모독' 교설의 한 뿌리이기도 하다. '피조물에서가 아니라, 선사품에서가 아니라', 그저 창조주 자신 아래에서만 이 목마름은 진정된다. 그리고 에크하르트에게도 또한 있는 그대로의 피조물은 무수한 고민을 지닌 것이다. '유한성은 불안과 슬픔에 가득 차 있다.' 하지만 이들 모두에 앞서, 그에게는 전혀 다른 것이 있다. 그것은 본질적인 도리 자체로서의 '존재'(esse), 즉 단순한 '자기 안에 있는 듯한 피조물'의 가치와 존엄의 상실 상태와는 대조적인, 절대적인 객관적 가치로서의 '존재'를 획득하는 것이다. 이 객관적 계기가 에크하르트에게는 명백히 강조되고 있다.

> 선한 인간은 신으로서의 선 그 자체의 모든 특성 안으로 들어간다.[47]
> 올바른 인간은 도리를 매우 진지하게 받아들이기 때문에, 만약 신이 올바르지 않다고 한다면 절대로 신을 주목한다던지 하지 않을 것이다.[48]
> 만약 지상에서 받는 일체의 고통이 도리와 결부되어 있다고 한다면, 올바른 사람들은 그 고통을 추호도 신경 쓰지 않을 것이다. 그 정도로 그들은 신과 도리에 대해서 확고한 것이다.[49]

제2장 신비주의화된 의인설義認說

1. 의무로서의 신화神化(deificatio)

분명 에크하르트의 '신비주의' 자체를 다름 아닌 신비주의화된 의인론義認論, 신앙심 없는 자의 의인(justificatio impii)으로 이해할 수도 있을

---

47) Bü. 2, 68.
48) L. 253.
49) L. 253f.

것이다. 다만 이 경우의 의인은 교회의 기적 및 새크러먼트 장치에 의해 행해지는 것이 아니라 오로지 영혼과 신 사이의, 중개가 없는 일로서 파악되는 것이다.

> 신의 방식에 정통한 사람은 신뢰할 수 있는 자비로운 신이 인간을 죄스러운 생활로부터 엄숙한 생활로 데려 오셨다 혹은 적을 친구로 바꾸셨다는 점을 언제나 심사숙고해야 한다. 그것은 하나의 세계를 창조한 일 이상의 것이다.[50]

에크하르트는 이처럼 '소박하게' 말하고 있다. 하지만 그의 대담한 고상高翔도 또한 늘 여기서 언급되는 것으로 끝나고 있다.

> 그대의 끝없는 무한의 신성이 너무도 부끄러워해야 할 타락한 나의 인간성을 채워주시기를.[51]

혹은

> 도리있는 사람은 신과 다름없다. 왜냐하면 신은 정의이기 때문이다. 따라서 도리 안에 존재하는 사람은 신 안에 존재하는 것이며, 그 사람 자신이 신이다.[52]

혹은

> 영혼은 신에서 혹은 신적 본성상에서 세례 받고, 거기서 신적인 생을 받고 신적 질서를 습득하기에 영혼은 신에 기반하여 질서 매겨진다.[53]

---

50) 출처 미상.
51) 출처 미상
52) L. 244 & Pf. 190, 2.[Walshe 2, 98.]

나아가 이 점에서, 그의 최고의 고상으로부터, 즉 영혼이 공동 창조자로서 신과 다름없다는 점으로부터 어떠한 것이 나올 것인가.

> 선한 자는 스스로 행하는 모든 것을 선과 함께, 선에 있어서 행한다. 성부와 성자의 관계처럼.[53]

2. 존재(esse)는 정의(justitia)와 다름없다

'신 앞에서의 도리義'라고 바이블은 말한다. '신 그 자신인 도리'라고 에크하르트는 말한다. 이 둘은 같은 것을 의미한다. 즉 전자는 복음서가 말하듯이 '바리새인의 정의보다도 좋은', 그리고 일체 시민의 정의(justitia civilis), 사람이 정의 및 덕이라고 부르는 모든 것 보다도 높은 또 그것과는 다른 도리인 점에 대해서, 후자는 피조물이나 소업, 즉 어떠한 만들어진 의지 혹은 존재자로부터는 생길 수 없는 본질적이고 진정 완전한 도리로, 루터가 말하듯이 '하늘에서 내려다보고 있는'(quae prospicit de coelo) 도리이다. 그리고 여기서 에크하르트와 루터의 접점이 시작된다. 왜냐하면 루터가 신앙에서 생기는 도리라고 명명하는 것은 모든 피조물, 모든 육肉, 모든 '자연적 존재자'에게는 전혀 미치기 힘든 도리이자 신 자신의 도리로, 신으로부터만 흘러나올 수 있는 것이기 때문이다. 루터가 무명의 프랑크푸르트 신비주의자의 책, 즉 에크하르트의 사상재思想財를 느슨한 형태로 서술하고 있는 『독일 신학』(Theologia deutsch)을 좋아하고 여러 차례 출판할 수 있었던 것도 여기서 설명된다. 루터가 또 이 신학의 소위 '범신론'적 표현 및 타울러의 그것에도 나쁜 감정을 갖지 않고 오히려 때때로 그 자신이 그것을 이용하고 있는 것도 여기서 설명되는 것이다.

루터는 『로마서 주해』에서 다음과 같은 말을 이용하고 있다.

---

53) Pf. 153, 34.
54) 출처 미상

아리스토텔레스에 따르면, 자연 사물에는 비존재, 생성, 존재, 행위, 수동(passio), 바꿔 말하면 부정, 질료, 형상, 행위, 수동이라는 다섯 단계가 있듯이 정신에서도 사정은 마찬가지이다. '비존재'란 이름을 지니지 않는 사항 혹은 죄 아래에 있는 사람을 의미하고, '생성'은 의화義化를, '존재'는 도리를, '소업'은 올바른 행위 또는 생활을, '수동'은 완전하게 되거나 완성된다는 것을 각각 의미하고 있다.[55]

이것은, 존재론의 카테고리가 루터에게는 그대로 의인설에 대한 복사가 되고 있음에 다름 아니다. 하지만 그것은 루터가 처음으로 발견한 것이 아니라 더 오래된 것으로 이미 에크하르트 시대에는 자명한 것이 되어 있었다. 우리에게는 지극히 낯선 [아리스토텔레스의] 카테고리나 '존재의 수동성'(passiones esse)을 이용한 에크하르트의 일 자체도 당시에는 이상한 것이 아니었다는 점도 이로부터 분명하다. 그 당시에는 이러한 카테고리 등을 극히 단순하게, 의인설을 위한 제2의 통용어로 간주하는 일도 종종 있어 쉽사리 한편을 다른 편으로 대치하였던 것이다.

더욱더 주목해야 할 점은, 루터의 의인설 위에도 신비주의의 희미한 빛이 항상 비추고 있다는 것이다. 과연 그의 의인설에 대해 다음과 같이 말할 수 있다. 신비주의적인 존재론 및 일체설의 모든 술어는, 루터의 경우 실은 곧바로 은총으로부터의 의인를 나타내는 용어의 의미를 띠고 있다는 것이다. 예를 들어 존재의 부여, 신 내지 그리스도 또는 말과의 일체성, 실체적 및 가장 실체적인 합일(unio substantialis/substantialissima), 그리스도 혹은 신과 '하나의 케이크가 되는' 것과 같은 용어는 성령이 내려 준 것으로, 종교적·윤리적인 의미에서의 활성화 내지 은총을 약속하는 말에 의한 고뇌하는 양심을 위한 위로에 다름 아니며, 이 말에 위로 받아 '새로운 활력'이 마음속에 샘솟아, 새롭게 갱신된 생이 기독교도의 자유로서 마음속에 나타나는 것이라고. 이는 분명 맞다.

---

55) Johannes Ficker (ed.) *Luthers Uorlesung über den Römerbrief 1515/1516. Sholien*, 1930, p. 266.

하지만 그것으로는 충분하지 않다. 왜냐하면 루터에게도 문제는 단순한 알레고리에 있는 것이 아니라는 점은 확실한 것으로, 오히려 역으로 이렇게도 말해야 하기 때문이다. '말에 의한 위로인 것 혹은 우리의 심정 생활 속에서 위로나 경험된 사랑의 심적 작용과 마음의 원기 회복, 해방, 강화 및 의지의 혁신과의 분명히 알 수 있는 결합으로서 나타나는 것은 실로 루터에게 의심의 여지없이 동시에 초자연적인 것 자체의 존엄도 지니고 있다'고.

이들 일은 내부에서 보면, 피조물에 대한 신적인 것 자신의 '존재의 부여', 본질의 전달이다. 그것은 또 그에게는, 매우 진지한 의미에서 실체적 합일이며 마음에서의 신의 정신 그 자체인 것이다. 멜란히톤은 아우구스부르크의 고백의 변증론 안에서 대담하게도 반대자에게 '어떻게 성령이 부여되는지를 우리는 알고 있다'고 말하고 있다. 그가 말하고자 하는 바는, 어떻게 하여 마음이 신앙, 두려움, 사랑의 '새로운 동기'에 이르는가, 어떠한 동기에 의해 재생(regeneratio), 성별聖別(sanctificatio) 및 의인(justificatio)이 마음에 나타나는지를 보여줄 수 있다고 하는 것이다. 하지만 멜란히톤은 그와 동시에, 이것이 '성령'이라는 점을 알고 있으며, 성령의 전달을 그럴싸한 심리학적인 사상으로 바꿔치고자 하는 생각을 하고 있는 것은 아니다. 하지만 '성령'을 말하는 사람은 어떠한 형태로 '신비주의'를 의미하고자 말하고 있는 것이다. 영혼과 그리스도의 '경사스러운 교환'이라는 루터적 이념(즉 영원한 신의 도리)도 마찬가지로 우리가 앞서 에크하르트의 특징이라고 말했던 예의 '고양감'을 여전히 어느 정도는 지니고 있다. 상당히 약화되어 있기는 하지만, 그럼에도 역시 '그리스도와 같은 소재를 소유하는' 영혼의 행복으로 여겨지고 있는 것이다.

3. 도리義로 여겨지는 것(justificari)
= 신의 참여(participatio Dei)

고귀한 인간(homo nobilis), 즉 '신과 결합해 있는 것이 아니라 하나
가 된 인간'(homo Deo non unitus sed unus)은 에크하르트에게도 실제로
는 그 무엇보다도 의로운 인간(homo justificatus)이기도 하다. 에크하르트
에게 있어, 신 혹은 말이 영혼에 들어가 탄생한다고 하는 형태를 취하
는 의인義認은 그전 체계 본래의 중심적 교설을 이루고 있는데, 여기서
부터 출발하면 애초 그의 존재 혹은 초존재 신비주의를 단순한 '확장표
현법'(forma emphatice loquendi)에 불과하다고 이해하고 싶은 생각이 때로
들지도 모른다. 에크하르트가 이를 스스로 자신의 의인설에서 요구하고
있는 만큼, 더욱더 그러하다. 그것은 의인설의 진리를 고압적인 표현이
나 마음에 사무치는 비유 혹은 평상시 익숙하지 않은 표현을 통해 심정
에 강렬하게 호소하는 하나의 형식으로서 요구하고 있다는 것일지 모
른다. 그것은 말할 것도 없이 지나친 과장일 것이다. 에크하르트는 실
은 '신비주의적인 사항'을 말하고 있는 것이다. 하지만 의인, 신생, 신으
로부터의 탄생, 신이 뿌린 씨앗, 신으로부터 나온 향기, 요컨대 바울적
및 요한적인 의인설의 제 개념이 실은 그것들 안에서 진정한 신의 소지,
zōé[그리스에], 즉 신 자신으로부터의 생이 의미되고 있는 한, '신비주의
적' 경험을 나타내는 명사라고 에크하르트가 받아들인 것은 정당하다.
그리고 그의 가장 초기의 서술이나 보다 간단한 저작물에 따르면, 실로
그에게는 의인설로부터 이윽고 그 신비주의 직관(mysticus intuitus)에서
높아지는 한편 완성되는 것으로의 결정적인 동기가 나타난 것이라고 추
론할 수 있다. 아무튼 그의 사변이 갖는 어떤 종류의 '플라톤적인' 계기
가 왜 부활되어야 했는지는 의인으로부터 극히 용이하게 이해된다. 이
는 특히 '참여', 플라톤적 분예分預(methexis)에 대한 에크하르트의 이해

에 들어맞는다. 후자는 토마스주의(Thomisme) 체계 안에서 진부해져 거의 식별불가능하게 되었는데, 원래는 그저 형이상학 사전의 소정 항목으로서 함께 편입된 것에 지나지 않았던 것이다. 하지만 에크하르트에게는 또 다시 그것은 예전의 의미, 즉 영원한 이념 자체로의 참여라는 의미를 되찾았다. 이 이념은 그 자신, 신의 내적인 영원한 실재이자 신의 존재와 동일하고, 따라서 신 자체로의 진정한 참여인 것이다. 그리고 특징적인 것은, 중요하고 무매개적으로 발생하는 직관이 나타날 때에는 언제든지 수반하는 소박한 자명성에 기반하여, 에크하르트가 스콜라 철학 전통도 그 자신이 이해하는 그대로 받아 들여, 예를 들어 참여설에 관해서도, 토마스와의 명백한 차이를 전혀 알아차리지 못하는 점이다. 나아가 이 관련 하에서 더 주목해야 할 것은 에크하르트가 정의(justitia)의 이념에 기반하여 스스로의 참여의 이해를 지극히 명확하고 결정적으로 전개했다고 하는 것이다.

4. 범신론적이 아니라 신 편재론적(theopantheistisch)

앞서 제시한 것은 에크하르트의 중심적인 교설로서, 가장 강하게 신비주의적인 색채를 띤, 신 혹은 영원한 말이 영혼의 근저로 들어가 탄생한다고 하는 교설에도 특히 해당한다. 이 경우에도 사태를 매우 단순하게 이해하여 그 신비주의적 성격을 의인義認의 일을 나타내는 단순한 알레고리로서 파악하게끔 유혹할 것이다. 이 또한 틀렸을 것이다. 하지만 다른 한편으로 여기에는 '소박한' 의인의 사실도 같이 함축되어 있다는 것을 동시에 이해해야 한다. 이 의인에 관해 분명히 해보자.

신은 영원한 말을 영원에서 말한다. 그것은 이중의 방식으로 이야기 되는데, 이는 신의 입장에서는 하나의 언급 방식에 불과하다. 즉 신은 자기 자신에 있어서 영원히 말하는 것인데, 그와 동시에 영혼에게도 영원히 말하고 있는 것이다. 신은 그 자식을 자기 자신 안에서 영원으로부터 낳는데, 그와 동시에 우리들 안에도 낳으며, 또 동시에 우리 자신들도 신의 영원한 자식으로서 낳는다. 하지만 영혼의 근저에서 이야기되는 그 영원한 말 혹은 자식이란 무엇인가. 거기서 그것은 무엇인가. 그것은, 그것이 신에게 신 자신을 위해 존재하는 바의 것이다. 즉 신 자신의 자기 사색(Selbstgedanke)으로, 바꿔 말하자면 신의 자기 인식이며 말에 대한 진정한 참여를 통해서 그것이 영혼 고유의 것이 된다. 따라서 그 말을 자기 안에 지니는 것은 신이 그것에 의해서 자기 자신을 인식하는 신의 인식에 참여하는 것이다. 그것은 또 동시에, 신의 인식을 지니는 것은 우연으로서가 아니고 경험적인 '심리학적' 사실로서도 아니며, 개개의 구체적인 표상 작용에서가 아니며 개념이나 이론으로서도 아니고 영혼 그 자체의 초경험적인 본래의 근본 본질로서이다. 영혼이 자식을 갖는 것이 아니라 영혼이 자식인 것이다. 영혼이 신의 인식을 갖는 것이 아니라 영혼의 본질 자체가 근본에서 신의 인식 자체인 것이다. 그리고 우리 안에서 신의 '사상' 내지 개념으로서 나타나는 것은 모두 '힘'의 외적 기능에 다름 아니며, 본질적인 사항 자체는 아니다. 그것은 신 자신이 스스로를 우리 안에서 인식하시는 것이라고 에크하르트는 말한다.

그런데, 이 깊은 명제를 사람은 근본적으로 오해하는 경우가 있으며, 그 때 '범신론'이 생겨난다. 즉, 예를 들어 E. 폰 하르트만이 말하는, 인간의 의식 속에서 비로소 신은 자기의식에 도달하는 것이라는 의미로 그것을 이해하는 경우이다. 이것은 에크하르트에게는 실로 미친 짓이다![56] 왜냐하면 신은 그 자식을 영원히 자기 자신 안에서 낳기 때문이다. 신성은 신이 되어야 할 것으로, 또 아버지가 자기 자신에게 '말'을 함으로써 인격적인 자기의식 혹은 자기 인식이 되어야 할 것으로 영원히 규정되어 있는 것이다.[57] 그렇지만 신은 영혼에 대해, 자기 자신

---

56) L. 240. 신은 스스로 자기 자신을 의식하고 있다. 그리고 이 자기의식에 있어서만 신은 일체의 피조물도 또한 아는 것이다.

57) '아버지 신은 자기 자신에 대한 완전한 통찰과 심원하고 투철하여 지식을 다른

의, 또 스스로가 갖는 일체의 것을 영원히 준다. 영혼은 신의 존재 자체에 '참여하고', 그것을 통해서만 존재를 갖는다. 이렇게 영혼은 신의 인식 작용 자체에 참여한다. 따라서 영혼의 인식 작용은 스스로가 행하는 것이 아니며 스스로가 발견하는 것도 아니고—이야말로 일의 핵심이다!— 영원한 존재 자체가 영혼 안에 있고, 그와 동시에 영원한 자기 인식이 거기에 있음으로써만 영혼은 무릇 인식하는 것이다.[58] 그것은 범신론이 아니라 그 극단적인, 그리고 아마도 한층 더 높은 반대일 것이다. 즉 신 편재론적으로 받아들여진 것으로 '과도한 은총설'이라는 표현이지 피조물의 신화神化(Vergötterung)의 그것이 아니다.[59]

5. 새로운 복종으로서의 반대의 탄생

하지만 신이 스스로의 말을 영혼 안에서 영원히 말 걸듯이, 영혼은 반대로 아버지 안에 자식을 낳는다. 이 터무니없는 명제도 지극히 소박한 기층을 갖고 있다. 왜냐하면 거기서 사고되고 있는 것은 의인에 기반하여 성립하는 영혼의 새로운 복종이기 때문이다. '자식'은 실로 동시에 본질적 정의 그 자체이고 영혼은 '고귀한 인간'의 탄생과 또 그것이 '의로운 사람'이 되는 것을 통해 이제 그 자신으로서 행동, 마음가짐, 복종, 사랑 및 모든 덕 아래에서의 정의에 의한 좋고 완전한 업에 있어서 완전히 개화함으로써 다시 자식을 '낳는' 것이다. 그 모든 덕은 두 번째

어떤 형상에 의거하지 않고 스스로 지닌다. 그리고 이러한 아버지 신은 그 자식에게 생을 부여한다'(Rf. 6, 5)

58) '신을 아는 것, 신에게 알려지는 것, 신을 보는 것, 신에게 보여지는 것—근본적으로 그 배후에서 이것들 모두는 동일하다. 왜냐하면 우리가 신을 알고 보는 것은 우리가 알게 하고 볼 수 있게 하는 신의 힘에 기반하기 때문이다.'(L. 190)— 루터도 똑같이 말하고 있다. '신만이 알고 또 신의 눈으로 본다. 즉 성령을 지닌 사람들이 안다'고,(Weimar ed. 18, 709, 2f.)[전반의 L. 190의 인용은 M판본의 가필]

59) 정반대가 되는 신 편재론과 범신론에 관해서는 VN 85를 참조.

로 태어난 '자식'이다.

　　　의로운 존재의 어느 덕으로부터도 신은 태어난다.[60]

　　따라서 아버지에게서의 이러한 자식의 반대의 탄생에 대응하는 것으로서 '시종일관성의 부족'이나 비유의 중복 등에는 일체 무관심하게, 에크하르트에게는 다른 사상이 나타난다. 즉 아버지와 자식이 번갈아 가며 '정신'을 자신으로부터 출현시키듯이 자식이 된 존재로서의 인간도 아버지와 번갈아 가며 '정신'을 숨쉬게 한다는 것이다. 이 설은 비유와 현실성 사이를 떠돌고 있기에, 주의해야 할 것은 그것을 단순히 비유로는 받아들이지 않는 것이다.[61] 그처럼 해석하는 것은 절대적으로 틀린 것이다. 왜냐하면 에크하르트는 이들을 통해서 지극히 현실적이자 신비적인, 그 '희귀한 것'이 그 자신을 명백히 경탄시키고 감동시킨 불가사의한 상황을 표현하려 하고 있는 것은 확실하기 때문이다. 하지만 이 경우에 '신비주의'를 소박하고 단순한, 최초에 주어진 기독교 신앙 이념이나 신앙 내용의 기반으로부터 떼어 내어, 이 신비주의가 이미 '특색을 지닌' 신비주의라는 점, 즉 기독교의 의인설에 물들고 또 그 깊은 바닥에 이르기까지, 가장 미묘한 곳까지 그 지반의 정기, 기독교적인 내용이 관통하고 있다는 점, 더구나 그것이 없으면 그의 신비주의는 거의 공허한 모조품이 되어버릴 것이라는 오인하는 것은 더 큰 실수일 것이다.

---

60) L. 243.
61) 다음과 같은 문장과 비교해 보라. '왜냐하면 어떤 말을 받아들이는 것은 그 말에 깃든 혹은 우리가 듣거나 생각거나 알거나 하는 사항에 내재하는 사랑에 의해 일어나는 것인데, 그 받아들임 자체가 정신의 자식 혹은 생겨난 말이기 때문이다.' 혹은 '왜냐하면 신을 신봉하고 신 그 자신을 수용하고 선을 받아들인 사람은 꽃을 피우며, 그러한 만발함에 있어 그 수용의 과실이자 선이다'고 하는 말도 보라. (Denifle 574.)

제3장 은총 경험으로서의 신비주의

1. 은총설

본 장의 제목은 신과 마찬가지로 존재하고 신과 마찬가지로 영원하며 신과 함께 세계와 만물을 창조하고, 진실로는 '고귀한 인간'인 인간이라고 하는 이 이상한 교설이 과도한 은총설로 전환한다!^[62]고 하는 점에 가장 잘 나타나고 있다. 이는 또한 우리가 앞장에서 지적한 점이기도 하다. 에크하르트의 은총설은 때로는 신인협력설적(synergistich)인^[63] 논조를 띠고 있다. 하지만 그의 사변이 의미하는 바는 그것이 아니다. 피조물은 완전히 무로 돌아간다는 것, 즉 피조물은 자기 자신 안에 있는 한 혹은 자기 자신 안에 있는 것에 따르는 한, 아주 무가치하고 무無라는 것을, 루터는 타울러 및 프랑크푸르트인 하에서 자신의 '모든 자기의 힘, 공덕 혹은 업을 수반하지 않는 수동적인 도리義'설 위를 달리고, 또 필연적으로 이것에 귀착할 수 없는 방향으로서 완전히 바르게 이해했다. 고귀하고 또 단순히 신 자신과 결합하고 있는 것이 아니라 신과 완전히 하나가 되어 있는 인간, 더욱이 영원에서부터 혹은 침묵하는 신성 그 자체의 가장 깊은 근저에 있어서 그러한 인간이 진정 구원의 은총을 필요로 하며 이것이 없다면 지옥 바닥에 잠겨, 거기서 불타 없어진다고 하는 생각은 오늘날의 우리에게는 극히 이질적이기에, 이러한 문제에

---

62) '그것은 모두 신의 것으로 너의 것이 아니다. 신이 이처럼 하신 것을 그대는 모두, 그대의 것으로서가 아니라 신의 것으로서 받아들여야 한다.'(Pf. 22, 4) [Walshe 1, 33.]

63) '신 안에 자리하는 것은 어렵지 않다. 왜냐하면 신은 그 자신, 우리 앞에서 이 일을 하게 되어 있기 때문이다. 왜냐하면 우리가 그저 순종적이고 거역하지 않으면 그것은 신이 행하신 일이기 때문이다. 사람은 수동적으로 신에게 그 일을 발휘시키기만 하면 된다.'(Pf. 231, 17)[Walshe 2, 197.]

밖으로부터 접근하는 사람들처럼, 여기에 있는 것은 에크하르트의 타협 혹은 찌꺼기가 아닌가 하고 생각하는 사람도 있을 것이다. 하지만 그것이 우리에게 분명치 않다고 해도 진실로 에크하르트적인 근본 직관 그 자체의 의미인 것이다.

2. 영원히 신인 자가 신이 된다

이 근본 직관을 이해하기 위해서는 앞서 '창조'의 이중적인 성격에 관해 서술한 것만으로는 아직 부족하다. 이 사태를 분명히 하기 위해서는, 단 하나의, 하지만 실은 결정적인 평행 사례, 즉 바울을 증인으로 삼을 수밖에 없다. 바울이라면, '빌립보서' 2.12-13의

> 두렵고 떨림으로 너희 구원을 이루어라. 너희 안에서 행하시는 이는 하나님이니 자기의 기쁘신 뜻을 위하여 너희에게 소원을 두고 행하게 하시나니.

라는 부분에서 사용된 매우 '불가사의한' 논리를 이해한 에크하르트가 알 것이다. 이 말은 온갖 자연적 논리와도 완전히 모순된다. 신이 자기 마음 내키는 대로, 바울의 경우에는, 세계의 시간에 앞서 생겨나 미동도 하지 않은 채 그 어떤 것에도 영향을 받지 않고 변화조차도 하지 않는 신 자신의 예견(Vorversehung)을 통해 선택하고 책망하며 또 의욕 및 성취 모두를 스스로 산출하는 것이라면, 자기를 창조해라, 즉 두려움과 떨림으로, 바꿔 말하자면 자기 의지의 모든 힘을 쏟아 또 자신의 모든 신경을 긴장시켜 창조하라고 하는 권고는 무엇을 의미하는가. 바울의 견해로는, 우리는 신의 영향 하에 영원히 존재하게 되는데, 우리로서는 비로소 그러해야한 것이다. 즉 우리는 영원히 준비되어 있으며 영원히 선택되고 있고 영원히 불려가고 영원히 도리라 여겨지고 있는데, 그것도

다만 신으로부터만, 따라서 모든 자기의 선택에 앞서 그러하고 있지만, 바로 그렇기 때문에 완전히 또 철저하게 그러한 것이다. 그런데도 영원히 신의 영향 하에 있는, 즉 이념적 이성 하에 있는 에크하르트의 '고귀한 인간'은 이에 합치한다.

영원히 준비된 도리라 여겨진 것은, 바울에게도 단순한 신 아래에서 사색된 것이 아니라 비의로 가득 찬 현실이다. 의인과 하나의 것인(에크하르트에게 의인은 또한 존재의 부여(conferre esse)와 하나이다) 선택도 바울에게는, 마찬가지로 시간의 내적 활동이 아니라 공간과 시간, 역사와 개인의 생활사 저편에 있고 우리의 경험적인 탄생, 성장, 존재나 행위와는 관계가 없는 영원한 작용이다.[64] 신 아래에서 사실인 것 및 신의 뜻에 의해 영원히 정해진 것(이 뜻은 의심의 여지없이 바울에게도 영원히 불변하는 신 자신의 본질과 동일하다)—그렇지만 바야흐로 이러한 것이 이 기묘한 논리에 따르면, 우리에게 있어 우리의 결단, 창조, 생성의 문제가 되는 것으로, 더욱이 두려움과 떨림을 수반하는 창조의 필연성을 담당하고, 그리고 바로 그렇기 때문에 이 창조가 두려움과 떨림을 수반하지 않은 채 행해지는 경우에는 목표를 잃은 완전한 위험을 동반하는 문제가 되는 것이다. 그리고 또한 구원받고 있는 자 혹은 악마조차 신의 손으로부터 떼어낼 수 없는 자, 바로 그러한 자가 그르친 죄인이자 무력이며 구원의 은총을 필요로 하는 사람인 것이다.

3. 다시 에크하르트와 바울의 신비주의적 논리에 대하여

이처럼 깊은 이중의 직관을 '논리적'으로 이치에 맞도록 하거나 신인협력설과 절충시키거나 그밖의 조정을 기도하거나 하여 그럴싸한 공통분모를 구하는 것은 전혀 불가능하다. 하지만 동시에 또, 저 기묘한 논리에 따르면, 이 양극을 이루는 주장이 임시방편적인 조정밖에는 불가

---

64) 그리고 이러한 선택의 이념이 바울에게도 마찬가지로 강한 고양감과 서로 공명하고 있다.

능한 대립관계에 있는 것이 아니라는 점도 분명하다. 그뿐인가, 이 경우에는 자주 사용되는 '패러독스'라는 표현을 증거로 삼는 것도 결코 바르지 않다. 이 점에 관해서는 바울도 패러독스를 결코 생각하고 있지 않다. 오히려 앞서 거론한 '빌립보서'의 문장은 대담한 것 또는 희귀한 것을 말하고 있다는 일말의 감정도 수반하지 않은 채, '하느님은 자신의 기쁘신 뜻을 위하여'라는 말과 함께, 전단으로부터 후단으로 철저히 명료한 통찰이나 증언이라는 기세로 이행하고 있다. 보통이라면 자신의 패러독스를 당당하게 피력하는 에크하르트도 고귀한 인간과 구조를 필요로 하는 자 사이에 대립이 있다고 하는 생각에는 전혀 이르지 않았다. 그는 조용히 마치 당연한 듯 이렇게 말하고 있다.

> 여기서 우리 주가 가르쳐 주시고 있는 것은 인간이 그 본성상 얼마나 고귀하게 태어났다고 하더라도 또 그것이 얼마나 신적이라고 해도, 인간은 은총에서 거기에 도달할 수 있다는 것이다.[65]

인간이 신과 하나의 것 혹은 영원한 자식 자체인 까닭에, 인간은 그만큼 다급히 '존재를 파견하는 자'(collatio esse)를 필요로 하는 것이며, 따라서 또한 은총, 개심, 참회, 용서 및 자신의 의지를 맡기고 버리고자 하는 노력, 겸양, 거기에 에크하르트가 정신화하여 '빈곤'이라고 이름 지은 덕, 그것도 사실은 내면적인 안식, 즉 신이 모든 것에서 모든 것을 움직이게 하기 위해 '신에 대해서 공허하게 되는 것'을 계속 유지함에 다름 아닌 덕을 필요로 하는 것이다.

나아가 다음 문장을 비교해보자.

> 자연은 가장 먼저 나무를 따뜻하게 하고 다음으로 뜨겁게 한 후에 비로소 불이라는 것을 만든다. 하지만 신은 가장 먼저 존재를 부여하고, 연

---

65) Bü. 2, 104.

후에 비로소-시간 속에서- 시간성에 속하는 일체의 것(생성이나 생기)도 부여한다. 신은 또한 가장 먼저 성령을 부여하고, 연후에 정신의 선물을 부여한다.[66]

불이 된다는 것은 갈등과 함께, 슬픔과 고통과 함께 시간 내부에서 쉼 없이 전진하는 것으로서 일어난다. 하지만 불의 성취된 (원리적) 탄생은 쾌이자 기쁨으로 시간과의 간격을 갖지 않는다.[67]

에크하르트는 자신의 사상과 바울의 그것과의 관련을 잘 알고 있다.[68]

우리는 그리스도 안에서 영원히 선택되고 있다고 성 바울은 말하고 있다. 따라서 우리가 그리스도 안에서 영원히 존재하고 있는 자가 되기까지 결코 쉬어서는 안 된다.

혹은 또[69]

---

(66) Bü. 2, 114.

(67) Bü. 2, 76.

(68) L. 246; Pf. 91, 1.

(69) Bü. 1, 15. 하지만 이러한 관계는 마찬가지로 이념적 이성(ratio ydealis)에 관한 에크하르트의 교설에도 빛을 던진다. 이 설에서는 인간의 영원한 이데아라는 플라톤의 전통을 계승하고 있다. 그리고 피조물로서의 경험적 인간은 한편으로는 이 이데아로부터 구별되는 동시에, 다른 한편으로는 거기에 '참여하고 있다'. 하지만 플라톤의 본래 견해는 원래는 훨씬 단순해서 이러한 학파적 사변을 필요로 하는 것이 아니었다. 그것에 따르면, 그 관계는 오히려 단순히 이렇게 이야기되는 것이다. 완전히 동일한 인간이 두 가지로 관찰된다. 즉 한편으로는 인간은 시간 혹은 무상성, 생멸 및 형성을 지니는 존재자이다. 그리고 다른 한편으로는 동일한 인간이 영원하고 신의 곁에 있다고 관찰된다. 이 관찰은 오히려 칸트의 인간의 예지적 성격에 관한 설과 유사성을 지닌다. 즉 인간은 그 자체로 공간과 시간 및 자연법칙의 밖에 있는데, 다른 한편으로는 현상으로서 이것들에 종속하고 있다고 여겨진다. 이 관계는, 에크하르트에는 그가 자주 애용하는 말인 '~한에 있어서'(insofern, als verre als, in quantum)라는 표현 속에서 드러나고 있다. 예를 들면 다음과 같은 것이다.

신 안에는 지나가 버린 것이라든지 미래적인 것은 무엇 하나 없다. 신은 세계가 생성하기 전에 예견한 대로 일체의 성자를 영원히 사랑했다.

4. 앞서 언급한 것과의 비교

제2부 제1편 제2장 2에서 말했던 것과의 평행성 및 에크하르트적 근본 구상의 통일성이 여기서 동시에 분명해진다. 완전히 포기된, 정지상태에 든 의지가 한결같이 활발한 행동 하에서 그 직접적인 반동을 낳는다거나 영혼의 근저의 가장 깊은 내적 통일이 '여러 힘' 및 그 건강한 움직임의 생명원리이다거나 단순한, 불모의 신성이 신, 인격, 창조, 사랑, 자기 전달의 가능성의 근거라고 하듯이, 여기서는 '과도한 고양감'이 피조물로서의 무와 은총의 필요가 더욱 깊이 그것으로부터 두드러지고, 언젠가는 과도해지지 않을 수 없는 듯한 근거 혹은 가치가 되는 것이다.

5. 요약

에크하르트의 신비주의적인 사상의 조리와 의인론 및 은총론과의 관계는 요약하자면 다음의 몇몇 점들에 의해 명확해진다. 즉 양자는 평행하고 있고, 세세한 점까지 거의 일치하고 있다. 또 양쪽의 용어는 교환

"어떤 책이 '세계의 창조 이전에 내가 있다'고 말하고 있다. '이전에' 내가 있다는 것은 '인간이 시간을 넘어 영원 속에 있는 한에서, 신과 함께 일을 행한다'는 의미일 것이다(L. 246)."
다음과도 비교해 보라.
"창조되지 않은 창조될 수 없는 영혼의 미립자가 있다고 가정하는 것은 잘못이다. 하지만 만일 이미 앞에서 설명되었다고 이해된다면 그것은 아름답고 또 진리이다(Rf. 36)." 부분이 아니고 영혼의 근저가 아닌 이것을 또 에크하르트는 때로 이성이라고 부른다. 그리고 그때 그는 말한다.
"영혼의 어떠한 곳도, 부분도 창조될 수 없다고 말하는 것은 거짓이다. 하지만 만약 그것이 오직 신뿐인 것처럼, 순수 지성이라면 창조되지 않고, 영혼이 아니라고 말하는 것은 바르다(Rf. 37)."

가능하다. 그리고 그 의미에 관해서도 강제하는 일 없이 서로 교체한다. 뿐만 아니라 동의어가 되는 일조차 종종 있다. 마지막으로, 어느 경우에도 신비주의 사상계열이 후자의 내용에 의해 두드러지게 관철되고 충족되고 있기에 그 어떤 방법을 통해서도 후자와 분리된다고는 생각되지 않는다.

6. 일반적인 깊은 통찰

다시 첨언하자면, 의인에 대해서는 제쳐둔다 해도, 에크하르트는 그 신비주의적 존재론, 신학 및 영혼론을 통해 다음과 같은 종교적 혹은 영적 사태를 눈여겨보았다. 즉 그것들의 신비주의적 의복을 벗기면 보다 깊은 종교적 경험 또는 보다 깊은 정서생활로서 제시되는 한편, 에크하르트에 의해 보기 드물 정도로 명확하고 깊게 인식되고 있는 사태이다. 이는 특히 '영혼의 근저'의 설에 들어맞는다. 에크하르트가 영혼의 근저라는 것으로 나타내고자 한 것은 실로 존재하고 있다. 이 영혼의 근저가 '신비주의적 사실'이라고 한다면, '신비주의'는 어느 정도에서는 우리 자신의 존재 그 자체의 기본적 및 폐기되지 않는 계기이다.

(a) 경험적으로 인정되는 개개의 표상작용이나 의지작용 혹은 감정의 움직임 속에서 작용하고 있는 우리의 의식적인 영적생활 영역의 밑바닥에 우리의 생과 존재의 우리 자신에게 있어 의식되지 않는 거대한 영역이 있고, 그 안에 혹은 그 궁극적인 깊이에 더 없이 예리한 자기 성찰이 들어가고자 해도 소용이 없는 듯한 영역이다.

(b) 이 맹아萌芽 자체 안에 실제로는 인간의 본래적인 존재 및 일체의 특징적인 작용과 반작용이 포함되어 있다. 여기는, 표면에서는 '여러 힘', 사고, 개념, 흥분, 원망, 심려, 희망 등의 움직임이 때와 장소에 따라

차례차례로 생기하지만, 일순간의 파도의 넘실거림처럼 변화해 가는 때에도 전혀 움직이지 않고 변화도 없이 정지한 채로 있는 깊이이다.

(c) 이 깊이로 영혼의 삶이 다시 되돌려져 끌러 들어가는 경우가 있다. 그것은 외적인 여러 힘의 작용으로부터, 오성의 논증·반성의 영위에 있어서의 매개 및 구별로부터, 개개의 외적인 충동의 구별로부터 그 삶이 끄집어내어져 원래로 되돌려지는 때이자 또한 그렇게 되어 짐에 의해서이다. 그 때에—우리의 일상용어로 언급되듯이— 사람은 '역시 자기 자신에게로 돌아가는 것이다.'

(d) 여기에는 또한 모든 오성의 표면으로부터 독립하여, 또 그 하층에 '양심', '내적 목소리', '내부로부터의 정신의 증언'의 판단 하에서 나타나는 이념으로부터의 인식, 통찰 및 의미 파악, 즉 보다 고차의 '판단력'이라는 능력이 편안히 쉬고 있으며 이윽고 우리 의식에 나타나게 된다. 그리고 그 중심부에서, 온갖 이념적인, 특히 온갖 종교적인 확신의 힘 및 직접적 확실성이 꽃을 피운다. 이 '근저' 속으로 들어가, 거기서 자신의 진실을 드러내는 것이 비로소 우리에게 있어 진실이 되고, 움직일 수 없는 진리가 된다. 그리고 이 '근저'로부터 반성되지 않고 '만들어지지' 않으며 '원해지지' 않은 채 나타나 꽃피우는 것이야말로 비로소, 그것이 표상의 힘의 '이미지'로서 인지, 의지력의 결단으로서 인지에 관계없이, 순정하고 고유하고 근원적이고 '본질적'이며 진정한 소업이자 생명이다. '내 마음의 근저로부터'라고 찬송가는 말하고 있다.[70]

---

70) 에크하르트가 자신의 신비주의의 비의적 언어로 영혼의 근저에 관해 말하고 있는 것을 최근 마테를링크가 주목하고 있다. 즉 그는 선생의 깊이에는 이르지 못하고 있다는 점을 떠나, 우리의 내적인 '숨겨진 신전'(temple enseveli)에 대해 말하고 있기 때문이다.

7. 영혼의 근저와 신성의 비교

이러한 에크하르트의 영혼의 근저는 그가 신성 자체에 대해 사용한 것과 같은 비유로써 나타날 것이다. 즉 (a) 스스로 회전하는 수레바퀴와 자기 내부에서 흐르는 강이다. 이것이 사용되는 이유는, 한편으로는 이것이 여러 힘의 모든 작용 근거이며 그 힘 자체에 생명과 자극을 부여하는 동시에 다른 한편으로는, 경험되거나 받아들여지는 것이 비로소 생명이 되는 것은 그것이 이 근거로 귀일하거나 흡수되고 거기서 또 동시에 내적 생명 자체의 통일성과 단일성 속으로 녹아 들어 스스로의 구별성이나 개별성 혹은 분열성을 빼앗기는 때이기 때문이다. 다음으로, (b) 이러한 잠세태 혹은 최고의 종합으로서의 영혼의 근저를 에크하르트는 그 표현에 있어, 하나가 된다 혹은 '무가 된다'와 같은 기막힌 표현으로 적절히 표시할 수 있었다. 왜냐하면 영혼의 근저로 귀일하는 것은 모두 직접적인 삶의 소유 자체의 통일성으로 귀일하기에 '무가 된다. 즉 일체의 특수성 및 '우연'으로부터 해방된 것이 되기 때문이다.[71] 그런데 이 (a)와 (b)는 '불모이자 무상한 신성'의 절대적 통일성에 관한 에크하르트의 사변 및 그 동기에 빛을 되던진다. 그에 따르면 영혼은 신성의 반대상(Widerbild) 또는 모상模像(Abbild)이다. 하지만 문제는, 이 경우에 원래의 상이 오히려 모상을 통해 그려진 것이 아닌가, 에크하르트가 스스로의 영혼의 깊은 본질 자체에서 직관한 모든 특징이 신성의 모든 특성으로서 무한대로 확대되어 객관화된 것은 아닌가 하는 점이다. 어느 경우든, 신에게는 바로 이 '신성'은 보다 엄격히 말자면 '불모'가 아니

---

71) F. 슐라이어마허(Schleiermacher), *Reden über die Religion*(ausg. G. C. B. Pünjer, Braunschweig, 1879, p.73)를 참조, '그것을 정신의 가장 깊숙한 곳에 자리 잡고, 그것을 하나로 융합한다. …… 그 결과, 그것을 (의식일반으로서) 시간적인 것 모두를 버리고, 다른 것으로서는 더 이상 그의 곁에는 거하지 않고, 유일한 영원히 순수한 것으로서 평안하게 거한다.'

라 실은 깊은 생명의 근저로서, 이는 '인격' 혹은 여러 힘 하에서의 신인 일체의 잠세태 및 고차의 종합이라는 점은 의심의 여지가 없다.

8. 샹카라와의 완전한 거리

이제 다시 한 번 샹카라에게로 눈을 돌리면, 거기에는 완전한 간격이 있음을 분간할 수 있다. 샹카라는 내적 아트만을 알고 있는데, 하지만 이 아트만은 기독교 및 에크하르트가 생각하고 있는 '영혼'이 아니다. 이쪽의 영혼은 '심정'(Gemüt)과 동일하고 생명과 깊이를 무한히 풍부하게 품고 더욱 더 만족해야 할 경험 또는 소유의 장이자 영혼이라는 말의 바이블적 개념의 빛나는 특색을 지니는 '내적 인간'(invendiger Mensch)이다. 종교적 양심의 본질이라는 의미에서의 '영혼'은 '도리에 굶주리고 목말라하는' 것으로, 그 본질에서는 '존재'(esse) 그 자체가 신의 도리 자체로부터 도리라고 여겨지고 있는 것과 마찬가지인데, 샹카라의 아트만은 이러한 의미에서의 영혼이 결코 아니다. 그의 신비주의는 아트만 신비주의이지 '심정의 신비주의', 바꿔 말하면 심정의 비의라는 더 깊은 의미에서의 '영혼의 신비주의'가 아니다. 샹카라의 신비주의는 어느 모로 보나 '의인 및 성화'로서의 '신비주의화 하는 의인' 혹은 '은총 신비주의'가 아니다. 그 차이는 샹카라의 신비주의가 팔레스타인적·바이블적 종교성이 성장한 대지 위에 구축되어 있는 것이 아니라 인도의 정신적 지반 위에 구축되어 있는 점에 있다.

제4장 신비주의와 윤리

1. 도덕의 신비주의와 무도덕의 신비주의

같은 이유로 샹카라의 신비주의는 윤리를 지니지 않는다. 그것은 부도덕이 아니라 무도덕이다. 동일성(ekatā), 즉 영원한 브라흐만과의 통일에 도달한 해탈자(der Erlöste)인 묵크타(muktā)는 악한 존재이건 선한 존재이건 일체의 '업'으로부터 이탈해 있다. 왜냐하면 모든 업은 '얽어매'기 때문이다. 그는 일체의 업을 제거하고, 스스로는 통일 안에서 편히 쉰다.

우리는 앞서 『기타』가 힘찬 남성적인 활동이나 행위 윤리를 권하고, 샹카라가 그것을 '하부구조'에서 승인했던 모습을 보았다. 하지만 신비주의자로서의 그에게는, 또 그의 본래의 이상의 입장에 서면 일체의 활동과 일체의 행은 낱낱이 가라앉아 버린다. 그리고 앞서 힘찬 활동의 의미와 가치가 승인되고 또 친절하게도 변호된 만큼, 한층 그것은 인상 깊다. 샹카라는 지독히 완고하게, 시종일관 자신의 예민한 감각과 변증법을 총동원하여 이슈바라에게 바쳐진 업을 칭송하려고 하는 『기타』의 명백한 근본 의의를 불분명하게 하고 왜곡하여 낮은 단계로 만들고 모든 의욕과 활동의 완전한 정지 단계가 그 위로 높아져야 한다고 한다.

에크하르트에게는 전혀 다르다. '우리가 명상에서 받아들인 것은 이번에는 사랑에서 방출한다.' 실로 그의 신비주의라는 대지 위에 이처럼 놀랄 만큼 자유로운 윤리가 매우 힘차게 꽃피운다. 왜냐하면 존재(esse)와 하나가 되는 것에 의한 정의正義는—루터에게도 마찬가지인데— 단순한 가치에 의한 정의가 아니라 '새로운 복종'의 진정 살아 있는 업 아래에서 개화하는 본질적인 정의이기 때문이다. 이는 이 신적 존재 자신이 본질적 정의라고 하는 것에서 유래하는 것인데, 그것은 이 신적 존재가 그 자신 안에 예언자 및 복음서의 신을 포함하기 때문이다. 이 신은 스스로를 '나는 스스로 있는 자'라고 하는데, 이 문장이야말로 순수한 존재로서의 신이라고 하는 에크하르트의 규정의 근본 텍스트인 것이다. 하지만 순수 존재의 이 '나는 존재한다'는 진정 인격적 순수성이나 완전성 및 인간, 세계, 피조물에 대한 사회적 이상의 요구에서의 모든 윤리적 이상의 신이다. 이렇게 이 신비주의는 진정한 의미에서의 '주의주의적' 신비주의가 된다. 바꿔 말하면, 자극받은 감정의 신비주의가 아니라 활동적인 영원한 의지 그 자체로의 의지 위양委讓의 신비주의가 되는 것이다.

2. 의지의 신비주의

거의 모든 신비주의는 의지의 위양을 요구한다. 하지만 그때, 통상 자기의 의지에 관해서는 복종적인 인종忍從 혹은 신적 의지를 위한 자기 의지의 포기가 전면에 나오게 된다. 에크하르트도 이를 알고 있다. 그런데 그의 경우에는 보다 고차의 포기, 즉 의지를 최고의 의지와 하나가 되게 함으로써 새롭고 신선한 행위를 낳는 것이 중요해진다. 따라서 에크하르트는 신적 의지와 하나가 되어 자유로워진 의지의 고지자이다. 진정 에크하르트만큼 의지 및 자유로워진 의지의 힘에 대해 멋드러지게 언급한 사람은 없다. 이 신비주의는 정말 순수한 의미에서의 주의주의적 신비주의이다. 의지가 의지와 하나가 된다. 하나이자 영원하며 활동적이며 유일한 의지 하에서는 창조된 개별적인 의지, 특수한 의지, 저항하는 의지는 가라앉는다. 이에 대해 하나가 된 주체의 갱신된 강한 의지에서는, 이제 영원하고 성스러운 지복의 의지 자체가 살아가게 된다.—이 이념은 모든 단계를 경과한다. 즉 그것은 명백하게 주의주의적으로 이해된 '단순한' 기독교의[72] '가장 소박한' 형식에서 시작된다. 다음으로 그것은 신비주의적 합일의 표상 세계의 최고 단계로 올라간다. 그 것은 때로는 다음과 같은 느낌을 지니게 되는 경우가 있다. 즉 존재 신 비주의 전체가 이 의지의 신비주의의 배후로 사라져 '존재'에 이르고자 하는 일이 오히려 완전히 생생한 의지의 추구가 되고, 신과 하나라는 것이 신과의 '일치'(Einhelligsein)와 동일하게 된다는 것이다.

> 그러한 사람은 신과의 일치를 신과 함께, 또 신이 그것을 바라는 바처 럼 바랄 정도로 신과 일치하고 있다.[73]

혹은 또

> 하지만 누구도 자신의 의지를 지니지 않는다. 왜냐하면 그 의지는 신의 의지와 완전히 하나이기 때문이다. 그처럼 하나가 되는 것을 신이 우리 에게 베풀어주시기를.
> 아멘.[74]

3. 마음가짐으로서의 신비주의적 존재

여기서부터 에크하르트의, 겉보기에는 냉정한 존재의 사변이 특별 한 성격을 지니게 된다. 에크하르트는 단순한 외면적 소업에 대해서 '마 음가짐의 고귀함'을 칭찬한 사람으로 알려지기만은 바라지 않았을 것이 다.[75] '좋은 나무를 길러라, 그리하면 좋은 열매를 맺을 것이다'—이 비유 는 이미 단순한 '마음가짐'보다도 훨씬 깊은 곳을 가리키고 있다. 즉 '마

---

72) '말해주소서 신이시여, 그대의 영원한 의사가 내 안에서 형태를 이루는 것을'(Bü
. 2, 126)
73) Bü. 2, 67.
74) Bü. 2, 55.
75) 바른지 아닌지는 어쨌든 우리는 이 점을 문제 삼지 않는다.

음가짐'이 거기서 근거를 부여받게 되는 듯한 존재에까지 되돌아가 가리키고 있다. 에크하르트도 분명 같은 것을 생각하고 있을 것이다. 즉 그도 또한, 중요한 것은 마음가짐이 아니라 존재라고 답할 것이다. 내적인 존재로부터 처음으로 마음가짐도 흘러나오는 깃으로, 내가 이떤 마음의 준비를 할지도 존재에 의존하고 있는 것이다. '본질적이 되어야' 혹은 본질적으로 올발라야 한다, 그러하면 너의 마음가짐 및 소업은 바르다. 그런데 신은 그 자신이 본질적인 존재이자 본질적 정의이다. 그대가 신을 단순히 관념 안에서만 지니는 것으로는 그대를 만족시키지 않는다. 그대가 신을 의지 혹은 마음가짐에서 지니는 것도 만족시키지 않는다. 본질적인 정의 그 자체는 그대 자신의 존재이다. 즉 그대가 바르고자 한다면, 그대는 신이 아니면 안 된다는 것이다.

> 그의 모든 존재, 생, 지, 사랑은 신으로부터 나오고, 신 아래에 있으며 신 (그 자체)이다.[76]

제5장 가치감정

다른 특징적인 계기가 앞서 언급한 내용과 본질적으로 관련되어 있다. 그것은 두 스승의 가치감정 혹은 세계, 부여된 사물의 현실에 대한 그들의 태도 내지 기분이라고 불러도 좋은 것이다.

샹카라에게 있어 세계는 어디까지나 세계로서 멀리해야 할 것, 부정해야 할 것, 불행으로 가득 찬 것, 번거로운 것이다. 그리고 이미 살펴보았듯이, 이러한 지반 위에서 세계를 '페시미스틱한 색채'로 묘사하여 신앙심을 불러일으키는 기술이 성립한다. 윤회와 범·열반(브라흐만·니르바

---

76) Pf. 23.

나)은 첨예하게 대립한다. 니르바나는 순수하게 피안적인 상태로서, 삼사라 자체는 결코 니르바나일 수 없다. 따라서 샹카라에게는 브라흐만의 구원이 실제로는 사후에 비로소 성립하는 것이 된다. 본래 그것이 달성되는 것은 완전한 인식에 도달한 묵크타(mukta)가 과거의 카르마의 남은 과보를 모두 다 체험한 때로, 바꿔 말하자면 그 종언을 참을성 있게 계속 바라는 것이다. 저 간다라인은, 그리고 그와 함께 샹카라도 '나는 자유로워졌다, 아트만에 도달했다고 말하기까지는 꽤 오랜 시간이 걸린다'고 말한다.(본문 제2편 제1장 2 참조)

그런데 에크하르트의 경우는 '그렇기 때문에 나는 최후의 심판까지 머무를 것이다'고 한다. 그에게 있어 윤회는 이미 니르바나로서, 양자는 하나이고 새롭게 개화한 세계 속에서 또 그 아래에서 그 자신이 구원을 발견한다. 에크하르트의 특징을 이루는 것은 세계와 육체에 대한 한탄의 노래가 없다는 것이다. 반면에 [아시시의] 프란시스코에서는 이러한 노래가 그 특징을 이루는 역할을 담당하거나 때로는 루터의 교설도 왜곡한다거나 하며, 나아가 인도인들의 관찰에 따르면 불교에서도 힌두교에서도 종종 발견된다.[77] 에크하르트에게는 인식을 획득하자마자 신이 모든 피조물에서 빛을 발한다. 그때, 그의 경우에는 '일체의 것이 신이 되었다'[78]는 권리를 손에 넣는다. 단순한 피조물, 즉 마치 자기 안에 있는 듯한 것으로서의 세계는 에크하르트의 경우에도 고통으로 가득 찬 것인데, 그 세계가 다시 신 아래에서 발견된 때에는 온갖 좋은 소행에 있어 자발적으로 행해지는 경사스러운 행위의 무대가 된다. 분명 에크하르트는 이렇게 시작되는 것이 또 언젠가는 '완성되어야' 할 것이라는 점을 확신하고는 있다. 하지만 그는 거기에 초조함을 품지 않는다. 그리고 그는 아름다운 지복 직관에 '급습당하는' 것도 기대하지 않는다. 왜

---

77) '하지만 우리가 뱀이 머지않아 탐하는 벌레의 부드러운 껍질에 정신 팔려 있는 사이에, 그것은 지옥에서 영원히 타오르는 분노에도 필적해야 하는 것이다.'(1546년 6월 17일 루터의 마지막 교설로부터.)

78) Pf. 29, 5. [Walshe 1, 45.]

나하면 그에게는 존재와 동일하고 또 활동에 있어 개화하는 본질적 인
식에 있어 신이 인식되는 때에 신은 관찰되기 때문이다.

많은 사람은 여기서는(이 생에서는) 피조물의 존재밖에 지니지 않고, 저
기에서는(저 생에서는) 신적 존재를 지닌다고 생각하고 있다. 하지만 그
러한 일은 있을 수 없다. 이러한 일로(이러한 대비를 통해) 많은 사람이
배신당했다.[79] 사람은 신을 이미 이 생에 있어, 이 생의 뒤에 있어서와
마찬가지로 완전성을 지닌 존재로 보며 또 그것과 매일반으로 정복한
것이다.[80]

이 생과 저 생의 차이는 (신이 입장에서 보면) 질적인 것이 아니라 '가능
성'에 대한 완전한 현실성과 절반의 현실성 사이의 차이에 불과하다.

이 생의 후에, 한낱 가능적인 것 (및 절반이 현실화한 것)이 우리에게 있
어 완전한 현실성으로 전환될 것이다. 하지만 이 전환은 지금 이미 있
는 것에 비해 훨씬 완전한 정복의 체험이 되는 것은 아니다(그저 명백함
의 정도에 관해 완전해지는 것이지 내용 자체가 그렇게 되는 것이 아니다[81]).

제6장 존재와 사랑

1. 실천적인 사랑의 마음가짐으로서의 신비주의

마지막으로, 이상에서 서술한 것 모두와 관련이 있는 것은, 인식과

---

79) Pf. 470, 24.
80) Bü. 1, 203.
81) Bü. 1, 203.

존재를 최고의 것이라고 고지한 이 사람은 또한 기독교의 사랑, 즉 신의 사랑과 이웃에 대한 사랑의 고지자이기도 하다는 점이다. 이미 중세의 '주의주의적' 신비주의 및 그 평행 사례, 즉 동양의 신비주의적 박티가 흥분한 감정의 도취(erregtes Gefühlsrausch)의 신비주의이고, 감정 속에서 결합된 나와 너가 강렬한 정서 아래에서 서로 융합하고 극도로 높아진 감정에 있어 하나가 됨이 일어난다고 서술했다. 이러한 감정의 도취나 이러한 '병리적'(pathologisch)인 사랑을 에크하르트는 알지 못한다. 그에게 있어 사랑은 기독교의 아가페의 덕德으로, 죽음과 같을 정도로 강하지만 도취는 아니고, 내면적이기는 하지만 지극히 겸양적인 동시에 칸트가 말하는 '실천적' 사랑과 마찬가지로 의지 및 행위의 작용이다.

2. 에로스 vs. 아가페

이를 통해 에크하르트는 또한 언제라도 그의 학생이라고 칭해지는 플로티노스와도 동시에 완전히 구별된다. 플로티노스도 또한 신비주의적 '사랑'의 고지자이다. 하지만 플로티노스의 사랑은 기독교의 아가페가 아니라 그리스적인 에로스, 즉 향수(Genuß)이고 부언하자면, 에크하르트는 알지 못하는 미적 체험에서 출발하는 감각적 및 초감각적 미의 향수이다. 그리고 그것이 지극히 세련된 승화를 성취해도, 실제로는 여전히 플라톤의 『향연』에서의 에로스적 면모를 띠고 있는 것이다. 즉 출산의지의 정열로부터 신전 정열로 변용하는데, 하지만 이러한 것으로서도 역시 정열적인 것의 승화된 계기를 내포하고 있는 위대한 '데몬'이다.[82]

---

82) 플로티노스는 다음과 같이 말하고 있다.
　"저 세계에서는, 색채를 띤 빛은 꽃처럼 만발한 아름다움이다. 거기서는 모든 것이 색色이고, 모두가 가장 깊은 바닥에 이르기까지 아름다움이다. 하지만 말하자면 신주神酒(Nektar)에 완전히 취한 자, 그 영혼을 저 세계의 아름다움이 완전히 관통해 버린 자, ……"(『에네아데스』 5.8.10. Kiefer 1, 70)[Mackenna 431.]
　그 본성이 에로스인 자가 거기에 도달할 것이다. 사랑하는 자(에로스를 지닌 자)

하지만 에크하르트는 다음의 어느 것과도 다르다. 즉 에크하르트는 정서적인 감정 신비주의처럼 격앙된 감정상태에서 점차로 최고자와의 상호 감정적 교류가 높아지는 속에서 그 정점으로서 그것과의 합일에 이르는 것이 아니다.

> 사랑은 하나에 결부시키지 않는다. 그것은 작용에서는 결부시키지만, 본질에서는 하나에 결부시키지 않는다.[83]

오히려 에크하르트에게 있어, 애초에 하나가 되는 것은 진정한 아가페의 가능성의 근거인 것이다. 그의 아가페도 또한 플라톤적 및 플로티노스적인 에로스와 공통된 점이 거의 없다. 오히려 그것은 원초의 순수함과 소박함 하에서의, 따라서 아직 과도한 고양도 첨가물도 수반하지 않는 순수한 기독교도 감정 그 자체이다. 에크하르트의 사랑과 존재의 통일성의 계기와의 관계는 존재의 통일성 또는 존재와 본질에 있어 하나가 되는 것이 정서적으로 표현되는 경우 또는 감정 영역에서 작용하는 경우에 사랑인 것이며 또 동시에 신뢰이고 신앙이고 의지의 위양이자 봉사라고 표현되어야 한다. 이들은 신성과 영혼과의 본질적 통일성이 감정과 의지의 영역에서 드러나는 때의 형식인 것이다. 에크하르트 자신도 이렇게 말하고 있다.

는 아름다움을, ……… 그 자신의 아름다운 제1의 존재에 달하기까지 애달피 추구한다. 거기서 비로소 그 사람은 애달픈 동경에서 해방된다.(『에네아데스』 5.9.2. Kiefer 1, 76)[Mackenna 434.]

영혼은 모두 아프로디테로서 신을 동경하고 신을 사랑하면서 하나가 되고자 하지만, 그것은 마치 고귀한 혈통의 처녀가 고귀한 사랑을 동경하는 듯한 것이다.(미상)

그리고 이 하늘에 있는 아프로디테가 지상의 아프로디테와 아무리 떨어져 있어도 다음 원칙이 적용된다. 저 (높은) 기쁨이 이해되지 않는 사람이 있다면, 그 사람은 이 세상의 사랑과의 비교를 통해 이해해야 할 것이다.(『에네아데스』 6.6.6. Kiefer 1, 76)

83) Pf. 321, 36. [Walshe 2, 338.]

그리고 하나인 것으로부터 하나인 것과 함께 하나되는 것으로라는 이 동일성이야말로 마치 꽃처럼 피고, 불처럼 타오르는 사랑의 원천이자 근원이다.[84)

아니, 사랑 따위는 엄밀하게는 저 존재의 통일성의 '결과'가 아니다. 하물며 이 통일성이 그것들의 결과인 것은 아니다. 그것들은 분명 이 통일성 자체가 나타난 것이다.

샹카라도 존재의 통일성에 기반하는 감정의 통일성을 알고 있다. 왜냐하면 영원한 브라흐만은 단순히 존재자(sat[=존재, 실재]) 및 정신(cit[=정신성])일 뿐만 아니라 환희(ānanda) 또한 무한한 환희이기도 하기 때문이다.

'그 환희를 아는 자는—'

영혼이 신에 참여할 때 동시에 신의 정복에도 참여하고 있는 점은 에크하르트에서도 자명한 것이다. 하지만 그가 그것을 좀처럼 이용하지 않는 것도 또한 특징적이다. 에크하르트에게는, 신과의 일체라는 본래의 감정 표현이 신비주의적인 최고의 쾌가 아니라 아카페이자 사랑으로, 플로티노스도 샹카라도 말하지 않고 알지 못하는 것이다.

제7장 영혼, 심정, 양심

이렇게 하여 결국 에크하르트는 샹카라가 결코 될 수 없었을 존재가 된다. 즉 영혼과 심정의 풍부한 내면적 삶을 깊이 간파하고 인식하

---

84) Bü. 1, 73.

는 자, 영혼의 의사 혹은 지도자가 된다. 심정 및 양심의 삶으로서의 영혼의 삶의 이처럼 깊은 문제 영역, 따라서 또 최초기의 기독교의 특징이 되고, 더욱이 필연의 것도 되며 게다가 기독교 신비주의, 특히 에크하르트가 본래의 주요한 사명이라 간주하고 또 실천한 듯한, 본래 의미에서의 '사목司牧'은 인도의 지반에서는 결코 발전할 수 없었다. 그리고 에크하르트에게 있어 궁극적으로는, 그의 이 주요한 사명이야말로 그가 스콜라 철학자 및 설교자로서, 아니면 소박한 기독교도 및 명민한 신비주의자로서 말하고 또 향한 것의 모든 근원이 있으며 또한 목표가 있는 것이다.

제8장 '두 가지 길'의 상호 조합[85]

1. 문제로서의 조합

심연은 심연을 부른다(abyssus invocat abyssum). 우리의 신비주의자는 시편 작자와 함께 이렇게 말하고 있다. 즉 자기의 근저의 깊이는 신적 근저 혹은 심연의 깊이에 호소한다는 것을 말하고자 하는 것이다. 하지만 그 말도 또한 '두 가지 길[86]'의 이상한 만남, 조합 혹은 융합을 나타내는 모토도 될 것이다. 이 경우에도 깊이는 다른 깊이에 호소한다. 즉 사물 아래나 배후에 있는 영원히 하나인 것의 누미노제적인 깊이(이것은 보는 자를 끌어당기기도 한다)는 영혼의 그 내면에서의 신과의 일체화라는 기적의 누미노제적인 깊이에 호소한다. 그것은 베다의 에캄(1, Ekam)이 아

---

85) 본 장은 구판에서는 섹션 C의 제6논문, 영역본에서는 Appendix 6으로 수록되어 있던 것인데 M판본에서는 제2편 제2부 제8장으로 편찬되었다. 편자 서언을 참조.

86) 본서 제4장을 보라.

트만(ātman)과 만났을 때의, 기원을 달리하는 둘의 만남 및 발견이었다. '그것은 아트만이다'(sa ātmā)이라는 『찬도갸 우파니샤드』의 말은 어떤 명료성을 의미하는 것도 아니며 또 분석적 판단도 아니라 종합적으로, 게다가 경이로운 판단을 의미하고 있다. 하지만 그때 이후로 인도에서는 두 가지 길이 서로 뒤얽혀 있다. 샹카라에서도 같은 것이 발견된다. 하지만 에크하르트에서도 그러한 것이다. 또한 다른 나라나 지역의 많은 여타 신비주의자에게서도 사정은 마찬가지이다.

신비주의자가 아닌 문외한들에게는 이 두 가지 길의 조합은 완전한 수수께끼이다. 양자의 깊은 차이에 관해 통상 볼 수 있는 오해에 대해서는, 우선 둘의 결합이라는 수수께끼를 지적하고, 그 위에 두 길의 특수성을 날카롭게 분리하여 각각 이해하는 것이 무엇보다도 중요하고 필요하기도 하다. 신비주의자 자신은 말할 필요도 없이 여기에 그 어떤 수수께끼 같은 것은 없으며 오히려 극명한 양자의 결합의 필연성이 있다. 그는 그 길의 이중성을 전혀 알지 못한다. 그에게는 스스로 경험하는 대상의 특색으로부터 두 가지 것이 자명한 일로서 나타나는 것이다. 그는 그 차이를 반성하지 않는다. 만약 그렇게 한다면, 그는 분명 결합의 필연성을 개념적으로 명시할 수 없게 될 것이다. 하지만 그에게 있어 그것은 직접 느꼈던 결합으로서, 그 감정에서 확실하게 주어진 것을 개념적으로 분석할 필요성을 아마도 느끼지 않았을 것이다.

그런데 우리는 이 필연적인 것을 통찰할 수 없고 또 단순히 느끼는 것이 가능하지도 않다. 그 결합은 우리에게는 우선 무엇보다도 놀랄 만한 것으로서 나타난다. 그리고 제1의 길의 출발점에서 볼 때, 그 경이로움은 특히 커진다. 여기서 일어나는 것은 외적 사물 및 그 통일성 내지 비통일성에 대한 어떠한 반성과는 전혀 관계가 없다. 여기서의 근원적 사실(Urfaktum)은 전혀 다르고 마치 눈앞에 있는 듯이 명확하게 보인다. 그것은 분명 다음과 같은 것이다. 즉 일체의 외적인 것으로부터 이탈하여 자기 자신으로의 집중으로 물러남에 따라 체험자의 마음속 깊은 곳으로부터 '미지의 감정'(fremde Fühlung), 비의 및 기적, 예감 및 개념 파악이 불가능한 접촉이 뛰쳐나온다는 것이다. 그 체험자 안에서, 그가 그 때까지 아는 것도 의식하는 것도 불가능했던 것이 생기고 돌게 된다. 그것은 영혼 자신이 그 측정 곤란함을 그에게 드러내는 기적인 것인가. 그때 그의 관심의 대상이 되는 것은 사물인가 아니면 그 통일성인가 아니면 다원성인가. 그것이 아니면 사물 속에 혹은 그 아래에 근저로서 있는 것인가. 혹은 그것은 영혼 속으로 뚫고 들어가서는 충만되어 영혼을 적시는 동시에 그것을 흡수하여 자기와 일체화하는 것인가. 즉 '영혼을 넘어서는 것'(Überseele), 신성인가. 그 경우에 그것은 영혼에 존재를 부여하고 존재하게 하고 살리고 정복淨福하게 하는 영혼의 신인 것인가. 하지만 이 신이 '만물'임과 동시에 만물의 통일성이자 존재이기도 한 것인가.—그것이 영혼의 관심사이다. 이 경우, 과연 결합 혹은 조합의 필연성은 어디서 와야 하는 것인가.

2. 우연적이지 않은 사실로서의 조합

자기 내면에서 영혼 혹은 내적 아트만의 신적인 기적(Gott-Wunder)을 발견하는 것과, 다른 한편으로는 사물의 다원성 배후에 혹은 그것을 넘어선 곳에서 모든 것 및 나조차도 존재하게끔 하는 일자를 보는 것이라는 둘은—우리의 견해에서는— 그 자체로 현저하게 다른 경험이다. 더욱 이 신비주의자가 아닌 사람에게는 당초, 양자가 어떻게 서로 융합하고 떨어지기 힘들 만큼 결합할 수 있는지가 이해되지 않는다. 양자가 전혀 다른 단서를 지니는 것은 인도에서 가장 잘 드러난다.

세계 속에서 혹은 배후에서 에캄(Ekam)을 발견하는 것이 인도에서는 가장 먼저이고, 그것은 이윽고 영원한 브라흐만으로서 인식되게 된다.[87]

---

87) 여기에는 진정 합리주의자나 '발전론자'는 알 수 없는 문제가 있다. 즉 '신비주의적으로 관찰된 저 에캄이 왜 오랜 주술적인 브라흐만과 하나가 되는가 또 어떻게 이 브라흐만이 에캄이 되는가하는 문제이다.

'내적 아트만', āścarya를 자기 안에서 발견하는 것이 두 번째로, 이 발견은 저 첫 번째에 전혀 의존하지 않는다.

하지만 저 에캄·브라흐만은 이제는 바로 '내적 아트만' 그 자체라는 발견이 세 번째의 것이다. 그리고 이 발견도 또한 그 자체로서 하나의 새 발견이다. 이 새로운 발견은 어떻게 가능했는가. 왜 브라흐만과 아트만은 만난 것인가. 우리의 종교사는 단순히 사실밖에 전하지 않는다. 브라흐만 사변과 아트만 사변은 진정 '결합하고 있다'. 하지만 왜 둘은 결합하는가. '자연스레' 그렇게 된 것은 결코 아니다. 상캬 및 요가의 아트만 사변이 전적으로 브라흐만 없이 성립하고 있을 뿐만 아니라, 두 학파는 브라흐만 신비주의 및 불이일원론에 대해 엄격한 거부의 태도를 보이고 있는 점이 이를 증명하고 있다. 인도의 사변 속에서 양자 사이에 '혼합주의'가 생긴 방향과 그렇지 않은 방향이 있었다는 것이 '우연하게' 발생한 것일까. 하지만 샹카라의 교설은 혼합주의가 아니다, 즉 우연히 각각 현실적으로 존재하고 있던 이전의 조류가 하나로 섞였다거나 합류했다는 것이 아니다. 베단타 신비주의에서는 두 길의 내적 결합이 필연성이 강하게 느껴진다는 인상 하에서 행해지고 있다는 것은 완전히 명백하다. 둘이 왜 서로 강하게 끌어당겨 연결될 수 있는지에 대한 근거는 사정 자체 안에 있음에 분명하다. 저런 종류의 종합을 위해 이러한 내적 필연성의 계기는 역사적으로도 귀납할 수 있다. 즉 단순히 한 번만이 아니라 또 단순히 인도에서만이 아니라 전혀 다른 곳에서도 완전히 일치하는 사태가 인도와는 본질적으로 다른 단서와 상황 하에서 발생했다는 사실로부터 귀납될 수 있다. 왜냐하면 이와 같은 두 길의 동일한 종합이 에크하르트에게서도 발견되고 플로티노스, 또 할라지(al-Hallāj)에게서도 마찬가지로 발견되기 때문이다. 이 일치는 비밀스런 법칙을 보여주지는 않지만 강한 강제력을 지닌 내적 계기를 확실하게 시사하는 것이다.

신비주의자 자신이라면 이렇게 말할 것이다. '애초에 만물의 영원한 일자인 것과 완전히 동일한 것이 실로 내 영혼의 근저에 있고 내 영혼이다. 내가 인식하는 것은 정녕 그것이다. 그것을 보지 않은 자 혹은 반밖에 못 본 자는 이 사태를 인식하지 않을 것이다'고. 하지만 신비주의자가 아닌 사람은 상호 끌어당기는 계기 중, 이 두 신비주의의 어떠한 '친화성'(Wahlverwandtschaften)을 이루고 있음에 틀림없는 것을 찾아보아야 한다. 신비주의자 자신이 사태 자체의 본래의 필연적 근거라고 보거나 혹은 본다고 간주하고 있는 것이 세속적인 눈에는 두 개의 서로 다른 길을 더듬어가는 직관 사이의 '유사성'이나 '친연성'(Verwandtschaften)과 같은 우리에게 '심리학적인 실마리'를 제공해주는 것 아래에서밖에 나타나지 않는다. 신비주의자에게는 본질적이자 필연적인 공속관계(Zusammengehörigkeit)에 있는 것이 우리들에게는 심리학적 법칙에 기반한 상호 인력처럼밖에 보이지 않는다. 그 법칙이란, 예를 들어 어떤 점에서는 다르지만 다른 점에서는 유사한 경험끼리, 그것을 경험하는 심정에 있어 그러한 유사성이라는 인상 하에서 혼합하는 일이 있을 수 있다는 것이다. 그리고 단순히 혼합할 뿐만 아니라, 경우에 따라서는 서로 부르고—심연은 심연을 부른다— 서로 유발하고 서로 각성시키는 일도 있고 또 그 상호작용 하에서 서로 높아지는 일도 있다.

3. 근거의 탐구

이제 이러한 계기가 제시된다. 그리고 그로부터 적어도 '심리학적으로' 설명되어야 할 다음 사항이 꽤 분명해지게 된다. 즉 에캄의 직관이 아트만 자체의 직관을 끌어당겼던 점(아마도 자각시켜 부상시켰던 것까지), 그리고 지금 문제시하고 있듯이 양자가 지극히 긴밀한 통일로 이어졌었다는 점이다.

(a) '그것은 아트만이다'(sā atmā) 즉 '그것은—일자, 존재하는 것, 브라

흐만─ 자기이다'는 이 정식 자체는 본래 아직 브라흐만 사변과 아트만 사변이 서로 침투하였다는 것을 의미하지 않는다. 왜냐하면 여기서 논해지는 '자기'는 '내적 아트만' 즉 외적인 것에 대한 내적인 것, 신체, 감각, 능력 등과 다른 '영혼'이 아니기 때문이다. 이 '자기'에서는 안과 밖이라는 대립은 아직 전혀 사료되지 않는다. 오히려 보는 자 자신으로서의 '자기'가 단순히 사료되고 있을 뿐이다. 바로 그렇기 때문에 '구절'은 곧장 한발 더 나아가 '그대는 그것이다'(tat tvam asi)고 말하는 것이다. 즉 그대 자신이 이 영원히·하나된·존재하는·브라흐만이라는 것이다. 그대는 실재(sat)를 그대 안에서 발견한다는 것이 아니다. 그대는 그대 자신이 존재이고, 존재가 그대 자신이라는 것을 발견한다는 것이다. 그러한 이유로 이 문장은 본래 제2의 길의 직관을 기술하고 있음에 불과한 것이다. 하지만 이제 '제2의 발견' 즉 우리들 곁에서의 아슈차리야, '내적 아트만'의 발견이 이미 사전에 이루어진 경우에는, 또 우리 자신은 신체도 감각도 아니고, 어떤 '외적인' 것도 아니라 우리의 '자기'가 실로 어떤 내적인 것 혹은 내적인 것 자체라고 하는 통찰이 사전에 획득된 경우에는, 바로 그것으로서는 아직 이러한 의미를 전혀 지닐 필요가 없는 tat tvam asi라는 정식이 곧장, 그리고 '필연적으로' 이 의미를 띠어야 했다는 것을 실제로 심리학적으로 이해할 수 있고 또 명백하기도 하다.

(b) 그렇지만 제1의, 그리고 여타 일체를 제약하는 계기는 (a)에서 서술한 것 안에는 없고 경험된 대상에 공통되는 누미노제의 성격에 있다. 한편으로 자기의 영혼의 불가사의한 깊이(Wundertiefe) 및 신을 자기 가슴속에서 발견하는 것과 세계의 불가사의한 깊이를 '통일성' 혹은 '일자'에서 발견하는 것이 다르다고는 하더라도, 바로 이 둘은 '경이'(Wunder)이기 때문이다. 더욱이 이 경이는 일반적인, 현대에서는 퇴색해버린 의미에서의 것이 아니라 우리가 다른 곳에서 정의하려 시도했듯이, 누미노제적인 규범을 지니는 특정한 의미에서의 경이이다. 그것을 소박하

게 표현하면, 브라흐만도 아트만도 모두 '주술적'인 영역에서 발생한다는 것이 된다. 또한 '일자'의 직관도 '주술적·경이적인 직관'이라는 것이 된다.[88] 왜냐하면 '일자'가 직관될 때에 직관되는 것은 경이이고, 거기서 언급되는 '하나인 것'이라는 계기는 앞서 이미 주의 환기했듯이 표현할 수 없는 경이적인 내용의 소위 파악 가능한 형식요소(Formelement)[89]에 불과하기 때문이다.

(c) 다음으로 두 길 모두에 특유한 내용은 주체와 객체의 동일화라고 하는 계기이다. 일체를 직관하는 자는 자기 자신을 일자와 하나로 본다. 하지만 자기 안으로 눈을 돌리는 자도 스스로의 내적측면(Inwendiges)을 신적인 것과 하나이다 혹은 합일하고 있다고 인식한다. 어느 방향에서도 근원적인 이원성(ursprüngliche Zweiheit)은 마찬가지로 소멸한다.

(d) 일체를 직관하는 자는 공간과 시간을 넘어서 본다.[90] 하지만 같은 것은 내적 직관에도 해당된다. 영혼이 더할 나위 없이 깊은 자기 침잠에 있어 자기 자신 혹은 자기의 근저로까지 되돌아가 자기 자신이 신의 곁에 있으며 신과 하나라는 점을 보거나 느끼는 경우에는, 마찬가지로 영혼은 공간과 시간을 떠나 영원한 지금에 존재함을 보는 것이다.

(e) 이외로, 다와 일의 관계의 제 규정도 '외적인 것'과 '내적인 것'의

---

88) 바로 그렇기 때문에 브라흐만과 '일자'가 이미 만날 수 있었음에 틀림없는 것이다.
89) 잠수 중인 잠수함의 삼각기에 지나지 않는다.
90) 신비주의자가 아닌 사람에게 있어, 신비주의자의 경험에 조금이나마 접근할 수 있는 가능성이 극히 간단히 주어지는 것은 아마도 이 점에서일 것이다. 왜냐하면 매우 위대한 혹은 매우 아름다운 자연물이라든가 특별히 깊은 내용을 지닌 일의 경험이 정점에 달하여 관찰자의 호흡이 멈추거나 고동이 잠시 정지한다든지 시간 감각이 사라진다든지 하는 순간은 성별聖別되지 않은 자에게도 있을 수 있기 때문이다.

것과 아주 비슷할 뿐 아니라 거의 의미를 바꾸지 않은 채로 후자로 이 향하는 것이 가능하다. 왜냐하면 일이 '상주하는 것'으로서, '본질적인 것'으로서, 다의 '지지근거'로서 다의 상위를 점하듯이 아트만 혹은 영혼은 다양한 힘이나 감각, 능력 하에서, 자기에 있어서 일자로서 거하고 있기 때문이다. 아트만은 공상이나 감정, 사색, 욕구가 다양하게 움직이는 경우에는 여전히 자기 자신과 동일한 것이다. 그리고 영혼도 또한 그 외부 주변 부분의 '우연'과 비교하면 본질 혹은 본질적인 것이다. 영혼은 또 감각의 착각이나 가상과 비교하면 '진정한 것'이다. 이처럼 '존재'의 사변에 대한 온갖 술어가 단순히 영혼 위에 중첩되거나 영혼 그 자신 하에서 독자적인 의의를 띠고 성립하는 것이다. (에크하르트에게서 이것이 특히 읽혀진다.)

(f) 다른 한편으로, '일체관'의 길도 또한 어떤 의미에서는 '내적인 것'으로의 길이다. 내적인 것의 기묘한 정식이 본래 무엇을 의미하는가를 보면 알 수 있을 것이다. 그 정식은 원초적으로는, 영혼은 신체 '내부에' 있다고 하는 소박한 관념으로부터 생겨나고 외적인 사물과 내적인 영혼의 구별은 처음에는 완전히 실재주의적·소박하게 사료되었다. 하지만 이윽고 그 의미가 정신화되었다. 신비주의에서도 또 이 입장에서도 영혼과 공간적 신체 및 공간에 있는 사물의 관계 그 자체는 외적인 것이나 내적인 것의 이미지를 언제까지나 진지하게 받아들여야 하는 경우에는 그러게 되지 않을 수 없을 것 같은, 공간적인 것이 아니라는 점이 알려졌다. '내적' 영역은 그 어떤 공간의 영역이 아니며, 모든 구체적이고 감각적으로 지각할 수 있는 대상과는 전혀 다르고 또 그것에 의존하지 않는 듯한 대상, 더구나 그것의 공간적이고 하염없는 측면을 이루는 것도 아니라 오히려 질적으로 그것과 대립하는 듯한 대상의 영역이다. 이와 같이 '안으로 눈을 돌린다'는 것은 무엇보다도 이 질적으로 다른 것을 관찰의 대상으로 하는 것을 의미하는 것이다.

하지만 그 의미는 그 이상의 것이다. 즉 '밖에서' 오는 것이 아니라 영혼을 '자기 안에서' 발견하는 인식을 획득한다는 것이다. 이 경우에는 공간적 해석이 처음부터 무의미하다. 역으로 여기서 의미되고 있는 것은 '밖으로부터의 인식이 아니라 안으로부터의 혹은 자기 내부의' 인식이다. 바꿔 말하면, 내가 감각의 증언에 의해, 그리고 그러는 한, 밖으로부터 받아들이는 인식이 아니라 영혼 그 자체를 통해서—그 자체의 본질에 의해서 자발적인 한편 직접적으로 획득하는 인식이다. 제1의 길에 기반한 신의 직관이나 영혼의 신적 본질의 직관은 이러한 종류의 것이다. 하지만 이제 다의 통일의 직관도 또 주체의 모든 것 및 일자와의 통일의 직관도 바로 이런 종류의 것이다. 감각적 인간이 아니라 정신의 눈을 지닌 리쉬(ṛṣi)가 일자 및 실재(sat)를 본다. 감각이 나에게 저 통일을 보이는 것이 아니며, 또한 원리에서 보듯이 나를 그렇게 하게 하는 것도 아니다. 역으로 감각은 공간과 시간에서의 분열과 다원성 혹은 분할성에 얽매인다. '통일'을 보는 자는 감각을 통해 보는 것이 아니라 '안에서' 본다, 즉 영혼 자체에 의해 보는 것이다. ātmany ātmānam āt-manā 아트만을 아트만에 있어서 아트만을 통해서 본다고 하는 것이 제1의 길의 준칙이며, 아트만에 의한 이 직관은 '감각의 기능으로부터 독립한'(indriya-vyāpāra-anādhīnataḥ) 직관이라고 정의된다. 하지만 anyad na paśyati [타를 보지 않고 불이(Unzweiheit)를 보는 자, 모든 것을 하나에 있어 보거나 자기를 모든 것에 있어서 보는 자도 실로 '감각의 기능으로부터 독립하여' 보는 것이다.[91] 그리고 하나의 방향에서 이처럼 영혼 자체를 통해 보는 능력이 눈뜨게 되면 그 능력이 다른 방향에서도 용이하게 곧장 작용함을 알 수 있다. 그것이 비의에 찬 실재의 현실적 파악인지 또는 특수한 공상의 실재인지를 따질 바 아니다.[92]

---

91) indriya-vyāpāra-anādhīnatas라는 정식 및 그것과 적극적으로 상관하는 ātman 은 감각지각에 의한 아포스테리오리적인 인식과는 대립하는 '순수 이성'의 '아프리오리적인 인식'에 상당한다.

92) 저 사람들은 적어도 자신의 공상의 실재를 간파한 것이지 단순히 기묘한 말을

세속적인 표현에서도 다음과 같이 말해야 할 것이다. 즉 우주의 (신비적) 통일성의 인식 및 우주와 나 자신과의 통일성의 인식도 아프리오리이다. 감각은 그 인식을 위해 최초의 소재를 제공한다. 하지만 이 소재가 무엇인지, 그것이 '진실로' 무엇인지, 그 깊이, 의미, 본질은 무엇인지, 감각은 이를 밝히지 않는다. 이를 영혼은 또한 여기서도 순수하게 직접적으로, '자기 자신을 통해서' 발견한다. 그리고 그것이 여기서는, 영혼은 그것을 '안에서' 본다고 하는 것이다.

다음의 예에서는 에크하르트도 그렇게 생각하고 있다. 한 학생이 천사란 무엇인지를 묻는다. 스승은 답하기를,

> '여기서 나가서 그것이 이해될 때까지 자신을 자기 자신과 하나로 하고 성심을 다해서 그것에 자신을 내 던져, 자기가 그것 자체에서 보고 있는 것 이외의 것을 보고 있지 않다고 하는 것을 보아라. 그리고 다음으로 천사의 모든 본질에 자신을 맡기면 그대가 온갖 천사와 함께 천사의 모든 것이다(하나이다)는 점을 알아차릴 것이다'
>
> 그 제자는 물러가 일체를 철저하게 또 진실에 있어서 발견할 때까지, 자기를 자기 자신과 하나로 했다. 이윽고 그는 다시 스승에게로 되돌아와 감사해하며 이렇게 말했다. '선생님이 말하신 대로 되었습니다. 내가 나를 천사의 본질에 맡기고, 그 본질에 도달하고자 했던 때, 내가 천사들과 함께 모든 천사가 되었던 점을 비로소 알았습니다.'[93]

여기에서 문제시되는 것은 영혼의 본질이 아니라 '외적 대상'의 본질, 즉 이 경우에는 천사의 본질이다. 이 제자는 그 본질을, 천사가 본래 무엇인지를 자기 자신에게서 (아프리오리)적으로 봄으로써 발견한다. ─(외적 대상에 관한 이러한 '내향적' 인식을 아우구스티누스도 주장할 수 있었다. 즉 그는 『고

지껄인 것이 아니라는 점을, 만약 그들을 단순한 어리석은 자로 만들고 싶지 않다면─사람을 완전히 어리석은 자로 만들지 모르지만─ 인정해야 한다.
93) Pf. 275, 6. [Walshe 2, 283.]

백록』의 마지막에서 우주론적인 문제에 관한 증언을 거의 실험적으로 스스로의 내적 인식에 물었을 때에 그것을 실행하고 있다. 에크하르트에서도 특수한 신비주의적 계기가 더해지고 있는 점, 바꿔 말하면 다른 곳에서는[94] 아포스테리오리적인 인식이 신비회되었듯이, 여기서도 또한 아프리오리적인 인식이 똑같이 되어 있음을 제외하면 사정은 마찬가지다. 영혼은 자기 자신을 대상으로까지 확대하여 스스로가 이 대상이 '된다', 즉 이 경우에는 천사가 된다. 그렇게 해서 영혼은 '천사'가 무엇인지를 안다. 그와 동시에 영혼에게는 외적 대상의 인식이 현실적으로 자기 인식이 된다. 즉 영혼이 단순히 '감각으로부터 독립하여', 자기 자신을 통해 획득할 뿐 아니라 영혼 자신이 스스로 인식하는 바의 것인 한에서, 그 인식 근거이기도 한 점을 통해 획득하는 인식이다.)

(g) 에크하르트는 이 천사의 실험을 위해 아리스토텔레스의 명제에 의존했다. 그것은 후자에게도 중요한, '영혼은 본래는 모든 것이다'(즉 dunamei[그리스에이기 때문에 영혼은 어떤 '형태'도 취할 수 있다)고 하는 명제이다. 이 명제는 '동일한 것은 동일함에 의해 알려진다'는 주장의 아리스토텔레스적 표현에 다름 아니다. 그것이 신비주의로 높여지면, 동일성에 의해서만 인식된다는 것이 된다. 바꿔 말하면 나는 내가 인식하는 바의 것이 아니면 안 되며 존재와 인식은 동일하다(순수하게 신비주의적인 공리)는 것이다. 이것은 명백히 제1의 길의 방법적인 인식 준칙이다. 즉 내가 신을 인식하는 것은 내가 신에 의해 '존재하게 되고 있는' 한에 있어, 또 그것 때문에, 바꿔 말하면 내가 나의 인식하는 것인 한에서에 불과하다. 하지만 그것은 또한 궁극적으로는 제2의 길의 인식 준칙이다. 왜냐하면 내가 전일한 것, 보편적 일자를 그것으로서 인식하는 것은 모든 것이 모든 것과, 그리고 내가 모든 것과, 또 내가 모든 것에서 일자와 하나이자 동일하기 때문이다.

---

94) 제1부 제6장 후반부를 보라.

4. 불충분한 심리학적 설명

이상과 같이 먼저 내용면에서 매우 다른 경험 사이의 현저한 유사성이 지닌 일련의 계기를 발견했다. 이것은 정형적으로 다른 두 경험이 매우 빈번히 또 동시에 명백한 상호 친화성을 가지고 서로 흡수하고 침투하고 있는 모습을 설명하는 것이다. 하지만 의심의 여지없이 신비주의자는 이러한 설명을 그저 가식적인 것으로밖에 받아들이지 않는다. 왜냐하면 우리가 친화성에 기반하여 그 관계를 보는 데에 비해 신비주의자는 즉물적인 동일성을 보고, 우리가 종교에 관해 말하는 데에 비해 신비주의자는 종교로부터 말하며, 우리가 심리학적인 서술을 하는데 비해 신비주의자는 신학적인 서술을 하기 때문이다.

제3부

보충 설명

제3부 | 보충 설명

원리적 및 시간적 ─제1장 2. a의 후반부를 위해

나는 아리스토텔레스의 의문으로 가득 찬 정식인 to ti ēn einai [그리스에도 이와 같이 해석한다. 이 정식은 무엇이 어떤 대상의 정의가 되어야 하는가라는 점, 즉 어떤 사물의 존재를 '그것이 무엇이었는가'라는 질문에 입각하여 제시하는 것을 보여주고 있다고 해야 한다. 바꿔 말하면, 정의라고 하는 것은 사물의 세부나 우연적 요소, 미완성이라는 것을 도외시하고 아프리오리적으로, 순전히 개념에서 그 구체적 현실화가 개별화하거나 다양화하기 전에, 그 사물 자체가 무엇'이었는'지를 보여야 한다. 여기서는 어떤 대상의 개념적 존재와 그 구체적인 현실화와의 원리적 관계가 과거형을 통해 표현되고 있다. 그리고 이러한 방책은 우리가 이용하는 '아프리오리'라는 말에서도 볼 수 있는 것으로, 이 말은 그 형식상 시간적 관계를 나타내는데, 순수하게 윤리적 및 형이상학적인 관계도 그것으로 사념되고 있는 것이다.

단순한 도식으로서의 '존재' ─ 제2장 4 (b)의 말미를 위해

'존재' 및 온갖 합리적인 카테고리조차도 결국은 절대적 대상에는 이

르지 않는다고 『만두캬 카리카』(*māṇḍukyakārikā*) 4.83에서 가우다빠다는 확실히 말하고 있다. 그것은 존재한다.

> 그것은 존재한다, 그것은 존재하지 않는다, 그것은 존재하는 한편 존재하지 않는다, 그것은 존재하는 한편 존재하지 않는 것이 아니다. 그것은 무상이다, 그것은 상주이다, 그것은 무상이기도 하고 상주이기도 하며, 상주도 무상도 아니다. (이와 같은 표현은) 무지한 사람(으로부터 그것을) 덮어 가린다.

샹카라는 그것에 관해 이렇게 말하고 있다. '미묘한 것(파악하기 힘든 것)을 파악하고자 하는 식자의, 그것은 존재한다, 그것은 존재하지 않는다 등의 관념은 모두 최고의 아트만의 베일에 지나지 않는다. 어리석은 자의 관념은 왜 이렇게 많은 것인가.'

인식 – 제3장 4 이하를 위해

에크하르트의 '인식'에 관한 상황은 아래와 같이 기술할 수 있다. 신비적 직관은 스스로의 근본 하에 있는 영혼에서 본질적으로 고유한 것이다. 그것은 여기에 영원히 또 보편적으로 간직되어 있다. 그때에 에크하르트는 영혼의 근저와 그가 영혼의 '보다 높은 힘'이라고 부르고 있는 것을 반드시 엄격하게 구별하고 있지는 않으며, 때로는 메모리아 (memoria 본래는 영혼의 근저 그 자체가 아니라 하나의 '힘'이다)도 이 존엄을 받고 있다. 에크하르트가 이 견해를 아우구스티누스 안에서 보고 있는 것은 옳다. 왜냐하면 아우구스티누스에서도 메모리아는 플라톤의 아남네시스(Anamnesis)와 같은 점을 지니고 있기 때문이다. 아우구스티누스의 메모리아에는 본질적으로 영원한 진리(veritas)가 깃들어 있으며 그가 스스로의 신을 '자기 안에서' 구할 때에 메모리아의 깊이에서 발견하는 것이다. 따라서 양자에 있어 메모리아는 칸트도 서술하고 있는, 거기에 아프리오리적인 인식원리가 포함되어 있는 '어두운 무의식의 표상의 깊은 재보'와 비교할 수 있다. 아마도 논의의 여지가 있는 근대적인 표현법에서는, 이 영혼의 근저 및 이러한 메모리아는 '초경험적 의식'으로서 표상이나 인식 각각의 경험적·심리학적 작용 하에서의 경험적 의식과는 구별될 지도 모른다. 영혼의 근저 속에 있는 이 영원한, 신적 인식과 하나가 되어 있는 인식은 가려져 있다. 경험적 의식에서는 그것은 잠재하고 있다. 그것은 사람이 의식적으로도 보다 높은 직관 및 인식으로 높아진 곳에서 또 그때에 실현하거나 현실화한다. 그리고 사람을 그곳으로 인도해 가는 것이 에크하르트 교설의 노력인 것이다. 그처럼 인도되는 것도, 사람이 개별 작용에 있어서, 따라서 구체적인 실현에서 그 생활과 행동 모두를 관통하고 있는 심정의 태도로서, 사람이 원칙적으로 평생 영혼의 근저에 지니고 있는 것을 가지고 있기 때문이다. 이 점에 관해 에크하르트의 다음의 말을 참조하기 바란다.

신이 영원토록 이야기하는 말은 영혼 속에 숨어 있기에 아는 것도 듣는 것도 불가능하다. (Pf. 398, 16)

영혼은 모든 업을 안에 지니고 있다. 그리고 사람이 밖에서 훈련을 통해 얻는 것은 모두 이 업에 눈뜨는 것에 지나지 않는다. (Pf. 131, 12)

보라, 신은 만물 속에 계신다. 따라서 그대의 기억 속에도 계신다. 그리고 영혼이 그 이해하는 작용 하에서 스스로의 기억에 있는 그대로의 신의 이미지를 낳을 때, 신이란 영혼의 말인 것이다.[1]

그대는 내 기억 안에 거한다. (아우구스티누스 『고백록』 X, c, 17)

지시된 곳, 기억 속에 없다면 어떻게 하여도 신을 불러일으킬 수 없다. (Spamer 9)

영혼(정신 mens 혹은 심정)의 최초의 부분에 하나의 힘이 있고, 이를 스

---

1) Karl Johann Greith, *Die deutsche Mystik im Prediger-orden* (von 1250-1350) *nach ihren Grundlehren, Liedern und Quellen*, Herder, Freiburg, 1861.

승들은 정신의 형식 혹은 형식이 없는 심상(형태를 갖지 않는 표상)의 성 혹은 외관(사당 Schrein의 오기?)이라고 부르고 있다. 그리고 기억이 영혼의 힘 안에(경험적 표상에) 이미지의 보물을 주입하는 것이다. (Pf. 318, 1)

오성의 바닥에서, 영혼 자체의 본질로부터 흘러나오는 내 기억을 알았다. 그로부터 (현실의) 인식이 흘러나오는 것이다. (Pf. 499, 2)

이 점에 관한 샹카라의 교설은 에크하르트의 것만큼 분명하지는 않지만, 명백한 유사성을 지니고 있다. 즉 브라흐만도 영원히 svasiddha, svayamprakāśa 및 완전한 jñāna이다, 바꿔 말하면 영원히 자기 증명적이며 그 자신 증명되어 있고 영원히 자명하고, 그리고 영원한 인식이다. 하지만 특수한 아트만은 그 진정한 본질상 이 브라흐만, 영원히 자기증명적인 자기 인식에 다름 아니다. 그것은 무명(avidyā)에 현혹되어 '찌그러지고' 불분명해져(tirodhyāna, saṁkoca) 잠재적이게 된다. 무명에 의해 현혹되어 사람은 스스로 알고 있음을 눈치 채지 못한다. 즉 '상기하지 않는다.' 따라서 완전한 신비적 체험에 있어서 무명의 베일을 찢는 것은, 여기서도 또한 아트만이 근저 그 자체에서 영원한 바의 것 및 그것이 지니는 바의 것을 상기하는 것에 다름 아니다.

식별개념, vikalpa(분별) – 제4장 II의 서론 부분 마지막을 위해

『입능가경』(南條文雄編 129쪽)에서 말한다, '이것은 실로 이것이며 다른 것이 아니다'(idam evam idaṁ nānyathā)–이는 외도의 견해이다. 또 226쪽에는 '이것은 실로 이것이며 그 식별의 표지(nimitta)에 의해 규정된 것으로, 다른 것은 아니다'라는 규정에 따르면 코끼리나 말, 수레나 보병, 여자나 남자 등의 개념에 관해 (즉 일상의 인식에 대해서) 비교 사려(vikalpa 분별)가 생긴다.[2] 하지만 최고의 인식에서는, 상호상입(wechselseitiges Einander-Zukommen, anyonyāgantukatvāt) 때문에 (식별의) 명칭이나 표지(특성)에 기반한 파악은 발생하지 않는다. 이름, 징후(nimitta), 생각(saṁjñā)에 의한 분별은 바로 피히테가 '세계창조주로서의 개념'이라는 것으로 생각하고 있는 것이다.

모든 것의 모든 것과의 일체성 – 제4장 II. 1. (a), (b) 부분을 위해

모든 것의 모든 것과의 동일성의 신비주의적 이해로부터 인도에서는 오분결합五分結合[3]이라는 기묘한 교설이 나타난다. 실은 신비주의적 화학인 것이다. 신비주의적인 생각이 여기서는 합리화되어 있다. 즉 모든 사물은 각각이 동일한 근본 구성분자를 공유하고 있는 한 '동일'하며 단지 여러 혼합의 비율상 다를 뿐이라고 한다. 이 교설은 이미『찬도갸 우파니샤드』제6장에서 준비되어 있었다. 여기서는 '태초에 이 세계는 실재뿐이었다, [그것이야말로] 유일한 것으로 제2의 것은 없었다'고 하는 근원적인 신비주의적 직관과의 관련이 분명히 드러난다. 이 인도의 신비주의적 화학과 아낙사고라스의 호모이오메레이아이(homoiomereiai[그리스어])와의 기묘한 일치를 SR 115쪽에서 지적해 두었다.

논리적 공리의 배제 – 제4장 II. 1. (b) 부분을 위해

논리적 공리의 배제, 따라서 신비주의는 합리적 사유에는 '무의미'(Unsinn)하게 비친다. 그것에 의해 우리의 자연적인 관찰 방법에서는,

---

2) 이 예는 말이나 코끼리, 수레와 보병, 남자나 여자를 왕과 거의 '구별'하려 하지 않았던 Ribhu를 저자가 상상하고 있는 듯한 인상을 준다.

3) 지수화풍공이라는 5원소 각각이 우선 2등분된다. 다음으로 2등분된 5원소 각각의 반이 4등분된다. 그 결과 각 원소는 ½과 네 개의 ⅛로 분할된다. 그리고 각 원소는 다른 4원소의 ⅛과 결합한다. 이리하여 성립한 다섯 조대원소로부터 현상세계가 생겨난다. 또한『찬도갸 우파니샤드』에서는 불과 물, 음식물에 의한 삼분三分결합이 설해지고 있다.

불합리, 비합리, 배리가 생겨날 것임에 틀림없다. 하지만 그로부터는 아직 사항 자체가 '무의미'하다는 것은 나오지 않는다. 네덜란드 수학자인 브라우어(Luitzen Egbertus JanBrouwer)는 이렇게 주장하고 있다. '배중률은 유한한 영역에서만 권리를 갖는다. 하지만 무한량에서는, 가령 소수점 이하의 숫자가 계속 이어지는 듯한 경우에는 전혀 다르다. 이렇듯 무한하게 많은 숫자를 유한한 전체의 개물, 예를 들어 언제라도 적어도 하나의 검은 공이 발견될까, 아니면 검지 않은 공이 발견될까의 어느 쪽이다 따위의 공에 대해서처럼, 준비되어 앞에 있다든지 확대되고 있다고 생각해서는 안 된다.'[4]

일체와 신으로의 도입 - 1부 제5장 7 (c)의 말미를 위해

다음과 비교해보자.

나 홀로 모든 피조물을 그것들의 이성으로부터 내 이성으로 거둬들여서, 그 때문에 그것들은 내 안에서 하나가 된다.(Pf. 151, 15)
모든 피조물은 스스로 내 안에서 상응하는 나의 이성에 포섭된다. 나 홀로 모든 피조물을 신을 위해 준비시켰다.(Pf. 180, 24)

힘을 빼앗긴 자연 신비주의로서의 범신론 - 1부 제6장 3의 후반을
위해

나는 다른 곳에서 범신론과 신범론(Theopanteismus)의 기본적인 차이를 논한 적이 있었다. 신비주의적 직관이 최초 단계에서 정지하여 거기에 내재하는 보다 높은 단계의 잠세력을 상실할 때, 실제로는 범신론이 성립하는 것이지 직관의 보다 높은 단계를 범신론이라고 표현하는 것은

---

4) A. Frankel, "Der Streit um das Unendliche in der Mathematik," *Scientia*, Sep.-Oct. 1925, p.211를 참조.

전혀 무의미하다. 또한 보다 낮은 단계도 보다 높은 것으로의 가능성을 스스로의 내부에서 잃었을 때 혹은 보다 높은 것의 억제된, 미숙한 표현에 불과한 경우에 한해서만 범신론이다. 따라서 범신론은 기껏해야 골자가 빠진 신비주의이다. 그와 동시에 범신론은 자연 신비주의의 형태에 머문다. 그것이 높이 상승하고자 할 때에는 혼란스러운 내용을 지닌 불명료한 형성체가 된다. —유형으로서는 신범론과 범신론은 엄밀히 다르다. 이는 이들 유형 사이를 오간다거나 기분적인 생활을 영위할 때에는 한쪽이, 또 어떤 때에는 다른 쪽이 된다거나 또는 둘 모두에도 없고 순수한 유신론의 영역 하에 있다거나 그 어떤 유신론의 영역에도 없는 듯한 사람이 존재하는 것을 방해하는 것은 아니다.

샹카라의 경우에는 관념론이 아니다 – 1부 제8장 6의 후반을 위해

샹카라는 정당하게도 '관념론'을 붓다의 설, 즉 유식설(vijñānamātravā-da)에 떠맡기고, 자기 자신의 설은 실재론으로서 그로부터 엄격히 구별하고 있다. 『만두캬 카리카』 4.99의 '이러한 것(즉 불이의 가장 높은 의미에서의 진정한 실재성, paramārtha-tattva)은 붓다로부터는 교설되지 않았다. 설령 붓다가 외적 대상을 멀리하여 그것이 식(jñāna)의 표상에 불과하다고 가르친 것이 우리가 말하는 불이의 실재라는 설과 닮았다고 하더라도'를 참조하기 바란다.

에크하르트와 피히테의 창조주 감정 – 1부 제9장 2를 위해

에크하르트 신비주의의 근본 경향이 피히테의 제2기에서 되살아나고 있음을 우리는 앞서 보았다. 피히테의 제1기에 고유한 것은 우리가 '창조주와의 공존' 감정이라고 일컬은, 에크하르트의 고양감과 닮은 고양감 혹은 자기감정이다. 메피스토는 객기에 이끌리는 피히테에 심취한 젊은 청년으로부터 다음과 같은 말을 듣는다.

> 내가 세계를 만들지 않으면, 세계는 존재하지 않았습니다.
> 태양은 내가 바다로부터 불러냈습니다.
> 나와 함께, 달은 차고 기웁니다.
> 밝은 낮은 내가 가는 길을 밝혀 줍니다.
> 나를 위해 대지는 초록으로 움트고 꽃을 피웁니다.
> 최초의 밤, 내가 초대했기 때문에 하늘에 가득 찬 별이 일시에 반짝이기 시작한 것입니다.
> 속물의 편협한 생각에서 당신들을 자유롭게 한 것이 내가 아니면 누구겠는가.
> 나는 내 영혼의 목소리에 따라 즐겁고 느긋하게 그저 내부의 빛을 바랍니다.
> 그리고 독자적인 법열에 젖어,
> 광명을 앞으로, 암흑을 뒤로, 자유의 날개를 퍼덕입니다.

피히테적 성급함을 지닌 이 애송이의 말에 대해 메피스토펠레스는 이렇게 답한다.

> 제아무리 똑똑한 것을 생각하든, 그 어떤 멍청한 것을 생각하든,
> 이미 선인先人이 생각한 것에서 한 발짝도 나아갈 수 없다는 것을 알면,
> 필시 분할 것이다.[5]

실제로 같은 것은 이미 옛사람이 생각했다. 보다 적절히 말하자면 경험했다. 이러한 선인으로는, 예를 들면 '고딕적', '주술적'인 신·초세계·감정을 가진 마이스터 에크하르트가 있다. 여기서 괴테는 급격히 늘어난

---

5) 『파우스트』(世界文學体系 19 筑摩書房 1960) 172-173쪽.

젊은 피히테주의자를 놀리려 하고 있다. 하지만 괴테는 놀랄 만큼 순수하게 기분을 표하는 말로 놀리고 있기에, 이 말 자체는 어쩌면 악의가 있는 것이 아닐지도 모른다. 괴테는 분명 피히테적 사유의 급소를 찌르고 있으며, 그것은 또 에크하르트에게도 급소가 되고 있다. 만약 피히테를 '변호'하고자 한다면, 분명 메피스토펠레스에 대해 '피히테가 논하고 있는 자아는 경험적 인간의 한 작은 부분으로서의 '나' 따위가 아니라 세계 및 사물 또는 경험적인 개별 자아조차도 '정립'하는 근원아根源我, '순수' 자아 혹은 의식 일반이다. 그리고 그렇기 때문에 저 청년은 자기가 태양이나 달을 움직인다 따위를 진지하게 공상하고 있는 것은 아니다'고 반박할 수 있을지도 모른다. 하지만 이러한 변호는 필시 오히려 피히테가 지니고 있는 '거인적' 감성의 순수한 기분적 계기를 죽이게 될 것이다. 다른 면에서는 '피히테가 자아를 말하는 경우에, 이 자아가 대체 누구인지, 주主인 피히테인지 아니면 주主인 신인지 제대로 알려져 있지 않다'고 한다. 이 지적이 사태를 더 바르게 알아맞히고 있다. 왜냐하면 경험적 자아와 순수 자아가 구별되고는 있지만, 피히테의 특징을 이루는 것은 '자유'롭다 및 자유로운 자아로서 일체 세계를 능가하고 있고 외적 대상의 '필연성'으로부터 자유롭다. 그리고 마지막으로 스피노자적 결정론의 노에 기분을 극복했다고 하는 고양감이다. 작은 나는 진정 어떠한 방법으로 거대한 나인 것이다.' 그리고 양자 사이에는 에크하르트의 영혼에 관한 것과 같은 관계가 존재한다. 즉 영혼은 한편으로는 '영원히 신 곁에 존립하고 있고 신과 함께 하나이며 동일한 한편 신과 함께 세계를 창조하고 있지만, 다른 한편으로 영혼은 이처럼 비참한 피조물이고 '그것만으로 존재하는' '한에서는' 무가치하고 무無이다. 즉 이념적 이상 하에서의(in ratione ydeali) 인간 및 자기에 의한(per se) 인간이 그러하다. 신 안에 또 한편으로 신과 함께 있는 듯한 인간의 영원한 이념, 실로 이러한 이념은 신이 현실의 인간을 창조할 때에 단순히 본보기로서 토대로 삼는 듯한, 그저 신의 관념이 아니다. 그게 아니라 현실의 인간은 그 영원한 '이념'에 진정으로 '참여하는' 것으로, 인간은 그 근본 상에서는 이 '이념'이고 신 곁에 존재하고 있는 것이다. 그리고 이 사실이야말로 신비주의 그 자체의 감정의 계기가 되고 거인적인 누미노제의 '고양감'이 되는 것이다. 피히테에게도 마찬가지이다. 나는 이 작은 경험적인 나이지만, 그럼에도 나는 자아인 한편 내가 자아인 까닭에, 나는 일체의 노예화된 사물 세계의 결정론을 초월하고, 그것을 주인으로서의 나에게 종속시켜 내 법칙을 거기에 지정한다. 이 감정은 피히테에게 있어 타이탄적인 것이라고 불렸던 것이었다. 또한 '고딕적 인간의 파우스트적 행동'도 마찬가지로 곧잘 타이탄적이라고 불렸다. 하지만 피히테에 관해서는 내가 앞서 이론을 제기했던 것이 분명해 질 것이다. 여기서 문제시되는 감정은 피히테에게도 에크하르트에게도 마찬가지인데, 거인적이기는 하지만 타이탄적이지는 않다. 그것은 괴테의 프로메테우스가 지닌 기분과는 완전히 거리가 있다. 여기에 있는 것은 신들에게 반항하는 타이탄이다. 그리고 신들에게 반항하는 것이 타이탄들의 본질이다. 그렇지만 이것은 피히테에게는 전혀 무연한 것이다. 그는 유신론의 의인론을 극복하려 하고 있다. 하지만 피히테는 『도덕적 세계질서』에서는, 무신론 논쟁 때에 스피노자 주장으로부터 유신론의 중요한 계기를 지키려 했다고 해도 좋고 또 자유론에서는, 열성적인 변호자이고, 그러한 것으로서 스프노자에 대한 투쟁자인 것이다.

뭐라 해도 '고딕적 인간'의 본질이 거기서 요구되어야 하고, 또 고딕의 새로운 예술에도 표출되어 있는 새로운 거인적 자극은 에크하르트의 '고양감'이라는 말에 드러나 있다(그리고 속물의 편협한 생각으로부터 당신들을 자유롭게 해방시킨 것은 내가 아니면 누구이겠는가. 다음의 청년 피히테주의자의 말을 에크하르트는 자신의 스콜라 철학적 교설에 대고 말할 수 있다는 점에도 드러나 있다).

그러는 한, 새로운 고딕적 감정의 대변자는 에크하르트이지, 종종 주장되듯이 그의 스승인 토마스가 아니다. 아마도 토마스의 입에서는 거인적 고양감을 전하는 말이 나오지 않을 것이다. '고딕의 돔'과 토마스의 체계와의 대비도 잘못됐다. 고딕의 돔에서 구성적 체계의 승리를 보고 토마스를 그 구성적 계기에서 이해하는 한, 이미 어긋나 있다. 고딕 예술의 '주술적 성격'을 새로이 발견함으로써 보링거(Worringer)는 이러한 이해를 보완했다. 하지만 스콜라 철학의 체계는 고딕 건축의 '장대한 통일성과 완결성'을 갖지 않는다. 그것은 기독교의 이념 및 감정 세계의 동기와 그것과는 지극히 다른 기반에 선 아리스토텔레스적인 고대의 유산 사이에 어렵사리 확립한 타협으로, 그 통일은 약하고 그 성격은 복잡하여 애매하다. 하물며 그것은 고딕적 자극이 지니는 주술적·비합리적 성격에서 나오는 것이 아니다. 하지만 애초에 어느 한 시대의 위대한 교설 체계를 동시에 시대 성격의 대변자로 간주하는 것은 너무 일면적이라고 해야 한다. 교설 형성이나 학문적 영위라는 것은 그 자체의 경향을 지니는 것으로, '시대'와 지나치게 관계하지 않고 자립하여 성장하고 계속하는 성격의 것이다. 게다가 그것이 동시대자 무리가 아닌 경우도 종종 있다. 토마스의 윤리학에서도 그것이 발견된다. '4 추덕樞德'은 고 아티카의 귀족윤리에 대한 교리문답서로, 토마스에서는 그것이 학문적 유산으로서 계승된 것이다. 새로운 고딕 시대 특유의 독자적인 새로운 이상과 기분을 토마스의 윤리학으로부터 재인식하기란 어렵다.

마하야나 신비주의의 '위로의 열림'(das Nach-oben-Offene)
– 2 중간고찰 8의 마지막~9의 직전을 위해

『기독교 세계』(*Christliche Welt*) 제44[·45합병호(1925)에서 필자는 선종의 신비주의에 관한 스즈키 다이세쓰의 논문[6] 내용을 소개했는데 여기

---

6) *The eastern Buddhist* (The eastern Buddhist Society, Kyoto) 동지·동 시리즈(Old Series)는 vol. 1, nos. 1-4(1921), nos. 5-6(1922), vol. 2, nos. 1-2(1922), nos. 3-6

에 이를 다시 언급하도록 한다.

스즈키 다이세쓰는 독자적인 성격을 지닌 신비주의의 불가사의한 체험 세계로 우리들 서양인을 다가가게 하려고 하는데, 우리 입장에서 보면 기껏해야 에크하르트로부터 혹은 그의 더없이 불가사의하고 지극히 심원한 계기 중의 어떤 것으로부터밖에는 단서를 얻을 수 없는 듯한 체험세계이다.

이 점에서 '십우도'에 관한 다이세쓰의 논문은, 아마도 이 잡지가 지금까지 게재했던 것들 중 가장 정묘할 것이다. 십우의 원형 그림인데, 언뜻 보아 일련의 사건을 이야기하고 있다. 즉 소를 잃고 찾아 나서고 멀리서 발견해 붙잡아, 그 등에 타 피리를 불면서 귀로에 오른 후, 행복하게 집에 앉아 있는 한 사람의 목동이 더듬었던 궤적을 이야기하고 있다. 일견 단순한 사항인 듯 하다. 하지만 '기우이득도가산騎牛已得到家山' 송에 이르면 독자는 좌절한다. 왜냐하면 이상하게도 다음과 같은 글귀가 이어지기 때문이다.

牛也空兮人也
紅日三竿猶作夢
鞭繩空頓草堂間

곧장 그 의미를 안다. 왜냐하면 제8도가 되면 갑자기 소도, 집도, 풀도, 버드나무도, 채찍도, 남자도, 그리고 일체가 사라져 아무것도 적혀 있지 않은 원이 나타나기 때문이다. 그 송에서 말하길,

(1923), vol. 3, nos. 1-3(1924, 단 no. 3은 1924-25)……로 출판되었다. 저자의 내용 소개는 이들에 게재된 몇몇 논문에 기반하며, 그 중에는 "Zen Buddhism as Purifier and Liberation of Life"(vol. 1, no. 1), "Some Aspects of Zen Buddhism"(vol. 1, nos. 5-6), "The Ten Cow-herding Pictures"(vol. 2, nos. 3-4) 등이 있다.

鞭索人牛盡屬空
碧天遼闊信難通
紅爐焰上爭容雪
到此方能合祖宗

제8도의 무로부터 제9도에서는 산들거리는 바람이 나타난다. 어디서 불어와 어디로 사라지는지는 알 수 없다. 흐르는 물결, 바위 – 그 무엇에도 떠받쳐지지 않는다. 거기에 휘감겨 있는 가지 끝이 뾰족한 나무 한그루가 있는데 꽃이 만발하여 바위 위를 뒤덮고 있다.

返本還源已費功
爭如直下若盲聾
庵中不見庵前物
水自茫茫花自紅

그리고 마지막으로 제10도에서는 광경이 일변한다.

멀리서 찾아온 키가 큰 성자가 모자를 쓰지 않고 맨발인 채로 승복을 입고 있다. 예전의 목동이 이제는 깨달은 사람, 깨어난 사람이다. 어깨에 보자기가 매달린 막대를 걸치고 있는 젊고 조심스러운 태도의 시골 사람이 그에게 인사를 한다. 옆에는 마른 가지를 한 고목이 서 있는데, 그 가지 끝에서는 새로운 꽃이 피어나고 있는 듯 보인다.

露胸跣足入
來塵抹土塗灰笑滿
不用神仙眞祕訣
直教枯木放花開

이미 목동은 없다. 머물고 있는 것은 깨달음을 얻은 자이자, 모든 것이자 완전한 것인 불가사의한 공空의 빛 속을 여행하는 자이다.

그는 깨달음을 찾아냈다. 깨달음에 대해서 스즈키는 이전에 적절하게도 다음과 같이 말하고 있다. "깨달음의 도래는 태양이 떠오르는 것과 같지 않다. 태양은 차츰 차례대로 사물을 밝게 비춘다. 오히려 그것은 물이 어는 것과 같다. 그것은 돌연히(결정이 갑자기 서로 달라붙어) 일어나는 것이다."

스즈키는 그림의 '설명'을 하고 있다. 그것은 빈틈이 없는 것이기는 하지만 여기서 다시 반복하려고는 생각하지 않는다. 그것은 공안을 설명하거나 우화를 도덕으로 대체하는 것과 마찬가지이다. 그것은 우화가 지니는 매력과 힘을 죽인다. 혹은 해체되기를 기다리는 그림의 밑그림을 다루는 듯한 것이다. 게다가 일체의 설명은 이 종파의 정신에 반한다. 그것은 대상의 '위로의 열림'을 주변에서 파악하는 것임에 반해, 어떤 일의 매력과 의미는 실로 그 '위'를 향해·열려·있는 것'에 있는 것이다. 나는 다른 곳에서 이 신비주의와 다른 형태의 것, 예를 들어 베단타 신비주의와의 주된 차이는 특히 이 계기에 있다고 말했었다. 베단타의 경우에는 궁극적으로는 브라흐만, 즉 영원한 일자에게로 수용된다. 분명 브라흐만은 개념에서 파악할 수는 없지만 위를 향해서는 폭넓고, 정지하고 있으며, 듬직하게 자기 완결하고 있다. (플로티노스의 일一도 그러하다.) 그런데도 이 신비주의는 미묘하게 다르다. 그렇기 때문에 옛 선사는 의식적으로 베단타에 저항했던 것이다. 그 체험은 얼마나 높이 올라가도 여전히 '위로 열려 있는' 것으로, 그 '열림'을 표의문자도 다 감쌀 수 없다. 이러한 점에서 베단타와 비교했을 때, 에크하르트가 제시한 듯 독일의 신비주의와 선 신비주의는 훨씬 많은 유사성을 지니고 있다. 우리에게는, 에크하르트가 여전히 플로티노스에 기반하여 해석되고 있고, 그의 최고의 정식도 플로티노스적이다. 하지만 플로티노스에게서의 영혼은 '고독으로부터 고독'으로 편력하고 영원한 일자에게로 이르러, 거기서 안식하면서 그곳에 있다. 그런데 에크하르트의 경우에는, 영혼은 가라 앉아 영원한 근저에 도달하는데, '그곳'에는 결코 존재하지 않는다. 더욱이 그의 '일자'도 플로티노스의 일(hen)의 둥근 고리가 아니다. 그것은 안을 향한 무한성이다. 에크하르트는 고딕의 신비주의자로서 그리스의 그것이 아니며 따라서 그는 마하야나와 비슷한 것이다.

통주저음通奏低音 - 제2부 제1편 제1장 10의 후반부를 위해

'통주저음'의 의미는, 사랑을 더 바라고 구원하는 자라고 하는 기독교의 신의 이념이 에크하르트에게는 신비주의적 경험 자체의 근저로까지 파고들어 있다는 것이다. 즉 존재의 기저(Urgrund) 혹은 심연이 사랑 그 자체의 심연이라는 것이다.

> '신은 영혼 안에서 쉬신다'는 사실을 신으로부터 제거하는 사람은 신으로부터 그 본성을 없애는 자이다. (Pf. 151, 25)
> 또한 신에 대해서, 신은 영혼 안에서는 태어나지 않는다고 논박하는 사람은 신으로부터 그 신적 본성을 부인하는 자이다. (Pf. 151, 40)
> 또 그렇기 때문에 우리의 사랑에 응해 스스로의 슬하로 데려가기 위한 모든 수단을 이용하여 우리를 그 슬하로 꾀어내는 것이 신에게는 필요하다. 신을 거역하는 경우에는, 그 슬하로 꾀어내지 않기 위한 무언가를 우리에게 덮어씌우는 것이 신에게는 필요하다. (Pf. 231, 10)

본문에서 열거한 예가 보여주듯이, 이러한 사랑은 진정한 사랑의 감정의 모든 순수성을 지니고 있으며 어떠한 형이상학적인 관계의 단순한 알레고리가 아니다. 하지만 그것은 또 동시에 인도의 박티·신의 사랑과도 전형적으로 다르다. 왜냐하면 그것은 의인義認을 주는, 가치를 부여하는, 부언하자면 신적 자기 가치의 가치를 부여하는 사랑이라는 의미

에서의 존재를 부여하는 사랑이기 때문이다.

루터에서의 에크하르트의 재산 - 제2부 제2편 제2장 2의 중반부를 위해

에크하르트의 개념 및 루터에서의 그의 용어의 영향을 보여주기 위해 망라적인 비교가 필요하다. 여기서는 제2부 서론에서의 인용에 보이는 몇몇 예에 대해 살펴보자. 인식으로서의 신앙과 모든 행위와 대조적인 인식의 의미로서—

> 우리는 이 말에 호의적이다. 왜냐하면 그것은 모든 호의를 순수하게 명확히 배제하고, 순수인식을 위해 이 밑에 내버려 두기 때문이다. 어떠한 행위를 위해 인식은 있는 것인가. 파악, 감시, 징벌 혹은 신체에 뒤집어쓰는 그 어떤 것도 의미하지 않는다. 오히려 그것은 마음 내면의 깊숙한 곳에 가로놓여 있다. 요컨대 인식은 우리의 행위가 아니라 그리스도가 향하신 것이며 모든 행위에 선행한다. 왜냐하면 행위는 인식에 뒤따라 인식으로부터 생겨나기 때문이다. 즉 행위는 우리가 하는 것이다. 하지만 인식은 우리가 경험하고 받아들이는 것이다. ('예수의 기도 1530', Brauschweiger ed. 1891, vol.6, p.388)
> 어찌하여 그리스도는 인정받는 것인가. 분명 그것은 신앙만이 존재하는 지성 안에 있다. (Weimar ed. 40, 29)
> 그리스도는 법이나 행위 안에서는 인정되지 않고 이성 또 지성, 계몽 받은 신앙 안에서만 인정된다. 그리고 그것은 바른 사색의 생활이다. (Weimar ed. 40, 47)
> 신앙과 희망은 주제 상 다르다.
> 신앙은 지성 안에 있고,
> 희망은 의지 안에 있다. (Weimar ed. 40, 1, p.21 1531년의 『갈라디아인에게 보낸 편지 주해』의 서문)

이 두 인용문과 관련하여, 그 직전(p.20)에 다음과 같은 한결 에크하르트풍의 표현이 나온다.

그리고 바른 행위는 의인한다. 즉 행위를 신격화하고 신앙화한다.

그리고 에크하르트의 '협동창조자'론에 대응하여—

인간으로서, 그는 별을 창조한다. 신격화한 인간으로서.
(1531년에 루터는 『신학』의 초판을 출판했다.)
신앙은 마음의 가장 충분하고 내적인 지평의 행위이다.(『영혼의 지평』 9, 395)

신과의 일체—

왜냐하면 내적인 사람은 신과 하나이다.('기독교도의 자유' 발췌, 20)
신을 통해서 아버지와 하나가 된다.('예수의 기도' *ibid*, p.400)

신인융합적 표현—

창조된 우주는 신의 유충이다.(Weimar ed. 40, 1, p.400)

| 루돌프 오토(Rudolf Otto)의 저서·논문 |

이 리스트는 한스 발터 슈테(Hans-Walter Schütte), "Religion und Christentum in der Theologie Rudolf Ottos,"(Walter de Gruyter, Berlin, 1969, 139ff.)의 루돌프 오토 자신의 또는 그에 관한 방대한 문헌 목록에 기반한 것이다. 산일된 것들은 마르부르크 종교학자료관 관장인 마틴 크라츠(Martin Kratz) 박사를 통해 가필했다.

약호표

ChrW	*Die Christliche Welt*
GÜ	*Das Gefühl des überweltlichen* (*Sensus Numinis*), München, 1932.
RGG²	*Die Religion in Geschichte und Gegenwart*, 1927-1932. 제2판
	[연호의 오른쪽 첨자는 판을 의미]
SGV	*Sammlung gemeinverst ändlicher Vorträge und Schriften aus dem Gebiet der Theologie und Religionsgeschichte*
SU	*Sünde und Urschuld und andere Aufsätze zur Theologie*, München, 1932.
ThBl	*Theologische Blätter*
ThLZ	*Theologische Literaturzeitung*
ThR	*Theologische Rundschau*
ThStKr	*Theologische Studien und Kritiken*
ZMR	*Zeitschrift für Missionskunde und Religionswissenschaft*
ZRP	*Zeitschrift für Religionspsychologie*
ZThK	*Zeitschrift für Theologie und Kirche*

"Briefe von einer Reisen nach Ägypten, Jerusalem und dem Berge Athos um Ostern 1895" *Der Hannoversche Sonntagsbote : Evangelisch-lutherisches Volksblatt für Stadt und Land* (Hannover) 1 (1897): 5, 2-3; 6, 2-3; 8, 3-4; 9, 3-4; 10, 2-4; 11, 3-5; 14, 3-4; 15, 3-4; 16, 2-4; 22, 4-5; 23, 4-5; 29, 3-4; 31, 4-6; 32, 4-6; 35, 3-6; 36, 304.

Geist und Wort nach Luther. Theologische Dissertation, Göttingen, 1898.

Die Anschauung vom Heiligen Geiste bei Luther: Eine historisch-dogmatische Untersuchung, Göttingen, 1898.

Über die Religion: Reden an die Gebildeten under ihren Verächtern, by Friedrich
 Schleiermacher. In commemoration of the 100th anniversary of the
 original, a new edition, ed. with overview, foreword, and afterword by
 R. Otto. (Göttingen, 1899, 1926[5], 재판 1967[7]).

서평   J. Reinke, *Die Welt als Tat* (Berlin, 1899), ThLZ (1900): 420-426.

Die historisch-kritische Auffassung vom Leben und Wirken Jesu. Six lectures
 delivered in March of 1901 in Hannover and organized by the Friends
 of Church Development Published as a manuscript (Göttingen, 1901,
 1905[1]). 영역: *Life and Ministry of Jesus* (Chicago, 1908).

서평   J. Sack, *Monistische Gottes und Weltanschauung* (Leipzig, 1899), ThLZ
         (1901): 89-91.

서평   J. Reinke, W. Kerlemann, O. Veek, *Die religionsfeindlichen
         Strömungen der Gegenwart* (Berlin, 1899) 및 R. Rohde,
         Der gegenwärtige Stand der kirchlichen Gemeindeorganisation
         (Berlin, 1899), ThLZ (1901): 91-92.

서평   F. R. Lipsius, *Die Vorfragen der systematischen Theologie* (Freibrug,
         1899), ThLZ (1901): 578-580.

"Zum geschichtlichen Verständnis des Alten Testamentes, Kirchliche Gegenwart,"
 Gemeindeblatt für Hannover (Göttingen) 1 (1901-1902): 42f, 58f, 75f, 104f,
 127f, 140f, 156f, 168f, 185f, 232f, 250f, 267f.

"Darwinismus von heute und Theologie," ThR 5 (1902): 483-496.

서평   Eugen Huber, *Die Entwicklung des Religionsbegriffs bei
         Schleiermacher* (Leipzig, 1901), ThLZ (1902): 547-543.

서평   H. Stephan, *Die Lehre Schleiermachers von der Erlösung*
         (Tübingen, 1901); J. Richter, *Das Prinzip der Individualität in der
         Moralphilosophie Schleiermachers* (Götersloh, 1901); 및 C. v. Kügelgen,
         Schleiermachers Reden und Kants Predigten (Leipzig, 1901), ThLZ
         (1902): 577-578.

서평   *Fr. Schleigermachers Monologen*, critical edition with introduction by
         Friedrich M. schiele, DLZ (1902): 2965-2967.

"Gott und das Unendliche: Von einem Theologen," ChrW (1903): 174-176.

"Ein Vorspiel zu Schleiermachers *Reden über die Religion* bei J. G. Schlosser,"
 ThStKr 76 (1903): 470-481.

"Die mechanistische Lebenstheorie und die Theologie," ZThK (1903): 179-213.

"Wie Schleiermacher die Religion wiederentdeckte," ChrW (1903): 506-512.

"Der neue Aufbruch des sensus numinis bei Schleiermacher"로서 SU, 123-139에 대폭적인 가필 수정 후에 재수록.

"Doppelte Buchführung, Kirchliche Gegenwart," *Gemeindeblatt für Hannover 2* (1903): 196-198.

"Die Überwindung der mechanistischen Lehre vom Leben in der heutigen Naturwissenschaft," ZThK (1904): 234-272.

Naturalistische und religiöse Weltansicht (Tübingen, 1904, 1929⁵). 영역: Naturalism and Religion (London, 1907).

서평   *Schleiermachers Dialektik*, ed. by J. Halpern, DLZ (1904): 208-209.

서평   M. Rade, *Die Leitsätze der ersten und zweiten Auflage von Schleiermachers Glaubenslehre übereinandergestellt* (Tübingen, 1904), ThLZ (1904): 210-211.

서평   H. Kutter, *Das Unmittelbare* (Berlin, 1902), ThLZ (1904): 370.

서평   Th. Camerer, *Spinoza und Schleiermacher* (Stuttgart, 1903), ThLZ (1904): 485.

서평   E. Wasmann, *Die moderne Biologie und die Entwicklungstheorie* (Freiburg, 1906), ThLZ (1907): 559-562.

"Erinnerungen an Hermann Schmidt in Cannes 30. Januar 1908," ChrW (1908): 775-781.

"Wissen, Glaube und Ahnung," ChrW (1908): 818-822.

"Welt und Gott," ChrW (1908): 1242-1245.

"Jakob Friedrich Fries' Religionsphilosophie," ZThK (1909): 31-108.

"Jakob Friedrich Fries' praktische Philosophie," ZThK (1909): 204-245.

Kantisch-Fries'sche Religionsphilosophie und ihre Anwendung auf die Theologie: 'Zur Einleitung in die Glaubenslehre für Studenten der Theologie(Tübingen, 1909; 신판 1921)에 수록.

영역: The Philosophy of Religion Based on Kant and Fries(London, 1931).

"Darwinismus und Religion," Abhandlungen der Fries'schen Schule," 3 vols. (Göttingen, 1909), 14-40. "Rationale Theologie gegen naturalistischen Irrationalismus."로서 SU, 190-225에 가필 수정 후 재수록.

Goethe und Darwin: Darwinismus und Religion (Göttingen, 1909).

서평   E. Wasmann, *Der Kampf um die Entwicklungsprobleme* (Berlin/Freiburg, 1907), ThLZ (1909): 186.

서평   C. Chr. Scherer, *Religion und Ethos* (Paderborn, 1908), ThLZ (1909): 343-344.

서평   Ludwig (Leonhardt?) Nelson *Über das sogenannte Erkenntnisproblem.*

(Göttingen, 1908), ChrW (1909): 475-476.

서평   *Fr. Schleiermachers Weihnachtsfeier*, critical edition by H. Mulert, DLZ
(1909): 1999-2000.

Ernst Friedrich Apelt, *Metaphysik*, newly ed. by Rudolf Otto (Halle, 1910).

"Mythus und Religion in Wundts Völkerpsychologie," ThR (1910): 251-275, 293-305.

"Mythus und Religion nach W. Wundt,"로서 DLZ (1910): 2373ff. 에 재수록;
"Der Sensus numinis als geschichtlicher Ursprung der Religion."로서
Gü, 11-57에 삼차 수록

서평   J. Spieth, *Die Ewe-Stümme* (Berlin, 1906), ThLZ (1910): 674-677.

서평   O. Lodge, *The Survival of Man* (London, 1910), ThLZ (1910): 721-723.

서평   H. Huckermann, *Grundrißder Biologie*, Pt. 1 (Freiburg, 1909), ThLZ (1910):
723-725.

"Jakob Friedrich Fries' philosophischer Roman Julius und Evagoras," DLZ (1910):
2821-2828.

Heinrich Schmid, *Vorlesungen über das Wesen der Philosophie*, newly ed. by
Rudolf Otto(Halle, 1911).

"Schmidt-Kandidaturen, Kirchliche Gegenwart," *Gemeindeblatt für Hannover* 10
(1911): 7-9.

"Ein erfreulicher Vorschlag," ChrW (1911): 304-306.

"Das Bekenntnislied," ChrW (1911):922-925.

"Reisebriefe aus Nordafrika, "ChrW (1911): 602-607, 705-710, 724-729, 759-761, 779-783.

서평   O. Meyerhoff, *Über Goethes Methode der Naturforschung*
(Göttingen, 1910), DLZ (1911): 1428-1432.

서평   W. Branca, *Der Stand unserer Kenntnisse vom fossilen Menschen*
(Leipzig, 1910), ThLZ (1911): 213-214.

서평   A. Stöhr, *Der Begriff des Lebens* (Heidelberg, 1909), ThLZ (1911): 277-279.

서평   J. Rieme, *Natur und Bibel in der Harmonie ihrer Offenbarungen*
(Hamburg, 1910), ThLZ (1911): 345-346.

"Zur Religion des Orients: Sammelbesprechung," ThLZ (1911): 801-804.

"Ist eine Universalreligion wünschenswert und möglich? Und wenn, wie kann man
sie erreichen?" ChrW (1913): 1237-1243.

서평   N. Söderblom, *Gud strons uppkomst* (Stockholm, 1914), ThLZ (1915): 1-4.

서평   Jakob Friedrich Fries, *Philosophische Rechtslehre und Kritik aller
positiven Gesetzgebung* (Leipzig, 1914), ThLZ (1915): 46.

서평   J. Witte, *Ostasien und Europa* (Tübingen, 1914), ThLZ (1915): 16.

Dīpīka des Nivāsa : Eine indische Heilslehre, trans. from the Sanskrit by Rudolf
　　　Otto (Tübingen, 1916).

"Artha Pañcaka oder Die fünf Artikel," trans. with commentary by Rudolf Otto,
　　　ThStKr (1916): 253-282.

"Von indischer Frömmigkeit," ChrW (1916): 255f, 248 350, 423 425, 528-530, 571-572,
　　　727-729, 755.

"Aler Meister Lehren, " trans. from the Sanskrit by Rudolf Otto, 2MR 13 (1916):
　　　73f, 97ff.

*Das Heilige : Über das Irrationale in der Idee des Göttlichen und sein Verhältnis
　　　zum Rationalen* (Breslau, 1917; München, 1963$^{31\text{-}35}$, 1971$^{36\text{-}40}$).
　　　아래의 언어로 번역되어 있다. 스웨덴어 역, 1924; 스페인어 역, 1925; 이태리어
　　　역, 1925; 일본어 역, 1927; 네덜란드어 역, 1928; 불역, 1929; 영역, 1936 ; 한국어
　　　역, 1962; 세브로 크로아티아어 역, 1983.

Viṣṇu-Nārāyana : Texte zur indischen Gottesmystik I (Jena, 1917, 1923²). *Siddhanta
　　　des Rāmanuja: Ein Text zur indischen Gotesmystik, Texte zur indischen
　　　Gottesmystik* II, (Jena, 1917; Tübingen, 19232).

"Bhakti-Hundertvers (Bhakti-Satakam) by Rama-Sandra," trans. by Rudolf Otto,
　　　ZMR (1917): 65ff.

"Vom Abendmahl Christi," ChrW (1917): 246-249. "Sakrament als Ereignis des
　　　Heiligen"으로서 SU, 96-122에 가필 수정 후 재수록.

"Wahlreform, Deutsche Stimmen," *Wochenschrift*, ed. by G. Stresemann
　　　(Berlin-Zehlendorf-West) 30/19 (12 May. 1918): 314-323.

"Sang der Engel: Von Joost van den Vondels," ChrW (1918): 193-194.

"Deutsche Kulturaufgaben mi Ausland," (Marburg: Rudolf-Otto-Archiv,
　　　Religionskundliche Sammlung, n. d.).

서평　Karl Holl, *Der Szientismus* (Berlin, 1917), ThLZ (1918): 14-15.

"Neues Singen," ChrW (1919): 720-722, 767-769.

"Die Missionspflicht der Kirche gegen über der religionslosen Gesellschaft,"
　　　Revolution und Kirche, ed. by F. Thimme and E. Rolffs (Berlin, 1919),
　　　273-300.

서평　Fr. Heiler, *Das Gebet* (München, 1918), ThLZ (1919): 289-292.

서평　Paul Göhre, *Der unbekannte Gott* (Leipzig, 1919), ChrW (1919): 627.

"Schweigender Dienst, " ChrW (1920): 561-565. "Sakramentales Schweigen."으로서
　　　SU, 185-189에 재수록

"Religiöser Menschheitsbund neben politischem Völkerbund," ChrW (1920):

133-135.

"Vom Religiösen Menschheits-Bunde," ChrW (1920): 477-478.

"Religiöser Menschheitsbund," *Deutsche Politik* (Stuttgart/Berlin) 6 (5 March 1921): 234-238

Ein Bund der guten Willen in der Welt (Marburg, 1921). 팸플릿.

"Chrysostomos über das Unbegreifliche in Gott," ZThK (1921): 239 - 246.

    "Das Ganz-andere als das akatalepton bei Chrysostomus."로서 GÜ, 232-239에 가필 수정 후 재수록.

서문   L Violet Hodgkin, *Schweigender Dienst* (Tübingen, 1921), v-viii.

"Anbetung," ChrW (1921): 921-923.

"Schweigender Dienst in der Christvesper," ChrW (1921): 61-62.

"Aus Rabindranath Takkurs väterlicher Religion," ChrW (1922): 7-8, 22-23.

"Zum Verhältnisse von mystischer und gläubiger Frömmigkeit," ZThK (1922): 2525-265.

"Melek Eljon," ChrW (1922): 171-172.

"Weltgewissen und die Wege dazu,". 1 *Mitteilungsblatt des religiösen Menschheitsbundes* (Marburg, 1922).

"Über eine Besondere Form des japanischen Buddhismus," 2. *Mitteilungsblatt des religiösen Menschheitsbundes* (Marburg, 1922): 6-11.

서평   N. Söderblom, *Zur religiösen Frage der Gegenwart* (Leipzig, 1921), ThLZ (1922): 407-408.

서평   "Ein Werk zur religiösen Typenkunde." *China, I, Das Land der Mitte*, by .E Frehrmann; II, *Der Tempelbau: Die Lochanvon Ling-Yan-Si*, by B. Melchers, ChrW (1922): 913-920.

Aufsätze das Numinose betreffend (Gotha, 1923).

"Auferstehungselaube," ChrW (1923): 197-173.

"Zu dem Artikel 'Auferstehungsglaube'," ChrW (1923): 228.

"Zur Apostolikumsfrage: Nebst einem Exkurs über Schweden," ChrW (1923): 280-283.

"Prophetische Gotteserfahrung," ChrW (1923): 437-447. 가필 수정 후 SU, 61-78에 재수록

"Litanei der Arbeit," ChrW (1923): 669-71.

서평   "Vom chinesischen Geist." O. Fischer, *Chinesische Landschaftsmalerei*, ChrW (1923): 784-786.

"Dankopfer für Gottes Reich," ChrW (1923): 794.

"Zur Erneuerung des Gottesdienstes," ThBI (1923): 133ff.

서평   J. N. Farquhar, *An Outline of the Religious Literature of India* (Oxford, 1920), ThLZ (1923): 25-27.

서평   J. N. Farquhar, *Modern Religious Movements in India* (New York, 1919), ThLZ (1923): 27.

서평   H. v. Glasenapp, *Der Hinduismus* (München, 1922, ThLZ (1923): 100-101.

서평   Rabindranath Tagore, *Flüstern der Seele* (München, n. d.), ThLZ (1923): 126-127.

"Östliche und westliche Mystik," Logos 13 (1924): 1-30.

"Bekenntnis und Anbetung," ChrW (1924): 1.

"Begrüßung des Sonntages: Schlußdes Sonntag-Vorabenddienstes," ChrW (1924): 305

서평   J. W. Hauer, *Die Religionen : Ihr Werden, ihr Sinn, ihre Wahrheit, Das religiöse Erlebnis auf den unteren Stufen*, ChrW (1924): 437-439.

"Das Dreimal-heilig," ChrW (1924): 785-786.

서평   H. Jacobi, *Die Entwicklung der Gottesidee bei den Indern und deren Beweise für das Dasein Gottes* (Bonn, 1923) 및 D. H. v. Glasenapp, *Madhva's Philosophie des Vishnuglaubens* (Bonn, 1923), ThLZ (1924): 73-77.

"Zur Erneuerung und Ausgestaltung des Gottesdienstes," *Aus der Welt der Religion*, ed. by G. Mensching, Liturgische Reihe Heft 2 (Gießen, 1925).

"Meister Eckehart's Mystik mi Unterschiede von östlicher Mystik," ZThK (1925): 325-350, 418-436.

"Eine Gottesdienstordnung für den Vaterlands-Sonntag," ChrW (1925): 433-438.

서평논문   "Der östliche Buddhist," *The Eastern Buddhist*, ChrW (1925): 978-982.

"Nachträgliches zum Vaterlandstage," ChrW (1925): 105.

"Indischer Theismus," ZMR (1925): 289-307.

서문   *Zen: Der lebendige Buddhismus in Japan*. (『禪抄物集』발췌본의 大峽秀栄 역, A. 파우스트 편, R. Otto의 전언付), ed. by S. Ohasama-Faust with Preface by Rudolf Otto (Gotha/Stuttgart, 1925), iii-ix.

West-östliche Mystik : Vergleich und Unterscheidung zur Wesensdeutung (Gotha, 1926, 1929²). 영역: *Mysticism East and West* (New York, 1932, 1970). 불역: *Mystique d'Orient et mystique d'Occident: Distinction et unité* (Paris, 1951). 이태리역: *Mistica orientale, mistica occidentale* (Casale Monferrato, 1985).

Gründonnerstag Abendfeier, *Liturgische Blätter für Prediger und Helfer*, vol. 1/1, ed. by Rudolf Otto, Gustav Mensching, RenéWallau, (Gotha, n. d.), 9-15.

Eingangspsalmen für alle Sonntage des Kirchenjahres, collected by Rudolf Otto, *Liturgische Blätter*, vol. 2 (enlarged ed., Gotha, 1927).

서문   Paul Neff, *Religion als Gnade*, (Gießen, 1927).

Sinn und Aufgabe moderner Universität: Rede zur vierhundert jährigen Jubelfeier der Philippina zu Marburg, Marburger Akademische Reden No. 45 (Marburg, 1927).

서평   H. v. Glasenapp, Der Jainismus (Berlin, 1925), ThLZ (1927): 73-76.

Chorgebete für Kirche, Schule und Hausandacht, collected by Rudolf Otto and Gustav Mensching. Aus der Welt der Religion, Praktisch-theologische Reihe, vol. 3(Gießen, 1928).

"Linderholm, Emanuel," RGG² 3 (1929): 1660.

"Menschheitsbund, Religiöser," RGG² 3(1929): 2122-2123.

"Ein Stück indischer Theologie," ZThK (1929): 241-293.

"Bewußtseins-Phänomenologie des personalen Vedanta," Logos 18 (1929): 151-84.

     "Die Methoden des Erweises der Seele im personalen Vedanta," ZRP (1929): 232f., 293ff.

Die Gnadenreligion Indiens und das Christentum: Vergleich und Unterscheidung, (München, 1930). 영역: *India's Religion of Grace and Christianity Compared and Contrasted* (London, 1930). 이태리역: *La religione indiana della grazie ed il cristianesimo* (Citta di Castello, 1932). 일역:『インドの神と人』(京都 人文書院 1988).

I. Kant, *Grundlegung zur Metaphysik der Sitten*, with explanatory notes, newly edited by Rudolf Otto (Gotha, 1930).

"Ramanuja," RGG² 4 (1930): 1692-1694.

"In Brahmas Tempel," *Münchener Neueste Nachrichten* 83/95 7(April. 1930): 1. ChrW (1931): 16-20에 재수록.

"Der verlorene Sohn in Indien? Ähnlichkeit und Unterschied indischer und christlicher Religion," *Münchener Neueste Nachrichten* 83/275 (9 Oct. 1930): 3.

     Rabindranath Tagore's Bekenntnis (Tübingen, 1931).

"Wert, Würde und Recht," ZThK (1931): 1-67.

"Wertgesetz und Autonomie," ZThK (1931): 85-110.

"Das Schuldgefühl und seine Implikationen," ZRP (1931): 1-19.

"Das Gefühl der Verantwortlichkeit," ZRP (1931): 49-57, 109-136.

"In Brahmas Tempel," ChrW (1931): 16-20.

Religious Essays: A Supplement ot "The Idea of the Holy" (London, 1931).

    A collection of essays drawn from several sources, mainly Otto's 1923

    book *Aufsätze das Numinose betreffend.* (『누미노제에 관한 제 논문』)

Das Gefühl des überweltlichen (Sensus Numinis), (München, 1932[5·6]).

Sünde und Urschuld und andere Aufsätze zur Theologie (München, 1932[5·6]).

Gottheit und Gottheiten der Arier (Gießen, 1932).

"Pflicht und Neigung : Eine Untersuchung über objektiv wertvolle Motivation,"

    Kant-Studien 37 (1932): 49-90.

"Die Marburger Religionskundliche Sammlung," *Mitteilungen*

    (Universitätsbund Marburg), 3 (1933): 29-30.

Gandhi : Der Heilige und der Staatsmann in eigenen Aussprächen.

    (München, 1933), 7-16. (B. P. L. Bedi 및 F. M. Holston에 의한 찬집,

    R. Otto의 전언付)

Reich Gottes und Menschensohn : Ein religionsgeschichtlicher Versuch,

    (München, 1934, 1954³).

"Narayana, seine Herkunft und seine Synonyme," ZMR (1934): 290-293.

    " Die Urgestalt der Bhagavad-Gita, " SGV 176 (Tübingen, 1934).

"Die Lehrtraktate der Bhagavad-Gita," SGV 179 (Tübingen, 1935).

    Der Sang des Hehr-Erhabenen. The Bhagavad-Gita trans.

    with commentary by Rudolf Otto (Stuttgart, 1935).

"Krishna's Lied," ZMR (1935): 1-12.

Die Katha-Upanishad, trans. with commentary by Rudolf Otto (Berlin, 1936).

"Die Katha-Upanishad in ihrer Urgestalt," ZMR (1936): 33-40.

"Vom Naturgott zur Brautmystik," ZMR (1936): 1-16.

"Briefe Rudolf Ottos von seiner Fahrt nach Indien und Ägypten," ChrW (1938):

    985-990.

"Freiheit und Notwendigkeit: Ein Gespräch mit Nicolai Hartmann über Autonomie

    und Theonomie der Werte, " with an afterword, ed. by Theodor Siegfried,

    SGV 187 (Tübingen, 1940).

"Reisebriefe Rudolf Ottos aus Griechenland," ChrW (1941): 197-198.

    Varuna-Hymnen des Rig-Veda. Religionsgeschichtliche Texte, vol. 1, ed.

    by G. Mensching (Bonn, 1948).

"Zum Verständnis von Rabindranath Tagore: Ein Stück altindischer Theologie,

    Die Hilfe," (Marburg : Rudolf-Otto-Archiv, Religionskundliche Sammlung,

    n. d.), Nr. 34, 537-539; Nr. 35, 554-555.

경북대학교 동서사상연구소 학술총서 4
동서 신비주의 – 에크하르트와 샹카라

2023년 8월 20일 초판 1쇄 인쇄
2023년 8월 31일 초판 1쇄 발행

지은이   루돌프 오토
옮긴이   김현덕
펴낸이   정창진
펴낸곳   다르샤나
출판등록   제2022-000005호
주소   서울시 종로구 인사동11길 16, 403호(관훈동)
전화번호   (02)871-0213
전송   0504-170-3297

ISBN   979-11-976600-8-5 93100
Email   yoerai@hanmail.net
blog   naver.com/yoerai

값은 뒤표지에 있습니다.